W.J Gerber

Die hebräischen Verba denominativa, insbesondere im theologischen Sprachgebrauch des Alten Testamentes, eine lexikographische Studie

W.J Gerber

Die hebräischen Verba denominativa, insbesondere im theologischen Sprachgebrauch des Alten Testamentes, eine lexikographische Studie

ISBN/EAN: 9783743315327

Hergestellt in Europa, USA, Kanada, Australien, Japan

Cover: Foto ©ninafisch / pixelio.de

Manufactured and distributed by brebook publishing software (www.brebook.com)

W.J Gerber

Die hebräischen Verba denominativa, insbesondere im theologischen Sprachgebrauch des Alten Testamentes, eine lexikographische Studie

Die

hebräischen Verba denominativa

insbesondere im theologischen Sprachgebrauch
des Alten Testamentes.

Eine lexikographische Studie

von

Theol. Dr. **W. J. Gerber**,
a. o. Professor der Theologie an der deutschen Universität in Prag.

Gedruckt mit Unterstützung der Gesellschaft zur Förderung deutscher
Wissenschaft, Kunst und Litteratur in Böhmen.

Leipzig
J. C. Hinrichs'sche Buchhandlung
1896.

Vorrede.

Meine Untersuchungen über die hebräischen Verba denominativa glaube ich nicht der Öffentlichkeit übergeben zu sollen, ohne einige Bemerkungen vorauszuschicken.

Es könnte nach einer ersten Durchsicht des Buches leicht den Anschein gewinnen, dass ich dem Princip, welches mir für die Zuerkennung des denominativen Charakters massgebend war, ein gar zu weites Geltungsgebiet eingeräumt, mit anderen Worten, dass ich zu viele Verba denominativa angenommen habe. In dieser Beziehung möchte ich bitten, jedes einzelne Verbum nicht für sich allein, aus dem Zusammenhang herausgerissen, sondern im Zusammenhalt und unter Berücksichtigung der ganzen dazu gehörigen Familie der Denominativa zu betrachten. Die Sache gewinnt dann vielfach ein anderes Gesicht.

Zu weit werde ich manchem auch darin gegangen sein, dass ich die Konstruktion der einzelnen Verba bis in die kleineren Details unterschieden, den Sprachgebrauch gleichsam bis in die feinsten Verästelungen hinein verfolgt und demgemäss schematisiert habe. Es hängt dies zusammen mit meiner Auffassung vom sogenannten Sprachbeweis in der alttestamentlichen Litterarkritik. Nicht nur jene weiten Kreise, die leider noch immer sich absolut ablehnend gegen jede Litterarkritik verhalten auch dort, wo es sich nicht mehr um Hypothesen, sondern um wissenschaftlich gesicherte Thatsachen handelt, auch selbst viele unter den unbedingten Anhängern der modernen Litterarkritik erblicken im Sprachbeweis ein Argument von sehr untergeordneter, kaum zu beachtender Bedeutung. Ich jedoch glaube, dass selbst auch schon im Gebrauche der Präpositionen, Adverbien, Partikeln sich ebenso die stilistische Individualität gleichzeitig wirkender Schriftsteller verrät, wie andererseits die Verschiedenheit weit auseinander liegender Schriftperioden am augenfälligsten an diesen Kleinwörtern entgegentritt, welche gleichsam als die Scheidemünze im sprachlichen Verkehr leichter abgegriffen, gewechselt und verwechselt werden können. Dass die Ordnung des weitschichtigen Materiales nicht mühelose Arbeit gewesen sei, brauche ich nicht erst hervorzuheben; das aber glaube ich betonen zu müssen, dass hinter den gewaltigen Reihen trockener, dürrer Ziffern sich ein gutes Stück exegetischer Arbeit verbirgt.

Von einer Zusammenfassung jener Beobachtungen, die sich mir bezüglich der litterarkritischen Fragen bei Ausarbeitung des vorliegenden Themas ergeben haben, glaubte ich absehen zu müssen, da eine solche Zusammenfassung ohne eine weitere über den beabsichtigten Rahmen meiner Untersuchung hinausgehende Rechtfertigung meines Standpunktes nicht möglich gewesen wäre.

Schliesslich fühle ich mich verpflichtet, an dieser Stelle eine Dankesschuld abzutragen. Herr Professor Kautzsch in Halle, der das Thema der vorliegenden Arbeit an mich abtrat, hat nach Fertigstellung derselben durch seinen bewährten Rat die Veranlassung zu mancher wesentlichen Verbesserung gegeben. Es ist mir Herzensbedürfnis, dem Meister der hebräischen Sprachwissenschaft den Ausdruck innigsten Dankes zu übermitteln.

Dem Herrn Verleger und der Gesellschaft zur Förderung deutscher Wissenschaft, Kunst und Litteratur in Böhmen sei für ihre Bemühungen um eine würdige Ausstattung des Buches mein bester Dank ausgesprochen.

Der Verfasser.

Prag im März 1896.

Vorbemerkung.

In den Wörterbüchern wie in den Grammatiken der biblisch-hebräischen Sprache hat bisher ein sprachlicher Prozess wenig oder fast gar keine Beachtung gefunden: die Denomination der Verba. Selbst in den in neuerer Zeit erschienenen Handwörterbüchern von Siegfried-Stade und in der durch Fr. Buhl besorgten 12ten Auflage von Gesenius ist, trotzdem häufiger auf den denominativen Charakter der Verba hingewiesen wird, doch die weitaus grösste Zahl von Denominativen als originale Verba behandelt. Findet sich doch, um nur ein oder das andere Beispiel herauszuheben, noch nirgends, was Kautzsch in seiner bekannten Abhandlung „Über die Derivate des Stammes צדק im Alttestamentlichen Sprachgebrauch" betreffs des Verbums צדק, oder was Baudissin „Studien zur semitischen Religionsgeschichte" II, 19 betreffs קדש nachdrücklich hervorgehoben, dass dieselben nämlich in dem im A. T. vorliegenden Sprachgebrauch nur Derivata von צדיק bzhw. von קדוש seien. In allen Wörterbüchern ist noch immer das gerade umgekehrte Verhältnis angenommen.

In den Grammatiken haben Stade und Kautzsch eingehender die Denomination berücksichtigt. Um so mehr ist es zu verwundern, dass ersterer in seinem Wörterbuche die einen Widerspruch in sich schliessende Benennung der intransitiven Hiph'ilformen beibehalten hat, die, wenn auch nicht durchweg, doch zum grossen Teile denominativer Natur sind. Diesen letzteren Umstand hat übrigens auch König in dem überaus lehrreichen und anregenden „Lehrgebäude der Hebr. Sprache" übersehen, wenn er alle die direktkausativen Bedeutungen des Hiph'il, welche eben im Lexikon unter „intransitiv" oder „wie Kal" erscheinen, aus dem Kal entwickeln zu können vermeint.

Schon nach dem bisher Gesagten dürfte daher eine Untersuchung über die Denominativa im Hebr. angezeigt erscheinen. Weil nun die ausschliesslich im rein sinnlichen Sprachgebrauch vorkommenden, von Nominibus abgeleiteten Verba, wie זפת „verpichen", מלח „salzen", שבר „Getreide kaufen oder verkaufen" allgemein als Denominativa erkannt, dagegen die meisten dem theologischen Sprachgebrauche angehörigen denominirten Verba bisher bezüglich ihrer Herkunft verkannt worden sind, so beschränkt sich diese folgende Untersuchung auf die letztere Klasse. Sie bezweckt aber dabei neben der Erforschung der grammatikalischen Gesetze, welche in dem Prozesse der Denominierung zu Tage treten, vor allem anderen durch möglichste Vollständigkeit in der Statistik der einzelnen Denominativa ein Hilfsmittel für die Litterarkritik des A. T. zu bieten.

Auf Grund einer von Prof. Kautzsch gemachten Beobachtung sind nun denominativer Natur:

a) Fast alle diejenigen Verba des theologischen Sprachgebrauches, deren sinnlicher Grundbegriff im Kal nicht mehr vorhanden ist, oder deren Kal überhaupt bereits verloren gegangen ist.

b) Dazu kommen jene denominierten Hiph'ilformen, von denen oben bereits die Rede gewesen, weiterhin zahlreiche Pi'el, Niph'al, Hithpa'el, welche, wenn das originale Verbum noch vorliegt, gewöhnlich mit demselben gewaltsam zusammengepresst werden.

c) Bei der Untersuchung über diese beiden Klassen der Denominativa fiel mir jedoch noch eine dritte, ziemlich zahlreiche Klasse von Verben auf, welche im Kal eine rein sinnliche Bedeutung aufweisen, daneben aber auch im theologischen Sprachgebrauch Verwendung finden, die ohne Zweifel nicht zu den originalen Verben gerechnet werden können. Ich meine Fälle, wie חתם „siegeln", אזר „gürten" und andere, darunter wohl höchst wahrscheinlich auch כתב „schreiben".

Bevor ich nun zu den nach der Zahl der Konjugationen, in denen sie zu belegen sind, angeordneten Denominativen übergehe, will ich an dieser Stelle gleich einzelne, das Gebiet der Grammatik berührende Erscheinungen hervorheben, die sich mir bei der Beobachtung der denominativen Verba ergeben haben. Dabei will ich bemerken, dass nur in jenen Fällen bei den einzelnen Verben, welche in mehren Konjugationen sich finden, eine im Sprachgebrauche ältere Konjugation konstatiert worden ist, in welchen die Kritiker einer jeden Richtung bezüglich der zeitlichen Aufeinanderfolge der in Frage kommenden sprachlichen Denkmäler des A. T. unter einander einig sind.

1. Es lässt sich nicht behaupten, dass gewisse Nominalformen in einer bestimmten Konjugation regelmässig oder in der überwiegenden Mehrzahl der Fälle denominieren. Zwar scheint es, dass von den sogenannten Segolatformen viele Verba im Kal abgeleitet werden, allein die Denominierungen von denselben auch in anderen Konjugationen sind im Verhältnis dazu doch zu zahlreich, als dass daraus bei Segolatformen eine Vorliebe für Kal erschlossen werden könnte.
2. Wir haben nicht viele, von Nominibus des Ortes bzhw. der Zeit abgeleitete Verba. Diese wenigen sind jedoch in der alttestamentlichen Litteratur sehr gebräuchlich und treten auch in der ältesten Schriftperiode auf. Sie denominieren wie im Arabischen im Hiph'il, und ich möchte dies als das im Hebr. Reguläre hinstellen. Vgl. הגיד, היבית, wogegen nicht das von קבל abgeleitete קבל geltend gemacht werden kann, weil dasselbe aus dem Aramäischen ins Hebräische herübergenommen ist.
3. Für gewisse, unter dieselbe Kategorie fallende Begriffe kommt dieselbe Konjugation in der Denominierung in Anwendung. Dies ist mit Sicherheit zu erweisen wenigstens an den *verbis dicendi*. Dieselben denominieren entweder ausschliesslich in Pi'el, wie בשר, גדף, זמר, חסד, בחש, בזה, מלל, oder wenn in mehren Konjugationen, dann ist Pi'el nachweisbar im Sprachgebrauche die älteste. Vgl. besonders ברך, דבר, ספר, קלל und viele andere.
4. Damit hängt zusammen die dem Pi'el eignende deklarative Bedeutung. Deswegen sind deklarative Hiph'ilformen in der alten Litteratur selten und gehören fast durchweg nur der jüngeren Sprache an.
5. Diejenige Konjugation, die allein sowohl, wie in Verbindung mit anderen am öftesten vertreten ist, ist Kal. In verhältnismässig zahlreichen Fällen lässt sich dasselbe als die älteste Konjugation im Sprachgebrauche nachweisen. Schon dieser Umstand muss auffallen. Dazu kommt aber, dass im Kal allein oder nachweisbar zuerst Verba denominieren, welche nicht nur im gewöhnlichen Verkehre, sondern auch im theologischen Sprachgebrauche so zu sagen zum notwendigsten Inventar gehören: בכר, בער, שם, זבר, חרם, und viele andere. Wir schliessen daraus, dass Kal diejenige Konjugation sei, mit der zunächst Verba denominativa gebildet worden sind.

Verba denominativa.

A. In einer Konjugation.

1. Kal.

אָפַד von אֵפוֹד, das Ephod anlegen: Ex. 29, 5 ואפדת לו בחשב האפד;
Lev. 8, 7 ויאפד לו בו.

Der Stamm אפד nach allgemeiner Annahme = überziehen, ein bei Statuenverfertigung gebräuchlicher Terminus; gegen diese Ansicht de Lagarde, Übersicht 178.

אָצַל von אֵצֶל, von Gott ausgesagt und mit partitivem מִן konstruiert. Er will wegnehmen Num. 11, 17 מִן־הָרוּחַ, etwas von dem Geiste, der auf Mose ruht; daher dann V. 25 וַיָּאצֶל מִן־הָ׳.
Ausserhalb des theologischen Sprachgebrauches: **Kal** beiseitethuen etwas. a) לְ, für jemanden einen Segen Gen. 27, 36. — b) מִן, von den Augen weg, ihnen etwas entziehen Eccl. 2, 10. — **Niph'al** weggenommen werden, von etwas, מִן Ez. 42, 6.

Die Wörterbücher und Grammatiken (ausgenommen Böttcher) pflegen Num. 11, 25 als Imperf. Hiph. zu verzeichnen. Barth*) statuiert mit Recht hier ein i-Imperf. Kal. Der sinnliche Grundbegriff richtig bei Gesen. „verbinden", Seite als Ort des Anschlusses, der Verbindung.

בָּגַד von בֶּגֶד 1. Eine Treulosigkeit gegen Gott begehen; vom Abfälle Israels von seinem Gott. a) בְּ Gottes: Jer. 3, 20 בִּי; 5, 11 בגדו בי; Hos. 5, 7 בִי, mit der Begründung כי־בנים זרים ילדו; 6, 7 בגדו בי (parallel. עברו ברית). — b) בגד בְּ Jer. 12, 1 כל־בגדי בגד — c) Absolut: I Sam. 14, 33; Jes. 48, 8 בֹגֵד תבגד; Mal. 2, 11 mit der Begründung כי חלל יהודה קדש י״י; Ps. 78, 57; das Particip Jer. 3, 8. 11 von Juda, welches fremden Göttern nachlaufend das es mit Jahwe verknüpfende, eheliche Band zerriss. In der Sprache der Psalmen

---

*) Z.D.M.G. 43, 179.

das Particip von Gesetzesübertretern Ps. 25, 3; 59, 6; 119, 158; in der der Sprüche besonders als Bezeichnung einer ganzen Klasse von Menschen, die man im allgemeinen als Verletzer des göttlichen Sittengesetzes charakterisieren kann, so schon Hab. 1, 13; dann Prov. 2, 22 (parall. רשעים); 11, 3. 6 (Gegens. ישרים); 13, 2. 15; 21, 18 (parall. רשע); 22, 12; 23, 28; 25, 19*). — 2. Gegen Menschen. a) Vom Bruch der ehelichen Treue. α) = des Weibes Ex. 21, 8; Mal. 2, 14. 15, während V. 10 איש באחיו die Treulosigkeit eines Volksgenossen gegen den andern auch nur als solche an dem israel. Weibe gemeint sein will. — β) Mit בְּ des Mannes, dem die Buhlerin untreu wird Jer. 3, 20. — γ) Absolut. Mal. 2, 16. — b) Vom Bruche der durch die Bande der Blutsverwandtschaft oder Freundschaft bedingten Treue. α) = der Person, an der Treulosigkeit ausüben Jer. 12, 6 גם־אחיך בית־אביך; Thr. 1, 2 כל־רעיה (parall. היו לה לאיבים). — β) Absolut Hi. 6, 15 אחי בגדו; daher nennt der Prophet seine Landsleute Jer. 9, 1 עצרת בגדים, eine Schar von Leuten, die die Waffen der Lüge und Verleumdung gegen die ihnen missliebigen Personen anwenden. — c) Vom gewaltthätigen Rechtsbruch, dessen der Eroberer den Unterworfenen gegenüber sich schuldig macht. α) = der Person Jes. 33, 1 (bis). — β) בגד בוגדים 24, 16. — γ) Absolut 21, 2 (Part.); 24, 16; 33, 1; daher das Particip als Bezeichnung eines solchen Eroberers 21, 2; 24, 16 (bis); 33, 1. — d) Vom Treubruche, an der Gemeinde Gottes begangen durch Verkündigung einer Rechtschaffenheit und Gottvertrauen untergrabenden Lehre Ps. 73, 15 הנה בניך בגדתי.

Ausserhalb des theologischen Sprachgebrauches: Vom politischen Treubruche, mit = der Person Jud. 9, 23**).

Der durchgängigen Bedeutung des treulosen Handelns liegt die durch בגד Decke, Gewand gewährleistete, sinnliche Bedeutung bedecken, verdecken zu Grunde, und passend vergleicht Delitzsch (zu Prov. 2, 22) aus dem Arab. *labbasa, telbis, mulebbis.*

ברך von ברך, das Knie beugen, Zeichen der Ehrfurcht und Anbetung. Mit לפני Gottes Ps. 95, 6 (parall. נשתחוה נכרעה); mit sonstigen näheren Bestimmungen II Chr. 6, 13 ויברך על־ברכיו נגד כל־קהל.

---

*) Zeph. 3. 4 kann בוגדות weibl. Plural von בוגד sein, möglich aber auch eine Nominalbildung mit *ûth.* Vgl. Schwally, Z.A.W. X. 198.

**) Mit Hab. 2, 5 ואף כי־הריון בגד ist nichts anzufangen; der Text ist verderbt.

Ausserhalb des theologischen Sprachgebrauches: **Hiph'il** das Knie beugen machen d. i. lagern lassen die Kamele Gen. 24,11.

Über das Etymon siehe bei ברך segnen.

ברק von ברק blitzen, nur Ps. 144,6 ברק ברק parall. שלח חציך in der Bitte an Jahwe zum Einschreiten behufs Rettung vor den Feinden.

גור von גר als Gastfreund bei Gott wohnen. Mit Akkusativ der Person, Ps. 5,5 לא יגרך רע; mit ב des Ortes, 15,1 מי יגור באהלך; 61,5 אגורה באהלך עולמים.

Ausserhalb des theologischen Sprachgebrauches: **Kal** 1. Als Fremdling wohnen. A) Vom nomadischen Umherziehen. a) עם der Person, Gen. 32,5. — b) ב des Ortes. α) Allein, Gen. 20,1; 21,23; 26,3; 47,4; Ex. 6,4; Ps. 105,12 (Part.); 1 Chr. 16,19 (Part.). β) Dazu eine nähere Bestimmung, Gen. 21,34 בארץ פ' ימים רבים. — c) Mit עם, Gen. 12,10; Deut. 26,5; Jes. 52,4; das Particip in dieser Verbindung Gen. 35,27; Jer. 35,7. — d) Absolut, Gen. 19,9; Jes. 5,17 גרים = Wanderhirten*). — B) Von Ansiedelung unter Fremden. a) Ansiedelung der Israeliten unter einem fremden Stamme. α) עם der Person, II Chr. 15,9 er sammelte aus Ephraim, Manasse und Simeon הגרים עמהם. β) ב des Ortes, Jud. 17,8.9; 19,1.16. - γ) Mit עם, Deut. 18,6; Jud. 17,7. — b) Ansiedelung der Israeliten unter einem fremden Volke. α) ב des Ortes, Ps. 105,23; Ruth 1,1. β) Mit עם, Jer. 42,15.17.22; 43,2; 44,8.12.14.28 לגור שם; das Particip in dieser Verbindung II Sam. 4,3. — c) Ansiedelung Fremder unter den Israeliten. α) את der Person. α') Allein, Ex. 12,48 גר אתך יגור; Num. 9,14; 15,14 גר אתכם יגור; Lev. 19,34; Num. 15,16 הגר הגר אתכם; Ez. 47,23 הגר אתו אשר יגור. β') Dazu ב des Ortes, Lev. 19,33 וכי יגור אתך גר בארצכם. β) בתוך derselben, Lev. 17,8 הגר אשר יגור בתוכם; sonst noch das Particip in der Verbindung הגר בתוכך mit dem betreffenden Suffix, Ex. 12,49; Lev. 16,29; 17,10.12.13; 18,26; Num. 15,29; 19,10; Jos. 20,9; להגר הגר בתוכם Ez. 47,22. γ) עם derselben, Lev. 25,6.45 die Beisassen הגרים עמך bzw. עמכם. δ) ב des Ortes, Ez. 14,7 הגר בישראל אשר יגור; das Particip Lev. 20,2. - ε) Absolut, Num. 15,15 הגר גר. — d) Ansiedelung Fremder überhaupt unter einem anderen

---

*) Nach LXX aber נדים zu lesen; ר und ד sind in der alten Schrift leicht zu verwechseln.

Volke. α) = des Ortes, II Reg. 8,1 ‫גוים‬ ‫באשר‬ ‫שם‬. β) Dazu ein näherer Umstand, 8,2 ‫בארץ־פלשתים‬ ‫שבע שני‬. γ) Absolut, Jes. 23,7. — c) Von vorübergehend Schutz Suchenden, mit = des Ortes Jes. 16,4. — 2. Wohnen, sich aufhalten, weilen. a) Akkusativ des Ortes, Jud. 5,17 ‫יגור אניות‬; Jes. 33,14 (bis) ‫אש אכלה‬ ‫שם‬ bzhw. ‫מוקדי עולם‬; Ps. 120,5 ‫משך‬. — b) = des Ortes, Jer. 43,5; 49,18.33; 50,40. — c) Mit ‫עם‬ Esr. 1,4. — d) Absolut, Hi. 28,4 (Part.); Thr. 4,15. — 3. In jemandes Hause als Angehöriger der Sippe wohnen. a) Im eigentlichen Sinne, Ex. 3,22 ‫גרת ביתה‬; Hi. 19,15 ‫גרי ביתי‬. — b) Im übertragenen Sinne, vom freundschaftlichen Zusammenleben der Tiere Jes. 11,6 ‫וגר זאב עם־כבש‬. — **Hithpolel** als Gastfreund wohnen, I Reg. 17,20 ‫אני מתגורר עמה‬.

Die sinnliche Grundbedeutung ist, wie das Arabische zeigt, sicher *deflectere, declinare*. Von dem bekannten Nomen *ğâr* denominiert dann auch das Arabische.

‫גיל‬ von ‫גיל‬ 1. Subjekt ist Jahwe, der jubelt über seine Stadt Jes. 65,19 ‫וגלתי בירושלם‬ (neben ‫וששתי בעמי‬); Zeph. 3,17 ‫יגיל עליך בשמחה‬. — 2. Jubeln, als religiöser Terminus Ausdruck für den auf Gott oder seine Heilsthaten bezüglichen Jubel. a) Subjekt ist der Mensch. α) Mit ‫ב‬ des Jubelsgrundes. α') Gottes: Jes. 29,19 ‫בקדוש יש׳‬; 41,16 ‫בי׳‬ (parall. ‫בקדוש יש׳ תתהלל‬); 61,10 ‫תגל נפשי באלהי‬ (neben ‫שוש אשיש בי׳‬; Jo. 2,23 ‫גילו ושמחו בי׳‬; Hab. 3,18 ‫אגילה באלהי‬ (parall. ‫בי׳ אעלוזה‬): Sach. 10,7 ‫לבם בי׳‬; Ps. 35,9 ‫נפשי תגיל בי׳‬ (parall. ‫תשיש בישועתו‬); 149,2 ‫יגל בעשיו‬ (parall. ‫ישמחו במלכם‬). β') ‫בישעך‬ 89,17. γ') ‫בישועתך‬ 9,15; 13,6; 21,2; ‫נגילה ונשמחה‬ Jes. 25,9 ‫בישועתו‬; Ps. 31,8 ‫בחסדך‬; mit ‫ב‬ des der Heilsthaten des Herrn teilhaftig gewordenen Jerusalems Jes. 66,10, wo ‫וגילו בה‬ parallel steht mit ‫שמחו את־יר׳‬; endlich ‫ב‬, der Tag, den der Herr gemacht Ps. 118,24. — β) Die Einführung des Jubelsgrundes geschieht durch ‫למען משפטיך‬ 48,12; 97,8. — γ) Vereinzelte Konstruktionen: Akkusativ des Inhaltes, bezüglich dessen zum Jubel aufgefordert wird Jes. 65,18 ‫שישו וגילו עדי־עד אשר‬ ‫אני בורא‬; mit näherer Bestimmung der Art, Jahwe zu huldigen Ps. 2,11 ‫גילו ברעדה‬. — δ) Absoluter Gebrauch: Sach. 9,9 (parall. ‫הריעי‬); Ps. 14,7; 16,9; 32,11; 53,7 (überall parall. ‫שמח‬). — b) Leblose Wesen, die an dem freudigen Jubel über Gott und Gottes Thaten teilnehmen. In absoluter Gebrauchsweise Jes. 35,1; 49,13; Jo. 2,21; Ps. 51,10; 96,11; 97,1. — 3. Vom Jubel der Eltern über ein Wahrheit und sittliche Bildung als sein Lebensziel setzendes Kind, absolut Prov. 23,24 (‫גיל יגול‬ Keth.). 25. — 4. Vom Jubel des

Bösen und Gottlosen, sei es wegen des Gelingens seiner Unternehmungen Hab. 1, 15 יָגִיל יִשְׂמַח בְּלִבּוֹ; mit בְּ des Jubelsgrundes Prov. 2, 14 בְּתַהְפֻּכוֹת; sei es, um der Schadenfreude Ausdruck zu geben 24, 17 אַל־יָגֵל לִבֶּךָ בִּכְשֹׁל (parall. בִּנְפֹל אוֹיִבְךָ אַל־תִּשְׂמָח); mit Objektsatz Ps. 13, 5 יָגִילוּ כִּי אֶמּוֹט צָרַי.

Ausserhalb des theologischen Sprachgebrauches: Von dem Jubel im gewöhnlichen Sinne, beim Beuteteilen Jes. 9, 2; mit בְּ, über jem. Cant. 1, 4.

Über גִּיל und seinen etymologischen Zusammenhang vgl. Nöldeke Z. D. M. G. 37, 537.

דָּגַל von דֶּגֶל Panier aufrichten, als Freudenbezeugung mit beigefügtem בְּשֵׁם אֱלֹהֵינוּ Ps. 20, 6 (parall. נְרַנְּנָה בִּישׁוּעָתֶךָ).

Ausserhalb des theologischen Sprachgebrauches: Kal nur das passive Particip, eig. befahnt, dann hervorragend, ausgezeichnet Cant. 5, 10. — Niph'al nur das Particip Cant. 6, 4. 10, Kriegsscharen mit Panieren.

Gegen diese herkömmliche Deutung des Verbums als Denominativum hat Fried. Delitzsch*) sehr entschieden Einsprache erhoben, während Nöldeke den denominativen Charakter festhält, übrigens aber zugibt, dass ד׳, Panier vom Schauen herkommen könne**).

דּוּג von דָּג, herausfischen: Jer. 16, 16 הִנְנִי שֹׁלֵחַ לְדַיָּגִים רַבִּים נְאֻם־יְהוָה, von der Wegführung des Volkes in die Verbannung.

דִּין von דִּין 1. In den Aussagen über Gott. a) Von Gottes richterlicher Thätigkeit nach jener Seite der Erweisung derselben, wodurch er Recht schafft den Seinigen, was oft identisch ist mit Befreiung und Rettung. In diesem Sinne mit Akkusativ der Person: Gen. 30, 6 דָּנַנִּי אֱלֹהִים; Deut. 32, 36 Jahwe wird Recht schaffen כִּי (parall. יִתְנֶחָם עַל־עֲבָדָיו); Ps. 54, 3 בִּגְבוּרָתְךָ תְדִינֵנִי (parall. בְּשִׁמְךָ הוֹשִׁיעֵנִי); 135, 14 (= Deut. 32, 36). — b) Richtend verurteilen, ins Gericht mit jemandem gehen: Gen. 15, 14 אָנֹכִי דָּן.. אֶת־הַגּוֹי. — c) Richten im allgemeinen, von Gott als Weltrichter und Regenten. α) Mit persönlichem Akkusativ: Jes. 3, 13 לָדִין עַמִּים (parall. לָרִיב); Ps. 7, 9 עַמִּים; 9, 9 יָדִין לְאֻמִּים בְּמֵישָׁרִים (parall. יִשְׁפֹּט תֵּבֵל בְּצֶדֶק); 50, 4 עַמּוֹ; 96, 10 עַמִּים בְּמֵישָׁרִים; Hi. 36, 31 יָדִין. β) Mit sachlichem Objekte I Sam. 2, 10 אַפְסֵי־אָרֶץ. γ) Mit בְּ bei Zusammenfallen von Ort und Objekt Ps. 110, 6 בַּגּוֹיִם. — 2. Von Menschen ausgesagt. a) Eine Rechts-

---

*) Prolegomena S. 58 ff.
**) Z. D. M. G. 40, 728.

sache führen, mit dem Nebensinn der gerechten Entscheidung, daher = jemandem zu seinem guten Rechte verhelfen. *a*) דִּין דִּין. Jer. 5, 28 דִּין לֹא־דָנוּ דִין (parall. אֶבְיוֹנִים לֹא שָׁפָטוּ); 22, 16 דָּן דִּין־עָנִי וְאֶבְיוֹן. — *β*) דִּין מִשְׁפָּט, gerechtes Gericht halten 21, 12. *γ*) Mit persönlichem Akkusativ Prov. 31, 9 דִּין בְּנֵי אֶבְיוֹן שְׁפָט־צֶדֶק. — b) Das Richteramt führen, regieren. *a*) Im Gebete für den König Ps. 72, 2 יָדִין עַמְּךָ בְצֶדֶק. *β*) Mit sachlichem Akkusativ Sach. 3, 7 תָּדִין אֶת־בֵּיתִי von der Verwaltung des Hauses Jahwes durch den Hohenpriester.

Ausserhalb des theologischen Sprachgebrauches: **Kal** 1. Rein juridischer Terminus: a) Mit dem Akkusativ דִּין, jemandes Sache führen Jer. 30, 13. — b) Mit עִם der Person, einen Rechtsstreit mit jemandem eingehen Eccl. 6, 10. — 2. Das Richteramt führen, regieren: Gen. 49, 16 im Spruche über Dan דָּן יָדִין עַמּוֹ. — **Niph'al** Streit unter einander haben, von dem im politischen Hader sich befindenden Volke II Sam. 19, 10 (Particip).

קָבַם von עַם verwünschen, verfluchen: Num. 23, 7 לְכָה זֹעֲמָה יִשְׂרָאֵל (neben אָרָה־לִּי). ל לֹא זָעַם יְיָ; Prov. 24, 24 יִקְּבֻהוּ עַמִּים יִזְעָמוּהוּ לְאֻמִּים.

Das originale Verbum „heftig jemanden anfahren" hat das Hebr. erhalten; davon unterscheidet das obige als wahrscheinlich denominiert auch Buhl im H.W.B. [12]

זָרַם von זֶרֶם platzregenartig hinwegschwemmen, von Jahwe ausgesagt, der in seiner Allmacht die Menschen wegrafft wie durch einen Wolkenbruch, Ps. 90, 5 זְרַמְתָּם.

Ausserhalb des theologischen Sprachgebrauches: **Pu'al** ausgeschüttet werden, von den Wolken Ps. 77, 18.

Der Stamm זרם ist verwandt mit ذرف „fliessen, strömen"; der Syrer bildet von eben diesem sein Nomen für Regenguss ܙܪܡܐ. Nach Delitzsch, Proleg. S. 73, ist wegen assyr. *zarâmu* der Regenguss benannt als der Saaten u. s. w. niederwerfende, alles erdrückende und vernichtende. Vgl. dagegen Barth, Etym. Studien 43 ff.

חָבַב von חֵב, liebend hegen, von Jahwe ausgesagt: Deut. 33, 3 אַף חֹבֵב עַמִּים, wo aber sicher עַמּוֹ herzustellen sein wird. (Dillm.)

חָבַר von חֶבֶר, Schlangenzauber üben. Nur das Particip: Deut. 18, 11 וְחֹבֵר חָבֶר; Ps. 58, 6 חוֹבֵר חֲבָרִים.

Ausserhalb des theologischen Sprachgebrauches: Vielleicht **Hiph'il** Hi. 16,4 בְּמִלִּים עֲלֵיכֶם אַחְבִּירָה, ich wollte euch mit Worten bezaubern*).

Die sinnliche Bedeutung „verbunden sein", Pi'el „verknüpfen" ist im Sprachgebrauch der Bibel erhalten.

חָגַג von חַג, ein kultisches Fest feiern. 1. Mit dem Akkusativ חַג. a) Allein. Nah. 2,1 חַגֵּי יְהוּדָה חַגַּיִךְ; Sach. 14,16.18.19 אֶת־חַג־הַסֻּכּוֹת. — b) Dazu ein zweiter Akkusativ. Ez. 12,14; Lev. 23,41 חַג אֹתוֹ תָּחֹגּוּ לַיהוה. — c) Verschiedene nähere Bestimmungen. Lev. 23,39 אַךְ בַּחֲמִשָּׁה ... הַשְּׁבִיעִי תָּחֹגּוּ אֶת־חַג יהוה שִׁבְעַת יָמִים; Num. 29,12 חַג לַיהוה שִׁבְעַת יָמִים. — 2. Mit dem Akkusativ des zu feiernden Tages. Lev. 23,41 תָּחֹגּוּ אֹתוֹ חַג לַיהוה בַּחֹדֶשׁ הַשְּׁבִיעִי. — 3. לְ Gottes. a) Mit Ortsbestimmung. Ex. 5,1 וְיָחֹגּוּ לִי בַּמִּדְבָּר; Deut. 16,15 שִׁבְעַת יָמִים תָּחֹג לַיהוה אֱלֹהֶיךָ בַּמָּקוֹם. — b) Mit Zeitbestimmung Ex. 23,14 שָׁלֹשׁ רְגָלִים תָּחֹג לִי בַּשָּׁנָה. — 4. Absolut. Ps. 42,5 הָמוֹן חוֹגֵג.

Ausserhalb des theologischen Sprachgebrauches: Das Particip I Sam. 30,6 von der Feier eines Freudenfestes gelegentlich der Beuteverteilung.

Was die Bedeutung von חַג anbelangt, so negiert Nöldeke**) wohl mit Recht gegen Wellhausen die des heiligen Reigens und meint, dass man mit Sicherheit nirgends über die Bedeutung Festversammlung hinauskomme. Im Syrischen, das hier gerne im Pa. denominiert, nimmt *hagga* ausser Festversammlung noch die Bedeutung Anhäufung von Menschen überhaupt an.

חָטַם von חֹטֶם, bezähmen; in der Selbstaussage Jahwes: Jes. 48,9 um meines Namens willen halte ich meinen Zorn hin וּתְהִלָּתִי אֶחֱטָם־לָךְ.

Über die Etymologie vgl. Gesenius' H.W.B.¹²

הֵחֵךְ von חֵךְ eig. in den Mund einflössen. 1. Mit Bezug auf Dinge *initiare*, einweihen. Deut. 20,5 wer ein neues Haus gebaut לֹא חֲנָכוֹ, mag abtreten und heimkehren, damit nicht ein anderer יַחְנְכֶנּוּ; I Reg. 8,63; II Chr. 7,5 וַיַּחְנְכוּ אֶת־בֵּית יהוה bzhw. אֱלֹהִים. — 2. Mit Bezug auf Personen, Anleitung geben, unterrichten, Prov. 22,6 חֲנֹךְ לַנַּעַר עַל־פִּי דַרְכּוֹ.

חֵךְ Gaumen, über dessen Behandlung beim neugeborenen Kinde Wellhausen Skizzen u. Vorarb. 3,154, wird vielleicht von einer Wurzel mit der Grundbed. „enge sein" abzuleiten sein.

---

* Hoffmann, Hiob z. St.
**) Z.D.M.G. 41,719.

חתם von חָתַם 1. Von Gott. a) Versiegeln, unter Siegel legen. α) Aufbewahren zu künftiger Bestrafung, nur im passiven Particip gebraucht, wobei aber an Gott als an den Versiegelnden zu denken ist. Deut. 32, 34 חתם באוצרתי, gemeint ist das Thuen und Treiben der heidnischen Feinde; Hi. 14, 17 בצרור פשעי. β) Festhalten, hemmen. In der Schilderung seines allmächtigen, auch die Himmelskörper umfassenden Waltens Hi. 9, 7 יחתם בעד כוכבים, die Sterne unter Siegel legen, so dass sie nicht strahlen können; wenn er die Naturwunder der rauhen Jahreszeit hervorbringt 37, 7 ביד־כל־אדם יחתם, legt er ein Siegel an die Menschenhände, so dass sie nicht arbeiten können. — b) Besiegeln = bestätigen, Dan. 9, 24 ולחתם חזון ונביא; in diesem Sinne fasse ich auch Hi. 33, 16 ובמסרם יחתם, Gott drückt ihrer Verwarnung das Siegel auf, d. h. durch Träume und Nachtgesichte gibt er der an die Menschen zu richtenden Mahnung Bezeugung und Bekräftigung*). — 2. Vom Propheten, der versiegelt, d. h. etwas der Mitteilung entzieht auf Befehl Gottes hin. a) Jes. 8, 16 חתם תורה בלמדי, aufbewahren im Herzen jener, welche die Unterweisung gläubig annehmen. — b) Dan. 12, 4 סתם הדברים וחתם הספר עד עת קץ neben חתם הדברים; das passive Particip V. 9 הדברים וחתמים עד עת קץ.

Ausserhalb des theologischen Sprachgebrauches: **Kal** versiegeln eine Urkunde. a) I Reg. 21, 8 ותחתם; Esth. 8, 8. 10 ונחתם בטבעת, überall ist der Akkusativ „Brief" zu ergänzen. — b) Jer. 32, 10, wo zum Verbum der Akkusativ אגרת המקנה zu ergänzen. — c) Absolut, vom Siegeln der Kaufbriefe Jer. 32, 44; das passive Particip vom Buche Jes. 29, 11 (bis); vom Kaufbrief Jer. 32, 11. 14; von Urkunden Neh. 10, 1. 2. Ein versiegelter Quell Cant. 4, 12**). — **Niph'al** versiegelt werden, der Befehl des Königs נחתם בטבעת המלך Esth. 3, 12; 8, 8. — **Pi'el** nur Hi. 24, 16 חתמו־למו, die Diebe halten sich bei Tage eingeschlossen. Aramaismus. — **Hiph'il** nur Lev. 15, 3 החתים בשרו מזובו, sein Fleisch hält etwas von seinem Fluss durch Verschluss zurück.

In חתם sehe ich die der Wurzel חת eigentümliche Grundbedeutung des Einschneidens.

---

*) Demnach ist das Verbum hier nicht, wie Delitzsch. Hiob z. St. meint, im gleichen Sinne wie 9, 7; 37, 7 gebraucht. Hoffmann liest יחתם, er erschreckt sie durch Warnung.

**) Ez. 28, 12 חותם תכנית ist unverständlich; vgl. Kautzsch z. St.

מָהַר von מֹהַר Terminus für die Erwerbung einer Frau in der prägnanten Ausdrucksweise Ex. 22,15 מָהֹר יִמְהָרֶנָּה לּוֹ לְאִשָּׁה*).

מֹהַר arab. *mahr* ist der Kaufpreis für die Frau. Vgl. die Bemerkungen von Nöldeke zu diesem Stamme Z.D.M.G. 40,154.

מָעַל von מַעַל, einen Treubruch begehen. 1. An Gott. a) מָעַל מַעַל. α) Allein. Es geschieht durch rechtswidrige Aneignung eines Teiles der hl. Abgaben Lev. 5,15; es bezeichnet das gesammte sündhafte Verhalten des Volkes Ez. 14,13; 15,8; 18,24; den Götzendienst II Chr. 36,14. β) Dazu בְּ; Antastung des Eigentumes des Nächsten Lev. 5,21; Verletzung der Satzungen Jahwes überhaupt 26,40; Num. 5,6; Errichtung eines Altares am Jordan Jos. 22,16 בַּאלֹהֵי־יִשְׂרָאֵל. 31; Eidbruch des Zedekias gegen Nebukadnezar Ez. 17,20; während der Ausdruck vom Gesammtverhalten des Volkes gilt 20,27; 39,26; Dan. 9,7; von Saul wegen Nichtbefolgung eines göttlichen Gebotes I Chr. 10,13; vom König Achaz II Chr. 28,19 neben בְּיהוה מַעֲלוּ־מַעַל**). — b) מָעַל בְּ, von denen, die nicht anerkennen die Grösse und Ehre Jahwes Deut. 32,51; von Israel wegen seines sündigen Verhaltens im allgemeinen Ez. 39,23; wegen Annahme ausländischer Weiber Esr. 10,2; Neh. 13,27 בֵּאלֹהֵינוּ; von denen, die anderen Göttern nachhuren I Chr. 5,25 בֵּאלֹהֵי אֲבוֹתֵיהֶם; die die Thora Jahwes verlassen II Chr. 12,2; von Uzzijjah, der in seinem Übermut Räucheropfer am Rauchopferaltar darbringt 26,16; vom götzendienerischen Achaz 28,22; vom sündigen Verhalten der Vorfahren Israels überhaupt 30,7. — c) Absolut von der Annahme ausländischer Weiber Esr. 10,10; vom Verlassen der Gebote und Satzungen Gottes Neh. 1,8; vom Räuchern des Uzzijjah II Chr. 26,18; vom Götzendienst 29,6.19. — 2. Am Ehemanne. Das Weib, das die eheliche Treue nicht hält, Num. 5,12.27 כִּי תִשְׂטֶה וּמָעֲלָה בוֹ מָעַל. — 3. מָעַל בְּחֵרֶם Jos. 7,1; 22,20, und bloss בְּ מָעַל I Chr. 2,7 von Achan, der an dem Gebannten sich vergriff. — 4. In der Aussage vom Könige Prov. 16,10 לֹא יִמְעַל־פִּיו בְּמִשְׁפָּט, wird wohl der Sinn sein „sich gegen den Rechtsspruch in Reden vergehen".

Für den sinnlichen Grundbegriff bietet der vorliegende Sprachgebrauch keinen positiven Anhaltspunkt mehr; dafür scheint er mir

---

*) Ps 16,4 liegt wohl ein Schreibfehler vor für מֹהֲרֵיהֶם; so Siegfried-Stade unter מֹהַר a. a. O.

**) Hieher gehört sicher auch Num. 31,16, indem statt des sinnlosen לִמְסָר־מַעַל jedenfalls לִמְעָל zu lesen ist.

aber auf jeden Fall die Grundbedeutung „bedecken, verdeckt handeln" auszuschliessen. Damit wird natürlich auch der Hinweis auf מְעִיל gegenstandslos. Sehr ansprechend ist Barth's Kombination mit غَالَ, zu dem er einen parallelen Stamm معل wahrscheinlich macht*).

נדר von נֶדֶר, ein Gelübde ablegen. 1. Von Gelübden, die eine positive Leistung involvieren, sogenannten Versprechungsgelübden. a) Mit dem Objekte נֶדֶר. α) Allein: Deut. 12, 17 נְדָרֶיךָ אֲשֶׁר־תִּדֹּר; Jud. 11, 39 נֶדֶר אֲשֶׁר נָדָר; Jon. 1, 16 וַיִּדְּרוּ נְדָרִים לַיהוָה.
β) Dazu לְ der Gottheit. α') Num. 21, 2 וַיִּדַּר יִשְׂרָאֵל נֶדֶר לַיהוָה; 30, 3. 4 אִישׁ כִּי־יִדֹּר נֶדֶר bzw. אִשָּׁה כִּי תִדֹּר; Deut. 12, 11 כֹּל מִבְחַר נִדְרֵיכֶם אֲשֶׁר תִּדְּרוּ לַיהוָה; 23, 22 כִּי־תִדֹּר נֶדֶר לַיהוָה; Jud. 11, 30 וַיִּדַּר יִפְתָּח נֶדֶר לַיהוָה; Jes. 19, 21 וְנָדְרוּ זֶבַח וּמִנְחָה יִדְּרוּ־לַיהוָה. — β') Überdies noch Bestimmung des Ortes: II Sam. 15, 7 אֶת־נִדְרִי אֲשֶׁר־נָדַרְתִּי לַיהוָה בְּחֶבְרוֹן; Gen. 31, 13 אֲשֶׁר נָדַרְתָּ לִּי שָׁם נֶדֶר. — γ') Der Zeit: Eccl. 5, 3 כַּאֲשֶׁר תִּדֹּר נֶדֶר לֵאלֹהִים. — γ) Ein Infinitiv: Jer. 44, 25 אֶת־נִדְרֵינוּ אֲשֶׁר נָדַרְנוּ לְקַטֵּר. — δ) Ein Objektssatz. α') Gen. 28, 20 וַיִּדַּר יַעֲקֹב נֶדֶר לֵאמֹר. — β') Dazu eine nähere Bestimmung: II Sam. 15, 8 כִּי־נֵדֶר נָדַר עַבְדְּךָ בְּשִׁבְתִּי..לֵאמֹר. — b) Mit anderen Objekten. α) Allein: Jon. 2, 10 אֲשֶׁר נָדַרְתִּי אֲשַׁלֵּמָה; Eccl. 5, 3 אֵת אֲשֶׁר־תִּדֹּר שַׁלֵּם. — β) Deut. 23, 24 כַּאֲשֶׁר נָדַרְתָּ לַיהוָה אֱלֹהֶיךָ נְדָבָה. — c) Absolut: Lev. 27, 8 (Part.); Deut. 23, 23; Mal. 1, 14 (Part.); Ps. 76, 12; Eccl. 5, 4 (bis). — 2. Von Gelübden, die zum Teil wenigstens als Enthaltungsgelübde gelten müssen, wie das Nasiräat. a) Mit dem Objekte נֶדֶר: Num. 6, 2 אִישׁ כִּי יִדֹּר נֶדֶר נָזִיר לְהַזִּיר לַיהוָה. 21 כְּפִי נִדְרוֹ אֲשֶׁר יִדֹּר; I Sam. 1, 11 וַתִּדֹּר נֶדֶר. — b) Absolut: Num. 6, 21. — 3. Vom reinen Enthaltungsgelübde: Ps. 132, 2 אֲשֶׁר נִשְׁבַּע לַיהוָה נָדַר לַאֲבִיר יַעֲקֹב.

Der sinnliche Grundbegriff ist ohne Zweifel im „Absondern, Ausscheiden" zu suchen, da das Verbum sicher nahe verwandt ist mit נזר, dessen Grundbedeutung abgesehen von نذر noch deutlich im Niph. erkennbar ist**). Das unserem Verbum entsprechende نذر ist natürlich denominiert von نَذْر. Aus dieser sinnlichen Grundbedeutung aber den Schluss zu ziehen, dass נדר ursprünglich nur das Enthaltungsgelübde bezeichne (Delitzsch), gestattet der Befund des Sprachgebrauches nicht.

נהה von נְהִי, Totenklage anstimmen. a) Mi. 2, 4 וְנָהָה נְהִי. — b) Mit עַל, Ez. 32, 18 וְנָהֵה עַל־הֲמוֹן מִצְרַיִם***).

---

*) Etymologische Studien 62 ff.
**) Baudissin, Studien II, 26.
***) Der masor. Text bietet ausserdem noch eine Niph'alform I Sam. 7, 2

Der Zusammenhang von נָהַר mit הַר, הָר wird wohl anzunehmen sein.

נָהַר von נָהָר eigentl. strömen. Von der Wallfahrt der Heidenvölker zum Berge Jahwes, Jes. 2, 2 וְנָהֲרוּ אֵלָיו כָּל־הַגּוֹיִם, wofür die Parallelstelle Mi. 4, 1 וְנָהֲרוּ עָלָיו עַמִּים hat. Vom Zusammenströmen der von Jahwe Erlösten zu den von ihm kommenden Gütern, Jer. 31, 12 וְנָהֲרוּ אֶל־טוּב יְיָ; zum Bel in Babel 51, 44 וְלֹא־יִנְהֲרוּ אֵלָיו עוֹד גּוֹיִם.

עָבַד von עֶבֶד I. Eine Gottheit durch den Kult verehren, syn. mit עָבַד הָיָה. 1. Den wahren Gott Israels. a) Der Akkusativ Gottes. α) Allein. α') אֶת־יְיָ Ex. 10, 11. 24; 12, 31; Jos. 24, 14. 15. 19. 19. 21; Jud. 10, 16; II Sam. 15, 8; Ps. 102, 23. β') אֶת־אֱלֹהִים Jos. 24, 15 (bis); Mal. 3, 14 עֶבֶד אֱלֹהִים. 18 (Part.) ע' אֱלֹהִים. γ') אֶת־יְיָ אֱלֹהִים bzw. ihren Gott: Ex. 10, 7. 8. 26; 23, 25; Jos. 24, 24; Jer. 30, 9; II Chr. 30, 8; 34, 33; 35, 3; אֶת־יְיָ אֱלֹהֵי יִשְׂרָאֵל 33, 16. δ') אֶת יְיָ Deut. 6, 13; 10, 20; 13, 5; Jos. 24, 22. — ε') Mit Suffixen am Verbum: Ex. 4, 23; 7, 26; 8, 16; 9, 1. 13; 10, 3; Jud. 10, 6; I Sam. 12, 10; Mal. 3, 18; Hi. 21, 15; Neh. 9, 35 *). β) Dazu ein zweiter Akkusativ. α') Der Art und Weise: Ex. 10, 26 לַעֲבֹד אֶת־יְיָ; Zeph. 3, 9 לְעָבְדוֹ שְׁכֶם אֶחָד. β') Der Zeit: Jos. 24, 31; Jud. 2, 7 אֶת־יְיָ כֹּל יְמֵי יְהוֹשֻׁעַ. γ') Mit לְבַד: I Sam. 7, 3 וְעִבְדֻהוּ לְבַדּוֹ. 4 לְבַד אֶת־יְיָ. δ) Eine mit ב des Mittels eingeführte Bestimmung: Deut. 10, 12 אֶת־יְיָ אֱלֹהֶיךָ בְּכָל־לְבָבְךָ וּבְכָל־נַפְשְׁךָ; 11, 13; Jos. 22, 5 בְּכָל־לְבַבְכֶם וּבְכָל־נַפְשְׁכֶם; I Sam. 12, 20 בְּכָל־לְבַבְכֶם. 24 בְּכָל־לְבַבְכֶם בֶּאֱמֶת; Deut. 28, 47 בְּשִׂמְחָה וּבְטוּב לֵבָב; Jos. 24, 14 בְּתָמִים וּבֶאֱמֶת; Ps. 2, 11 בְּיִרְאָה; 100, 2 בְּשִׂמְחָה; I Chr. 28, 9 בְּלֵב שָׁלֵם וּבְנֶפֶשׁ חֲפֵצָה. — ε) Mit ב des Ortes: Ex. 7, 16 יַעַבְדֻנִי בַּמִּדְבָּר; Ez. 20, 10 יַעַבְדוּנִי .. בְּהַר קָדְשִׁי. ζ) Mit עַל des Ortes: Ex. 3, 12 תַּעַבְדוּן אֶת־הָאֱלֹהִים עַל הָהָר. — b) Bloss Akkusativ der Opfergabe: Jes. 19, 21 וְעָבְדוּ זֶבַח וּמִנְחָה. — c) אֵת, in Verein mit jemandem: 19, 23 וְעָבְדוּ מִצְרַיִם אֶת־אַשּׁוּר. — d) Absolut: Jer. 2, 20. — 2. Die heidnischen Götter. a) Akkusativ derselben. α) Allein. α') אֱלֹהִים אֲחֵרִים Deut. 7, 4; 11, 16; 13, 7. 14; 17, 3; 29, 25; Jos. 23, 16; 24, 2. 16; Jud. 10, 13; I Sam. 8, 8; 26, 19; I Reg. 9, 6; II Chr. 7, 19; darauf bezieht sich das Suffix in וַעֲבַדְתָּם Deut. 8, 19; 30, 17; וַעֲבָדוּם 31, 20; וַיַּעַבְדוּם I Reg. 9, 9; Jer. 16, 11; 22, 9; II Chr. 7, 22; וַיַּעַבְדוּ II Reg. 17, 35; לְעָבְדָם Deut. 13, 3; לְעָבְדָם 28, 14; Jud. 2, 19;

יִנְהֲרוּ, die allgemein als Textfehler erkannt und wofür gemäss LXX יִרְאוּ oder יַחְדָּו zu lesen sein wird. Vgl. Kautzsch, Textkr. Erl. z. St.
*) Ps. 22, 31 זֶרַע יַעַבְדֶנּוּ ist unverständlich.

Jer. 11, 10; 13, 10; 25, 6; 35, 15. — β') את־אלהי הגוים החם Deut. 29, 17; את־אלהים Ex. 23, 33; Deut. 7, 16; 12, 30; Jud. 3, 6; auf לאלהים geht das Suffix in ולא יעבד Ex. 23, 24; יעבדם אלהיהם לא־תעבדו... יבש Jos. 23, 7; II Reg. 17, 33. — γ') אלהי נכר Jos. 24, 20; Jer. 5, 19. δ') את־אלהים Jos. 24, 15, vorausgeht in demselben Verse die Aufforderung בחרו.. את־מי תעבדון. ε') את־הבעל I Reg. 16, 31; 22, 51; II Reg. 17, 16; את־הבעלים Jud. 2, 11; 10, 10; את־הבעלים ואת־העשתרות 3, 7; ואת־העשתרות והבעלים 10, 6; I Sam. 12, 10; הגללים II Reg. 17, 12; 21, 21 (bis); גלולי Ez. 20, 39; את־הסיכלים II Reg. 17, 41 (Part.); את־עצביהם Ps. 106, 36; את־האשרים ואת־העצבים II Chr. 24, 18; mit Suffixen, die sich beziehen auf גלוליהם: בכל Ex. 20, 5; Deut. 5, 9; לא יעבדם; auf כל צבא השמים Deut. 4, 19 ועבדתם; Jer. 8, 2 אשר עבדום; אשר אהבום II Reg. 21, 3; II Chr. 33, 3 ויעבד אתם. — β) Zum Akkusativ der Gottheit = des Ortes: Jos. 24, 14 את־אלהים אשר עבדו אבותיכם בעבר הנהר ובמצרים.

γ) Eine adverbielle Bestimmung: ב zu den Akkusativen Deut. 28, 36. 64 אלהים אחרים; 12, 2 את־אלהיהם; 4, 28 אלהים; ausserdem noch Jer. 16, 13 ועבדתם שם אלהים אחרים יומם ולילה; endlich II Reg. 10, 18 את־הבעל יעבדני יהוא מעט. — b) In Participialkonstruktion: II Reg. 10, 19. 21. 22. 23 (bis) עבדי הבעל. 19 בל־עבדיו; Ps. 97, 7 בל עבדי. — c) ל der Gottheit: Jud. 2, 13 לבעל ולעשתרות; Jer. 44, 3 לאלהים אחרים. — II. In abgeblasster Bedeutung: der Gottheit sich fügen, Hi. 36, 11 absolut.

Ausserhalb des theologischen Sprachgebrauches: **Kal 1.** עבד sein, dienen. 1. Im privaten Leben vom Dienstverhältnis meist der Leibeigenschaft oder des Lohndienstes. a) Akkusativ der Person. α) Allein: Gen. 27, 40; Ex. 14, 5. 12 (bis); Mal. 3, 17. β) Dazu ב des Preises: Gen. 30, 26. — γ) ב des Mittels: 31, 6 בבל־כחי. δ) Eine Zeitbestimmung: Ex. 21, 6 ועבדו לעלם. — b) Zum Akkusativ der Person ein zweiter Akkusativ. α) Auf die Art des Dienens Bezug habend: Gen. 30, 29 את אשר עבדתיך; mit einem Adverb 29, 15 ועבדתני חנם. — β) Ein Akkusativ der Zeit. α') Deut. 15, 12; Jer. 34, 14 ועבדך שש שנים. β') Dazu noch ב des Preises: Gen. 29, 18 אעבדך שבע שנים ברחל.. ; 31, 41 עבדתיך.. שבע שנים ברחל. — c) Drei Akkusative: Deut. 15, 18 משנה שכר שכיר עבדך שש שנים. — d) כ der Person und eine nähere Bestimmung. α) ב des Preises: Gen. 29, 25 הלא ברחל עבדתי עמך. — β) Ein Akkusativ der Zeit: 29, 30 ויעבד עמו עוד שבע שנים. — e) Akkusativ der Zeit: α) Allein: Ex. 21, 2. β) Dazu ב des Preises: Gen. 29, 20 ויעבד יעקב שבע שנים ברחל. — f) Bloss ב des Preises: Ez. 29, 20; Hos. 12, 13. — 2. Im politischen Sinne. a) Das Verhältnis zwischen

unterworfenen Völkern und ihren Besiegern. α) Akkusativ der Person. α') Allein: Gen. 15, 13. 14; 25, 23; 27, 29; Deut. 20, 11; 28, 48; I Sam. 11, 1; 17, 9; II Sam. 10, 19; 22, 44; II Reg. 18, 7; 25, 24; Jes. 60, 2; Jer. 27, 7—9. 11 14. 17; 28, 14 (bis); 40, 9; Ps. 18, 44; 72, 11; I Chr. 19, 19.   β') Dazu ein Akkusativ der Zeit: Gen. 14, 4; Jud. 3, 8. 14; I Reg. 5, 1 (Part.); Jer. 25, 11.   γ') ־ des Ortes: 5, 19.
β) In Participialkonstruktion: Sach. 2, 13 לעבדים werden die Völker zur Beute.   γ) ל der Person: I Sam. 4, 9 (bis). — b) Das Verhältnis zwischen Untergebenen, Unterthanen und Beamten einerseits, dem König andererseits. α) Akkusativ der Person: Jud. 9, 28 (ter). 38; I Reg. 12, 4; II Chr. 10, 4.   β) ל der Person: II Sam. 16, 19 לבי אני אעבד. — γ) לפני derselben: 16, 19 כאשר עבדתי לפני אביך. — 3. Von Tieren ausgesagt: Jer. 27, 6 לעבדו; Hi. 39, 9 היאבה רים עבדך. — II. In abgeblasster Bedeutung: Zu Willen sein, I Reg. 2, 7 אם־היום תהיה־עבד לעם הזה ועבדום. — Niph'al nur Eccl. 5, 8 מלך לשדה נעבד, wenn nicht vielleicht doch das originale Verbum vorliegt. — Hiph'il jemanden zum ע׳ machen: Jer. 17, 4 והעבדתיך את־איביך.

Das originale Verbum „arbeiten, thuen" ist im Hebr. erhalten. Delitzsch Friedr., Proleg. 176, Anm. 2, stellt die Sache auf den Kopf durch die Entwicklungsreihe „dienen (auch Gotte dienen), Knechtsdienste leisten, arbeiten, machen".

עָנַק von ענק den Hals umkleiden, Ps. 73, 6 לכן ענקתמו גאוה.
Ausserhalb des theologischen Sprachgebrauches: Hiph'il jemandem aufhalsen, Deut. 15, 14 העניק תעניק לו מצאנך.

עָקַב von עקב, Tücke ausüben an jemandem, ihn hintergehen Gen. 27, 36 ויעקבני זה פעמים; Hos. 12, 4 בבטן עקב את־אחיו; ohne persönl. Akkusativ Jer. 9, 3 עקוב יעקב, neben רכיל יהלך.
Ausserhalb des theologischen Sprachgebrauches: Pi'el die Spur verfolgen, nur Hi. 37, 4*), man kann die Spur der Blitze nicht verfolgen.

---

*) Siegfried-Stade, ebenso Kautzsch („er hält die Blitze nicht zurück") nehmen ein, von dem im Kal denominierten zu trennendes עקב = hemmen, zurückhalten an. So auch schon Budde, Beiträge zur Kritik des Buches Hiob, S. 142. Gegen das daselbst Gesagte wäre zu bemerken, dass im Syr. das von עקבא denominierte עקב zunächst allerdings bedeutet „die Ferse halten", dann aber weiter „auf der Ferse, der Spur folgen", weiterhin „suchen" (Kirsch-Bernstein S. 130, 13), ja auch „ein Examen mit jem. anstellen" (S. 72, 12). Die obige Hiobstelle erklärt sich demnach leichter mit der im Aramäischen üblichen Bedeutungsentwicklung des Denominativs, als mit

Das Denominativ kennen auch die anderen, semitischen Sprachen. Die sinnliche Grundbedeutung scheint auf Krümmung zurückzugehen.

עָרַב von עֲרֻבָּה, Bürgschaft leisten, vom mittlerischen Eintreten Gottes zu Gunsten des Bedrängten, daher geradezu beschützen. So in dem Gebete Jes. 38, 14 עָרְבֵנִי; Ps. 119, 122 עֲרֹב עַבְדְּךָ לְטוֹב; ob hieher auch gehöre Hi. 17, 3 שִׂימָה־נָּא עָרְבֵנִי עִמָּךְ, wird zu bezweifeln sein*).

Ausserhalb des theologischen Sprachgebrauches: **Kal** juridischer Terminus. 1. Bürgschaft leisten für das Leben eines anderen; die Person, für die man das Leben garantiert, folgt im Akkusativ Gen. 43, 9; dazu noch מִיַּד desjenigen, dem gegenüber man die Garantie für einen anderen übernimmt 44, 32. — 2. Bürgschaft leisten für die Verbindlichkeiten eines anderen durch Haftung mit seinem eigenen Vermögen. a) Die Person, für die man haftet: α) Akkusativ; so in der ständigen Formel עָרַב זָר Prov. 11, 15; 20, 16; 27, 13. β) לְ derselben 6, 1. — b) Die Person, vor der man Haftung übernimmt, mit לִפְנֵי 17, 18. — c) Das Darlehen, für das man haftet, im Akkusativ 22, 26 עֹרְבִים מַשָּׁאוֹת. — 3. Da die Bürgschaft im Grunde eine Verpfändung, sei es des eigenen Lebens, sei es seiner Habe zu Gunsten eines Dritten, nimmt das Verbum, verbunden mit dem Akkusativ der Sache, die das Substrat der Bürgschaft bildet, die Bedeutung verpfänden an; so Jer. 30, 21 אֶת־לִבּוֹ; Neh. 5, 3 (Particip) unsere Äcker und Häuser. — **Hithpa'el** sich durch ein Pfand gegenseitig verbindlich machen, sich in eine Wette einlassen mit (אֶת) jemand II Reg. 18, 23; Jes. 36, 8.

Betreffend das Etymon ist nicht nur auf das Aram. mit seinem Stamme עֲרַב „mischen" zu verweisen, sondern auch das Hebr. hat denselben Stamm noch im Hithpa. in der Bedeutung „sich mischen, vermischen" erhalten**). Von hier aus ist leicht der Übergang zum Tauschen des Platzes; die Bürgschaft aber war von Anfang an ein Tausch, eine Substitution der einen Person an Stelle der anderen.

---

einem eigenen, in der Bibel sonst nicht zu belegenden עָקַב = zurückhalten. Vgl. auch Hoffmann z. St.

*) Ansprechender vielmehr nach Hoffmann: „erlaube wenigstens für mich eine Bürgschaft עָרְבֵנִי bei dir (Gott)".

**) Dagegen ist mit عرب II. IV. *arrham dedit* nichts anzufangen, dasselbe ist offenbar denominiert von عَرَبُون, welches Wort Fränkel. Die aram. Fremdwörter im Arab. S. 190, direkt auf das Griechische zurückführt.

Neuestens stellt aber Barth*) zu unserem Verbum غرم, eine Schuld oder Verpflichtung auf sich nehmen.

עָרֵל von עָרְלָה, nur Lev. 19, 23 וַעֲרַלְתֶּם עָרְלָתוֹ, ihr sollet die Vorhaut der Fruchtbäume wachsen lassen. So Kautzsch in Übereinstimmung mit Dillmann; dagegen Siegfried-Stade: „die Vorhaut entfernen"**).

עָרַף von ערף das Genick brechen. 1. Im eigentlichen Sinne. a) Gesetzlicher Terminus für die Vernichtung der zum menschlichen Dienst nicht verwendbaren, weil Jahwe eignenden, tierischen Erstgeburt, mit Akk. derselben, Ex. 13, 13; 34, 20; oder der an Stelle des unbekannten Mörders dem Tode verfallenen jungen Kuh, Deut. 21, 4 וְעָרְפוּ־שָׁם אֶת־הָעֶגְלָה בַנָּחַל; das Particip V. 6 הָעֶגְלָה הָעֲרוּפָה. — b) Ausdruck für heidnischen Opferbrauch, Jes. 66, 3 עֹרֵף כֶּלֶב. — 2. Im übertragenen Sinne Hos. 10, 2 mit dem Akkusativ מִזְבְּחוֹתָם vom gewaltsamen Zerstören der Altäre.

ערף ist wohl zunächst Rückenscheide; die Grundbedeutung == scheiden. Vgl. عرف in der Konstruktion mit doppeltem بين.

עָשֵׁן von עשן 1. Vom auflodernden Zorne Gottes gebraucht: Deut. 29, 19 יֶעְשַׁן אַף יְהוָה וְקִנְאָתוֹ בָּאִישׁ הַהוּא; Ps. 74, 1 יֶעְשַׁן אַפְּךָ בְּצֹאן מַרְעִיתֶךָ. — 2. Aber auch direkt von Gott selbst ausgesagt: 80, 5 עָשַׁנְתָּ בִּתְפִלַּת עַמֶּךָ.

Ausserhalb des theologischen Sprachgebrauches: Von dem in Dampf gehüllten Berg Ex. 19, 18; Ps. 104, 32; 144, 5.
Zur Etymologie vgl. Delitzsch, Jes.³ S. 150.

פָּרַע von פרע das Haar wachsen lassen. a) Mit Akkusativ: Lev. 10, 6 רָאשֵׁיכֶם אַל־תִּפְרָעוּ; 21, 10 אֶת־רֹאשׁוֹ לֹא יִפְרָע; Num. 5, 18 וּפָרַע אֶת־רֹאשׁ הָאִשָּׁה. — b) Absolut: Lev. 13, 45 וְרֹאשׁוֹ יִהְיֶה פָרוּעַ.
Über פרע vgl. Gesenius' Hwb.¹² u. d. W.

קָסַם von קסם Wahrsagerei treiben. 1. Mit einem sachlichen Akkusativ. a) קסם bzhw. קְסָמִים, Deut. 18, 10 (Part.); II Reg. 17, 17; Ez. 13, 23; 21, 26. — b) בוב הִקְסַמְתֶּם 13, 9. — c) קְסָם־שָׁוְא 21, 28. — 2. ל der Person. Hinzutritt: a) Ein sachlicher Akkusativ. 21, 34 קָסָם־לָךְ כָּזָב; 22, 28 קְסָם־לָהֶם כָּזָב. — b) ב des Mittels. I Sam. 28, 8 קָסֳמִי־נָא לִי בָּאוֹב. — 3. ב pretii, Mi. 3, 11 וּנְבִיאֶיהָ בְּכֶסֶף יִקְסֹמוּ. —

* Etymolog. Studien, S. 32.
**) Hab. 2, 16 הֵעָרֵל גַּם־אַתָּה שְׁתֵה ist keine Niph'alform unseres Denominativs. Wellhausen, Skizzen u. Vorarb. V, 165, wird recht haben, dass eine Ableitung von רעל „taumeln" vorliege.

4. Absolut, Mi. 3,6; das Particip = Wahrsager, Deut. 18, 14; Jos. 13, 22; I Sam. 6, 2; Jes. 3, 2; 44, 25; Jer. 27, 9; 29, 8; Mi. 3, 7; Sach. 10, 2.

Das Nähere über קסם und seine Etymologie: Wellhausen, Skizzen u. Vorarb. III, 127.

שׂישׂ und שׂוּשׂ, wahrscheinlich von einer Interjektion*), sich freuen. 1. Von heiliger, religiöser Freude. a) Von Jahwe ausgesagt. α) עַל der Person, über jemanden. α') Dazu ein inneres Objekt. Jes. 62, 5 ומשוש חתן על־כלה ישיש עליך אלהיך. β') Ein Infinitiv mit ל. Deut. 28, 63 (bis) עליכם להרעיב להאביד bzhw. להאביד; Jer. 32, 41 עליהם להטיב אותם. - γ') Sonst eine nähere Bestimmung. Deut. 30, 9 ישיש עליך לטוב כאשר־שש על־אבתיך; Zeph. 3, 17 עליך בשמחה. — β) ב der Person. Jes. 65, 19 בעמי (neben וגלתי בירושלם). — b) Von Menschen ausgesagt, von heiliger, in Gott, seinen Gnadenführungen und Heilswerken begründeter Freude. α) Mit einem Akkusativobjekt. α') Ein inneres Objekt. Jes. 66, 10 שישו אתה משוש. β') Ein Objekt in Gestalt eines selbständigen Satzes. 64, 4 du bist freundlich entgegengekommen את־שש ועשה צדק. — γ') Ein Kausalitätsobjekt. 65, 18 שישו וגילו.. אשר אני בורא. — β) על des Jubelsgrundes. Ps. 119, 162 על־אמרתך. — γ) ב des Jubelsgrundes. α') Derselbe ist Jahwe selbst. Jes. 61, 10 שוש אשיש ביי; Ps. 40, 17; 70, 5 ישישו וישמחו בך. — β') Seine Gnadenerweisungen. 35, 9 בישועתי (parall. תגיל ביי); 119, 14 בדרך עדותיך. - δ) Mit einem näheren Umstande. 68, 4 וצדיקים.. וישישו בשמחה. — c) Mit dinglichem Subjekte. α) Mit einem Objekte in Gestalt eines Infinitivs. Von der Sonne, die sich freut, durch ihren Lauf Jahwes Herrlichkeit zu verkünden, Ps. 19, 6 לרוץ ארח. β) Absolut. Jes. 66, 14 ישש לבכם; in der mehr als fraglichen Form 35, 1 וישישו**). — 2. Von Freude im schlechten Sinne, welche die Feinde Gottes und seines Volkes hegen. a) Mit Objektssatz. Thr. 1, 21 כי אתה עשית. — b) Absolut. 4, 21 שישי ושמחי.

Ausserhalb des theologischen Sprachgebrauches: Sich freuen im gewöhnlichen Sinne; mit durch כי eingeleitetem Objektssatze Hi. 3, 22; mit ב 39, 21.

Die Wurzelbedeutung *exultare*, die Delitzsch statuiert und die er Hi. 39, 21 noch zu finden glaubt, lässt sich durch nichts erweisen, wie überhaupt ein etymologischer Zusammenhang von שׂושׂ nicht zu eruieren ist. Am meisten Wahrscheinlichkeit hat die Vermutung

---

*) Vgl. Nöldeke, Z.D.M.G. 37, 536 ff.
**) Die völlig sinnlose Stelle Ez. 21, 15 lassen wir ausser Betracht.

Nöldekes, der unter Vergleichung von Lockrufen wie شاشا, شوشو die Abstammung des Verbums von einer Interjektion des Frohlockens für möglich hält.

שׂטן von שׂטן, Widersacher jemandes sein, ihn anfeinden. Der Satan als Ankläger zur Rechten des Hohenpriesters Sach. 3, 1 לשׂטנו; in den Psalmen von der Anfeindung, welcher der leidende Gerechte ausgesetzt ist, Ps. 38, 21 וישׂטנוני תחת רדפי טוב; 109, 4 תחת אהבתי ישׂטנוני; das Particip 71, 13 שׂטני נפשׁי (parall. מבקשׁי רעתי); mit Suffix שׂוטני 109, 20. 29.

שׂטם Nebenform zu שׂטן, befeinden. Der leidende Gerechte klagt Ps. 55, 4 איב ישׂטמוני; von Gott gebraucht, der mit den Leiden den Dulder anfeindet, Hi. 16, 9 ישׂטמני; 30, 21 בעצם ידך תשׂטמני. Ausserhalb des theologischen Sprachgebrauches: Feindselig gegen jemand auftreten, Gen. 27, 41 וישׂטם עשׂו את יעקב; im Spruche über Josef 49, 23 וישׂטמהו בעלי חצים; nach dem Tode ihres Vaters befürchten die Brüder 50, 15 לו ישׂטמנו יוסף.

Vielleicht hängt das Verbum doch mit سَطَم „binden mit Stricken, fesseln" zusammen. Vgl. dagegen Barth, Etym. Stud. 37, der שׂטם mit شَتَم „sich schämen" zusammenstellt.

שׂער von שׂער, Schauder empfinden. a) Mit persönlichem Akkusativ: Deut. 32, 17 לא שׂערום אבתיכם, näml. vor den fremden Göttern*). — b) Mit innerem Objekte. α) Allein: Beim Anblick des Sturzes von Tyrus Ez. 27, 35 שׂער שׂערו (parall. ישׂמו). β) Dazu eine nähere Bestimmung: Beim Gerichte Jahwes über Ägypten 32, 10 שׂערו שׂער. — c) Absolut: In der Aufforderung wegen des götzendienerischen Frevels Israels Jer. 2, 12 שׂערו חרבו מאד שׂמים.

שׂרר von שׂר, Herrscher sein, herrschen, walten: Jes. 32, 1 למשׁפט ישׂרו, in dem messianischen Zukunftsbilde von den שׂרים im geläuterten Juda ausgesagt; Prov. 8, 16 בי שׂרים ישׂרו, spricht die zur rechten Ausübung der höchsten Gewalt im Staate befähigende Weisheit.

Ausserhalb des theologischen Sprachgebrauches: שׂרר und שׂור Kal Herr sein. a) Im politischen Sinne: Jud. 9, 22 וישׂר אבימלך על ישׂראל. — b) Im Bereiche des Privatlebens: Esth. 1, 22

---

*) Da jedoch im Parall. dazu steht לא ידעום, so hat wohl Barth Etym. St. 67 recht, wenn er mit Rücksicht auf den Akkusativ und die Übersetzung der LXX einen besonderen hebr. Stamm statuiert, der „kennen, wissen"; ebenso Gesenius' H.W.B.¹² شَعَرَ

שׂר בשׂר. — **Hiph'il** zum Herrscher einsetzen: Hos. 8,4 הִשִׂירוּ neben הִמְלִיכוּ. — **Hithpa'el** den Herrscher spielen über ein Volk: Num. 16,13 בְּהִשְׂתָּרֵר עָלֵינוּ גַּם־הִשְׂתָּרֵר.

Die Etymologie ist zweifelhaft. Delitzsch Friedr., Proleg. 92, spricht sich entschieden gegen die Bedeutungsentwicklung „schneiden, scheiden, ordnen, herrschen" aus; ob aber die von ihm aus dem Assyrischen beigebrachte Deutung „glänzend aufgehen, strahlen" mehr Wahrscheinlichkeit für sich hat, möchte ich bezweifeln.

שִׁית das Nomen ist nicht erhalten. Nur in der Aussage über Gott: 1. Setzen d. i. verleihen, verschaffen; im Gebetsrufe an Jahwe Jes. 26,12 יְיָ תִּשְׁפֹּת שָׁלוֹם לָנוּ. — 2. Hinlegen, den leidenden Gerechten in den Tod betten, Ps. 22,16 וְלַעֲפַר־מָוֶת תִּשְׁפְּתֵנִי.

Ausserhalb des theologischen Sprachgebrauches: Zusetzen, hinstellen חִשִׁית, II Reg. 4,38; Ez. 24,3.

Das Nomen wäre nach dem aram. שִׁיתָא zu bilden: שִׁתָה, Gestell. Vgl. Fränkel, Die aram. Fremdw. 63.

תאב von תָּאֵב, begehren: Ps. 119,40 תָּאַבְתִּי לְפִקֻּדֶיךָ. 174 לִישׁוּעָתְךָ.

II. Niph'al.

אחז von אֲחֻזָּה, Terminus für die Ansiedelung in dem von Jahwe verliehenen Lande: ansässig werden. a) Jos. 22,19 הֵאָחֲזוּ. — b) Num. 32,30 וְנֹאחֲזוּ בְתוֹכְכֶם. — c) Jos. 22,9 אֲשֶׁר נֹאחֲזוּ־בָהּ עַל־פִּי יְיָ בְּיַד־מֹשֶׁה.

Ausserhalb des theologischen Sprachgebrauches: **Niph'al** sich festsetzen in einem Lande, mit בְּ desselben, Gen. 34,10; 47,27.

אלם von אֵלֶם 1. Stumm werden, von Personen ausgesagt: a) Gegensatz zu דבר, vom Einstellen des prophetischen Redens Ez. 3,26; 24,27; 33,22. — b) Von der resignierenden Ergebung in das eigene Unglück Ps. 39,3 (parall. הֶחֱשֵׁיתִי). 10 (parall. לֹא אֶפְתַּח־פִּי); in diesem Sinne auch einmal im Vergleiche gebraucht mit dem Subjekte רָחֵל Jes. 53,7. — c) Sprachlos werden infolge tiefer, innerer Ergriffenheit Dan. 10,15. — 2. Zum Schweigen gebracht d. h. vernichtet werden, von den Lügenlippen Ps. 31,9, meton. statt der Lügner.

Der sinnliche Grundbegriff ist im Hebr. nicht mehr erhalten, zeigt sich aber noch deutlich in dem Nomen אֲלֻמָּה (wovon ein denom. Pi'el = Garben binden Gen. 37,7), der Getreidebund, woraus wir auf ein mit גָּמַל „verbinden" verwandtes Verbum אלם „binden" schliessen*).

אנש von אֲנָשָׁה, von einer א befallen werden, II Sam. 12,15 ויגף ה' את־הילד .. ויאנש.
Über den Stamm אנש und den hier vorliegenden antiphrastischen Gebrauch vgl. den Exkurs von Wetzstein bei Delitzsch, Psalmen⁴ S. 883 ff.

בנה von בֵּן, Kinder bekommen: Gen. 16,2 אבנה ממנה אולי; 30,3 ואבנה גם־אנכי ממנה.

יאל von אֱוִיל 1. Thöricht sein, handeln. a) Mit Akkusativ, Num. 12,11 אשר נואלנו חטאת. — b) Absolut, Jer. 5,4 mit der Begründung כי לא ידעו דרך ה'. — 2. Faktisch als ein Thor erwiesen werden, absolut Jes. 19,13; Jer. 50,36.
אויל geht zurück auf אול „stark, dick sein".

לבב von לב, Verstand gewinnen, einsichtig werden, Folge des richterlichen Einschreitens Gottes Hi. 11,12**).
Ausserhalb des theologischen Sprachgebrauches: Pi'el Jemanden des Verstandes berauben, seinen Sinn gefangen nehmen, mit Akk. der Person, Cant. 4,9 *(bis)*.
Den sinnlichen Grundbegriff von לב bestimmt Delitzsch, Psalmen⁴ S. 179 nach Fleischer als „fester Punkt, Kernpunkt"; dagegen Friedr. Delitzsch, Proleg. S. 88 ff., als benannt von der unruhigen Bewegung.

צמד von צֶמֶד, zusammengejocht sein, nur von der Beteiligung an unzüchtigem Kulte gebraucht mit לבעל פעור Num. 25,3.5; Ps. 106,28.
Die Grundbedeutung des Stammes (vgl. Arab. Syr.) ist „binden".

III. Pi'el.

אזן von מאזנים eig. die Wage behandeln, nur Eccl. 12,9 ואזן וחקר תקן משלים, entsprechend unserem „erwägen", zum Ausdruck des geistigen Prozesses, bei dem der Mensch das Für und Wider einer Sache prüft, um, was richtig und zweckentsprechend, zu ergründen.

אחר von אַחַר 1. Verzögern oder spät machen. a) Subjekt ist Gott. α) Mit Ellipse des Objektes: Deut. 7,10 לא יאחר לשנאו. —

---

*) Vgl. auch Delitzsch Friedr., Proleg. S. 100.
**) Andere, wie G. Hoffmann, im privativen Sinne „verstandlos werden".

β) Absolut: In dem Gebete: Ps. 40, 18; 70, 6; Dan. 9, 19 אל-תאחר. —
b) Von dem von Gott gesandten Heile, Jes. 46, 13 absolut; vom
Gesichte, das sicher kommen wird, Hab. 2, 3 absolut. — c) Vom
Menschen: Wer ein Gelübde macht, soll nicht verzögern Deut. 23, 22;
Eccl. 5, 3 לשלם. — 2. Verweigern, vorenthalten: Ex. 22, 28 מלאתך
ודמעך לא תאחר.

Ausserhalb des theologischen Sprachgebrauches:
Kal verzögern, verziehen: Gen. 32, 5 ואחר עד־עתה; wahrscheinlich
auch II Sam. 20, 5 *)ויוחר מן המועד. — **Pi‘el** 1. Jemanden hinhalten.
a) Akkusativ der Person: Gen. 24, 56. — b) Infinitiv mit ל: 34, 19. —
c) Von den zögernden Schritten des Gespannes: Jud. 5, 28 (parall.
בשש). — 2. Spät daran sein, nur Particip: Jes. 5, 11; Ps. 127, 2;
Prov. 23, 30.

Der ursprünglich örtliche Begriff von אחר ist durchweg in den
zeitlichen umgesetzt. Während das Arab. gleich nach dem Hebr.
in II, denominiert das Syr. im Aphel.

בִּשֵּׂר von בָּשָׂר 1. Freudenbotschaft bringen oder melden. a) Akkusativ der Person Jes. 61, 1 לבשר ענוים, von der Botschaft der sicher
kommenden Erlösung. — b) Akkusativ der Sache 52, 7 מבשר טוב;
die Karawanen der Handelsvölker verkünden als frohe Botschaft
60, 6 תהלות יי. — c) Das Particip. α) Bezeichnung des das göttliche
Heil verkündenden Boten oder Evangelisten 40, 9 (bis); 41, 27; 52, 7.
— β) Die Siegesbotinnen, die Jahwes Sieg über die Feinde besingen Ps. 68, 12. — 2. Verkünden, das Lob Jahwes. Es folgt
Akkusativ der Sache Ps. 40, 10 צדק בקהל רב; 96, 2 בשרו מיום־ליום ישועתו;
I Chr. 16, 23 בשרו מיום־אל־יום ישועתו.

Ausserhalb des theologischen Sprachgebrauches:
Pi‘el 1. Jemandem eine Freudenbotschaft bringen. a) Akkusativ
der Person. Die Philister nach der siegreichen Schlacht schicken
Boten im Lande umher I Sam. 31, 9**); 1 Chr. 10, 9 לבשר את עצביהם
ואת־העם. — b) Zum Akkusativ der Person die Freudenbotschaft selbst
in Gestalt eines Objektssatzes, eingeführt mit כי II Sam. 18, 19; mit
לאמר Jer. 20, 15. — c) Ohne Objekt II Sam. 18, 20 (bis). 26 (Part.);
das substantivierte Particip = Freudenbote 4, 10; Nah. 2, 1. — 2. Die
spezifische Bedeutung des Verbums hat sich bald schon so verloren,

---

*) Vgl. Kautzsch § 68, 2, Anm. 1.
**) Der masoret. Text בית עצביהם ist nach der Chronik und LXX zu
korrigieren.

dass das Particip I Sam. 4, 17 den Boten schlechtweg bedeuten konnte, ja dass man das Verbum auch dort zur Anwendung brachte, wo es sich um das Verkünden einer schlechten Botschaft handelte II Sam. 1, 20 (das Objekt ist zu ergänzen); weshalb I Reg. 1, 42 das Verbum den Akkusativ טוֹב zu sich nimmt. — **Hithpaʻel** sich frohe Botschaft melden lassen II Sam. 18, 31.

Betreffs der Etymologie dieses, auch in den übrigen semitischen Sprachen vorliegenden Denominativums vgl. Fleischer bei Delitzsch, Jesaja³ S. 416; Dietrich, Abhandlungen zur semit. Wortforschung S. 116. 209.

גִּדֵּף von גִּדּוּפָה 1. Hohn bereiten, Gott lästern. a) Akkusativ Gottes. Durch vorsätzliches Handeln gegen seine Gebote Num. 15, 30 אֶת־יי׳ היא מגדף; auf Gottes Person zielt auch hin die Frage II Reg. 19, 22; Jes. 37, 23 את־מי חרפת וגדפת. — b) Mit zwei Akkusativen, II Reg. 19, 6; Jes. 37, 6 אשר גדפו נערי מלך־א' אותי; הדברים; Ez. 20, 27 זאת גרפו אותי. — 2. Von dem das Volk Gottes höhnenden, heidnischen Feind Ps. 44, 17 (Part.).

Das Denominativ ist im Aram. einheimisch und von dort ins Hebr. gekommen. Vgl. Delitzsch zu Ps. 44, 17; Fränkel, Die aram. Fremdw. 228.

זִמֵּר von זִמְרָה ein ausschliesslich in gottesdienstlicher Verwendung stehender Ausdruck, Gesang und Musik in sich fassend. 1. Lobsingen. a) Akkusativ des Objektes, dem das Lobsingen gilt. α) Gott. α') Allein. Jes. 12, 5 זמרו יי'; Ps. 30, 13 יזמרך; 47, 7 זמרו; 68, 33 זמרו אדני (neben שירו לאלהים); 147, 1 זמרו אלהינו. — אלהים זמר β') Dazu eine nähere Bestimmung. 57, 10; 108, 4 אזמרך בלאמים; 138, 1 נגד אלהים אזמרך. β) Der Name Gottes. α') Allein. 7, 18 שם־יי' עליון (parall. אודה); 9, 3; שמך זמרי 66, 4 שמך; 68, 5 שמו. β') Dazu eine nähere Bestimmung 61, 9 שמך לעד. γ) Andere Objekte des Lobsingens. גבורתך 21, 14; בגבורתי 66, 2. — b) Mit ל. α) Gott. α') Allein. זמרו לי׳ אלהי Jud. 5, 3 (neben אשירה); Ps. 9, 12 (parall. הגידו); זמרו 27, 6; אשירה ואזמרה לי׳ (parall. בלילי); 30, 5 (parall. הודו לזכר קדשו); לאלהי יעקב 47, 7; 75, 10 לאלהי; 104, 33; 146, 2; לך 66, 4; 71, 23; 101, 1; ל־ 105, 2; I Chr. 16, 9. β') Mit durch בּ eingeführte Beifügung des Instrumentes, das die musikalische Begleitung bildet. So בכנור Ps. 71, 22 אזמרה לך (parall. בנבל); 98, 5 זמרו לי'; 147, 7 זמרו לאלהינו בכנור יבמנו 149, 3 יזמרו־לי (parall. במחול); הללו שמו 33, 2 זמרו לי׳ (parall. הודו לי׳ בכנור); 144, 9 אזמרה־לך (parall.

אֲשִׁירָה לּוֹ. β) Der Name Gottes. II Sam. 22, ₅₀; Ps. 18, ₅₀ לְשִׁמְךָ
אֲזַמֵּרָה (parall. אֲזַמֶּרְךָ בַּגּוֹיִם); 92, ₂ לְזַמֵּר לְשִׁמְךָ (neben לְהַגִּיד חַסְדֶּךָ); 135, ₃ זַמְּרוּ לִשְׁמוֹ. — 2. Singen. a) Mit dem Objekte מִזְמוֹר 47, ₈. — b) Ohne
Objekt. 57, ₈; 108, ₂ אָזַמְּרָה אָשִׁירָה; 98, ₄ זַמְּרוּ יְיָ פַּצְּחוּ.
    Über die Etymologie Hupfeld zu Ps. 7, ₁₈; Zeitschrift für Kunde des Morgenlandes III, 394 ff.

    זרה von זָרָה, abmessen, prüfen: Ps. 139, ₃ אָרְחִי וְרִבְעִי זֵרִיתָ.
    Zu diesem Stamme vgl. Barths Bemerkung Z.D.M.G. 41, ₆₀₇.

    חבל von חֲבָלִים, unter Wehen hervorbringen; im übertragenen Sinne in der Schilderung des Frevlers und der aus seiner Gottlosigkeit entspringenden Folgen Ps. 7, ₁₅ יְחַבֶּל־אָוֶן.
    Ausserhalb des theologischen Sprachgebrauches bei ursprünglicher Bedeutung des Verbums noch Cant. 8, ₅ (bis).
    Das Denominativ findet sich auch im Syr. im Pa'el. Delitzsch, Jes.³ 181 nimmt als das Stammwort حبل festbinden, zusammenwinden.

    חדש von חָדָשׁ, neu machen, d. i. umschaffen, neu schaffen; mit Akkusativ Ps. 51, ₁₂ רוּחַ נָכוֹן; 104, ₃₀ פְּנֵי אֲדָמָה.
    Ausserhalb des theologischen Sprachgebrauches: Pi'el 1. Wiederherstellen, erneuern: a) Eine zerstörte Stadt Jes. 61, ₄; einen Altar II Chr. 15, ₈; das Haus des Herrn 24, ₄. ₁₂; aber auch die Tage früheren Glückes Thr. 5, ₂₁. — b) Zeugen erneuern d. i. immer neue Zeugen vorbringen Hi. 10, ₁₇, wenn die Lesart עֵדֶיךָ richtig ist*). — 2. Etwas Neues einrichten I Sam. 11, ₁₄, das Königtum. — Hithpa'el sich erneuern, von der Jugend Ps. 103, ₅.
    Über die Etymologie Baudissin, Studien II, 21.

    חוב von חוב in Schuld und Strafe bringen Dan. 1, ₁₀ וְחִיַּבְתֶּם אֶת־רֹאשִׁי לַמֶּלֶךְ.
    Der Stamm ist nicht hebräisch, sondern aus dem Aram. herübergenommen. Einen Versuch der etymologischen Deutung desselben Dietrich, Abhandl. zur sem. Wortforschung S. 255.

    חטא von חַטָּאת. Terminus im kultischen Sprachgebrauch, synon. עָשָׂה חַטָּאת, Sündopfer veranstalten; vom Priester ausgesagt Lev. 6, ₁₉ הַחֹטֵא אֹתָהּ; von Aaron, der als Sündopfer einen Bock darbringt 9, ₁₅ וַיְחַטְּאֵהוּ.

---

*) Hoffmann liest תְּחַדֵּשׁ würdest erneuern deinen Grimm, was besser in den Parallelismus passt.

Ausserhalb des theologischen Sprachgebrauches ist חמה die Busse und Verbum daher die Busse entrichten, um den, sei es durch vermeintliche, oder wirkliche Schuld einem anderen zugefügten Schaden zu ersetzen. Mit Umbiegung dieser ursprünglichen Bedeutung nimmt das Verbum den Akkusativ der zu ersetzenden Sache zu sich. So sagt Jakob zu Laban Gen. 31, 39: was zerrissen ward, habe ich dir nicht gebracht, sondern אנכי אחטנה, ich musste es ersetzen.

חסד von חֶסֶד Schimpf, Schande bereiten: Prov. 25, 10 eines anderen Geheimnis verrate nicht, פֶּן־יְחַסֶּדְךָ שֹׁמֵעַ.
Das Substantiv in der Bedeutung „Schimpf, Schande" ist belegt durch Lev. 20, 17; Prov. 14, 34. Es ist das syrische חסדא (mit Quss.), wovon das Pael denominiert üblich ist. Die sinnliche Grundbedeutung zweifelhaft.

יבם von יָבָם, die Schwagerehe an einer Frau vollziehen. Mit Akk. der Person: Gen. 38, 8 בא אל־אשת אחיך ויבם אתה; Deut. 25, 5 לא אבה יבמי 7 .ולקחה לו לאשה ויבמה.

כהן von כֹּהֵן 1. Als Priester fungieren. a) Mit ל Gottes: Ex. 40, 13 לכהן־לי; 28, 41; 40, 15 וכהנו־לי; 28, 1. 3. 4 לכהנו־לי; 29, 1. 44; 30, 30; Ez. 44, 13 לכהן לי; Lev. 7, 35 לכהן לי; Hos. 4, 6 מכהן לי; II Chr. 11, 14 מכהן לי. — b) Mit תחת der Person, an deren Stelle jemand das Priesteramt verwaltet Lev. 16, 32. — c) Mit einem sonstigen, näheren Umstande Num. 3, 4 על־פני אהרן; I Chr. 5, 36 בבית. — d) Absolut Ex. 31, 10; 35, 19; 39, 41; Num. 3, 3 לכהן; I Chr. 24, 2 ויכהן. — 2. Priester werden, Deut. 10, 6 sein Sohn Eleasar wurde Priester ויכהן.

Ausserhalb des theologischen Sprachgebrauches: Jes. 61, 10 יכהן פאר; ob aber hier wirklich ein Denominativ von כהן vorliegt und demnach mit Delitzsch zu übersetzen ist: „wie ein Bräutigam, der den Priester spielt im Turban, oder welcher priesterlich macht den Turban", ist doch in Anbetracht dessen, dass כהן in allen angeführten Stellen den Priesterdienst versehen bedeutet, mehr als fraglich. Vgl. Dillmann, der der Erklärung Hitzigs כהן = חבש nicht jede Berechtigung abspricht. Übrigens dürfte Bredenkamp recht haben, der statt יכהן liest יכין.

Zur Etymologie vgl. Deut. 18, 7 הלוים העמדים שם לפני יי; weiterhin Dillmann zu Ex. 28, 1; Fleischer bei Delitzsch, Jes.³ S. 625.

כחש von כַּחַשׁ 'כ ausüben. 1. Verleugnen. a) ב Gottes. Jos. 24, 27 der Stein soll Zeuge gegen euch sein, פן־תכחשון באלהיכם;

Jes. 59, 13 כחש פשע בם; Jer. 5, 12 כחשו בה׳ לא־הוא. — b) ב Gottes. Hi. 31, 28 כחשתי לאל ממעל, wo gegen Delitzsch, der „heucheln" verteidigt, mit Berücksichtigung der hier geschilderten Idololatrie an der Bedeutung „verleugnen" festzuhalten sein wird*). — c) Absolut, Prov. 30, 9. — 2. Lügen. a) Von der gewöhnlichen Lüge durch das Wort. α) ל der Person, jemanden belügen, I Reg. 13, 18. β) Absolut, Hos. 4, 2. — b) In dem speziellen Sinne: Treue und Ergebenheit lügen, sowohl durch Wort als durch That. Von der erzwungenen Unterwürfigkeit seitens der Feinde gegen Jahwe, Ps. 66, 3 יכחשו לך איביך; 81, 16 משנאי יכחשו־לו. — 3. Ableugnen ein einem anderen gehöriges Gut. a) Mit doppeltem ב, Lev. 5, 21 וכחש בעמיתו. — b) Bloss ב der abgeleugneten Sache, V. 22 בה nämlich אבדה. — c) Absolut, 19, 11.

Ausserhalb des theologischen Sprachgebrauches: **Niph'al** sich gegen jemand verstellen, vom Feinde gegenüber seinem Sieger, Deut. 33, 29 איביך לך. — **Pi'el** 1. Leuguen. a) Eine Thatsache, Gen. 18, 15 ותכחש שרה לאמר. — b) Einen Menschen = ihn nicht kennen, Hi. 8, 18 ויכחש בו וכחשו. — 2. Sich verstellen, schmeicheln, vom besiegten Feinde, Ps. 18, 45 בני נכר יכחשו־לי. — **Hithpa'el** sich gegen jemand verstellen, ihm schmeicheln, II Sam. 22, 45 בני נכר יתכחשו־לי.

Die Grundbedeutung von כחש ist nicht „*deficere*, abnehmen"; Ps. 109, 24 בשרי כחש משמן, was als einzige Kalstelle zum Beleg jener sinnlichen Grundbedeutung angeführt wird, halte ich für einen anderen Stamm. Der sinnliche Grundbegriff muss vielmehr „verbergen, verheimlichen" sein; vgl. כחד.

כנה — 1. Einen Ehrennamen geben. a) Jes. 45, 4 אכנך. — b) 44, 5 בשם ישראל יכנה. — 2. Jemanden einen Schmeichelnamen geben, ihm schmeicheln. a) Hi. 32, 21 ואל־אדם לא אכנה. — b) Absolut: 31, 22.

Im Arabischen haben wir كنى II. = eine كنية anwenden, ebenso ist im Syrischen כני von כניא denominiert. Über die Bedeutung der Kunja Ewald 271, a; über die Wurzel כן Delitzsch zu Ps. 80, 16.

כשף von כשף Zauberei treiben, ausgenommen II Chr. 33, 6, wo das Verbum in Verbindung mit עונן נחש sich findet, nur das Particip: Ex. 7, 11; 22, 17; Deut. 18, 10; Mal. 3, 5; Dan. 2, 2.

---

*) Vgl. Hoffmann z. St.

Die ursprüngliche Bedeutung von נכא sieht Delitzsch Jes. 47,9 mit Unrecht in Verhüllung; ebensowenig aber vermag ich Riehm*) beizustimmen, der Stamm נכא sei „die westsemitische, punische Parallelbildung zu dem ostsemitischen אגא, das bei den Babyloniern uns begegnete." Es geht vielmehr unser im Syrischen als ܢܟܐ auftretendes Denominativ auf ܟܣܐ „schneiden" zurück**).

לחש von נחש Zauberformeln behandeln, beschwören; nur das Particip Ps. 58,6 מלחשים (parall. חבר חבר).

נחש Zauberformel eigentlich = das leise Geraunte; denn die sinnliche Grundbedeutung „flüstern" im Hithpael noch II Sam. 12,19; Ps. 41,8. Vgl. Baudissin, Studien I, 287; dagegen de Lagarde, Übersicht 188: „נחש wohl aus לחש entstanden."

מלל von מלה preisend darstellen, Ps. 106,2 — ידבר.

Ausserhalb des theologischen Sprachgebrauches: Reden, mit ל zu jemandem Gen. 21,7; mit Akk. dessen, was man redet, Hi. 8,2; 33,3.

Auch das Aram., dem das Wort eigen, denominiert zunächst im Pa'el. Eine Vermutung über den Zusammenhang des Wortes im Arab. Z.D.M.G. 40, 725.

נאר — entweihen, Subjekt ist Gott: Ps. 89,40 חלל נזרך (parall. חלל); Thr. 2,7 ינאר אדני זבח מזבחו מקדשו.

Hupfeld erklärt das Wort für verdächtig und will den Stamm נזר substituieren. Ich glaube, dass es doch irgendwie mit אור zusammenhängen muss.

נבל von נבלה, mit י: behandeln, damit verunreinigen. In der Bitte an Gott Jer. 14,21 אל־תנבל כסא כבודך; in der Drohrede Gottes an Nineve Nah. 3,6, ich will Unrat auf dich schleudern ונבלתיך.

נהל das Nomen nicht erhalten. Ein für die Gnadenleitung Jahwes vorkommender Terminus, der von der Vorstellung Jahwes als Hirten Israels ausgeht. Ex. 15,13 נהלת בעזך אל־נוה קדשך; Jes. 49,10 על־מבועי מים ינהלם; Ps. 23,2 על־מי מנחות ינהלני; 31,4 תנחני ותנהלני.

Ausserhalb des theologischen Sprachgebrauches: Pi'el 1. Zur Tränke führen, langsam treiben, Jes. 40,11 ינהל. — 2. Jemanden versorgen, Gen. 47,17 וינהלם בלחם במוסיהם; II Chr.

---

*) Handwörterbuch des Bibl. Altertums, Art. Zauberei.
**) Nöldeke, Z.D.M.G. 40, 723.

28, 15 בהלכים בנחלים, während 32, 22 בלכו בחלים nach LXX wohl zu ändern ist in בלב החל*). — 3. Jemanden geleiten, Jes. 51, 18 אין מנהל לה. — **Hithpaʻel** für sich weitertreiben, den Marsch fortsetzen, Gen. 33, 14.

Das Substantiv müsste dem arabischen منهل entsprechen. Gegen die Bedeutung „geleiten" sehr entschieden Delitzsch Friedr. Proleg. 17 ff., indem er die Bedeutung „ruhen" verteidigt. Er muss jedoch zugestehen, dass ausgenommen die Chronikstelle und Gen. 47, 17 man mit „führen, leiten" überall auskommen kann. Der Bedeutungsübergang „zur Tränke führen — versorgen" ist aber durchaus nicht so ungeheuerlich, als Delitzsch meint, vielmehr eine derartige Verallgemeinerung eines offenbar uralten, mit der Viehzucht zusammenhängenden Beduinenwortes nicht ohne Analogie; vgl. z. B. הנהג. Über den Stamm selbst vgl. Hartmann, Die Pluriliteralbildungen in den semitischen Sprachen, 22 ff.

נִחֵשׁ von נָחָשׁ**) 1. Eine Vorbedeutung entnehmen durch Beobachtung gewisser, über den Willen der Gottheit Aufschluss gebender Zeichen, Gen. 30, 27 נחשתי; aus den Erscheinungen, welche der flüssige Inhalt des Bechers darbietet, 44, 5 נחש ינחש בו; absolut V. 15; aus der Verwertung eines zur rechten Stunde gesprochenen Wortes als Schicksalswortes, gleichfalls absolut I Reg. 20, 33 ***). — 2. Als technischer Ausdruck für die kunstmässige Mantik, nur absolut Lev. 19, 26; Deut. 18, 10 (Part.); II Reg. 17, 17; 21, 6; II Chr. 33, 6.

Dass das Verbum mit נחש „Schlange" wirklich so zusammenhängt, dass man es zunächst von dem Ausdeuten der an Schlangen zu beobachtenden Zeichen zu verstehen und dann weiterhin anzunehmen hätte, dass der Sprachgebrauch verallgemeinernd das Denominativ auf andere mantische Methoden angewandt hätte, ist eine vielfach vertretene Meinung†), obzwar zugegeben werden muss, dass dieselbe im A. T. selbst eine Stütze insofern nicht findet, als dort nirgends von Schlangenbeobachtung die Rede ist. Daher bezweifelt auch Wellhausen, Skizzen und Vorarb. III, 147, Anm. 1, den Zusammenhang unseres Denominativs mit der Schlange. Vgl. auch Merx, *Chrestom. targ.* unter נחש.

---

*) Siegfried-Stade, Hebr. Wb. u. d. W.
**) de Lagarde, Übersicht 188.
***) Vgl. jedoch Kautzsch, Hl. Schrift und dazu die textkr. Erl.
†) Riehm, Hwb. unter Wahrsager; Baudissin, Studien I, 287.

נסה von נָסָה 1. Subjekt ist Gott. a) Akkusativ der Person, die er versuchen will in Bezug auf Gehorsam, Glauben oder Liebe. Gen. 22, 1 'והאלהים נסה את־א; Ex. 15, 25 ושם נסהו, Subjekt ist nicht Mose und der Sinn nicht der, dass Mose das Volk versuchte, wie weit es in Erkenntnis und Übung seiner Pflichten fortgeschritten sei (Dillm.), sondern, wie der folgende Vers darthut, ist Jahwe Subjekt, und die Versuchung liegt in der Vorlegung von Segen und Fluch behufs freier Wahl; 20, 20 לבעבור נסות אתכם בא האלהים; Ps. 26, 2 בחנני ייי נסני. — b) Dazu ein Objektssatz, Ex. 16, 4 למען אנסנו הילך בתורתי אם־לא; ein Infinitiv mit ל, Deut. 8, 2 לנסתך לדעת את־אשר בלבבך. 16 למען נסתך להיטבך; 13, 4 מנסה יי אלהיכם אתכם לדעת הישבם אהבים את־יי אלהיכם; II Chr. 32, 31 לנסותו לדעת כל־בלבבו. — c) Zum persönlichen Akkusativ kommt ב des Mittels, Jud. 3, 1 לנסות בם את־יש׳; dazu noch ein Objektssatz, 2, 22 למען נסות בם את־יש׳ השמרים ׳; 3, 4 ויהיו לנסות בם את־יש׳ לדעת הישמעו את־מצות יי את אבתם. — 2. Subjekt ist der Mensch. a) Akkusativ Gottes, den der Mensch auf die Probe stellt durch Zweifel an die Zulänglichkeit seiner Macht und Hilfe. Ex. 17, 2 מה־תנסון את־יי. 7 על נסתם את־יי; Num. 14, 22 וינסו אתי זה עשר פעמים; Deut. 6, 16 לא תנסו את־יי אלהיכם; Jes. 7, 12 לא־אנסה את־יי; Ps. 78, 41 וינסו אל. 56 וינסו את־אלהים עליון; 95, 9 נסוני אבותיכם. — b) Dazu ב des Ortes, Deut. 6, 16; 33, 8 במסה; Ps. 106, 14 וינסו אל בישימון; überdies noch ein Infinitiv mit ל, 78, 18 לשאל־אכל לנפשם.

Ausserhalb des theologischen Sprachgebrauches: 1. Auf die Probe stellen, I Reg. 10, 1; II Chr. 9, 1 לנסתו בחידת. — 2. Einen Versuch anstellen. a) Etwas zu thuen. Es folgt Infinitiv mit ל, Deut. 4, 34 לבא; derselbe ist notwendig zu ergänzen I Sam. 17, 39 (bis) ללכת; Infinitiv ohne ל, Deut. 28, 56 הרגלה הצג כף־רגלה על־הארץ. — b) ב des Mittels. α) Allein, Jud. 6, 39 בגזה; Eccl. 2, 1 בשמחה. — β) Dazu ein Akkusativ, 7, 23 כל־זה נסיתי בחכמה. — c) Mit Akkusativ. α) Der Person, einen Versuch mit jemandem machen, Dan. 1, 12 נס־נא את־עבדיך. 14 וינסם. — β) Der Sache, Hi. 4, 2 דבר, einen Versuch anstellen, es an jemanden zu richten.

Die Analyse sämtlicher Belegstellen des Verbums führt auf die Bedeutung eines praktischen Versuches hin. Es liegt nahe, zumal mit Berücksichtigung des sicherlich verwandten נשא an ein Prüfen durch Heben, also Wägen zu denken. Das Aram. kennt zwar auch nur mehr ein denominiertes ܐܢܣܒ ܢܣܒ „prüfen, versuchen" im ethischen Sinne, es hat aber andererseits ܡܣܐܬܐ „Wage" erhalten.

עָוֵל von עָוֶל, Unrecht ausüben. a) Jes. 26, 10 רָשָׁע ... בְּאֶרֶץ נְכֹחוֹת יְעַוֵּל. — b) das Participip: Ps. 71, 4 מֵעֲוִל וְחוֹמֵץ.

Das Denominativ, für welches sonst עָשָׂה עָוֶל sich findet, ist auch im Syr. gebräuchlich (Aph.). Das sinnliche Etymon blickt in dem Gebrauch bei Jesaja noch durch, wo das Verbum offenbar den Gegensatz bildet von „gerade handeln", so dass wir auf den Grundbegriff des Krummen, Schiefen schliessen können d. h. des Abbeugens vom rechten Wege. Thatsächlich sagt der Araber عَالَ عَنِ الحَقّ.

עִטֵּר von עֲטָרָה eig. mit einem Kranz umgeben, daher schmücken. Mit doppeltem Akkusativ, der Person und der Sache, nur von Gott ausgesagt, der den Menschen mit Majestät Ps. 8, 6, mit Gnade und Barmherzigkeit 103, 4 krönet. Mit einfachem Akkusativ 65, 12, wo Gott das Jahr seiner Güte d. h. mit den Erweisungen seiner Güte schmückt.

Ausserhalb des theologischen Sprachgebrauches: **Pi'el** bekränzen im eigentl. Sinne Cant. 3, 11 בָּעֲטָרָה שֶׁעִטְּרָה־לּוֹ, den Bräutigam am Tage seiner Vermählung. — **Hiph'il** nur Jes. 23, 8 von der Stadt Tyrus, die genannt wird הַמַּעֲטִירָה, Kronengeberin, „soferne in vielen ihrer Kolonieen ... ebenso in den ihr damals untergebenen phönik. Städten von ihr eingesetzte und von ihr abhängige מְלָכִים herrschten". (Dillmann z. St.)

Die Krone ist benannt als die umgebende von עָטַר „umgeben", im Kal noch zu belegen I Sam. 23, 26; Ps. 5, 13.

עָנַן — Wahrsagerei treiben. a) Das Verbum fin. Lev. 19, 26 לֹא תְנַחֲשׁוּ וְלֹא תְעוֹנֵנוּ; II Reg. 21, 6; II Chr. 33, 6 עוֹנֵן וְנִחֵשׁ. — b) Das Particip: Deut. 18, 10. 14; Mi. 5, 11; mit abgeworfenem מ Jes. 2, 6; 57, 3; Jer. 27, 9.

Das Verbum könnte von עַיִן denominiert sein, aber nicht, wie Delitzsch glaubt*), von עָנָן Wolke; am wahrscheinlichsten aber liegt der Stamm غَنّ „flüstern" zu Grunde, غُنَان „das Summen der Insekten", so dass ein Wahrsagen aus Lauten und Geräuschen gemeint wäre. Für diese Auffassung vgl. auch Jud. 9, 37 אֵלוֹן מְעוֹנְנִים.

פִּלֵּס von פֶּלֶס 1. Wagerecht machen, ebnen, bahnen. a) Von Gott ausgesagt. Jes. 26, 7 מַעְגַּל צַדִּיק, das Geleise des Gerechten bahnen = seinen Lebensweg zum glücklichen Ziele führen; dagegen soll Prov. 5, 21 וְכָל־מַעְגְּלֹתָיו מְפַלֵּס dem Gedanken der allseitigen Abhängigkeit des Menschen von Gott Ausdruck gegeben werden in dem

---

*) Kommentar zu Jes.³ S. 40; aber auch Baudissin, Studien I, 287 Anm.

Sinne, dass der Mensch ohne Gott nichts unternehmen kann; endlich Ps. 78, 50 לאף כלא, dem Zorne kein Hindernis in den Weg legen. — b) Von Menschen. Prov. 4, 26 פלס מעגל, alles, was dem sittlichen Lebenswandel hinderlich ist, wegräumen; allgemeiner 5, 6 ארח חיים. — 2. Darwägen. Ps. 58, 3 חמס ידכם תפלסון.

Das denominierte Pi'el bedeutet eigentlich „die Wage behandeln, sich mit ihr beschäftigen"; daraus entwickelt sich einerseits die Bedeutung „das Gleichgewicht herstellen, wagerecht machen", andererseits „darwägen". Meines Erachtens ist also eine Scheidung in zwei voneinander verschiedene Stämme, wie Siegfried-Stade dies thun, nicht notwendig. Welches der Grundbegriff von פלס ist, ist mit Sicherheit nicht anzugeben; manches scheint mir für die Grundbedeutung „schwanken" zu sprechen.

פנק — verzärteln, nur Prov. 29, 21 מפנק מנער עבדו.
Wohl nicht ursprünglich hebr. Denominativ; im Aram. ist das denominierte Pa. „ein verweichlichtes Leben führen" sehr häufig. Denominiert ist auch فنق II.

קבל von קבל*), hinnehmen etwas; von geistiger Hinnahme und Aneignung, mit dem Akkusativobjekte Prov. 19, 20; Hi. 2, 10 (bis) הטוב נקבל bzhw. הרעה.

Ausserhalb des theologischen Sprachgebrauches: Pi'el 1. Etwas entgegennehmen, mit Akkusativ und folgendem Infinitiv mit ל, um etw. zu thuen: Esr. 8, 30 לקבל; II Chr. 29, 16 להוציא. — 2. Annehmen. a) Eine Person d. i. aufnehmen; mit Akkusativ I Chr. 12, 18. — b) Etwas annehmen, Esth. 4, 4 Kleider. — c) Etwas als Brauch annehmen, Esth. 9, 23; mit על des Annehmenden V. 27. — 3. Nehmen, synon. לקח; II Chr. 29, 22, Blut zum Sprengen; I Chr. 21, 11 קבל לך, nimm dir. — **Hiph'il** Jemand gegenüberstehen, mit אל; nur מקבילת Ex. 26, 5; 36, 12, von den einander gegenüberstehenden Schleifen an den Teppichen des Heiligtumes.

Bei dem aus dem Aram. herübergenommenen Denominativ ist von der örtlichen Bedeutung des Vorne auszugehen. Vgl. das syrische קבל vorne, im Anblick des Schauenden, also gegenüber sein, קבל der Angeklagte. Unrichtig also Gesenius H.W.B., dass aus قبل IV angreifen, VIII anfangen, sich die Vorstellung des vorn, vor, gegen gebildet. Der Prozess ist umgekehrt, denn أقبل bedeutet zunächst nach der Vorderseite, قبل gehen.

*) Vgl. *Ryssel, De Elohistae Pentateuchici sermone*, S. 72.

קִין von קִינָה ein Klagelied singen. a) Mit dem Akkusativ קִינָה. α) Allein: Ez. 32, 16 קִינָה הִיא וְקוֹנְנוּהָ. β) Dazu עַל der Person: II Sam. 1, 17; Ez. 32, 16 (bis). — b) Bloss עַל der Person: 27, 32; II Chr. 35, 25. — c) Bloss אֶל der Person: II Sam. 3, 33. — d) מְקוֹנְנוֹת Jer. 9, 16, Klageweiber.

שִׁוַּע von שַׁוְעָה einen Hilferuf machen, um Hilfe schreien, gebraucht von dem Bedrängten, der in seiner Not zu Gott um Hilfe schreit. a) אֶל Gottes. Ps. 18, 7 אֲשַׁוֵּעַ אֱלֹהָי (parall. בְּצַר־לִי אֶקְרָא); 30, 3; 88, 14; Hi. 30, 20 אֲשַׁוֵּעַ אֵלֶיךָ; Ps. 28, 2; 31, 23 בְּשַׁוְּעִי אֵלֶיךָ; 22, 25 בְּשַׁוְּעוֹ אֵלָיו. Von den jungen Raben Hi. 38, 41 אֶל־אֵל. — b) עַל Gottes. Ps. 18, 42 יְשַׁוְּעוּ וְאֵין־מוֹשִׁיעַ עַל־יְהוָה וְלֹא עָנָם. — c) Die Situation, in der sich der Bedrängte befindet, Jon. 2, 3 מִבֶּטֶן שְׁאוֹל שִׁוַּעְתִּי. — d) שִׁוַּעְתִּי־אֵלֶיךָ Hab. 1, 2. — e) Absolut. Jes. 58, 9; Ps. 72, 12 (Part.); 119, 147; Hi. 24, 12; 36, 13.

Ausserhalb des theologischen Sprachgebrauches: Von dem an Menschen gerichteten Hilferuf Bedrängter. a) מִן der Ursache, Hi. 35, 9. — b) Absolut, 19, 7; 29, 12 (Part.); 30, 28.

Der Sprachgebrauch hält consequent die spezifische Bedeutung des Hilferufes fest, und es schwebt dem Sprachbewusstsein der verwandte Stamm ישע vor.

שִׁקֵּץ von שֶׁקֶץ 1. Etwas als שֶׁקֶץ behandeln. Lev. 11, 11 אֹתָם תְּשַׁקֵּצוּ. 13 תְּשַׁקְּצוּם; Deut. 7, 26 שַׁקֵּץ תְּשַׁקְּצֶנּוּ neben תַּעֵב תְּתַעֲבֶנּוּ. — 2. Etwas zu שֶׁקֶץ machen. Mit dem Akkusativ אֶת־נַפְשֹׁתֵיכֶם Lev. 11, 43 תְּשַׁקְּצוּ; 20, 25 אֶת־נַפְשֹׁתֵיכֶם בַּבְּהֵמָה. — 3. Verächtlich behandeln, verachten. Ps. 22, 25 לֹא שִׁקַּץ (parall. בזה).

Das Denominativ ist dem Hebr. eigen; das in den Targumim vorkommende Pa'el ist von dort entlehnt. Die Etymologie ist unsicher.

שֵׁרֵת — das Nomen nicht erhalten. I. Kulttechnischer Terminus. 1. Es bezeichnet den Dienst der Kultpersonen vor Jahwe. a) Das Objekt ist Gott. α) Akkusativ. Deut. 10, 8 den Stamm Levi sonderte Jahwe aus לָשֵׂאת אֶת־אֲרוֹן בְּרִית יְהוָה לַעֲמֹד לִפְנֵי יְהוָה לְשָׁרְתוֹ; 17, 12 הַכֹּהֵן הָעֹמֵד לְשָׁרֶת שָׁם אֶת־; 21, 5 die Priester, die Söhne Levis, hat Gott erwählt לְשָׁרְתוֹ וּלְבָרֵךְ בְּשֵׁם יְהוָה; Ez. 40, 46 die Söhne Zadoks, die allein von den Levisöhnen Jahwe nahen dürfen לְשָׁרְתוֹ; 43, 19; 44, 15. 16 לְשָׁרְתֵנִי; 45, 4 die Priester, die nahen dürfen לְשָׁרֵת אֶת־; I Chr. 15, 2 die Leviten hat Jahwe erwählt, die Lade zu tragen וּלְשָׁרְתוֹ עַד־עוֹלָם; 23, 13 Aaron und seine Söhne wurden ausgesondert für alle Zeiten, damit sie für alle Zeiten vor Jahwe räucherten, לשׁרת לפני יהוה; II Chr. 29, 11 die Priester und Leviten hat Jahwe erwählt, zu stehen vor ihm לשׁרתו. Das Particip zeigt einmal die auffällige Konstruktion Jer. 33, 22 את משׁרתי החל; dagegen V. 21 החליו משׁרתיו; Jo. 1, 9; 2, 17 ‥ משׁרתי החיה. β) ל der Gottheit, II Chr. 13, 10 כהנים משׁרתים לה׳ בני אהרן. — b) Ein sachliches Objekt. α) Im Akkusativ. Von den Leviten Num. 1, 50 ישׁרתהו näml. המשׁכן; Ez. 44, 11 משׁרתי את־הבית; sonst nur das Particip in Genitivverbindung, 45, 4 לכהנים משׁרתי המקדשׁ; von den Leviten V. 5; 46, 24 מ׳ הבית; die Priester endlich Jo. 1, 13 מ׳ מזבח. β) Mit ל. Von der den goldenen Leuchter betreffenden Dienstleistung der Leviten, Num. 4, 9 alle Gefässe, אשׁר ישׁרתו־לה בהם. γ) Mit בּ. Wiederum den goldenen Leuchter betreffend, Num. 4, 14 die Gefässe, אשׁר ישׁרתו עליו בהם. — c) Ohne Objekt, aber mit näheren Bestimmungen. α) ‥ בשׁם, Deut. 18, 5 בא לשׁרת בשׁם יהוה; der Levit V. 7. β) Mit בּ des Ortes. Vom Dienste der Priester, Ex. 28, 43; 29, 30; 35, 19; 39, 1. 41; Ez. 44, 27 durchweg לשׁרת בקדשׁ; vom priesterlichen Dienste auch V. 17 בשׁרתם בשׁערי החצר; 42, 14 ihre Kleider, אשׁר־ישׁרתו בהן; 44, 19 אשׁר־המה משׁרתים בם; die Stellung der nachmaligen Leviten, die vordem Höhenpriester gewesen, kennzeichnet der Prophet V. 11 'והיו במקדשׁי מ; endlich heissen die Priester Neh. 10, 37 המשׁרתים בבית אלהינו; von den Thorwärtern I Chr. 26, 12 לשׁרת בבית ‥; Priestern und Leviten II Chr. 31, 2 לשׁרת ולהדות ולהלל בשׁערי מחנות ‥. γ) Mit בּ des Mittels. Vom Dienste der Leviten, Num. 3, 31 die Geräte, אשׁר ישׁרתו בהם; alle die ehernen Gefässe, אשׁר־ישׁרתום II Reg. 25, 14 בם; Jer. 52, 18 בהם. δ) Mit doppeltem בּ, Num. 4, 12 כלי השׁרת אשׁר־ישׁרתו־בם בקדשׁ. ε) Mit לפני, sei es der Person, I Chr. 16, 37 לשׁרת לפני הארן תמיד näml. Asaph und seine Brüder; sei es der Sache, 6, 17 משׁרתים לפני משׁכן אהל־מועד בשׁיר. ζ) Absolut. Vom Dienste der Priester Ex. 28, 35; 30, 20; 39, 26; I Reg. 8, 11; II Chr. 5, 14 durchweg לשׁרת; das Particip mit Bezug auf Priester Neh. 10, 40; die Leviten Esr. 8, 17; I Chr. 16, 4; II Chr. 23, 6. — 2. Es bezeichnet den Hilfsdienst am Heiligtume Jahwes und Unterstützung der Priester beim Kulte. a) Von der Hilfsleistung der Leviten beim Kulte, wodurch sie die Priester unterstützen, Num. 3, 6 ושׁרתו אתו näml. אהרן; 8, 26 ושׁרת את אחיו באהל מועד; 18, 2 וישׁרתוך, das Suffix geht auf Aaron; II Chr. 8, 14 לכהנים ללויים לשׁרת נגד הכהנים; die Gemeinde, Num. 16, 9 לשׁרתם, das Suffix geht auf העדה; Ez. 44, 11 לשׁרתם, das Suffix geht auf העם. — b) Vom Dienstverhältnis des jungen Samuel am Heiligtume, I Sam. 2, 11 את־פני עלי ... משרת. 18 ... את־פני 'מ׳; 3, 1 משרת את־יי לפני עלי. — 3. Vom götzendienerischen Kulte. Ez. 20, 32 לשרת עץ ואבן, Subjekt ist Israel; 44, 12 ישרתו אתם לפני גלוליהם, Subjekt die Leviten, welche dem Volke in der Ausübung des Götzendienstes beistanden. — II. Im allgemein religiösen Sinne: Gott dienen. Von den Fremdlingen, die sich an Jahwe anschliessen Jes. 56, 6 לשרתו; von den aus der Bedrückung Erlösten 61, 6 משרתי אלהינו; die Engel Gottes Ps. 103, 21; die Flammen 104, 4 משרתיו.

Ausserhalb des theologischen Sprachgebrauches: Eine Person bedienen, die Dienste des gewöhnlichen Lebens leisten, zu denen untergeordnete Personen verhalten sind. 1. Akkusativ der Person. Vom Dienste des Joseph Gen. 39, 4 וישרת אתו; 40, 4 אתם; von der Pflegerin Davids I Reg. 1, 4 ותשרתהו; vom Dienstverhältnis des Elisa zu Elia 19, 21 וישרתהו; die fremden Völker dem erlösten Israel Jes. 60, 10 ישרתונך, während die Aussage V. 7 die Widder der Nabatäer ישרתונך am besten zu fassen ist „werden dir zu Diensten stehen"; nur einen redlichen Mann lässt der König zu seiner Bedienung zu Ps. 101, 6 ישרתני. Das Particip in Akkusativkonstruktion, nämlich את־המלך 'מ׳ I Reg. 1, 15; I Chr. 27, 21; 28, 1; II Chr. 17, 19; את בני המלך Esth. 1, 10; häufig aber auch Genitivverbindung, so heisst Josua משרת 'מ׳ Ex. 24, 13; 33, 11; Num. 11, 28; Jos. 1, 1; der Knappe des Amnon heisst משרתו II Sam. 13, 17. 18; die Diener des Salomo משרתיו I Reg. 10, 5; II Chr. 9, 4; der Diener des Elisa משרתו II Reg. 4, 43 איש האלהים 'מ׳ 6, 15; die Diener eines Herrschers משרתיו Prov. 29, 12; Esth. 2, 2; 6, 3. — 2. ל der Person, II Chr. 22, 8 (Part.).

Für das Verbum fehlt uns jeder etymologische Zusammenhang, und auch das von Wünsche, Joel 101, verglichene شرط IV. bringt uns der Lösung nicht näher.

תנה in aramäischer Weise gebildet*), lobpreisend besingen Jud. 5, 11 יי צדקות.

Ausserhalb des theologischen Sprachgebrauches: Besingen, nur Jud. 11, 40 לבת־יפתח. Über die sinnliche Grundbedeutung Philippi, Das Zahlwort Zwei im Sem., Z.D.M.G. 32, 77.

IV. Pu'al.

שֻׁגָּע von שָׁגַע, in 'ש versetzt werden. Nur das Particip als schimpfliche Bezeichnung eines Propheten: II Reg. 9, 11; Jer. 29, 26

---

*) Z.D.M.G. 32, 77, Anm. 5.

איש בשגע הנביא אויל; das dem Propheten feindliche Israel spottet Hos. 9, 7 אויל הנביא משגע איש הרוח.

Ausserhalb des theologischen Sprachgebrauches: **Pu'al** das Particip = wahnsinnig Deut. 28, 34; I Sam. 21, 16. — **Hithpa'el** sich in Raserei versetzen, toben, I Sam. 21, 15 (Part.). 16.

Das Verbum hat mit سكِيّ nichts zu schaffen, mit dem es im Thesaurus und seither vielfach identificiert wird, sondern es gehört zu dem denominierten سَجِي I = im سَجْي reden. Vgl. Wellhausen, Skizzen und Vorarb. III, 130, Anm.

V. Hiph'il.

אדם von אָדֹם Rot ausstrahlen, rot sein, Symbol der Befleckung: Jes. 1, 18 אם־יאדימו כתולע.

Ausserhalb des theologischen Sprachgebrauches: **Kal** rot sein, Thr. 4, 7 אדמו עצם מפנינים. — **Pu'al** gerötet sein, nur das Particip: Ex. 25, 5; 26, 14; 35, 7. 23; 39, 34; Nah. 2, 4. — **Hithpa'el** rot spielen, vom Wein Prov. 23, 31.

אזן von אֹזֶן, im allgemeinen mit dem Ohre thätig sein. 1. Von Gott ausgesagt: erhören. a) Die Person, die Gott erhört, mit אל Deut. 1, 45; Ps. 77, 2. — b) Das sachliche Objekt. α) Im Akkusativ: 5, 2 אמרי; 17, 1; 55, 2; 86, 6 תפלתי; 39, 13 שועתי; 140, 7 קול תחנוני; 141, 1; Hi. 9, 16 קולי. β) Mit אל, Ps. 143, 1 אל־תחנוני. γ) Mit ל 54, 4 לאמרי־פי. — c) Ohne Objekt 80, 2; 84, 9. — 2. Von Menschen, gleichbedeutend mit gehorchen. a) Im guten Sinne. α) Mit ל, Ex. 15, 26 למצותיו. β) Absolut, nur in negativer Aussage Neh. 9, 30; II Chr. 24, 19. — b) Im schlechten Sinne, Prov. 17, 4 שקר מזין על־לשון הות, wo das Subjekt שפה, die Eigenschaft statt des Trägers derselben.

Ausserhalb des theologischen Sprachgebrauches: Synon. von שמע, der Poesie eigen. 1. Auf eine Person hören. a) עד derselben, Num. 23, 18. — b) אל Jes. 51, 1. — 2. Mit sachlichem Objekt. a) Im Akkusativ, Gen. 4, 23; Jes. 1, 10; 32, 9; 42, 23; Ps. 78, 1; Hi. 33, 1; 37, 14. — b) Mit ל 34, 16. — 3. Absolut, besonders bei Propheten beliebte Eingangsformel zur Erregung der Aufmerksamkeit, Deut. 32, 1; Jud. 5, 3; Jes. 1, 2; 8, 9; 28, 23; 64, 3; Jer. 13, 15; Hos. 5, 1; Jo. 1, 2; Ps. 49, 2; Hi. 34, 2.

אמץ von אֹמֶץ, Kraft, Stärke zeigen, vom glaubensstarken Herzen: Ps. 27, 14 חזק ויאמץ לבך; 31, 25 חזקו ויאמץ לבבכם.

Das originale Verbum „fest, stark sein" im Hebr. häufig.

אָרֵךְ von אֹרֶךְ, Länge gewinnen, lang werden. In der Verheissung langer Lebensdauer: Ex. 20, ₁₂ לְמַעַן יַאֲרִכֻן יָמֶיךָ; Deut. 5, ₁₆ לְמַעַן יַאֲרִיכֻן יָמֶיךָ; 6, ₂; 25, ₁₅ לְמַעַן יַאֲרִיכוּ יָמֶיךָ.

Ausserhalb des theologischen Sprachgebrauches:
1. Länge besitzen, räumlich lang sein, von den בַּדִּים der heiligen Lade I Reg. 8, ₈; II Chr. 5, ₉. — 2. Länge geben: Ps. 129, ₃ לְמַעַנֹתָם, zogen die Furchen lang hin.

גָּבַר von גְּבוּרָה Stärke, Macht ausüben, Ps. 12, ₅ לִלְשֹׁנֵנוּ, in Ansehung unserer Zunge.

Das originale Verbum im Kal noch ziemlich häufig.

הָגָה von הֶגֶה eigentlich ein Gesumm machen, nur das Particip Jes. 8, ₁₉ הַמְהַגִּים, von beschworenen Geistern.

Über das Denominativ, das bei Siegfried-Stade an unrechter Stelle eingereiht ist, vgl. de Lagarde, Bildung der Nomina 136 ff.

זָכַר von אַזְכָּרָה, als אִשֶּׁה darbringen. a) Mit Akkusativ: Jes. 66, ₃ מַזְכִּיר לְבֹנָה. — b) Absolut: Ps. 38, ₁; 70, ₁; I Chr. 16, ₄ לְהַזְכִּיר.

חָיַל von חַיִל, eig. Kraft d. i. Bestand haben, von den Unternehmungen des Frevlers Ps. 10, ₅ יָחִילוּ דְרָכָו; sein irdischer Segen Hi. 20, ₂₁ לֹא יָחִיל טוּבוֹ.

טוֹב von טוֹב 1. Gut handeln, von Menschen, die Jahwe wohlgefällige, von ihm gebilligte Entschliessungen fassen oder Handlungen vollziehen. Es folgt ein Objektssatz mit כִּי I Reg. 8, ₁₈; II Chr. 6, ₈; ein Infinitiv II Reg. 10, ₃₀ הֱטִיבֹתָ לַעֲשׂוֹת הַיָּשָׁר. — 2. Gutes erweisen, von Gott Ez. 36, ₁₁ וְהֵטִבֹתִי מֵרִאשֹׁתֵיכֶם.

Ausserhalb des theologischen Sprachgebrauches:
Kal schön, lieblich sein; vom angenehmen Eindruck auf das Gesicht Num. 24, ₅ מַה־טֹּבוּ אֹהָלֶיךָ; auf die Empfindung Cant. 4, ₁₀ מַה־טֹּבוּ דֹּדַיִךְ.

Bezüglich der Etymologie vgl. unter יָטַב. Als Verbalformen zu Kal gehörig führt Böttcher*) noch an: Num. 11, ₁₈; 24, ₁; Deut. 5, ₃₀; 15, ₁₆; 19, ₁₃; I Sam. 16, ₁₆. ₂₃; 20, ₁₂; 25, ₃₆; II Sam. 13, ₂₈; Jer. 32, ₃₉; Prov. 12, ₉; 16, ₃₂; 19, ₁; 27, ₁₀; 28, ₆; Eccl. 2, ₂₆; 7, ₈; 9, ₄; Esth. 1, ₁₀. ₁₉; 3, ₉; 5, ₄. ₈; 7, ₃; Esr. 3, ₁₁; Neh. 2, ₅. ₇; I Chr. 13, ₂; doch kann טוֹב hier durchweg mit Recht als Adjektiv gelten. Auch Jud. 11, ₂₅ ist kein absoluter Infinitiv, sondern ein durch Wiederholung gesteigertes Adjektiv**), während das als Beispiel für den

---

*) Ausführliches Lehrbuch § 1133.
**) Kautzch § 133, 1, Fussnote.

Infin. kstr. angeführte טֶרֶף Prov. 11, 10 als Substantiv gefasst werden kann.

טרף von טֶרֶף, Speise, Nahrung gewähren, in der Bitte an Gott Prov. 30, 8 הטריפני לחם חקי.

Es entspricht das arab. Denominativ أترف d. i. طرفة gewähren. Über den Wechsel der Tenuis ת mit dem emphat. ט vgl. Barth, Etym. Studien 36, wo auch das Denom. הטריח besprochen. Es ist demnach in den Wörterbüchern obiger Stamm zu trennen von טרף zerreissen, dem im Syr. ܛܪܦ vom Schlagen an die Brust u. s. w. entspricht. Das arab. Äquivalent dazu bei Barth a. a. O. طرف schlagen.

יאל von einem vorauszusetzenden Nomen, ein relatives, der Ergänzung bedürftiges Verbum, welches in den Aussagen von Gott gebraucht wird im Sinne von „belieben etwas zu thuen"; dabei folgt der ergänzende Verbalbegriff als Infinitiv mit ל I Sam. 12, 22 לעשות אתכם לו לעם; I Chr. 17, 27 הואלת לברך את בית עבדך; oder er ist mit ו koordiniert II Sam. 7, 29 הואל וברך את בית; Hi. 6, 9 ויאל אלוה וידכאני.

Ausserhalb des theologischen Sprachgebrauches: 1. In Angriff nehmen, unternehmen etwas zu thuen, mit Infinitiv mit ל Gen. 18, 27. 31; Ex. 2, 21; I Sam. 17, 39*); der ergänzende Verbalbegriff asyndetisch im gleichen Modus beigefügt Deut. 1, 5. — 2. Mit Erfolg in Angriff nehmen, in der Phrase יואל .. לשבת Jos. 17, 12; Jud. 1, 27. 35. — 3. Belieben, etwas zu thuen; der ergänzende Verbalbegriff als Infinitiv mit ל Jud. 17, 11; durch ו koordiniert Jos. 7, 7; Jud. 19, 6; II Reg. 6, 3; asyndetisch im gleichen Modus beigefügt II Reg. 5, 23; Hos. 5, 11; Hi. 6, 28.

Über das hieher gehörige Nomen mit seinem originalen Verbum vgl. Dietrich, Abhandl. S. 337.

ילל von יְלָלָה Wehklage anstellen wegen des hereinbrechenden Strafgerichtes. 1. על über jemanden oder etwas. a) Über jemanden. Jer. 48, 31 אייליל על מואב; 51, 8 הילילו עליה. — b) Über etwas. Jo. 1, 5 הילילו כל שתי יין 11 הילילו כרמים על תירוש; mit Bezug auf das vorher geschilderte Erscheinen Jahwes zum Gerichte Mi. 1, 8 אספדה ואילילה. — 2. ל über jemanden. Jes. 16, 7 לכן ייליל מואב למואב. — 3. על des Ortes, wo. Jes. 15, 2 ייליל על נבו ועל מידבא 3 על גגותיה וברחבתיה כלה ייליל; Hos. 7, 14 יילילו על משכבותם. — 4. Mit Angabe

---

*) So wenigstens nach dem mas. Texte; doch lasen LXX וַיֵּלֶא er bemühte sich zu gehen. Vgl. Wellhausen a. a. O. 107; Kautzsch, Textkr. Erl.

des Weherufes. Ez. 30, ₂ הילילו הה לים. — 5. Der Grund des Weh-
klagens. a) Mit kausativem מן. Jes. 65, 14 תילילו רוח משבר. — b) In
einem mit כי eingeleiteten Satze beigefügt. Jes. 13, ₆ הילילו כי קרוב
יום יי; 23, 1. 14 שדד כי... הילילו; Jer. 4, ₈ gürtet Trauergewänder um,
klagt והילילו, denn die Glut des Zornes Jahwes hat sich von uns
nicht abgewendet; 25, ₃₄ במכלאה ירמים .. הילילו; 49, ₃ כי .. הילילו
שדדה; Ez. 21, 17 schreie והילל, denn es geht gegen mein Volk;
Zeph. 1, 11 נדמה כי .. הילילו; in der Aufforderung an Cypressen
und Eichen Sach. 11, ₂ *(bis)*. — 6. Absolut. Jer. 47, ₂ יהילילו; Am. 8, ₃
והילילו; Jes. 16, ₇ כלה יילל; 14, 31; Jer. 48, 20 הלילו; Jes. 23, ₆ הלילו;
Jer. 48, 39; Jo. 1, 13 הילילו.

Ausserhalb des theologischen Sprachgebrauches:
Vom Freudengeschrei oder Siegesgeheul des Tyrannen Jes. 52, ₅, wenn
dort nicht, was wahrscheinlicher, יהוללו oder יהוללו zu lesen ist*).

ילל, wovon auch der Syrer sein *'ailel* denominiert, ist ohne
Zweifel ein schallnachahmendes Wort.

יפע von יפעה 1. Glanz ausstrahlen, Bezeichnung der Theophanie,
hergenommen vom Lichtglanze Gottes. a) מן des Ausgangspunktes:
Deut. 33, ₂ הופיע; Ps. 50, ₂ בציון מכלל־יפי. — b) Absolut: 80, ₂;
94, 1; und so wohl auch Hi. 10, 22, wo zu ותפע kaum mit Delitzsch
ארץ als Subjekt ergänzt werden kann**). — 2. Licht ausstrahlen,
Hi. 10, ₃ ועל־עצת רשעים הופעת = diesen fördern und begünstigen.

Ausserhalb des theologischen Sprachgebrauches:
Hiph'il Licht ausstrahlen, mit dem Subjekte Hi. 3, 4 תופע; 37, 15
אור עננו.

ירה von יהרה 1. Unterweisung, Belehrung geben, von Belehrung
im sittlich-religiösen Sinne im allgemeinen. a) Subjekt ist Gott.
α) Akkusativ der Person. α') Allein: Ex. 24, 12 תורתם האבן תורה
להורתם ; Jes. 28, 26 אלהיו יורנו; Ps. 119, 102 הוראתני
הורתני. β') Dazu ein zweiter, sachlicher Akkusativ: Ex. 4, 12 והוריתיך
אשר תדבר. 15 תעשון את אשר את הדברים; I Reg. 8, 36 הטובה תורם
Ps. 27, 11; 86, 11 הורני יי דרכך; 119, 33 הורני יי דרך חקיך; Hi. 34, 32 בלעדי
אחזה אתה חרני. γ') מן des Ausgangspunktes: Jes. 2, 3; Mi. 4, ₂ יורנו
מדרכיו. δ') ב des Lehrbereiches: Ps. 25, ₈ יורה חטאים בדרך; 12 יורנו
בדרך; 32, ₈ אוריך בדרך זו תלך. — ε') על des Lehrgegenstandes: II Chr.

---
*) Siegfried-Stade, Hebr. Wb. u. d. W.
**) Hoffmann übersetzt: „das Land .. der ordnungslosen Finsternis, die
dunkel bleibt, selbst wenn Du (Gott) leuchtest."

6,27 הטובה אלההדרך יורם. β) Absolut: Hi. 36,22 כי במהו מיהה. —
b) Subjekt sind die falschen Götter. α) Das Particip mit dem Objekte שקר Hab. 2,18. — β) Absolut: 2,19 היא יורה. — c) Subjekt ist ein Organ Gottes, ein Engel oder ein Prophet. α) Akkusativ der Person. α') Allein: Jes. 9,14 מורה־שקר vom falschen Propheten. β') Dazu ein zweiter sachlicher Akkusativ: 28,9 יורה דעה את־מי; in Gestalt eines Objektssatzes Jud. 13,8 ויורנו לבנ־. γ') ב des Lehrbereiches: I Sam. 12,23 בדרך הטובה אתכם. β) Absolut: Jes. 30,20 (bis) מורה Lehrer. — d) Im allgemeinen der Mensch. α) Akkusativ der Person. α') Allein: Prov. 4,4; Hi. 6,24; 8,10. β') Dazu ein zweiter sachlicher Akkusativ: Ps. 45,5 יורך. γ') ב des Lehrbereiches: Prov. 4,11 בדרך חכמה הריתיך; Hi. 27,11 אתכם ביד־אל. δ) Absolut: Ex. 35,34; das Particip = Lehrer Prov. 5,13. — e) Von der vernunftlosen Kreatur: Hi. 12,7 שאל־נא בהמות ותרך. 8 שיח לארץ ויורך. — 2. Von priesterlicher Unterweisung. a) Akkusativ der Person. α) Allein: II Reg. 12,3 הורהו הכהן. — β) Dazu ein zweiter, sachlicher Akkusativ: Lev. 10,11 את־כל־החקים; Deut. 17,10 ככל אשר יורוך. 11 על־פי התורה אשר יורוך; 24,8 ככל אשר־יורו; II Reg. 17,27 וירם את־משפט אלהי הארץ. 28 ויהי מורה אתם איך יראו את־. γ') Der mit Präpositionen eingeführter Unterrichtsgegenstand: Ez. 44,23 ואת־עמי יורו בין קדש לחל. — b) Bloss nähere Bestimmung der Zeit: Lev. 14,57 להורת ביום הטמא וביום הטהר. — c) ב des Preises: Mi. 3,11 יורו במחיר. — d) Absolut: II Chr. 15,3 (Part.).

Ausserhalb des theologischen Sprachgebrauches: Vorzeigen. a) Doppelter Akkusativ: Ex. 15,25 ויורהו יי עץ. — b) ב des Instrumentes: Prov. 6,13 מרה באצבעתיו*).

Die Etymologie ist viel umstritten. Nach Wellhausen, Skizzen und Vorarb. III, 167, wäre ירה „werfen" hieher zu ziehen, so dass תורה mit dem Werfen der Lose durch die Priester oder dem Werfen mit Steinchen zusammenhängen würde, welches bei den Arabern eine Form der Wahrsagung ist. Gegen solche Deutung König, Die Hauptprobleme der altisrael. Religionsgeschichte, 86. Vollers will ירה von יראה ableiten**). Endlich neuestens hat Barth, Etym. St. 13 ff., in dem bekannten وري das Äquivalent zu unserem Verbum aufgestellt. Mir scheint es noch immer das Wahrscheinlichste, dass

---

*) Über Gen. 46,28 vgl. Kautzsch und Socin, Die Genesis ², Anm. 221.
**) Z.D.M.G. 41,396.

allerdings יָרָה „werfen" in Zusammenhang mit תּוֹרָה „Weisung" zu bringen sei, aber Weisung vom Ausstrecken der Hand.

כבר von דָּבָר gross machen, Hi. 35, 16 יַכְבִּר, nicht „er macht viel Redens" (Del.), sondern „er bedient sich grosser Worte"*). Ausserdem nur noch 36, 31 לְמַכְבִּיר „in grossartiger Weise".
Die sinnl. Grundbed. nach Ges. H.W.B. ¹² wohl „flechten".

מרר von מַר Bitternis bereiten, von göttlicher Schickung. a) Hi. 27, 2 שַׁדַּי הֵמַר נַפְשִׁי. — b) Ruth 1, 20 הֵמַר שַׁדַּי לִי מְאֹד.
Ausserhalb des theologischen Sprachgebrauches: Kal 1. Bitter sein; nur in übertragener Bedeutung in der Verbindung מָרָה נֶפֶשׁ, die Seele ist verbittert: a) Unwillig, 1 Sam. 30, 6 כִּי־מָרָה וגו׳. — b) Bekümmert, II Reg. 4, 27. — 2. Bitter werden, bitter schmecken. Jes. 24, 9 יֵמַר שֵׁכָר לְשֹׁתָיו. — Pi'el bitter machen. 1. Akkusativ: a) Einer Person, dieselbe feindselig behandeln. Gen. 49, 23 וַיְמָרֲרֻהוּ. — b) Das Leben verbittern. Ex. 1, 14 וַיְמָרְרוּ אֶת־חַיֵּיהֶם בַּעֲבֹדָה קָשָׁה. — 2. Bloss mit בְּ. Jes. 22, 4 אֲמָרֵר בַּבֶּכִי, bitterlich weinen. — Hiph'il bitterlich klagen, Sach. 12, 10 וְהָמֵר עָלָיו כְּהָמֵר עַל־הַבְּכוֹר. Steiner: „Wohl durch בָּכֹה zu vervollständigen." — Hithpalpel sich in eine bittere Stimmung versetzen. a) אֶל gegen jemand, Dan. 8, 7. — b) Absolut 11, 11.

Dass in der Verbindung מַר־לִי nicht ein Verbum, sondern ein Adjektiv vorliegt, woraus erst Verbalbildungen hervorgegangen sind, hat Hupfeld zu Ps. 18, 7 dargethan. Dieselbe Auffassung bei Kautzsch, § 144, Fussnote 1. Über die Wurzel מַר vgl. Fleischer bei Delitzsch, Hiob ² S. 306, Anm. 2.

נוא von הֲנִיאָה 1. Zurückhaltung auferlegen. a) Mit persönlichem Akkusativobjekt, jemanden hindern, ihm wehren; so von der Einsprache gegen die Giltigkeit eines Gelübdes von seiten der dazu berechtigten Personen Num. 30, 6 *(bis)*. 9. 12. — b) Mit sachlichem Objekte von Gott ausgesagt, der die Entwürfe der Nationen verhindert Ps. 33, 10 (parall. הֵפִיר). — 2. Als innerlich transitives Denominativ: Zurückhaltung bethätigen, in der schwierigen Stelle Ps. 141, 5 אַל־יָנִי רֹאשִׁי, womit der Dichter sich bereit erklärt, den Tadel des Rechtschaffenen auf sich wirken zu lassen.

Ausserhalb des theologischen Sprachgebrauches nur mit dem Akkusativ אֶת־לֵב, Zurückhaltung auferlegen betreffs einer

---
*) Budde, Beiträge zur Kritik des B. Hiob, 138.

beabsichtigten Unternehmung; die Gaditen und Rubeniten wollen ihren Brüdern den Mut benehmen, in das ihnen verliehene Land hinüberzuziehen Num. 32, 7 בעשות, wie einst auch ihre Väter gehandelt haben V. 9 לבלתי־בא אל־הארץ.

Im Arab. ist لجّ sich zu erheben versuchen gew. ohne Erfolg. Siehe die ausführliche Erörterung bei Wellhausen, Skizzen u. Vorarb. III, 174, Note.

סות von einem nicht erhaltenen Nomen. Im allgemeinen jemanden anstacheln. 1. Jemanden zur Sünde reizen, mit Akkusativ der Person. So von der Verleitung zum Götzendienst Deut. 13, 7 לבא .. אחיך יסיתך; die Isebel verleitete I Reg. 21, 25 את, den Ahab, zum Götzendienst; Jahwe reizte II Sam. 24, 1 ויסת בהם לאמר את־דוד; nach gewöhnlicher Annahme auch Hi. 36, 18 פן־יסיתך בשפק *); endlich der Satan I Chr. 21, 1 ויסת את־דוד למנות'. — 2. Jemanden gegen einen anderen reizen, von Jahwe I Sam. 26, 19 אם יי הסיתך בי; vom Satan Hi. 2, 3 ותסיתני בו לבלעו. — 3. Jemanden weglocken, von Jahwe ausgesagt. So gewöhnlich Hi. 36, 16 הסיתך מפי־צר **); als die Feinde auf Josaphat eindrangen, II Chr. 18, 31 ויסיתם אלהים ממנו.

Ausserhalb des theologischen Sprachgebrauches: 1. Jemanden irre führen: II Reg. 18, 32; Jes. 36, 18; II Chr. 32, 11, Hiskia führt irre אתכם להמית V. 15 אתכם יסית; die Freunde den Zedekia Jer. 38, 22 הסיתוך. — 2. Jemanden aufreizen. a) Gegen andere, Jer. 43, 3 מסית אתך בנו. — b) Etwas zu thuen, Inf. mit ל Jos. 15, 18; Jud. 1, 14; II Chr. 18, 2.

עוד von עד. 1. Einen zum Zeugen nehmen, nur mit dem Akkusativ העידתי בכם את־השמים ואת־הארץ. a) Allein, Deut. 31, 28. — b) Dazu noch ב der Person, gegen welche Himmel und Erde als Zeugen aufgerufen werden, und ein den Inhalt des zu Bezeugenden enthaltender Objektssatz, eingeführt mit כי, 4, 26 כי־אבד האבדון; ohne Einführung, 30, 19 העדתי בכם היום את־השמים ואת־הארץ. — 2. Selbst einen Zeugen machen, Zeugnis ablegen. a) Von Jahwe, welcher Zeuge war Mal.

---

*) Auch Kautzsch übersetzt: „denn Grimm verführe dich nicht zu Hohn"; allein ה סית ב kann das nicht bedeuten. Hoffmann: „es ist zu befürchten, dass (Gott) dich durch (fortgesetzten) Überfluss verleiten würde." Aber פן־יסיתך == es ist zu befürchten?

**) Sehr ansprechend Hoffmann: „dich Eigensinnigen hat die Wohlhabenheit, an deren Stelle niemals Einschränkung getreten war, und das Behagen .. dazu verführt", indem er מצפק liest als Zustand zu ך.

2, 14 בְּרִיתְךָ וּבְנֵי אֵשֶׁת בְּרִיתֶךָ. — b) In der Anrede an die Heiden, Zeugen zu sein בְּבֵית יַעֲקֹב Am. 3, 13, die Zeugenschaft bezieht sich auf das im folgenden angedrohte Strafgericht Jahwes. — 3. Allgemein von feierlicher, weil in den meisten Fällen mit Anrufung Gottes verbundener Aussage. Im einzelnen unterscheiden wir hier: a) Verwarnen. α) Subjekt ist Gott selbst. α') = der Person, Jer. 42, 19; Ps. 50, 7; 81, 9; Neh. 9, 29. — β') Jer. 11, 7 הַעִדֹתִי בַּאֲבוֹתֵיכֶם .. הָעֵד וְהָעֵד לֵאמֹר. — γ') II Reg. 17, 13 לֵאמֹר בְּיַד כָּל־נְבִיאֵי וַיָּעַד בִּיהוּדָה וּבְיִשְׂרָאֵל. δ') Neh. 9, 30 בָּם בְּרוּחֲךָ בְּיַד־נְבִיאֶיךָ. ε') Das Volk wollte nichts wissen von עֵדְוֹתָי II Reg. 17, 15 אֲשֶׁר הֵעִיד בָּם; Neh. 9, 34 בָּהֶם. β) Der Prophet, der auf Befehl Gottes verwarnt. α') = der Person, I Sam. 8, 9 הָעֵד תָּעִיד בָּהֶם; Neh. 9, 26; 13, 21. — β') Ohne Objekt, Jer. 6, 10; Neh. 13, 15. — b) Einschärfen, von religiöser Unterweisung; Ex. 19, 21 soll Mose einschärfen בָּעָם, auf dass es nicht (פֶּן) sich unterfange, zu Jahwe vorzudringen; V. 23 hat Jahwe selbst eingeschärft בָּנוּ לֵאמֹר. — c) Feierlich ankündigen; im Falle des Götzendienstes Deut. 8, 19 הַעִדֹתִי בָכֶם כִּי אָבֹד תֹּאבֵדוּן; 32, 46 הַדְּבָרִים אֲשֶׁר אָנֹכִי מֵעִיד בָּכֶם. — d) Die feierliche Zusicherung geben, I Reg. 2, 42 הִשְׁבַּעְתִּיךָ בַּיהוה וָאָעִד בְּךָ לֵאמֹר; der Engel Jahwes gab die feierliche Zusicherung Sach. 3, 6 בִּיהוֹשֻׁעַ לֵאמֹר.

Ausserhalb des theologischen Sprachgebrauches: **Kal** nur Thr. 2, 13 מָה־אֲעִידֵךְ, was soll ich dir bezeugen d. h. als Beispiel anführen? — **Hiph'il** 1. Forensischer Terminus. a) Zeugen nehmen, הָעֵד עֵדִים Jes. 8, 2; Jer. 32, 10. 25. 44. — b) Selbst einen Zeugen machen, Zeugenschaft ablegen; mit folgendem, durch לֵאמֹר eingeführten Objektssatz I Reg. 21, 10; dazu noch V. 13 Akkusativ der Person, wider welche וַיְעִדֻהוּ Zeugenschaft abgelegt wird. — 2. Jemandem nachdrücklich etwas einschärfen, Gen. 43, 3 הָעֵד הֵעִד בָּנוּ לֵאמֹר. — 3. Zeugnis geben von Hiobs Glück, Hi. 29, 11 (parall. וַתְּאַשְּׁרֵנִי). — **Hoph'al** verwarnt werden, mit בְּ der Person, Ex. 21, 29 vom Besitzer eines stössigen Rindes.

Der sinnliche Grundbegriff bestimmt sich nach dem Arabischen. 'âda ist „zurückkehren, etwas wieder thuen", dann weiterhin „wiederholen". Von hier aus erklärt sich leicht עֵד als Zeuge. Gesenius, H.W.B.⁸, weist auf 'âda hin, erklärt aber ganz unrichtig Hiph'il „etwas wiederholt, nachdrücklich sagen, daher bezeugen".

עָרַם von עָרְמָה 1. 'ע bethätigen, im schlechten Sinne gemeint und mit sachlichem Akkusativ verbunden nur Ps. 83, 4 עַל־עַמְּךָ יַעֲרִימוּ סוֹד, von dem gegen das Volk Gottes Anschläge sinnenden Feinde. —

2. ׳שׂ d. i. Besonnenheit, Einsicht gewinnen, nur absolut gebraucht Prov. 15, 5; 19, 25.

Ausserhalb des theologischen Sprachgebrauches: Schlauheit bethätigen, von David in seinem Verhalten gegen Saul I Sam. 23, 22, wo dem Verbum finitum im Imperf. Hiph. der absolute Infinitiv Kal untergeordnet ist*).

Der sinnliche Grundbegriff lässt sich nicht mehr ermitteln. Die Erklärung, die bei Gesenius noch in späteren Auflagen des W.B. zu finden, nämlich abgerieben, abgefeimt sein, ist nicht nur gar zu gekünstelt, sondern beruht auch auf der irrigen Identifizierung unseres Stammes mit عرم abschälen, entblössen. Das Verbum scheint, wie noch im Arab., ausschliesslich im üblen Sinne im Gebrauch gewesen zu sein, doch ist im Hebr. und Syr. diese spezifische Nebenbedeutung verloren gegangen.

עשׁר von עָשִׁיר, zum ׳ע machen. a) Mit Bezug auf Personen, in der Schilderung von Gottes Allmacht I Sam. 2, 7 מוריש ומעשיר; der Segen Jahwes Prov. 10, 22 היא תעשיר. — b) Etwas reich machen, bereichern, als Folge des göttlichen Segens, in dem Dankgebete Ps. 65, 10 פלג אלהים תעשרנה.

Ausserhalb des theologischen Sprachgebrauches: Kal ein ׳ע werden, Hos. 12, 9; Hi. 15, 29. — **Hiph'il** 1. Jemanden zum ׳ע machen. a) Akkusativ der Person Gen. 14, 23; Ez. 27, 33. — b) Mit doppeltem Akkusativ, I Sam. 17, 25 גדל ישׁ המלך יעשׁרנו. — c) Absolut Prov. 10, 4. — 2. Reich werden, synon. עשׁה חיל, Jer. 5, 27; Sach. 11, 5; Ps. 49, 17; Prov. 21, 17; 23, 4; 28, 20; mit dem Objekte עשׁר Dan. 11, 2. — **Hithpa'el** sich reich stellen, Prov. 13, 7 (Part. im Gegs. מתרושש).

Dem Stamme עשׁר entspricht doch wohl عثر „viel, reichlich sein", eine Zusammenstellung, die schon Dietrich gemacht. Zum Wechsel von r und l vgl. Barth, Etym. Studien 41 ff.

קרב von קָרְבָּן, Opfer darbringen. 1. הקריב קרבן. a) Allein, Lev. 9, 15; 22, 18; Num. 7, 12 (Part.). — b) Mit ל Gottes. α) 'ח קרבן לי Lev. 1, 2; 2, 1; 7, 38; Num. 15, 4 (Part.). β) Dazu מן der Opfermaterie, Lev. 27, 9. 11. γ) Als Akkusativ der Opfermaterie und ל der Opferart, Num. 6, 14 יעשׂה אחד לעלה .. כבשׂ. — δ) כמשׁכן יי Lev. 17, 4.

---

*) Nur in der oben angeführten Psalmstelle ist das Imperf. *plene*, in den übrigen 3 Stellen dagegen *defective* geschrieben. Nach Barth, Z.D.M.G. 43, 180 sind die letzteren i-Imperf. des Kal, nicht Hiph.

Verba denominativa in einer Konjugation. 45

Lev. 17,4, wobei der Akkusativ der Opfermaterie zu ergänzen. — c) Mit Angabe der Opfermaterie. *a)* Akkusativ derselben, Lev. 2,4 אבה המנ; 3,7 (Part.) כבש; 5,8 die zum Sündopfer bestimmte Taube; Num. 7,19 הקריב קרבנו und die übrigen Opfergaben der Stammfürsten; 31,50 נקרב איש אשר מצא את־קרבנו. *β)* מן derselben, Lev. 1,2 מן־הבהמה מן־הבקר ומן־הצאן. 14 מזבח את מן־הבקר; 3,14 לו אשה בהמה. — d) Mit Angabe eines näheren Umstandes. *α)* על־החלב לחם הריח 7,13. *β)* במועדי בדרך Num. 9,7 — במעוד 13. — *γ)* לתנובת המזבח 7,11. — 2. Mit Akkusativ der Opfergattung. a) Allein. הקריב ה' Lev. 7,8 (bis); 9,16; מנחה 7,9 (Part.); 9,17; החטאת Ez. 44,27; אשה־לה' Lev. 21,6 (Part.). 21; אלתכם אתה־לב 21,8 (Part.); אלתם לחם 17,21; החטאת 7,16; das Particip in Genitivverbindung Num. 16,35 מקריבי הקטרת. — b) Dazu ל Gottes, אשה לה' Lev. 7,25; 23,8.25.27.36 (bis); Num. 28,3; אשה ליהוה 15,13; השלמים זבח Lev. 7,11.29 (Part.); 22,21; מנחה 2,11.14; 23,16; Num. 28,26; העלה Ez. 46,1. — c) לכבוד Gottes, את־אשה ישראל לה' Lev. 10,19; כלי מלכי־אשר ופני בפי האלהים I Chr. 16,1. — d) Mit einem näheren Umstande, Lev. 7,12 יקריב את־זבח־תודה, wenn das Heilsopfer jem. als Danksagung darbringt. — 3. Akkusativ des Opfermaterialen. a) Allein, Lev. 1,3.10; 3,6 יקריבנו, näml. ein männliches, fehlerloses Thier; 1,5 את־הבן. 13 את־הבן; 7,3 את כל־חלבו. 18 (Part.) אתו, das Heilsopferfleisch. 33 (Part.) את־חלב־השלמים את־החטאת; 22,20 בל אשר־בו מום; Num. 17,14 אשה, die kupfernen Räucherpfannen; Ez. 43,23 פר בן; 44,7 את־חלבי ואת־דם; Hag. 2,14 אשה; mit partitivem מן, Lev. 3,1 מן־הבקר הוא את־הקרבה. — b) Mit ל Gottes. *α)* Lev. 22,22.24, das Fehlerhafte soll man Jahwe nicht darbringen; Num. 18,15 die Erstlinge; Ez. 44,15 לי חלב ודם; II Chr. 35,12, der Akk. zu ergänzen. *β)* Lev. 22,18 לכלי אשר יקריב. *γ)* Num. 28,2 לי בכורים, der Akk. zu ergänzen. — c) Mit לפני, Lev. 9,2, der Akk. zu ergänzen. — d) Mit ל zur Bestimmung der Opfergattung, לחטאת Lev. 4,14 פר; Num. 15,27 עז; Ez. 43,22 לחטאת; לעלה Lev. 14,12 אתו. *β)* Lev. 4,3 לי לחטאת .. פר .. חטא על. *γ)* Num. 15,10 לי ליהוה אשה חצי ההין לנסך יקריב. — e) Mit Angabe eines sonstigen Umstandes. *α)* Ex. 29,3 אתם בסל. *β)* Lev. 2,13 כל קרבנך 'ת חמלח; 7,12 מצות בלילת שמן; 23,18 שבעת כבשים על־הלחם. — 4. Mit dem Akkusativ der Opfergattung und des Opfermaterialen. a) Allein, Lev. 2,14 du musst geröstete Körner darbringen את מנחה בכוריך; Num. 15,4 מנחה סלת עשרון. — b) Dazu ל der Gottheit. *α)* Lev. 2,12 קרבן ראשית תקריבו אתם לי; 7,11 אחד מכל־קרבן תרומה לה'; Num. 28,11 עלה לה' פרים; Esr. 8,35 עלה לאלהי ישראל פרים בלית לה'.

β) בְּזֶבַח הַשְּׁלָמִים dem Jahwe ein Feueropfer, nämlich Lev. 3, 3 אֶת־הַחֵלֶב. חלב ,9. γ) Etwas als Lev. 6, 14 מִנְחָה פָּרִים darbringen לי׳ רֵיחַ׳; Num. 28, 27 עֹלָה לְרֵיחַ לי׳ ; 29, 8 עֹלָה לי׳ רֵיחַ לי׳ ; 36 עֹלָה אִשֵּׁה רֵיחַ לי׳. δ) Etwas darbringen Num. 28, 19 עֹלָה לי׳ אִשֶּׁה, als Feueropfer in Gestalt von Brandopfern; 29, 13 עֹלָה אִשֵּׁה רֵיחַ לי׳. — ε) Eine sonstige nähere Bestimmung, 15, 9 עַל־בֶּן־הַבָּקָר מִנְחָה סֹלֶת. — 5. Der Akkusativ der Opfergabe ist zu ergänzen: 7, 10 אֵת קָרְבַּן הַחֲנֻכָּה, die Opfergaben zur Einweihung, wofür wohl mit LXX richtiger לַחֲנֻכַּת zu lesen und הִקְרִיב an sich als „Opfer darbringen" zu fassen ist; 15, 7 תַּקְרִיב רֵיחַ לי׳. — 6. Absolut 7, 2. 18.

Das originale Verbum ist im Hebr. in der Bedeutung „sich nahen" noch in vielfacher Verwendung. Das Arab. denominiert von قربان in II.

רָגַע von רֶגַע eigentl. mit den Augen zucken. 1. Als selbstständiges Verbum. Die Lügenzunge besteht Prov. 12, 19 עַד־אַרְגִּיעָה (Gegs. לָעַד). — 2. Als relatives, der Ergänzung bedürftiges Verbum, wobei das ergänzende Verbum asyndetisch beigefügt wird, Jer. 49, 19; 50, 44 zur Umschreibung des Begriffes „im Nu".

Vgl. jedoch zu dem ganzen Artikel Ges. H. W. 12. Aufl., wo auch die etymol. Frage erörtert ist.

רִיחַ von רוּחַ eig. Hauch, Atem einziehen. 1. Riechen. a) Von Jahwe ausgesagt: Gen. 8, 21 אֶת־רֵיחַ הַנִּיחֹחַ; I Sam. 26, 19 מִנְחָה. — b) Vom Götzen, die nicht einmal der animalischen Lebensfunktionen fähig, also total ohnmächtig sind. Absolut: Deut. 4, 28; Ps. 115, 6. — 2. ב הריח. a) Gerne riechen, sich ergötzen. Von Jahwe, der kein Ergötzen hat: Lev. 26, 31 בְּרֵיחַ נִיחֹחֲכֶם; Am. 5, 21 בְּעַצְרֹתֵיכֶם. — b) Allgemein Wohlgefallen haben, vom messianischen Könige: Jes. 11, 3 וַהֲרִיחוֹ בְּיִרְאַת.

Ausserhalb des theologischen Sprachgebrauches: 1. Riechen. a) Im eigentl. Sinne: Gen. 27, 27 אֶת־רֵיחַ בְּגָדָיו. — b) Im übertragenen: Vom Faden Jud. 16, 9 בַּהֲרִיחוֹ אֵשׁ; vom Pferde Hi. 39, 25 מֵרָחוֹק יָרִיחַ מִלְחָמָה. — 2. Mit ב, sich ergötzen: Ex. 30, 38 am Räucherwerk.

Die sinnliche Grundbedeutung zeigt رَاحَ „wehen". Barth, Etym. St. 65, unterscheidet ohne genügenden Grund einen doppelten Stamm ריח.

רָחַב von רָחָב, innerlich transitives Denominativ = weiten Raum schaffen. Von Jahwe ausgesagt: 1. Im eigentl. Sinne. Gen.

26, ₂₂ יִשְׂדֵינוּ לוֹ יְיָ הַרְחִיב; Jahwe wird gepriesen Deut. 33, ₂₀
בָּרוּךְ מַרְחִיב. — 2. Hilfe, Befreiung gewähren. Ps. 4, ₂ בַּצָּר הִרְחַבְתָּ לִּי.
Ausserhalb des theologischen Sprachgebrauches:
Prov. 18, ₁₆ מַתָּן אָדָם יַרְחִיב לוֹ.

רָעַם von רַעַם Donner bewirken, donnern. 1. Von Gott ausgesagt als Manifestation seiner Allmacht, aber auch seines Zornes. a) Mit Angabe des Ortes. α) ב desselben. I Sam. 2, ₁₀; Ps. 18, ₁₄ בַּשָּׁמַיִם. — β) מִן desselben. II Sam. 22, ₁₄ מִן־שָׁמַיִם. γ) עַל desselben. Ps. 29, ₃ אֵל־הַכָּבוֹד הִרְעִים. — b) Ein mit ב eingeführter, näherer Umstand der Art und Weise. α) Allein. Hi. 37, ₄ יַרְעֵם בְּקוֹל. β) 37, ₅ יַרְעֵם אֵל בְּקוֹלוֹ. γ) I Sam. 7, ₁₀ וַיַּרְעֵם יְיָ־בְּקוֹל־גָּדוֹל בַּיּוֹם הַהוּא עַל־פְּלִשְׁתִּים. —
2. Gott ist nicht direkt Subjekt in der die Ohnmacht Hiobs klar legenden Frage Hi. 40, ₉ וּבְקוֹל כָּמֹהוּ תַרְעֵם.

Die Grundbedeutung des Verbums wird die der heftigen Bewegung im allgemeinen sein, wonach dann im Kal es einerseits „beben" Ez. 27, ₃₅, andererseits „brausen" (vom Meere) bezeichnen kann Ps. 96, ₁₁; 98, ₇; I Chr. 16, ₃₂*).

שָׂכַל von שֵׂכֶל I. 'ש, Einsicht auf religiös-sittlichem Gebiete bethätigen. 1. Etwas klug einzurichten wissen, etwas glücklich und erfolgreich durchführen; stets in Verbindung gebracht mit der Beobachtung der Satzungen und Gebote Gottes. a) Akkusativ der Sache, Deut. 29, ₈ habt acht auf die Befolgung der Worte dieses Bundes, לְמַעַן תַּשְׂכִּילוּ אֵת כָּל־אֲשֶׁר תַּעֲשׂוּן; I Reg. 2, ₃ לְמַעַן תַּשְׂכִּיל אֵת כָּל־אֲשֶׁר תַּעֲשֶׂה וְאֵת כָּל־אֲשֶׁר תִּפְנֶה שָׁם. — b) ב der Sache, Jos. 1, ₇ vom Gesetze Moses weiche nicht ab weder nach rechts noch nach links, לְמַעַן תַּשְׂכִּיל בְּכֹל אֲשֶׁר תֵּלֵךְ; weil Jahwe beständig mit Hiskia war, II Reg. 18, ₇ בְּכֹל אֲשֶׁר־יֵצֵא יַשְׂכִּיל. — c) Absolut. Durch das beständige Bedachtsein aufs Gesetz Jos. 1, ₈ אָז תַּצְלִיחַ אֶת־דְּרָכֶךָ וְאָז תַּשְׂכִּיל; weil die Hirten, die Leiter des Volkes, nach Jahwe nicht fragten, Jer. 10, ₂₁ לֹא הִשְׂכִּילוּ. — 2. Weise, klug sein; klug handeln. Jer. 9, ₂₃ הַשְׂכֵּל וְיָדֹעַ אוֹתִי כִּי אֲנִי יְיָ, dessen soll sich rühmen, wer sich rühmen will; die Feinde des Propheten 20, ₁₁ werden zu Schanden, לֹא הִשְׂכִּילוּ; der Spross, den Jahwe erwecken will, 23, ₅ יַשְׂכִּיל מֶלֶךְ וְעָשָׂה מִשְׁפָּט וּצְדָקָה; die Hirten, die Jahwe dem Volke gibt 3, ₁₅ וְרָעוּ אֶתְכֶם דֵּעָה וְהַשְׂכֵּיל; in der Schilderung der Gottlosen Ps. 36, ₄ חָדַל לְהַשְׂכִּיל לְהֵיטִיב; Gottes Gesetz macht geistig überlegen 119, ₉₉ מִכָּל־מְלַמְּדַי הִשְׂכַּלְתִּי. Das

---

*) I Sam. 1, ₆ הַרְעִמָהּ ist bereits von LXX nicht verstanden: vgl. Wellhausen, Der Text der Bb. Sam. S. 36.

Particip zur Bezeichnung einer ganzen Menschenklasse, deren kluges Handeln im sittlichen und religiösen Sinne zu verstehen; so ist ein משכיל Prov. 10, 19, wer seine Lippen zügelt; עבד משכיל 14, 35 steht im Gegensatz zu מביש; damit er ferne bleibe von der Hölle, richtet der משכיל aufwärts seinen Weg 15, 24; der משכיל בדבר 17, 2 ist Gegensatz zu בן מביש; 19, 14 אשה משכלת; auch geradezu so viel als der Fromme, Rechtschaffene Ps. 14, 2; 53, 3 an beiden Stellen neben דרש אלהים; Hi. 22, 2; die frommen Führer des Volkes heissen משכילים Dan. 11, 33. 35; 12, 3. 10. — 3. Etwas beachten, bedenken. a) Akkusativ der Sache. Deut. 32, 29, wo das das Vorhergehende zusammenfassende Objekt זאת die Notwendigkeit der göttlichen Züchtigung wegen der Untreue des Volkes besagt; eine Folge des göttlichen Gerichtes für die Menschen, dass sie betrachten Ps. 64, 10 משכלו. — b) Mit folgendem Objektssatze, eingeführt mit כי, Jes. 41, 20 כי יד יהוה עשתה זאת nach den vier in charakteristischer Reihenfolge verbundenen Verbis לבן ידעו וישכילו; ohne einführende Partikel Dan. 9, 25. — 4. Die Bethätigung der Einsicht hinsichtlich einer Sache zeigt sich in der wahren Würdigung derselben; daher auf sie achthaben. a) Nachdenkend und nachstrebend. α) Akkusativ der Sache. Hi. 34, 27, wo die Gottlosen, die Verächter der Gebote Gottes bezeichnet werden als diejenigen, die nicht achten כל דרכיו. β) ב der Sache, Ps. 101, 2 בדרך תמים; Dan. 9, 13 באמתך. γ) ל derselben, Prov. 21, 12 משכיל צדיק לבית רשע. δ) כל derselben, 16, 20 על דבר. ε) אל der Person, Ps. 41, 2 אל דל. — b) Nachdenkend und betrachtend. α) Akkusativ der Sache, Ps. 106, 7 unsere Väter in Ägypten hatten nicht acht auf die נפלאות. β) אל derselben, Neh. 8, 13 אל דברי התורה. — 5. Die Bethätigung der Einsicht ist in rein praktischer Hinsicht bezüglich des Gottesdienstes zu verstehen II Chr. 30, 22 המשכילים שכל טוב לה׳. — II. Einsicht, Klugheit gewinnen. Absolut gebraucht Gen. 3, 6; Ps. 2, 10; 94, 8; mit komparativem מן 119, 99; der absolute Infinitiv statt eines Substantivs — Einsicht, Klugheit, Prov. 21, 16 דרך השכל. — III. כי verschaffen. 1. Belehren. a) Akkusativ der Person, Ps. 32, 8 אשכילך בדרך זו; Neh. 9, 20 du verliehest ihnen einen guten Geist להשכילם. — b) ל der Person, von allgemein sittlicher Belehrung, infolgederen Erteilung Prov. 21, 11 לחכם יקח דעת. — 2. Klug machen, Prov. 16, 23 לב חכם ישכיל פיהו; der absolute Infinitiv als Substantiv I, 13 השכל ודעת. — 3. Das Verständnis für etwas erschliessen. a) Mit zwei Akkusativen, Dan. 9, 22 להשכילך בינה. — b) על der

Person und Akkusativ der Sache, I Chr. 28,19 כל־השכיל בל מלאכת התבנית.

Ausserhalb des theologischen Sprachgebrauches: **Kal** nur I Sam. 18,30, wo erzählt wird, dass in den Kriegszügen mit den Philistern שכל דוד מכל עבדי ש׳; das Verbum kann hier nicht mit „klug handeln" (Ges.⁸), sondern nur mit „erfolgreich, glücklich sein" übersetzt werden. — **Hiph'il** 1. ש׳ bethätigen. a) Etwas klug einzurichten wissen, Erfolg haben in kriegerischen Unternehmungen; von David I Sam. 18,5 בכל אשר ישלחנו ש׳; daher ist wohl V. 14 anstatt משכיל בכל־דרכיו zu lesen בכל־דרכו, während V. 15 das Particip absolut gebraucht ist. — b) Klug sein, Am. 5,13; Prov. 10,5 von dem die gewöhnliche Lebensklugheit Bethätigenden; Dan. 1,4 מ׳ בכל־חכמה von Einsicht in den verschiedenen Wissensgebieten; der Infinitiv als Substantiv = Verständnis Hi. 34,35; Dan. 1,17. — 2. משכיל als Überschrift Ps. 32; 42; 44; 45; 52—55; 74; 78; 88; 89; 142; im Kontext 47,8 ist mit Sicherheit nicht mehr zu deuten.

Das Verbum zeigt in den älteren Stellen, namentlich klar ausserhalb des theolog. Sprachgebrauches, eine Verwendung, derzufolge eine Fähigkeit, in irgend einer Situation alle massgebenden Umstände in Rechnung zu ziehen und klug auszunützen, שכל bethätigen genannt wird. Es darf also wohl mit Recht für unser auch im Aramäischen heimisches Denominativ die im arabischen *sakala* noch erhaltene Grundbedeutung „verbinden, verflechten" angenommen werden.

שכם von שְׁכֶם, ein relatives, zum Ausdruck eifrigen Thuens verwendetes Verbum. 1. Der ergänzende Verbalbegriff ist asyndetisch beigefügt Zeph. 3,7 השכימו השחיתו. — 2. Besonders gebräuchlich der zum Adverbium gewordene Infinitiv, der in Verbindung mit dem Infinitiv des regierenden Verbums vorkommt. Jer. 7,13 ואדבר אליכם השכם ודבר; ebenso, nur das Verbum fin. ד׳ 35,14; dagegen dürfte 25,3 ואדבר אליכם אשכים ודבר ein Schreibfehler für השכמ vorliegen; 7,25; 35,15; 44,4 ואשלח אליכם השכם ושלח; ebenso, nur das Verbum fin. שלח 25,4; שלח 29,19; ferner 26,5 אשר אנכי שלח אליכם השכם ושלח; II Chr. 36,15 וישלח השכם ושלוח; Jer. 11,7 העד העדתי השכם והעד; 32,33 ולמד אתם השכם ולמד.

Ausserhalb des theologischen Sprachgebrauches: 1. Das selbständige Verbum: sich frühe aufmachen. a) Mit Angabe des Ortes. α) אל desselben. Gen. 19,27 וישכם אברהם. β) Mit ל. Jud. 19,9 נחי ללכתכם; Cant. 7,13 נשכימה. — b) Ohne Angabe des Ortes. Gewöhnlich ist beigefügt בבקר Jos. 3,1; Jud. 6,28; 19,5; I Sam. 29,10 (bis); II Reg. 3,22; 19,35; Jes. 37,36, sonst findet sich noch Jos. 6,15 כעלות השחר; I Sam. 5,3 ממחרת, 4 בבקר ממחרת; dagegen scheint 9,26 וישכימו בבקר כעלות השחר ein Schreibfehler für וישכם zu sein. — 2. Das relative Verbum. Der die Ergänzung bildende Verbalbegriff: a) Durch ־ koordiniert. α) Mit בבקר. Gen. 20,8; 21,14; 22,3; 26,31; 28,18; 32,1; Ex. 8,16; 9,13; 24,4; 34,4; Num. 14,40; Jos. 7,16; 8,10; Jud. 9,33; I Sam. 1,19; 15,12*); 17,20; Hi. 1,5; II Chr. 20,20. β) Mit ממחרת. Ex. 32,6; Jud. 6,38. γ) Ohne solche nähere Bestimmung. Gen. 19,2; Jos. 8,14; Jud. 7,1; 21,4; II Sam. 15,2; II Chr. 29,20. — b) Asyndetisch im gleichen Modus beigefügt. Nur in der Redensart Hos. 6,4; 13,3 משכים הלך. — c) Subordiniert. α) Infinitiv mit ל. Jud. 19,8 וישכם בבקר ללכת ..; I Sam. 29,11 ללכת בבקר וישכם; II Reg. 6,15 לקום. β) Infinitiv ohne ל. Ps. 127,2 משכימי קום. γ) Im Imperfekt. Jes. 5,11 משכימי בבקר שכר ירדפו. — 3. Der für das Sprachbewusstsein bereits zum Adverbium gewordene Infinitiv. I Sam. 17,16 השכם והערב; Prov. 27,14 בבקר השכם.

Die Etymologie von שכם ist schwierig. Neben der allgemein bekannten Ableitung sei noch verwiesen auf Goldziher, Der Mythos bei den Hebräern, S. 145. Darnach wäre in שכם der Verbalbegriff „vorwärtsschreiten", denn שכם = كَمْ = Weg.

שלט von שַׁלִּיט, mächtig machen, die Macht geben. 1. Von sittlicher Gewalt: Ps. 119,133 ואל־תשלט־בי כל־און. — 2. Von physischer Macht, die Gott jemandem gibt: Eccl. 5,18 והשליטו לאכל; 6,2 ולא־ישליטנו האלהים לאכל.

Ausserhalb des theologischen Sprachgebrauches: Kal 1. Machthabend sein, Macht bekommen, von physischer Gewalt. a) Über Menschen, mit ב Eccl. 8,9; Esth. 9,1 (bis). — b) Über Sachen, frei schalten und walten können, mit ב Eccl. 2,19. — 2. Den Herrn spielen, Neh. 5,15 שלטו על־.

Das Denominativ, das im Aram. häufig, gehört im Hebr. der spätesten Schriftperiode an. Der sinnl. Grundbegriff „gedrückt, gepresst, hart sein" ist im Arab. erhalten.

---

*) Nach ש' וישכם stand, wie LXX, Vulg. zeigen, וילך.

VI. Hithpa'el.

אָפַק von אָפִיק, an sich halten bezüglich seiner Empfindungen. 1. Von Gott gebraucht. a) Mit Angabe des Grundes: Jes. 64, 11 הֲתִתְאַפָּק. — b) Absolut vom Zurückdrängen des Eifers für sein Volk, 42, 14. — 2. Von Gottes Erbarmen ausgesagt: 63, 15 רַחֲמֶיךָ אֵלַי הִתְאַפָּקוּ.

Ausserhalb des theologischen Sprachgebrauches: Vom Menschen, der gewaltsam zurückdrängt die Gefühle der Liebe Gen. 43, 31; 45, 1; der Furcht I Sam. 13, 12; des Zornes Esth. 5, 10.

אפק ist vielleicht „herauskommen, herausragen", daher אָפִיק Ableitung des Wassers. (Gesenius' H.W.B. 12)

ברר von בַּר, sich als ein ב׳ zeigen; von Gott ausgesagt II Sam. 22, 27; Ps. 18, 27 עִם־נָבָר תִּתְבָּרָר (neben תִּתַּבָּר עִם־עִקֵּשׁ).

Das originale Verbum „absondern, ausscheiden, sichten" ist im Hebr. selbst noch erhalten.

גבר von גִּבּוֹר 1. Sich als ein Held beweisen, von Jahwe ausgesagt: Jes. 42, 13 יִתְגַּבָּר עַל־אֹיְבָיו. — 2. Den Gewaltthätigen spielen, vom Menschen, der im freventlichen Übermut sich Gott gegenüber überhebt. a) אל Gottes: Hi. 15, 25 (parall. נָטָה אֶל־אֵל יָדוֹ). — b) Absolut: 36, 9.

חסד von חָסִיד, sich als 'ח beweisen, von Gott: II Sam. 22, 26; Ps. 18, 26 עִם־חָסִיד תִּתְחַסָּד.

Über חָסִיד vgl. Hupfeld zu Ps. 4, 4.

חתן von חָתָן, sich zum 'ח machen d. i. sich verschwägern. Die Person, mit der man sich verschwägert: a) את Gen. 34, 9; I Reg. 3, 1. — b) ב Deut. 7, 3; Jos. 23, 12; I Sam. 18, 21. 22. 23. 26. 27; Esr. 9, 14. — c) ל II Chr. 18, 1.

Die Grundbedeutung des Stammes ist im Arab. خَتَنَ „beschneiden" noch erhalten, so dass der Eidam als der Beschnittene, der Schwiegervater aber mit חֹתֵן bezeichnet wird als der, welcher besonders bei der Beschneidung des zukünftigen Schwiegersohnes eine Rolle spielte*). De Lagarde, welcher lehrt**), dass خَتَنَ den ganz allgemeinen Begriff „er verband" besass, und, weil die Beschneidung חָתַן אִישׁ דָּמִים, خِتَانة nur übersetzt werden sollte „er nahm

---

*) Wellhausen, Skizzen u. Vorarb. III, 154; Stade, Z.A.W. VI, 142 ff.
**) Übersicht über die .. Bildung der Nomina, 116 ff.

ihn in die Gemeinde auf", kehrt wohl die Bedeutungsentwickelung um. Der mit sehr entschiedener Ablehnung der Berufung auf خنس verbundene Nachweis von Fried. Delitzsch*), dass das Stammwort vielmehr im Assyr. ḫatânu „schützen" erhalten sei, begegnet berechtigtem Zweifel**).

יִחַשׂ von חַשׂ 1. In ein Geschlechtsregister eingetragen werden. a) Mit לְ der Beziehung: I Chr. 5,1 להתיחש לבכרה ולא. 7 התיחשם לבלבכרה. — b) Eine Zeitbestimmung: 5, 17 diese alle wurden aufgezeichnet בימי ירבעם. — c) Absolut. α) Das Verb. fin.: Neh. 7, 5; I Chr. 9, 1. β) Das Particip המתיחשים als Titel des Verzeichnisbuches: Esr. 2, 62; Neh. 7, 64. — 2. Das Geschlecht verzeichnen. Nur der substantivierte Infinitiv = Geschlechtsverzeichnis: Esr. 8, 1. 3; I Chr. 4, 33; 7, 5. 7. 9. 40; 9, 22; II Chr. 31, 16 19; להתיחש, nach Art der Verzeichnisse 12, 15.

יֻלַּד von יֶלֶד, sich der Abstammung nach stellen behufs Eintragung in die Geschlechtsregister: Num. 1, 18 ויתילדו על משפחתם לבית אבתם במספר שמות.

יֻהֻד von יְהוּדִי, sich zum Judentume bekennen: Esth. 8, 17 מתיהדים מעמי הארץ.

נסס von נֵס vielleicht = sich um die Signalstange sammeln. So nach der allerdings geschraubten Deutung von Delitzsch zu Ps. 60, 6 נתתה ליראיך נס להתנוסס מפני קשט.

Ausserhalb des theologischen Sprachgebrauches: Sich wie ein Zeichen, sichtbar emporheben: Sach. 9, 16 אבני־נזר מתנוססות על־אדמתו.

סָלַל von סֹלְלָה sich zu einem Wall oder Damm gegen jemanden erheben, sich widersetzen; nur Ex. 9, 17 עודך מסתולל בעמי לבלתי שלחם. Das originale Verbum „aufschütten" im Kal im Gebrauch.

עָמַר — sich als einen Gewalttätigen benehmen: Deut. 21, 14 לא תתעמר בה, näml. die kriegsgefangene Frau; 24, 7 והתעמר בו ומכרו, einen Volksgenossen.

Der sinnliche Grundbegriff ist wohl in غمر zu suchen, das von Wassermassen, die eine Fläche ganz überdecken, gebraucht wird.

פָּתַל von פְּתַלְתֹּל, sich als ein ': zeigen, von Gott: II Sam. 22, 27; Ps. 18, 27 תתפתל.

---

*) Prolegomena, 90.
**) Z.D.M.G. 40, 737.

Der sinnl. Grundbegriff „drehen, flechten" in den übrigen semitischen Sprachen erhalten.

B. In zwei Konjugationen.

I. Kal — Niph'al.

בָּעַל von בַּעַל **Kal** 1. Ehcherr werden, heiraten im eigentlichen Sinne. a) Akkusativ der Person: Deut. 21, 13 בְעַלְתָּה; 24, 1 וּבְעָלָהּ; Jes. 62, 5 בְתוּלָה בָחוּר יִבְעַל; Mal. 2, 11 בַּעַל בַּת־אֵל. — b) Das Particip בַּעַל בְעֻלַת Gen. 20, 3; Deut. 22, 22. — 2. In bildlicher Anwendung. a) Von Jahwe ausgesagt = Eheherr sein. α) Mit בְ der Person: בָעַלְתִּי Jer. 3, 14 בָּכֶם; 31, 32 בָם*). β) Das Particip: Jes. 54, 5 בֹּעֲלַיִךְ, der Eheherr Jerusalems, der Repräsentantin Israels, ist Jahwe. — b) Das Land unter dem neuen, ewigen Gnadenbunde. α) Akkusativ des Landes, dem sich seine Kinder vermählen: 62, 5 יִבְעָלוּךְ בָּנָיִךְ. β) Das Particip. Das Land wird deswegen genannt בְּעוּלָה 54, 1; 62, 4. — **Niph'al** 1. Geehelicht werden im eigentl. Sinne: Prov. 30, 23. — 2. Bildlich vom Lande in dem oben angedeuteten Sinne: Jes. 62, 4.

Ausserhalb des theologischen Sprachgebrauches: **Kal** Herr sein, über jemanden herrschen. a) Akkusativ der Person: Jes. 26, 13. — b) Mit בְ: I Chr. 4, 22.

Das Denominativ, das im Syr. und Arab. häufig, ist zunächst im Kal abgeleitet. Die Grundbedeutung des Stammes ist wohl kaum mehr zu eruieren.

בָּעַר von בַּעַר **Kal** dumm sein, nicht allein im intellektuellen, sondern zugleich auch im ethischen Sinne: Jer. 10, 8 neben יִבְסָלוּ von den Götzendienern; das Particip Ez. 21, 36; Ps. 94, 8 (parall. כְסִילִים). — **Niph'al** dumm werden, von den Ratschlägen der Berater Pharaos Jes. 19, 11; vom Götzendiener Jer. 10, 14; 51, 17; von den Hirten, weil sie nach Jahwe nicht fragten 10, 21.

חָבַל von חֶבֶל **Kal** als Pfand nehmen, pfänden. a) Mit sachlichem Akkusativobjekt. α) Ez. 18, 16 חֲבֹל לֹא חָבַל. β) Ex. 22, 25 אִם־חָבֹל תַּחְבֹּל שַׂלְמַת רֵעֶךָ; Deut. 24, 6 (bis) רֵחַיִם וָרֶכֶב כִּי הוּא נֶפֶשׁ חֹבֵל; 17 בֶּגֶד אַלְמָנָה; Hi. 24, 3 שׁוֹר אַלְמָנָה יַחְבֹּלוּ. — b) Mit persönlichem Akkusativobjekt. Prov. 20, 16 יַבְעָד זָרִים חַבְלֵהוּ; 27, 13 יַחְבְלֵהוּ בַּעַד נָכְרִיָּה; Hi. 22, 6

---

*) Vgl. jedoch Baudissin, Studien I, 78.

אָחִיךָ בְּ. — c) עַל der Person. Hi. 24, 9 יַחְבֹּל־שֹׁכְבֵי־ *). — d) Ohne Objekt. Am. 2, 8 בְּגָדִים חֹבְלִים. — **Niph'al** verpfändet werden. Prov. 13, 13 בָּז לְדָבָר יֵחָבֶל לוֹ.

Kal ist im Sprachgebrauche älter. Wenn zur Eruierung des sinnlichen Grundbegriffes auch das Sach. 11, 7. 14 sich findende Part. Kal הַחֹבְלִים nicht herbeigezogen wird, weil ja immerhin gestritten werden kann, ob hier die Bedeutung „erfassen" oder „übel handeln" vorliegt, so zeigt doch das Nomen חֶבֶל, arab. حَبْل, syr. ܚܒܠܐ, dass wir auf das Verbum حَبَلَ „festbinden" zurückzugehen haben.

יָרֵא — **Kal** Furcht empfinden und dann mit Umbiegung dieser intransitiven Bedeutung in die transitive = fürchten. I. Intransitiv. 1. Sich fürchten vor Gott. a) Infolge überwältigender sinnlicher Eindrücke. α) Ex. 9, 30 מִפְּנֵי יְיָ אֱלֹהִים. β) Absolut: Jakob infolge des ihm gewordenen Gesichtes Gen. 28, 17; das Volk, als Jahwe Gewitter und Regen sendet, I Sam. 12, 20. — b) Infolge der Erweisungen der Macht Gottes, besonders als des Bestrafers des Unrechtes und Bösen. α) מִן Gottes: Lev. 19, 14. 32; 25, 17. 36. 43 יָרֵאתָ מֵאֱלֹהֶיךָ; Mi. 7, 17 מִמֶּךָּ; Ps. 33, 8 יִירְאוּ מֵיְיָ כָּל־הָאָרֶץ (parall. 'יָגוּרוּ מִמֶּנּוּ כָּל־יֹשְׁבֵי ת). β) מִפְּנֵי יְיָ הֵם Hag. 1, 12. γ) מִלִּפְנֵי אֱלֹהִים Eccl. 8, 13; מִלְּפָנָיו 3, 14; 8, 12. δ) Absolut: Deut. 13, 12 וְיִשְׁמְעוּ וְיִרָאוּן; 17, 13; 19, 20; 21, 21 וְיִשְׁמְעוּ יִרָאוּ; Jer. 3, 8 בָּגְדָה; 44, 10 וְלֹא יָרְאוּ בְּתוֹרָתִי; לֹא יָרְאוּ וְלֹא־חָלוּ Hab. 3, 2 יָרֵאתִי; שָׁמַעְתִּי שִׁמְעֲךָ Ps. 40, 4 יִרְאוּ רַבִּים וְיִירָאוּ; 52, 8 יִרְאוּ; 64, 5. 10 כָּל־אָדָם; Prov. 14, 16 חָכָם יָרֵא וְסָר מֵרָע; Hi. 11, 15. Auch von Unbelebtem: Jes. 41, 5 רָאוּ אִיִּים וְיִירָאוּ; Askalon beim Anblick des in Trümmer gestürzten Tyrus Sach. 9, 5 תֵּרֶא אַשְׁקְלוֹן וְתִירָא; Ps. 76, 9 אֶרֶץ יָרְאָה. — 2. Sich fürchten vor Menschen. a) Fromme Scheu, Ehrfurcht vor ihnen haben. α) מִן der Person: Deut. 28, 10 מִמֶּךָּ, vor dem Volke Israel als dem unter Jahwes besonderen Schutze stehenden. β) מִפְּנֵי derselben: I Reg. 3, 28 מִפְּנֵי הַמֶּלֶךְ, als das Volk dessen weises Urteil hörte. — b) Menschenfurcht, insofern dieselbe jener Gottesfurcht entgegengesetzt ist, welche sich gründet auf Gottes Macht und Güte, daher der direkte Gegensatz vom Gottvertrauen. α) Mit Akkusativ: Jes. 57, 11 דָּאַגְתְּ וַתִּירְאִי אֶת־מִי. β) Absolut. Jer. 51, 46 וְתִירָאוּ; וּפֶן־יֵרַךְ לְבַבְכֶם Ps. 27, 3; 46, 3; 56, 5. 12 **); 112, 8; 118, 6; daher dann weiter häufig als religiöses Trostwort in Ver-

---

*) Hoffmann, der hinter V. 4 den V. 9. 10ª stellt, liest statt יַחְבֹּל־שֹׁכְבֵי mit Kamphausen יְחַבֵּל.

**) Ps. 56, 4 ist offenbar der Text verderbt.

wendung: אל־תירא Jes. 41, 10. 13; 43, 1. 5; Ps. 49, 17; אל־תירא עבדי יעקב Jes. 44, 2; Jer. 30, 10; 46, 27. 28; אל־תירא דניאל Dan. 10, 12. 19; אל־תירא רחבת I Chr. 22, 13; 28, 20; אל־תיראי Jes. 40, 9; 51, 4; אל' תירא יעקב 41, 14; ציון אל' Zeph. 3, 16; אדמה אל' Jo. 2, 21; אל־תיראי Jes. 35, 4; Hag. 2, 5; Sach. 8, 13. 15; בהמות שדי אל' Jo. 2, 22. — 3. Sich fürchten vor etwas. a) Infolge überwältigender sinnlicher Eindrücke. α) כי mit dem Infinitiv: Ex. 3, 6 מהביט אל־האלהים; 34, 30 מגשת אלי. β) מפני האיש Deut. 5, 5. — b) Wegen der von Gott zu befürchtenden Strafe. α) Infinitiv mit ל: Num. 12, 8 לדבר בעבדי; II Sam. 1, 14 לשלח ידך לשחת את־משיח יי. — β) מן der Sache: Ps. 65, 9 מאותיך; 119, 120 ממשפטיך. — II. Transitiv. 1. Gott fürchten. a) Infolge überwältigender sinnlicher Eindrücke. α) Akkusativ Gottes: I Sam. 12, 18 את־ייי באר. β) Dazu eine Zeitbestimmung: II Sam. 6, 9 את־יי ביום ההוא; I Chr. 13, 12 את־האלהים ביום ההוא לאמר. — b) Die Furcht Gottes leitet sich ab aus den Erweisen seiner Macht, seiner Gerechtigkeit im Bestrafen des Unrechtes, aus seiner Gerichtsoffenbarung. α) Akkusativ Gottes: Als Israel die grosse Wunderthat erkannte, fürchtete es Ex. 14, 31 את־יי; Amalek überfiel das erschöpfte Israel Deut. 25, 18 ולא ירא אלהים; infolge der Grossthaten Jahwes Jes. 25, 3 יכבדוך עם עריצים ייראוך קרית גוים (parall. יכבדוך); weil Jahwe schweigt seit längster Zeit 57, 11 ואתי לא תיראי; Jer. 5, 22 האותי לא־תיראו ..; 10, 7 מי לא יראך מלך הגוים; Hiskia statt den Unheil verkündenden Propheten zu töten, 26, 19 הלא ירא את־יי; im Geständnis des ungetreuen Israel Hos. 10, 3 כי לא יראנו את־יי; Jahwe wird Gericht halten über die, welche die Ungerechtigkeiten verüben Mal. 3, 5 ולא יראוני; Eindruck der Macht Gottes Ps. 67, 8 וייראו אתו כל־אפסי־ארץ; 102, 16 גוים את־שם יי; Hi. 9, 35 אדברה ולא איראנו. β) Dazu eine nähere Bestimmung: Jes. 59, 19 ממערב את־שם יי וממזרח־שמש את־כבודו. γ) Ein inneres Objekt: Jon. 1, 16 וייראו ה' יראה גדולה את־יי. — c) Gott fürchten = Inbegriff des gesammten religiös-sittlichen Verhaltens, des frommen Lebens. a) Akkusativ Gottes. α') את־האלהים Gen. 42, 18 (Part.); Ex. 1, 17. 21; Eccl. 5, 6; 12, 13; Neh. 7, 2; dagegen sind die Worte Ps. 55, 20 ולא יראו אלהים in einem ganz sinnlosen Kontext. β') את־יי Jos. 24, 14 in Verbindung mit ועבדו את־יי והסירו את־אלהים .. I Sam. 12, 14 neben ועבדתם אתו בקולו 24 ועבדתם את יי באמת; II Reg. 4, 1 עבדך היה ירא את־יי; Ps. 34, 10; 112, 1; Prov. 3, 7; 24, 21. γ') את־יי אלהיך bzw. unseren, eueren Gott: Deut. 6, 2 ליראה א' א' את־יי; את־יי א' רבו לא יאיר; 13, 5; אתי אלהיך; 31, 12 neben וישמרו לעשות את־כל־דברי התורה את־יי אלהיכם; Jer. 5, 24 את־יי אלהינו; die

Formel 'א ליראה את--- Deut. 6,24; 10,12; 17,19.   δ') Der Infinitiv את-- ל mit dem Objekte: Deut. 28,58 היה היהוה הנכבד השם ---את-להחש; Ps. 86,11 שמך; Neh. 1,11 את-שמך.   ε') את ירא ליראה את--- Deut. 8,6; ליראה את-ך I Reg. 8,43; II Chr. 6,33; ליראה את--- Deut. 5,26; א-יראו-- Zeph. 3,7; --יראה Hi. 37,24; יראך Ps. 119,63; ---יראו Mal. 2,5.   β) Das Particip in Genitivverbindung: α') ירא אלהים--- Gen. 22,12; Hi. 1,1.8; 2,3; Eccl. 7,18; ירא אלהים--- Ex. 18,21; Ps. 66,16; Eccl. 8,12.   β') --יראי-- Jes. 50,10; Ps. 25,12; 128,1.4; Prov. 14,2; יראי-- Mal. 3,16 (bis); Ps. 15,4; 22,24; 115,11.13; 118,4; 135,20.   γ') יראי-שמך 61,6; שמו Mal. 3,20. δ') יראיו-- Ps. 22,26; 25,14; 33,18; 34,8.10; 85,10; 103,11.13.17; 111,5; 145,19; 147,11; יראך-- 31,20; 60,6; 119,74.79.   γ) Zum Akkusativ Gottes eine Zeitbestimmung. α') בכל-ימי: Deut. 14,23; 31,13 ליראה 'את---; 4,10; Jer. 32,39 ליראה את--- ; Jos. 4,24 למען יראתם את-י'; I Reg. 8,40; II Chr. 6,31 לבכן ייראוך. — β') במערי I Reg. 18,12 את---. δ) Eine Bestimmung der Art und Weise: Hi. 1,9 החנם ירא 'א אלהים. — d) Die Furcht Gottes ist gleichbedeutend mit dem Bekenntnisse Jahwes, daher Jahwe fürchten = ihn verehren. α) Akkusativ Gottes: Die ostjordanischen Stämme befürchten, die westlichen könnten ihnen abstreiten, an Jahwe einen Anteil zu haben, und die Folge könnte für ihre Söhne sein Jos. 22,25 לבלתי-- את-י'; in der Aussage über Obadja I Reg. 18,3 היה ירא את-י' מאד; über die von Assyrien in Israel Angesiedelten II Reg. 17,28.32 (Part.). 33 (Part.). 34 (Part.). 41 (Part.) את---; 17,39 את-י' אלהיכם תיראו. 36 את-י'; die Auskunft des Jonas über seine Person Jon. 1,9 עברי אנכי ואת-י' אלהי השמים אני ירא. Von der Verehrung fremder Götter: Jud. 6,10 לא תיראו את-אלהי האמרי; II Reg. 17,7.35.37.38 תיראו-- אלהים אחרים. — β) Dazu eine Zeitbestimmung: II Reg. 17,25 בתחלת שבתם שם לא ירא את-י'. — 2. Menschen. a) Fromme Scheu, Ehrfurcht vor ihnen haben.   α) Akkusativ der Person: Lev. 19,3 איש אמו ואביו 'ת.   β) Dazu eine Zeitbestimmung: Jos. 4,14 ייראו אתו כאשר יראו את-' כל-ימי חייו. — b) Menschenfurcht: Ez. 3,9 לא-תירא אתם ואל-תחת מפניהם '. — 3. Etwas fürchten. a) Infolge überwältigender sinnlicher Eindrücke: Ex. 9,20 הירא את-דבר י'. — b) Eine fromme Scheu haben.   α) Objektsakkusativ: Lev. 19,30; 26,2 מקדשי; I Sam. 14,26 את-השבעה; Eccl. 9,2 כשבעה; Jes. 8,12 את-מוראו.   β) Das Particip in Genitivverbindung: Prov. 13,13 ירא מצוה. — Niph'al 1. Furchtbar sein. a) Jahwe. α) Sachlicher Akkusativ: Ex. 15,11 נורא תהלת; Ps. 66,5 נורא עלילה על-בני-אדם.   β) Mit על. Zeph. 2,11 נ' י' עליהם; Ps. 89,8 נערץ בסוד-; 96,4; 1 Chr. 16,25 ונורא על-כל-אלהים. — γ) Mit ל, jemandem: Ps. 76,13 נורא למלכי-ארץ.

δ) בְּ des Ortes: 68, 36 אלהים במקדשך ׳נ.   ε) Absolut: Deut. 10, 17; Neh. 9, 32 האל הגדל הגבר והנורא; Dan. 9, 4; Neh. 1, 5 אל־נ והנורא הגדל האל; Deut. 7, 21 נורא גדל אל; Neh. 4, 8 והנורא הגדול אדני־את; Ps. 47, 3 ---- נורא עליון; 76, 8 אתה נ׳. — b) Der Name Jahwes. a) בְּ des Ortes: Mal. 1, 14 שמי נורא בגוים.   β) Absolut: Deut. 28, 58 והנורא הנכבד השם הזה; Ps. 99, 3 שמך גדל ונורא; 111, 9 שמו ונורא קדוש. — c) Ein Bote Gottes, wie der Engel Jud. 13, 6 מאד נ׳; das Volk der Chaldäer als Strafwerkzeug Jahwes Hab. 1, 7 הוא ונורא איום. — d) Sachliches: Gen. 28, 17 מה־נורא המקום הזה; Ex. 34, 10 עמך כי אשר הוא נ׳; Ps. 66, 3 מעשיך מה־נ׳; Hi. 37, 22 על־אלוה נ׳ הוד; vom Tage Jahwes Jo. 2, 11 מאד ונורא גדול; 3, 4; Mal. 3, 23 והנורא הגדול יום; endlich נוראות entweder die Grossthaten Gottes für das Volk Israel, Deut. 10, 21; II Sam. 7, 23; Jes. 64, 2; Ps. 106, 22; oder im weiteren Sinne hohe, wunderbare Gottesthaten, 145, 6; I Chr. 17, 21; oder endlich im adverbiellen Gebrauche = auf ausserordentliche Weise, Ps. 65, 6; 139, 14. — 2. Gefürchtet = verehrt werden: Ps. 130, 4 bei Jahwe ist Vergebung, תורא למען נ׳.

Ausserhalb des theologischen Sprachgebrauches: Kal I. Intransitiv. 1. Sich fürchten. a) Angst haben vor jemandem. α) Akkusativ der Person. α') Allein: Num. 21, 34; Deut. 3, 2; I Sam. 15, 24; II Sam. 3, 11; I Reg. 1, 51.   β') Dazu ein Objektssatz: Gen. 32, 12 פן־יבוא אתי אנכי ירא. — γ') Ein Infinitiv mit מִן: Jud. 6, 27 אביו בית את־ ... מעשות. β) מִן derselben: Deut. 1, 29; 2, 4; 7, 18; 20, 1; Jos. 10, 8; II Reg. 25, 24; Jes. 10, 24; 51, 12; Jer. 10, 5; 42, 11; Ez. 2, 6; Ps. 3, 7; 27, 1.   γ) מפני derselben: Deut. 7, 19 (Part.); Jos. 11, 6; I Sam. 7, 7; 18, 29; 21, 13; I Reg. 1, 50; II Reg. 1, 15; 25, 26; Jer. 1, 8; 41, 18; 42, 11 (bis); Neh. 4, 8.   δ) מלפני derselben I Sam. 18, 12. — b) Vor Tieren Angst haben: Hi. 5, 22 הארץ מחית אל־תירא׳. — c) Vor etwas. α) Ein sachlicher Akkusativ. α') Objektssatz mit כִּי Gen. 43, 18.   β') Ein Infinitiv mit ל: Gen. 19, 30; 26, 7; Jud. 7, 10 (Part.); II Sam. 10, 19.   β) Mit מִן: Gen. 46, 3 מרדה־מ; I Sam. 28, 20 מאד מיט; Jer. 40, 9 מעבוד הכשדים; 42, 16 (Part.); Ez. 2, 6 (bis) מדבריהם אל־תירא; Ps. 91, 5; 112, 7; Prov. 3, 25; Hi. 5, 21; Eccl. 12, 5. γ) מפני הדברים II Reg. 19, 6; Jes. 37, 6. — d) Mit einer näheren Bestimmung. α) Des Ortes: I Sam. 23, 3 יראים פה.   β) Der Zeit: Ps. 49, 6 ברע למה־. — e) Mit innerem Objekte: Jon. 1, 10 וייראו האנשים יראה גדלה. — f) Mit מאד: Gen. 20, 8; 32, 8; Ex. 14, 10; Jos. 10, 2; I Sam. 17, 11 (neben ויחרד). 24; 31, 4; I Chr. 10, 4; מאד מאד II Reg. 10, 4; Neh. 2, 2 הרבה מאד. — g) Absolut: Gen. 3, 10; 18, 15; 31, 31; 42, 35;

Ex. 2,11; Deut. 20,8 (Part.): Jud. 7,3; 8,20; I Sam. 4,7; 28,5; Jes. 54,14; Jer. 23,4 (neben אל־תיראי): 26,21; Am. 3,8; Jon. 1,5; Neh. 6,13.16; II Chr. 20,3. Besonders häufig das Trost- und Beruhigungswort: אל־תירא Gen. 15,1; 26,24; Jud. 4,18; 6,23; I Sam. 22,23; 23,17; II Sam. 9,7; II Reg. 6,16; Jes. 7,4; אל־תירא אל־תחת Deut. 1,21; Jos. 8,1; לא תירא לא תחת Deut. 31,8; אל־תיראי Gen. 21,17: 35,17; I Sam. 4,20; 28,13; I Reg. 17,13; Ruth 3,11; אל־תירא Gen. 43,23; 50,19.21; Ex. 14,13; 20,20; Deut. 20,3; 31,6; I Sam. 12,20; II Sam. 13,28; אל־תיראי אל־תחתי Jos. 10,25; II Chr. 20,15.17; 32,7. — 2. Sich scheuen, Bedenken tragen. a) Infinitiv mit ל: II Sam. 12,18 להגיד־לו. — b) Mit מן, vor etwas: I Sam. 3,15 מהגיד את־המראה; Hi. 32,6 יראתי אחוה דעי. — c) Absolut: Hi. 6,21. — II. Transitiv: fürchten. 1. Jemanden: Num. 14,9 (bis) אל־תיראו את־עם הארץ bzhw. אל־תיראם; Deut. 3,22 לא תיראום; Dan. 1,10 ירא אני את־אדני. — 2. Für jemanden: Jos. 9,24 לבלתי מכם מאד; Prov. 31,21 לא תירא לביתה. — 3. Etwas fürchten: Jes. 51,7 אל־תיראו חרפת אנוש; Ez. 11,8 חרב; Ps. 23,4 רע. — Pi'el jemanden einschüchtern, Akkusativ der Person: II Sam. 14,15 כי יראני העם; Neh. 6,9 כלם מיראים אותנו. 14 איתי 'כ. 19 ליראני; II Chr. 32,18 ליראם.

Ohne Zweifel ist im theologischen Sprachgebrauch Kal am frühesten gebildet. Was die sinnliche Grundbedeutung anbelangt, so lässt sich für das so häufig angenommene „Zittern" ein Beweis nicht erbringen. Auf die feine Bemerkung Hoffmanns (Liter. Centralbl. 1882, 321), der unser Verbum denominiert von ראה „Lunge" und auf رئ „kurzatmig sein" hinweist, werde ich aufmerksam durch Ges. Hwb. 12. Dagegen scheint mir die Beziehung von وَجِلَ „schrecken" zum hebr. ירא (Barth, Etym. St. 16, Anm. 2) aus mehrfachen Gründen bedenklich.

כָּסַף von כסף Kal bleich werden vor Sehnsucht, sich sehnen; vom Liebessehnen des Schöpfers gegenüber seinem Geschöpfe Hi. 14,15 למעשה ידיך תכסף. — Niph'al 1. Bleich werden vor Sehnsucht, Ps. 84,3 נכספה וגם־כלתה נפשי לחצרות יהוה. — 2. Vor Scham über sein Thuen, Zeph. 2,1 הגוי לא נכסף.

Ausserhalb des theologischen Sprachgebrauches: Kal verlangen, begehren, vom Löwen Ps. 17,12 יכסף. — Niph'al sich sehnen, nach der Heimat Gen. 31,30 נכסף נכספת לבית.

Die Ableitung des Verbums von כסף stellt, allerdings nur vermutungsweise, Steiner zu Zeph. 2,1 auf. Die Bedeutung „fahl, blass werden" spricht natürlich nicht gegen die Verwendung des Verbums in dem Sinne von „sich schämen"; vgl. Goldziher, Der Mythos bei den Hebräern S. 237. Wenn aber Schwally Z.A.W. X, 181 meint, die Bedeutung „fahl, blass" sei unerweislich, so verweise ich auf كاسف الوجه „bleich von Antlitz", wofür Freytag „*austerus vultu*" hat.

לחם von בלחמה **Kal** kämpfen, von Jahwe ausgesagt in dem Gebete an ihn Ps. 35, 1 לחם את־לחמי (parall. ריבה את־יריבי). — **Niph'al** kämpfen, streiten. 1. Von Jahwe ausgesagt. a) Mit ל der Person, für die er streitet. α) Allein. Ex. 14, 14; Deut. 1, 30; 3, 22 (Part.); יי נלחם לישראל Jos. 10, 14. 42; יי הנלחם היא אלהיכם לכם 23, 3. 10; unser Gott wird streiten Neh. 4, 14 לנו. - β) Dazu ב des Feindes, Ex. 14, 25. γ) עם des Feindes Deut. 20, 4. — b) ב des Feindes, Jes. 30, 32; Sach. 14, 3. — c) עם desselben, II Chr. 20, 29. — d) את desselben, Jer. 21, 5 אתכם mit ausgereckter Hand und starkem Arm und im Zorn und im Grimm und in gewaltiger Wut. — e) Mit seinem Namen, II Chr. 32, 8 להלחם במלחמתינו. — f) Mit einer Zeitbestimmung, Sach. 14, 3 ביום קרב. — 2. Subjekt sind Menschen. a) יי מלחמות ':, heilige Kriege führen, I Sam. 18, 17; 25, 28. — b) Wider Jahwe streiten, II Chr. 13, 12 עמנו.

Ausserhalb des theologischen Sprachgebrauches: **Kal** kämpfen, nur im Particip Ps. 35, 1; 56, 2; mit ל wider jemand, V. 3. — **Niph'al** einen Krieg führen, streiten. 1. מלחמה ': I Sam. 8, 20. — 2. Mit jemandem kriegen oder streiten. a) ב der Person. Ex. 1, 10; 17, 9. 10; Num. 21, 1. 23. 26; 22, 11; Jos. 24, 9. 11; Jud. 1, 1. 3. 5. 9; 8, 1; 9, 38. 39; 10, 9. 18; 11, 6. 8. 9. 25. 27. 32; 12, 1. 3; I Sam. 12, 9; 14, 47; 15, 18; 19, 8; 23, 5; 28, 1. 15 (Part.); 29, 8; 31, 1 (Part.); II Sam. 8, 10; II Reg. 3, 21; 6, 8 (Part.); Jes. 19, 2; 63, 10; I Chr. 10, 1; 18, 10; II Chr. 26, 6; 35, 22. — b) עם der Person. α) Allein. Jos. 9, 2; 10, 29; 11, 5; Jud. 5, 20; 11, 4. 5. 20; I Sam. 13, 5; 17, 19 (Part.). 32. 33; II Sam. 10, 17; I Reg. 12, 21. 24; Jer. 41, 12; Dan. 10, 20; 11, 11; I Chr. 19, 17; II Chr. 11, 1. 4; 17, 10; 27, 5. β) Dazu ב des Ortes, Ex. 17, 8. — c) את. α) Allein. Jud. 12, 4; II Sam. 11, 17; 21, 15; I Reg. 22, 31; II Reg. 8, 29; 9, 15; Jer. 32, 5; 33, 5; II Chr. 18, 30; 22, 6; את־ I Sam. 17, 9; אתך II Reg. 19, 9; Jes. 37, 9; אתכם Jos. 24, 8; Jer. 37, 10; את־ Jos. 10, 25. β) Dazu noch ב des Ortes, I Reg. 20, 23 אתם. 25 אתם. γ) ב des Mittels Jer. 21, 4 (Part.). — d) אל Jer. 1, 19; 15, 20. — e) על 21, 2. — f) Akkusativ der Person, Ps. 109, 3 וילחמוני. — 3. Für jemanden kämpfen, ל der Person, Jud. 9, 17; II Reg. 10, 3; Neh. 4, 8. — 4. Ist das feindliche Objekt sachlicher Natur, so kann das Verbum spezielle, kriegerische Operationen, wie „berennen, bestürmen", oder im allgemeinen „die Feindseligkeiten eröffnen" bezeichnen. a) = des feindlichen Objektes, Jos. 10, 31; Jud. 1, 8; 9, 45. 52; 11, 12; I Sam. 23, 1 (Part.); II Sam. 12, 26. 27. 29; I Reg. 20, 1; Jes. 20, 1; Neh. 4, 2; II Chr. 35, 20. — b) על desselben, Deut. 20, 10. 19; Jos. 10, 5. 34. 36. 38; II Reg. 12, 18; 19, 8 (Part.); Jes. 7, 1; 37, 8 (Part.); Jer. 34, 22; 37, 8; und im Particip 32, 24. 29; 34, 1. 7. — 5. Mit blosser durch ב eingeführter Ortsbestimmung, Jud. 5, 19; Sach. 14, 14; II Chr. 35, 22. — 6. ב zur Einführung des begleitenden Umstandes, II Chr. 20, 17 בזאת, bei diesem Anlasse kämpfen. — 7. Absolut, Deut. 1, 41. 42; Jud. 5, 19; I Sam. 4, 9. 10; II Sam. 2, 28; 11, 20; I Reg. 22, 32; II Reg. 16, 5; Jer. 51, 30; Sach. 10, 5; II Chr. 18, 31.

Die Priorität des Niph'al im Sprachgebrauche steht ausser Zweifel. Der sinnliche Grundbegriff wird nach dem arabischen *laḥama* von Fleischer (bei Delitzsch, Hiob², S. 195, Anm.) bestimmt als „fest und dicht an einander drängen"; vgl. auch Delitzsch, Psalmen⁴, S. 301; Delitzsch Friedr. Proleg. 192 ff.; das Richtige wohl Nöldeke, Z.D.M.G. 40, 721: „zusammenfügen, ordnen, מלחמה Schlachtreihe".

מוּל von בול ? **Kal** 1. Beschneiden im eigentlichen Sinne. a) Akkusativ der Person. α) Allein: Gen. 21, 4 אברהם את־יצחק; Ex. 12, 44 תמל אתו näml. jeglichen um Geld erkauften Sklaven; Jos. 5, 5 את בל. ז את־בל־העם. β) Dazu irgend eine nähere Bestimmung: 5, 3 את־בני ישראל אל־גבעת הערלות. ז אים בדרך. — b) Akkusativ der Sache: Gen. 17, 23 את־בשר ערלתם בעצם היום הזה. — c) Mit Akkusativ des Grundes: Jos. 5, 4 זה הדבר אשר־מל יהושע. — d) Das passive Particip: 5, 5; בל־העם הילדים Jer. 9, 24. — 2. Im übertragenen Sinne: Deut. 10, 16 את ערלת לבבכם; 30, 6 יי אלהיך את־לבבך ואת־לבב. — **Niph'al** 1. Im eigentlichen Sinne. a) Sich beschneiden lassen. α) Mit dat. com.: Gen. 34, 15 לכם כל־זכר. 22 לנו כל־זכר. — β) Eine sonstige nähere Bestimmung: Lev. 12, 3 ימול בשר ערלתו השמיני וביום. γ) Absolut: Gen. 34, 17. — b) Beschnitten werden. α) Mit Akkusativ 17, 14. 24. 25 בשר ערלתו. β) Mit dat. com.: 17, 10. 12 לכם כל־זכר; Ex. 12, 48 לו כל־זכר. γ) Sonst eine nähere Bestimmung: Gen. 17, 26 בעצם היום הזה. 27 נמלו אתו. δ) Absolut: 17, 13; 34, 22; Jos. 5, 8. — 2. Im übertragenen Sinne: Jer. 4, 4 הִמֹּלוּ לה׳ והסרו ערלת לבבכם*).

---

*) Als Hiph. = zur Beschneidung bringen, Ps. 118, 10. 11. 12 בשם יי כי אמילם; jedoch zweifelhaft.

Über מול richtig Olshausen 223, c = בָּאֵל, Stamm איל „vorne sein". Vgl. auch Buhl im H.W.B.[12]

מוּל Nebenform zu מול Kal beschneiden, Jos. 5, 2 אֶת־בְּנֵי־יִשְׂרָאֵל שֵׁנִית. — Niph'al sich beschneiden lassen, Gen. 17, 11 וּנְמַלְתֶּם אֵת בְּשַׂר עָרְלַתְכֶם*).

סָפַד von מִסְפֵּד Kal im allgemeinen = עָשָׂה מִסְפֵּד. 1. Die Totenklage halten. a) Mit Akkusativ seines Nomens, Gen. 50, 10 וַיִּסְפְּדוּ שָׁם מִסְפֵּד גָּדוֹל וְכָבֵד מְאֹד. — b) עַל des Toten, Sach. 12, 10 וְסָפְדוּ עָלָיו כְּמִסְפֵּד עַל־הַיָּחִיד. — 2. Den bei der Totenklage gebräuchlichen Klageruf ה־־ anstimmen. a) Mit Angabe des Klagerufes. (α) Dazu לְ der Person, Jer. 22, 18 (bis), man wird keine Totenklage halten לֹא־יִסְפְּדוּ לוֹ הוֹי אָחִי וְהוֹי אָחוֹת, man wird nicht klagen הוֹי הָדָר הוֹי אָדוֹן וְהוֹי הֹדֹה; 34, 5 הוֹי אָדוֹן וְיִסְפְּדוּ־לָךְ. (β) עַל der Person, I Reg. 13, 30 הוֹי אָחִי וַיִּסְפְּדוּ עָלָיו הוֹי אָחִי. — b) Bloss Angabe der Person. (α) לְ derselben, Gen. 23, 2; I Sam. 25, 1; 28, 3; I Reg. 14, 13. 18; Jer. 16, 6. (β) עַל des Toten, II Sam. 11, 26. (γ) לִפְנֵי 3, 31. — c) Absolut II Sam. 1, 12; I Reg. 13, 29; Jer. 16, 5; Ez. 24, 16. 23; Sach. 12, 12; Eccl. 3, 4; 12, 5 (Part.). — 3. Den Klageruf beim hereinbrechenden oder drohenden Strafgerichte Gottes anstimmen. a) Mit עַל, Jes. 32, 12 עַל־שָׁדַיִם סֹפְדִים**); Mi. 1, 8 עַל־זֹאת אֶסְפְּדָה וְאֵילִילָה. — b) Absolut Jer. 4, 8 (neben הֵילִילוּ); 49, 3. — 4. Trauern im allgemeinen, Jo. 1, 13 סִפְדוּ הַכֹּהֲנִים (parall. הֵילִילוּ); Sach. 7, 5 (neben צוֹם). — Niph'al die Totenklage gehalten bekommen, Jer. 16, 4; 25, 33.

Dass ursprünglich im Kal denominiert ist, ist klar. Schwierig ist die Entscheidung bezüglich der Grundbedeutung. „Schlagen", wie man gewöhnlich annimmt, halte ich für wenig berechtigt, wage aber keine Vermutung. Im Syr. ist ܣܦܕ Pe. timuit; Pa. saliit.

עָנַשׁ von עֹנֶשׁ Kal 1. Geldstrafe auferlegen. a) Doppelter Akkusativ. Deut. 22, 19 וְעָנְשׁוּ אֹתוֹ מֵאָה כֶסֶף wegen böswilliger Verleumdung einer israel. Jungfrau. — b) Ohne Objekt. Am. 2, 8 וְיֵין עֲנוּשִׁים „Wein gebüsster". — 2. Strafe auferlegen. a) Prov. 21, 11 בַּעֲנָשׁ־לֵץ. — b) 17, 26 עֲנוֹשׁ לַצַּדִּיק. — Niph'al 1. An Geld gestraft werden. Wer bei einem Raufhandel ein schwangeres Weib gestossen, Ex. 21, 22 עָנוֹשׁ יֵעָנֵשׁ כַּאֲשֶׁר יָשִׁית עָלָיו בַּעַל הָאִשָּׁה. — 2. Strafe erleiden, Schaden leiden als Schicksal des gegen drohende Gefahr blinden Einfältigen, in den gleichlautenden Stellen Prov. 22, 3; 27, 12.

---

*) Das Hithpo. Ps. 58, 8 ist in diesem Kontext nicht mehr zu erklären.
**) Statt שָׂדַיִם ist doch wohl zu lesen שֹׁדְדִים; Siegfried-Stade, Hebr. Wb. unter ספד.

Ausserhalb des theologischen Sprachgebrauches: Kal Geldbusse auflegen, vom Auferlegen eines Tributes II Chr. 36, 3 אֲרִי־הָאָרֶץ בָּאָה עֹנֶשׁ כֶּסֶף יֶכֶר זָהָב. Die sinnliche Grundbedeutung scheint doch wohl nach dem nahe verwandten عنش, عنس zu urteilen im „Niederdrücken" zu liegen.

פָּשַׁע von פֶּשַׁע Kal Treubruch begehen, an Gott. a) בְּ Gottes. α) Der Treubruch wird begangen durch gewaltsame Lösung des Pflichtverhältnisses gegen Jahwe, welche, wenn auch vorzüglich, doch nicht allein durch Abfall zu den heidnischen Göttern, sondern durch Missachtung der sittlichen Gebote herbeigeführt wird: Jes. 1, 2; 43, 27; 66, 24 (Part.); Jer. 2, 8. 29; 3, 13; Ez. 2, 3; 20, 38 (Part.); Hos. 7, 13 (parall. מָרְדוּ בִי). β) Hinzukommt ein sachlicher Akkusativ, I Reg. 8, 50 פִּשְׁעֵיהֶם אֲשֶׁר פָּשְׁעוּ בָךְ; Jer. 33, 8, wo der Akkusativ אֲשֶׁר sich bezieht auf עֲוֹנוֹתֵיהֶם; Zeph. 3, 11, derselbe Akkusativ auf עֲלִילֹתַיִךְ*). — b) בְּ der Sache, wodurch man 'פ begeht, Ez. 18, 31 פִּשְׁעֵיכֶם אֲשֶׁר פְּשַׁעְתֶּם בָּם; Esr. 10, 13 לִפְשֹׁעַ בַּדָּבָר הַזֶּה. — c) עַל der Sache, Hos. 8, 1 עַל־תּוֹרָתִי פָּשָׁעוּ (parall. עָבְרוּ בְרִיתִי). — d) Absolut, Jes. 59, 13; Am. 4, 4 (bis); Prov. 28, 21; Thr. 3, 42. Das Particip zur Bezeichnung einer ganzen Klasse von Menschen, die durch Götzendienst, wie durch Missachtung aller Schranken des Sittengesetzes äusseren, wie inneren Abfall von Jahwe vollzogen haben: Jes. 1, 28; 46, 8; 48, 8; 53, 12 (bis); Hos. 14, 10; Ps. 51, 15; Dan. 8, 23. — **Niph'al** nur Prov. 18, 19, wo die besser bezeugte Lesart נִפְשָׁע hat, das einen impersonellen Attributivsatz darstellend von Fleischer übersetzt wird: *perfide actum est scl. בּוֹ in eum (אֵת)*.

Ausserhalb des theologischen Sprachgebrauches: Kal von der gewaltsamen Lösung eines Pflichtverhältnisses, das politischer Natur ist. a) בְּ der Person, I Reg. 12, 19; II Reg. 1, 1; 3, 5. 7; II Chr. 10, 19. — b) 'פ מִתַּחַת יַד II Reg. 8, 20. 22; II Chr. 21, 8. 10. — c) Absolut, II Reg. 8, 22; II Chr. 21, 10.

Kal ist offenbar die ältere Konjugation. Das Verbum besagt überall die gewaltsame Lösung eines bestehenden Pflichtverhältnisses, weshalb Delitzsch mit Berufung auf das wurzelverwandte *fasaḳa* die Grundbedeutung „abbrechen, losreissen" statuiert.

---

*) Schwally Z.A.W. X, 201, meint, dass אֲשֶׁר hier wie Gen. 3, 11; 43, 27; 45, 6 absolut stehe „in Bezug auf welche". Diese Auffassung scheitert an I Reg. 8, 50, wo das Verbum mit dem Akk. פֶּשַׁע steht, und die oben angeführten zwei übrigen Stellen zeigen ein dem letzteren synonymes Objekt.

ישפט von שפט Kal 'ש sein. I. Subjekt ist Gott. 1. Schiedsrichter sein. a) בין .. בין Gen. 16, 5; Jud. 11, 27; I Sam. 24, 13. 16; Ez. 34, 20. — b) ל ... בין Ez. 34, 17. 22 בין שה לשה. — c) Mit einfachem בין Gen. 31, 53 ישפטו .. 'ש 'א אלהי אברהם; Jes. 2, 4; Mi. 4, 3. — 2. Nach den zwei Seiten der Erweisung der richterlichen Thätigkeit Gottes: a) Zum Rechte verhelfen, Recht schaffen. α) Akkusativ der Person 1 Reg. 8, 32 בצדק לתת לצדיק השב השמים ואתה עבדיך את; Ps. 7, 9 שפטני ייֹ כצדקי; 10, 18 יתום דך; 26, 1 ני שפטני; 35, 24 כצדקך שפטני; 43, 1 שפטני אלהים; II Chr. 6, 23 עבדיך את. β) Zum Akkusativ der Person בין desjenigen, dem gegenüber Gott zum Rechte verhilft I Sam. 24, 16; II Sam. 18, 19. 31. — γ) שפטה במשפט im Gebete zu Jahwe Thr. 3, 59. δ) Absolut Ex. 5, 21. — b) Verurteilen, bestrafen. α) Mit Akkusativ I Sam. 3, 13 אני שפט את ביתו; Ez. 11, 10. 11; 21, 35. β) Zum persönlichen Akkusativ noch die für den Urteilsspruch massgebende Norm Ez. 7, 3. 8; 18, 30; 33, 20 כדרכיו; 24, 14 כדרכיך וכעלילותיך; 36, 19 כדרכם וכעלילותם; 35, 11 אשר שפטך; 7, 27 כמשפטיהם אשפטם; 16, 38 משפטי נאפות ושפכת דם. — γ) Bloss ב der Person II Chr. 20, 12 לא נשפט בם. — c) In doppelsinniger Bedeutung, der des Rechtschaffens und des Strafvollstreckens zugleich Eccl. 3, 17 הצדיק ואת הרשע ישפט. — 3. Gericht halten im allgemeinen, von Gott als dem Weltrichter und Weltregenten. a) Mit einem Akkusativ. α) Völker Jes. 51, 5 ידיני עמים; Jo. 4, 12 הגוים מסביב; die Himmlischen, רמים Hi. 21, 22*). β) הארץ Ps. 82, 8; 96, 13; 98, 9; I Chr. 16, 33. — b) Zum Akkusativ tritt, um Gottes richterliche Thätigkeit zu charakterisieren, eine nähere Bestimmung. α) עמך בצדק Ps. 67, 5; von den heidnischen Göttern 58, 2 בני אדם תשפטו מישרים. β) בל בצדק 9, 9 (parall. לאמים במישרים); 96, 13; 98, 9. — c) Bloss mit einer näheren Bestimmung 75, 3 מישרים; 58, 12 שפטים בארץ; 82, 1 בקרב אלהים; Hi. 22, 13 ערפל בעד. — d) Absolut Ps. 50, 6; 51, 6; 75, 8. — II. Subjekt sind Menschen, aber im Namen und als Organe Gottes. 1. Schiedsrichter sein. a) בין .. בין Ex. 18, 16, Subjekt Mose. — b) Dazu על zur Angabe der Norm Num. 35, 24, Subjekt העדה und die Norm על המשפטים האלה. — c) Oder ein das Ergebnis der richterlichen Thätigkeit ausdrückender Akkusativ Deut. 1, 16 צדק, in der Anweisung an die von Mose eingesetzten Vorstände. — 2. Rechtsprechen, im Namen Gottes und als sein Organ.

*) So Kautzsch; Hoffmann: „Will man denn Gott Weisheit vorschreiben, der, wie er Lust hat, den Himmel verwaltet". Bickell dagegen: „Lehrt Gott den Thoren Einsicht — Und richtet er den Blutmann?"

a) Akkusativ der Person Ex. 18, 13, Subjekt ist Mose; dagegen V. 22. 26 die zu diesem Behufe eigens ausgewählten Gehilfen des Mose: Ez. 20, 4 *(bis)*; 22, 2 *(bis)*; 23, 36, Subjekt der Prophet. — b) Akkusativ der Sache Ex. 18, 22. 26 לכל־הדבר הקטן, die Gehilfen des Mose: Ez. 44, 24, die levitischen Priester. — c) Zum Akkusativ der Person noch die Norm des Richtens Ez. 23, 24 במשפטיהם: dagegen V. 45 כמשפט נאפות ומשפט שפכת דם אתהן. — d) אל ישפט באדם כי־לו II Chr. 19, 6. — 3. Das Richteramt versehen, die geistlichen, wie die weltlichen Angelegenheiten Israels leiten, Bezeichnung für die Wirksamkeit der nach dem Tode des Josua vom Geiste Gottes berufenen Männer. a) את־ישראל 'ש Jud. 4, 4 (Part.); 10, 2. 3; 12, 7. 8. 9. 11 *(bis)*. 13. 14; 15, 20; 16, 31; I Sam. 4, 18; II Reg. 23, 22. — b) Absolut Ruth 1, 1. — III. In der Verwendung als allgemein religiös-sittliche Forderung von der Gerechtigkeitspflege im Lande. 1. Rechtsprechen, richten. a) Zum Akkusativ der Person eine nähere Bestimmung der Art des Rechtsprechens Lev. 19, 15 בצדק תשפט; Jes. 11, 4 בצדק דלים; Prov. 29, 14 שופט באמת דלים; die Richter und Amtleute Deut. 16, 18 משפט־צדק את העם. — b) Bloss mit einem näheren Umstande Jes. 11, 3 לא־למראה עיניו; die Häupter Jerusalems sprechen Recht Mi. 3, 11 בשחד. — c) Mit einem, das Ergebnis der richterlichen Thätigkeit zum Ausdruck bringenden Akkusativ Sach. 7, 9 משפט אמת; 8, 16 אמת ומשפט שלום; Ps. 82, 2 עול; Prov. 31, 9 צדק. — 2. Nach den verschiedenen Seiten der Erweisung dieser richterlichen Thätigkeit: a) Recht schaffen, zum Rechte verhelfen. α) Akkusativ der Person Jud. 3, 10 את־ישראל, Subjekt ist der Richter Othniel; Jes. 1, 17. 23 יתום; Ps. 72, 4 עניי־עם (parall. יושיע לבני אביון); 82, 3 דל ויתום (parall. עני ורש הצדיקו). β) משפט אביונים לא ישפט Jer. 5, 28, den Armen verhelfen sie nicht zum Rechte. — b) Verurteilen, strafen, vielleicht Ob. 1, 21. — **Niph'al** zur Rechenschaft ziehen, ins Gericht gehen. 1. Subjekt ist Gott, der ins Gericht geht mit jemandem. a) את der Person. α) Allein. Ez. 20, 36 *(bis)* אתכם . . אתם־אבתיכם. β) Dazu ב des beim Vollzug des Strafgerichtes dienenden Mittels Jes. 66, 16 באש . . נשפט את־כל־בשר; Ez. 38, 22 אתו בדבר ובדם. γ) Ein näherer Umstand in Gestalt eines Zustandssätzchens 20, 35 אתכם פנים אל־פנים. δ) Ein Akkusativ der Verursachung 17, 20 אתו שם על־מעלו. ε) על der Verursachung Jer. 2, 35 אותך על־אמרך. — b) Bloss ב der Person 25, 31 בכל־בשר. c) עם der Person und על der Verursachung Jo. 4, 2 עמם שם על. — 2. Subjekt ist Jehu, der Gottes Strafgericht vollzieht II Chr. 22, 8 בשפטו אתם.

Ausserhalb des theologischen Sprachgebrauches: **Kal** 1. Schiedsrichter sein Gen. 19, 9 *); Jes. 5, 3. — 2. Jemandem das Urteil sprechen. a) Akkusativ der Person Deut. 25, 1; I Sam. 7, 6. 15. 16. 17; 8, 20. — b) מִשְׁפָּט 'שׁ I Reg. 3, 28. — c) = des Ortes I Sam. 8, 2. — d) Absolut I Reg. 7, 7. — 3. Regieren, mit Akkusativ der Person I Sam. 8, 5. 6; I Reg. 3, 9 *(bis)*; II Reg. 15, 5 (Part.); Dan. 9, 12; II Chr. 1, 10. 11; 26, 21 (Part.). — **Niph'al** sich in einen Rechtsstreit einlassen, forensischer Terminus: את der Person I Sam. 12, 7; Prov. 29, 9; mit יחד Jes. 43, 26; mit באמונה 59, 4; בהשפטו Ps. 37, 33; 109, 7. — **Po'el** nur Hi. 9, 15 nach der gewöhnlichen Vokalisation לִמְשֻׁפְטִי, die Delitzsch festhält mit der Bedeutung richterlich bekämpfen. Richtiger wohl לְמִשְׁפָּטִי **).

Über das frühere Auftreten des Kal im theol. Sprachgebrauche kann kein Zweifel sein. Um so unsicherer verhält es sich mit der Etymologie des Verbums. Reuss ***) will in 'שׁ zunächst die allgemeine Bedeutung des mit „herrschen" gleichbedeutenden „Waltens" finden; davon abgeleitet wäre erst die auf das Schiedsrichteramt gehende Bedeutung. Allein gerade das Umgekehrte ist der Fall. Gerade in den ältesten Belegstellen findet sich „Schiedsrichter sein" mit der charakteristischen Konstruktion בין .. ובין, während „walten, regieren" einer späteren Litteraturperiode angehört. Die Frage nach der sinnlichen Grundbedeutung wird bei dem Mangel jedes Anhaltspunktes in anderen semitischen Sprachen immer unentschieden bleiben †).

שקל von שֶׁקֶל **Kal** wiegen. a) Von Gottes unparteiischer Prüfung, Hi. 31, 6 וישקלני במאזני־צדק. — b) Von der Unmöglichkeit für den Menschen, Gottes Werke zu erfassen, Jes. 40, 12 wer hat gewogen בפלס הרים וגבעות במאזנים. — **Niph'al** gewogen werden, bildlich nur Hi. 6, 2 לו שקול ישקל כעשי.

Ausserhalb des theologischen Sprachgebrauches: **Kal** 1. Darwiegen. a) Akkusativ der Sache. α) Allein. Ex. 22, 16 כסף; I Reg. 20, 39 ככר־כסף; Sach. 11, 12 'שׁ שלשים כסף. — β) Dazu ל der Person, jemandem. Gen. 23, 16 וישקל אברהם; Jer. 32, 9 לו את־הכסף;

---

*) Zur Vokalisation des Textes vgl. Kautzsch-Socin, Die Genesis², Anm. 78.

**) Vgl. Hoffmann z. St.

***) Die Geschichte der hl. Schriften des A. T., wenigstens in der 1. Aufl. S. 112.

†) Vgl. eine gelegentliche Bemerkung Nöldekes Z.D.M.G. 40, 724, Anm.

Esr. 8, 25 לָכֹל אֶת־הַכֶּסֶף. — γ) ב des Instrumentes. Jes. 46, 6 כֶּסֶף בַּקָּנֶה; Jer. 32, 10 הַכֶּסֶף בְּמֹאזְנָיִם. δ) ב des Wertes. Jes. 55, 2 כֶּסֶף בְּלֹוא־לֶחֶם. ε) Etwas in die Hände darwiegen. II Sam. 18, 12 בְּכַפִּי אֶלֶף כֶּסֶף; zehntausend Talente Silbers Esth. 3, 9 אֶשְׁקוֹל עַל־יְדֵי; Esr. 8, 26 וָאֶשְׁקֳלָה עַל־יָדָם. ζ) Andere nähere Bestimmungen. Esth. 4, 7 לִשְׁקוֹל עַל־גִּנְזֵי הַמֶּלֶךְ den Betrag an Silber; Esr. 8, 29 לִפְנֵי שָׂרֵי הַכֹּהֲנִים, der sachliche Akkusativ ist aus dem Kontext zu ergänzen. — b) Absolut. Das Particip als Bezeichnung eines Staatsbeamten Jes. 33, 18. — 2. Wiegen. II Sam. 14, 26 das geschorene Haupthaar. — **Niph'al** zugewogen werden. Hi. 28, 15 כֶּסֶף בִּמְחִירָהּ; Esr. 8, 33 עַל יַד־ Gold und Silber und Geräte zur Aufbewahrung.

Sicher ist Kal in der Denominierung früher gebildet. Den Grundbegriff von שָׁקַל leitet Delitzsch, Proleg. 183 ff., aus dem Assyrischen her: „in der Schwebe, im Gleichgewichte halten". Da aber im Arab. ثَقُلَ „schwer sein" entspricht, halte ich es für richtiger, in diesem das originale Verbum zu sehen.

II. Kal — Pi'el.

אהב — **Kal** I. Ursprünglich intransitiv = Liebe empfinden, dann mit Umbiegung dieser ursprünglichen Bedeutung transitiv = lieben. 1. Subjekt ist Jahwe. a) Das persönliche Objekt seiner Liebe. α) Akkusativ der Person. α') Allein: Deut. 4, 37 אֶת־אֲבֹתֶיךָ; 7, 13 וַאֲהֵבְךָ וּבֵרַכְךָ; zu deinen Vätern allein hat sich Jahwe geneigt, 10, 15 לְאַהֲבָה אוֹתָם; nur 23, 6 כִּי אֲהֵבְךָ יי אלהיך ist der Grund des Misserfolges des Bileam; andererseits ist diese Liebe der Grund, dass Gott sein Volk loskaufen und wiedersammeln will Jes. 43, 4 יַעַן אֲהַבְתִּיךָ; von der Erweisung dieser Liebe in der Vorzeit Hos. 11, 1 כִּי נַעַר יִשְׂרָאֵל וָאֹהֲבֵהוּ; sie wird dem Volke wieder verheissen 14, 5 אֹהֲבֵם נְדָבָה; Mal. 1, 2 (bis) אָהַבְתִּי bzhw. אֲהַבְתָּנוּ בַּמָּה. Der Einzelne ist Objekt dieser Liebe, wenn ein ganz spezielles Verhältnis desselben zu Gott zum Ausdruck kommen soll; so Salomo II Sam. 12, 24 יי אֲהֵבוֹ: derjenige, der Jahwes Willen an Babel erfüllen wird, Jes. 48, 14 יי אֲהֵבוֹ; Grund der Erwählung Jakobs Mal. 1, 2 וָאֹהַב אֶת־יַעֲקֹב; Ps. 47, 5 אֶת־גְּאוֹן יַעֲקֹב אֲשֶׁר אָהֵב; von väterlicher, durch Züchtigung sich bethätigender Liebe Prov. 3, 12 אֶת אֲשֶׁר יֶאֱהַב יי יוֹכִיחַ; dagegen ist hinwiederum Objekt 15, 9 מְרַדֵּף צְדָקָה: 22, 11 טְהָר־לֵב*). β') Dazu als zweiter Akkusativ: Jer. 31, 3 וְאַהֲבַת עוֹלָם אֲהַבְתִּיךְ.

---

*) Vgl. Kautzsch, Textkr. Erl. z. St.

β) In Participialkonstruktion: Deut. 10, 19 גר ואהבת: Ps. 146, 8 יי אהב צדיקים: das passive Particip von Salomo Neh. 13, 26 'א. לאלהיו — b) Das sachliche Objekt. α) Akkusativ: Ps. 11, 7 צדקת: 78, 68 אהבתי ציון: 87, 2 יסודתו בהררי־קדש. β) In Participialkonstruktion: Jes. 61, 8: Ps. 37, 28 משפט 'א: 33, 5 משפט אהב צדקה. — 2. Subjekt ist der Mensch. a) Jahwe lieben: von der Zuneigung der Gesinnung, die sich manifestiert durch treues Verharren in seinem Dienste. α) Akkusativ der Person. α') Allein: Deut. 11, 1: I Reg. 3, 3; Ps. 31, 24; לאהבה 'אל אהבי Deut. 11, 13. 22: 19, 9: 30, 16. 20: Jos. 22, 5; 23, 11: לאהבה את י Deut. 10, 12: י אשר אהבה Jes. 56, 6. β') Dazu eine nähere Bestimmung: Deut. 6, 5 אהבת אי אלהיך בכל־לבבך ובכל־נפשך ובכל־מאדך; 30, 6 לאהבה את י אלהיך בכל־לבבך ובכל־נפשך: Jahwe stellt euch auf die Probe 13, 4 הישכם אהבים את י אלהיכם בכל־לבבכם ובכל־נפשכם. β) In Participialkonstruktion: Ps. 97, 10 אהבי י: Ex. 20, 6; Deut. 5, 10 לאהבי: 7, 9: Jud. 5, 31; Ps. 145, 20; Dan. 9, 4; Neh. 1, 5 אהביו: Ps. 5, 12: 119, 132 אהבי שמך: 69, 37 אהבי שמו. Das substant. Particip = der Freund Gottes, Ehrenname Abrahams: Jes. 41, 8 אהבי: II Chr. 20, 7 אהבך. — γ) Das absolute אהבתי Ps. 116, 1 dürfte ein Textfehler sein. — b) Fremde Götter: Jer. 2, 25 זרים אהבתי: 8, 2 אהבום, näml. Sonne, Mond und das ganze Himmelsheer. — c) Liebe gegen den Nächsten. α) Akkusativ der Person: Deut. 10, 19 אהבתם את הגר: ואהבת לרעך כמוך; in der Ausdehnung dieses
β) ל derselben: Lev. 19, 18 ואהבת לרעך כמוך; in der Ausdehnung dieses Gebotes auf den גר V. 34 ל במוך. — d) Allgemein von Liebe im sittlichen Sinne. α) Akkusativ der Person: Prov. 9, 8 tadle den Weisen, ויאהבך: 13, 24 אהבו ist auf Züchtigung seines Sohnes bedacht: der König liebt 16, 13 דבר ישרים. β) ל derselben: II Chr. 19, 2 לשנאי יי תאהב. — e) Mit dinglichem Objekte. Das Verbum dient zur Schilderung des sittlichen und religiösen Verhaltens der Menschen oder drückt die darauf bezüglichen Forderungen aus. α) Ein Akkusativobjekt. α') Ein Nomen: Jes. 57, 8 משכבם, Ausdruck für eifriges Betreiben des Götzendienstes; ein ähnlicher Gedanke Hos. 9, 1 אתנן, vom hurerischen Israel; praktische Frömmigkeit fordert Am. 5, 15 שנאו־רע ואהבו טוב; Sach. 8, 17 שקר לא־תאהבו 19 יהשלום אהבו; daher in der Frage Ps. 4, 3 wie lange noch תאהבון ריק; im Lobe über die Gerechtigkeitsliebe des Königs 45, 8 אהבת צדק; in der Beteuerung der treuen Anhänglichkeit an Jahwe sind Objekte 26, 8 מעון ביתך; משכן כבודך; בית תפלתך: 119, 47. 48. 127 מצותיך. 97. 113. 163 תורתך. 119. 167 עדותיך. 159 פקודיך. 140 אהבה näml. אמרתך; wer zugänglich der Verführung zum Bösen, liebt Prov. 1, 22 פתי: die

5*

Weisheit soll man lieb gewinnen 4, 6 אהבה: die redend eingeführte Weisheit sagt selbst 8, 17 אהב אהביה; der Spötter liebt nicht 15, 12 הוכח לו; wer Verstand erwirbt, liebt 19, 8 נפשו*). — β') Ein Infinitiv mit ל: Jer. 14, 10 כן אהבו לנוע; das Verhalten gegen Nebenmenschen ist gemeint Hos. 12, 8 לעשק א'. — γ') Ein Adverbium: Propheten und Priester üben Trug, allein das Volk Jer. 5, 31 אהבו כן; von der Werkheiligkeit Am. 4, 5 כן א'. — β) In Participialkonstruktion: Jes. 1, 23 אהב שחד כלו; Mi. 3, 2 שנאי טוב ואהבי רעה; Ps. 11, 5 אהב חמס; 119, 165 אהבי תורתך; Prov. 17, 19 אהב פשע אהב מצה; 29, 3 איש־אהב חכמה; mit Suffixen, von den Anhängern Zions Jes. 66, 10 כל־אהביה; Ps. 122, 6 אהביך; die Weisheit nennt die nach ihr Strebenden Prov. 8, 17. 21 אהבי. — II. Verlangen, begehren: Ps. 40, 17; 70, 5 אהבי ישועתך (parall. כל־מבקשיך). — III. Wollen, nicht vom indifferenten, sondern sittlich qualificierten Wollen: In der Schilderung des Frevlers Ps. 52, 5 אהבת רע מטוב. 6 כל־דברי־בלע; der gegen Arme und Unterdrückte vorgeht, 109, 17 ויאהב קללה; wer die Weisheit hasst, der will Prov. 8, 36 מות; dagegen 12, 1 אהב מוסר אהב דעת. — **Pi'el** nur das Particip. 1. Die Abgötter des ungetreuen Volkes: Ez. 23, 5. 9; Hos. 2, 9. 12. 15 מאהביה; Ez. 16, 33. 36. 37; 23, 22 מאהביך; Hos. 2, 7. 14; Thr. 1, 19 מאהבי. — 2. Die verbündeten Völker, um deren Gunst Israel gebuhlt, heissen Jer. 22, 20. 22 מאהביך.

Ausserhalb des theologischen Sprachgebrauches: **Kal** I. Liebe empfinden, lieben. 1. Das natürliche Gefühl der Zuneigung, das beim Vater seinem Kinde gegenüber sich zeigt. Akkusativ der Person: Gen. 22, 2; 25, 28; 37, 3. 4; 44, 20; von der Mutterliebe 25, 28. — 2. Die Liebe im geschlechtlichen Sinne. a) Akkusativ der Person: Gen. 24, 67; 29, 18. 30. 32; 34, 3; Jud. 14, 16; 16, 4. 15; I Sam. 1, 5; 18, 20. 28; II Sam. 13, 1. 4 (Part.); I Reg. 11, 1; Ez. 16, 37; Hos. 3, 1; Mal. 2, 11; Cant. 1, 3. 4. 7; 3, 1-4; Ruth 4, 15; Eccl. 9, 9; Esth. 2, 17; II Chr. 11, 21. — b) Dazu ein sachlicher Akkusativ: II Sam. 13, 15 אהבה אשר אהבה. — c) Absolut: Das passive Particip von der bevorzugten Gattin, Deut. 21, 15 *(bis)*. 16; ob Hos. 3, 1 אהבת רע richtig überliefert ist, ist zu bezweifeln. — 3. Von der Liebe zwischen Freunden. a) Akkusativ der Person: I Sam. 18, 1; 20, 17; Hi. 19, 19. — b) Dazu ein zweiter Akkusativ: I Sam. 20, 17 אהבת נפשו אהבו. — c) Absolut: Prov. 17, 17 (Part.); das

---

*) Ps. 99, 4 ist unverständlich und offenbar verderbt; ebenso muss Prov. 18, 21 יאהביה, das Suffix geht auf לשון, ein Schreibfehler sein.

substant. Particip = Freund, I Reg. 5, 15; Jer. 20, 4. 6; Ps. 38, 12; 88, 19; Prov. 14, 20; 18, 24; 27, 6; Thr. 1, 2; Esth. 5, 10. 14; 6, 13. — 4. Von der Zuneigung des Vorgesetzten gegen den Untergebenen und der Liebe der Untergebenen gegen die Vorgesetzten. a) Akkusativ der Person: I Sam. 16, 21; 18, 16 (Part.). 22; II Sam. 19, 7 *(bis)*; in zusammenfassender Rede von dem Sklaven, der aus Liebe zu seinem Herrn, Weib und Kindern Ex. 21, 5, zu seinem Herrn und dessen Haus Deut. 15, 16 auf seine Freiheit verzichtet. — b) Absolut, im zusammenfassenden Sinne: Eccl. 3, 8. — II. Wünschen, begehren: Ps. 34, 13 אֹהֵב יָמִים לִרְאוֹת טוֹב. — III. Etwas gerne haben oder thuen. a) Akkusativ der Sache. α) Prov. 20, 13 שֵׁנָה; 21, 17 *(bis)* שִׂמְחָה bzhw. יַיִן וָשֶׁמֶן; Eccl. 5, 9 (Part.) כֶּסֶף; II Chr. 26, 10 אֹהֵב אֲדָמָה הָיָה. — β) Infinitiv mit ל: Jes. 56, 10; Hos. 10, 11. — b) ב der Sache: Eccl. 5, 9 (Part.) בֶּהָמוֹן. — **Niph'al** II Sam. 1, 23 Saul und Jonathan הַנֶּאֱהָבִים. — **Pi'el** nur das Particip: Sach. 13, 6 בֵּית מְאַהֲבָי, im Hause meiner Eltern.

Dass die Denominierung von Kal ausging, ist klar; dagegen ist der etymolog. Zusammenhang nicht zu eruiren.

אלף von אֶלֶף Kal vertraut werden, lernen, mit Akkusativobjekt nur Prov. 22, 25 in der Warnung, nicht Umgang zu pflegen mit einem Zornigen, damit man sich nicht aneigne אֹרְחֹתָיו. — **Pi'el** vertraut machen d. i. belehren, unterrichten. a) Von Gott ausgesagt, Hi. 35, 11 מַלְּפֵנוּ מִבַּהֲמוֹת אָרֶץ. — b) Von Menschen, mit doppeltem Akkusativ, 33, 33 וַאֲאַלֶּפְךָ חָכְמָה. — c) Von der Schuld ausgesagt, 15, 5 כִּי יְאַלֵּף עֲוֹנְךָ פִּיךָ.

Aus dem Aramäischen entlehntes Wort, dessen Wurzel לב auf die sinnliche Grundbedeutung „binden" zurückgeht; vgl. ايلاف.

דלה von דְּלִי Kal schöpfen, vom Heraufholen der in der Brust des Mannes verborgenen עֵצָה Prov. 20, 5. — **Pi'el** von Gott ausgesagt, jemanden aus der Tiefe des Leidens emporziehen Ps. 30, 2. Ausserhalb des theologischen Sprachgebrauches: Kal Wasser schöpfen Ex. 2, 16. 19.

Das originale Verbum ist im Kal Prov. 26, 7*) in der Bedeutung schlaff herabhängen noch erhalten.

חבל von חֶבֶל Kal 1. Übel handeln, sündigen. a) Mit ל Gottes, Neh. 1, 7 חֲבֹל חָבַלְנוּ לָךְ**). — b) Absolut, vom Sündigen durch Un-

---

*) Vgl. Kautzsch § 75, Anm. 4 zu Kal.
**) Zu punktieren חָבֹל חָבַלְנוּ, Siegfried-Stade, Hebr. Wb.; anders Kautzsch § 113, 3, Anm. 5.

geduld wegen Gottes Schickungen Hi. 34, 31. — 2. Gegen einen Menschen schurkisch handeln, 24, 9 וִיחַבֵּל*). — **Pi'el** Verderben bereiten. a) Von Gott ausgesagt, der am Gerichtstage mit seinem Heere kommt, Jes. 13, 5 לְחַבֵּל כָּל־הָאָרֶץ; der menschliches Vorhaben zunichte macht Eccl. 5, 5 אֶת־מַעֲשֵׂה יָדֶיךָ. — b) Vom Menschen, der in seiner Ränkesucht darauf ausgeht Jes. 32, 7 לְחַבֵּל עֲנָוִים בְּאִמְרֵי שֶׁקֶר. — c) Die schwierige und unsicher überlieferte Stelle Mi. 2, 10 ist nach dem mas. Texte punktiert בַּעֲבוּר טֻמְאָה תְּחַבֵּל וְחֶבֶל נִמְרָץ, während nach LXX Pu'al zu lesen ist mit hinzugezogenem ו des folgenden Wortes, also חֻבַּלְתֶּם, ihr seid vernichtet worden, zu Grunde gegangen**).

Ausserhalb des theologischen Sprachgebrauches: **Pi'el** das Particip Cant. 2, 15 שׁוּעָלִים קְטַנִּים als Bezeichnung der Füchse. — **Pu'al** verderbt sein im physischen Sinne. Von dem die Abhängigkeit Judas versinnbildlichenden Joche, das unbrauchbar wird חֻבַּל עֹל Jes. 10, 27; als Krankheitserscheinung vom verdorbenen Atem Hi. 17, 1***).

Der theolog. Sprachgebr. denominiert zuerst im Pi'el, entsprechend dem Syr., wo Pa. häufig. Im Arab. findet sich خبل mit der sinnlichen Bedeutung „verletzen, verstümmeln".

חרף von חֶרְפָּה **Kal** 1. Schelten, Bezeichnung für die Äusserung des Gewissens, wo wir von Gewissensbissen reden, Hi. 27, 6 לֹא־יֶחֱרַף לְבָבִי. — 2. Das Particip von den Schmähern Gottes Ps. 69, 10; des leidenden Gerechten 119, 42. — **Pi'el** 'ח hervorbringen. 1. Gott lästern. a) Akkusativ Gottes. α) Allein. II Reg. 19, 4. 16; Jes. 37, 4. 17 אֱלֹהִים חָי; Ps. 74, 18 יהוה; auf Gott bezieht sich auch die Frage II Reg. 19, 22; Jes. 37, 23 אֶת־מִי חֵרַפְתָּ. β) Dazu ein näherer Umstand. II Reg. 19, 23 בְּיַד מַלְאָכֶיךָ חֵרַפְתָּ אֲדֹנָי; Jes. 37, 24 בְּיַד עֲבָדֶיךָ. — γ) Der Akkusativ seines Nomens. Ps. 79, 12 חֶרְפָּתָם אֲשֶׁר חֵרְפוּךָ. — b) Mit לְ Gottes. II Chr. 32, 17 לְחָרֵף לַיהוה אֱלֹהֵי יִשְׂרָאֵל. — c) Absolut Ps. 74, 10. — 2. Gott verunehren, lästern durch die That. a) Akkusativ Gottes. Prov. 14, 31; 17, 5 חֵרֵף עֹשֵׂהוּ. — b) Dazu ein näherer Umstand Jes. 65, 7 עַל־הַגְּבָעוֹת חֵרְפוּנִי. — 3. Das Volk oder den Gerechten Gottes höhnen als Bezeichnung des feindseligen Gebahrens der Jahwe-Gegner. a) Akkusativ der Person. Zeph. 2, 8 אֶת־עַמִּי;

---

*) Siehe dagegen Hoffmann, Hiob z. St.
**) Ryssel, Untersuchungen S. 55 ff.
***) Barth, Etymolog. Studien S. 42, sieht hier ein vom obigen verschiedenes חבל und übersetzt: „mein Geist ist verwirrt."

Ps. 42,₁₁ צֹרְרָי חֵרְפוּנִי; 55,₁₃ אֹיְבִי יְחָרְפֵנִי לֹא; 102,₉ אוֹיְבָי חֵרְפוּנִי; Neh. 6,₁₃ יְחָרְפוּנִי לְמַעַן. — b) Mit zwei Akkusativen Ps. 89,₅₂ (bis) חֵרְפוּ עִקְּבוֹת חֲרֵפֵי אֲשֶׁר.. עֲבָדֶיךָ. — c) Absolut, vom höhnischen Gebahren der Feinde des Volkes Gottes Zeph. 2,₁₀; des Gerechten Ps. 44,₁₇ (Part.); 57,₄.

Ausserhalb des theologischen Sprachgebrauches: **Kal** nur das Particip Prov. 27,₁₁ חֹרְפִי. — **Pi'el** 1. Hohn sprechen, von der Verhöhnung Israels oder seines Kriegsvolkes von seiten der Feinde, Jud. 8,₁₅; I Sam. 17,₁₀.₂₅.₂₆.₃₆.₄₅; II Sam. 21,₂₁; I Chr. 20,₇. — 2. Etwas für einen Gegenstand der 'ח halten, daher als Geringes preisgeben. Jud. 5,₁₈ Sebulon ist ein Volk חֵרֵף נַפְשׁוֹ לָמוּת.

Dass Kal selten und spät und dem Piel die Priorität im Sprachgebrauche gebühre, lehrt ein Blick auf den statistischen Ausweis. Für den sinnlichen Grundbegriff ist mit Fleischer auf حرف „scharf, spitz sein" zurückzugehen.

יחד (bzhw. אחד) von אֶחָד **Kal** eins sein. a) Mit anderen Gemeinsamkeit und daher auch sittliche Verantwortung haben bei ihren Thaten. Mit בְּ der Sache, auf welche die Gemeinsamkeit sich bezieht, Gen. 49,₆ בִּקְהָלָם אַל־תֵּחַד כְּבֹדִי *). — b) Das gleiche Geschick mit anderen teilen, Jes. 14,₂₀ לֹא־תֵחַד אִתָּם בִּקְבוּרָה. — **Pi'el** eins machen, einigen im moralischen Sinne. In der Bitte um ein nicht zwischen Gott und der Welt geteiltes, sondern ersterem allein angehöriges Herz, Ps. 86,₁₁ יַחֵד לְבָבִי לְיִרְאָה שְׁמֶךָ **).

Ausserhalb des theologischen Sprachgebrauches***): **Hithpa'el** sich einen, an Kräften zusammennehmen, Ez. 21,₂₁, falls der Text richtig. Vgl. Smend z. St.

משל von מָשַׁל **Kal** 1. Einen sentenziösen oder verspottenden Spruch reden. a) מָשָׁל מ'. α) Mit בְּ des Ortes: Ez. 12,₂₃ הִשְׁבַּתִּי; 18,₃ אֶת־הַמָּשָׁל הַזֶּה וְלֹא־יִמְשְׁלוּ אֹתוֹ עוֹד בְּיִשְׂרָאֵל הַמָּשָׁל הַזֶּה בְּיִשְׂרָאֵל. β) Mit עַל, über jemand, und folgendem Objektssatze: 18,₂ מֹשְׁלִים אֶת־הַמָּשָׁל הַזֶּה עַל־אַדְמַת יִשְׂרָאֵל לֵאמֹר. — b) Das Verbum mit כֹּל: 16,₄₄ כָּל־הַמֹּשֵׁל עָלַיִךְ יִמְשֹׁל לֵאמֹר. — c) Absolut: Hi. 17,₆ וְהִצִּיגַנִי לִמְשֹׁל עַמִּים; das Particip = Spruchdichter Num. 21,₂₇; Spott-

---

*) Falls der Text richtig; vgl. Dillmann z. St.
**) Gemäss LXX jedoch יְחַד; vgl. Kautzsch, Textkr. Erl. z. St.
***) Nach G. Hoffmann liegt ein Kal davon vor Hi. 3,₆, denn er übersetzt: „Jene Nacht, sie nehme fort Dunkelheit, nicht eine sie sich des Jahres Tagen."

dichter Ez. 16, 44. — 2. Ein Gleichnis reden, als Einkleidung einer dem Volke von Jahwe vorgehaltenen Wahrheit: 17, 2 משל משל; 24, 3 משל אל־בית־המרי משל; ראל אל־בית ישראל משל ואמרת. — Pi'el das Particip Ez. 21, 5 המשל משלים הוא, der Prophet redet in lauter Rätseln.

Über die Etymologie Delitzsch, Spruchbuch 43 ff., Fleischer, Kl. Schriften I, 2. S. 592.

נָאַף von נָאַף Kal Ehebruch treiben. 1. Im eigentlichen Sinne. a) Akkusativ der Person. Vom Manne, der ehebrecherisch das Weib eines anderen beschläft Lev. 20, 10 (bis); in Participialkonstruktion Prov. 6, 32 נאף אשה. — b) Absolut. In dem Verbote לא תנאף Ex. 20, 14; Deut. 5, 17; in der Schilderung der allgemeinen Sittenverderbnis ist unter den hauptsächlichsten Lastern genannt נאף Jer. 23, 14; Hos. 4, 2. Das Particip נאף Lev. 20, 10 (bis); Hi. 24, 15; נאפת Lev. 20, 10 (bis); Ez. 16, 38; 23, 45. — 2. Im geistigen Sinne von jeglicher Untreue Israels gegen Jahwe. a) Mit Akkusativ את־האבנים ואת־העץ Jer. 3, 9. b) Absolut 5, 7; das Particip Ez. 23, 45. — Pi'el Ehebruch treiben. 1. Im eigentlichen Sinne. a) Akkusativ der Person. Jer. 29, 23 וינאפו את־נשי רעיהם. — b) Absolut. Von den beim Götzendienst sich öffentlich preisgebenden Frauen Hos. 4, 13. 14; das Particip מנאפים in der Schilderung allgemeiner Sittenverderbnis Jer. 9, 1; 23, 10; vielleicht auch Hos. 7, 4*); in der Aufzählung der Frevler, über die das Gericht Gottes ergeht Mal. 3, 5; zu denen Gott spricht Ps. 50, 18 חלקך עם מנאפים. Das weibl. Particip Prov. 30, 20. — 2. Im geistigen Sinne. a) Akkusativ Ez. 23, 37 את־גלוליהן von den unter dem Bilde der zwei ungetreuen Weiber dargestellten beiden Reichen. — b) Absolut. Von dem beharrlich abtrünnigen Israel Jer. 3, 8; von den beiden, falschem Kulte ergebenen Weibern Ez. 23, 37; das Particip Jes. 57, 3 זרע מנאף als Bezeichnung eines schon durch seine Abstammung der Abgötterei ergebenen Geschlechtes; Ez. 16, 32 האשה המנאפת.

Die Etymologie, die Gesenius im Thesaurus vertritt und die seither im Handwörterbuch wiederholt wird, ist bekannt; bezüglich der Richtigkeit derselben sind aber wohl starke Zweifel berechtigt. Zu einer Sicherheit wird man kaum je gelangen. Nach Barth**) hängt נאף mit خب „begatten" zusammen.

---

*) Vgl. Wellhausen, Skizzen u. Vorarb. V, 115 ff.
**) Etymolog. Studien, S. 22.

נָבֵל von בָּלַל Kal ': sein, absolut Prov. 30, 32, wo es im Gegensatze steht zu חכם und demgemäss einen bezeichnet, der ein unüberlegtes Gebahren hat. — Pi'el jemanden als ': hinstellen durch die That, ihn verächtlich behandeln. Vom Menschen ausgesagt, der sich von Gott lossagt, Deut. 32, 15 וינבל צור; von dem die Auktorität des Vaters nicht mehr respektierenden Sohne Mi. 7, 6 (Part.).

Über בלל vgl. Hupfeld zu Ps. 14, 1.

פָּסַח von פָּסַח Kal nur das Particip I Reg. 18, 21 פסחים על־שתי, was irgendwie das Schwanken zwischen Jahwe und Baal ausdrücken soll. — Pi'el nur I Reg. 18, 26 ויפסחו על־המזבח, vom kultischen Reigen der Baalspriester.

Ausserhalb des theologischen Sprachgebrauches: Niph'al lahm werden, II Sam. 4, 4.

שִׂיחַ von שִׂיחַ Kal 1. Von religiöser Meditation, dem Versenken des Geistes in Gott und göttliche Dinge. a) כ des Meditationsobjektes, Ps. 77, 13 והגיתי בכל־פעלך (parall. ובעלילותיך אשיחה); 119, 15. 78 בפקדיך אשיחה; 23. 48 אשתעשע; 27 בחקתיך; 148 באמרתך. — b) על־לבב 77, 7. — c) Absolut 77, 4. — 2. Vom religiösen Gesang, besingen. a) Mit כ, 105, 2; I Chr. 16, 9 בכל־נפלאתיו. — b) Mit Akkusativ, Ps. 145, 5 דברי נפלאתיך*). — 3. Im Gebete vom *soliloquium* der bekümmerten Seele, daher klagen. a) Ps. 55, 18 ערב ובקר וצהרים אשיחה. — b) Hi. 7, 11 אשיחה במר רוחי**). — Polel von religiöser Meditation: 1. Sinnen, nachdenken, Ps. 143, 5 במעשה ידיך. — 2. Bedenken, Jes. 53, 8 כי נגזר מארץ חיים.

Ausserhalb des theologischen Sprachgebrauches: Kal sprechen, reden. a) כ der Person, über jemanden, Ps. 69, 13. — b) Zu jemandem sprechen. α) Mit Akkusativ, Prov. 6, 22. β) Mit ל, Hi. 12, 8.

Bezüglich der Etymologie ist über Vermutungen nicht hinauszukommen. Nöldeke in Z.D.M.G. 37, 537 ff. meint, dass unser Verbum zur Wurzel شاح „eifrig sein" gehöre.

שָׁחַר von שָׁחַר Kal auf etwas bedacht sein, es erstreben: Prov. 11, 27 שחר טוב (Gegens. דרש רעה). — Pi'el 1. Subjekt ist Gott: Angelegentlich suchen, nach anderen = heimsuchen, nur Hi. 7, 21

---

*) Wahrscheinlich doch wohl Textfehler für דבריך; Siegfried-Stade, Hebr. Wb.

**) Was Jud. 5, 10 יהבי על־דרך שיחו bedeuten soll, ist nicht mehr zu erkennen.

אשחרך ישחרונני. — 2. Subjekt ist der Mensch. a) Früh mit etwas heimsuchen: Prov. 13, 24 שחרו מוסר ואהבו. — b) Suchen. α) Gott. α') Ihn herzlich, innig ersehnen: Jes. 26, 9 אֲשַׁחֲרֶךָּ בְּקִרְבִּי אַף־רוּחִי; Hos. 5, 15 ישחרנני; Ps. 63, 2 אֲשַׁחֲרֶךָּ neben צָמְאָה לְךָ נַפְשִׁי. β') Ihn angelegentlich nachgehen, sich zu ihm hinwenden: Ps. 78, 34 דְּרָשׁוּהוּ וְשָׁבוּ וְשִׁחֲרוּ־אֵל; mit der Präposition אל, die aber wohl aus Dittographie herzuleiten sein wird, Hi 8, 5 אֱלֹהַּ אֶל־תְּשַׁחֵר אִם־אַתָּה. β) Die Weisheit: Prov. 1, 28 יְשַׁחֲרֻנְנִי וְלֹא יִמְצָאֻנְנִי; 8, 17 יִמְצָאֻנְנִי וּמְשַׁחֲרַי.

Ausserhalb des theologischen Sprachgebrauches: Pi'el 1. Eifrig suchen: Prov. 7, 15 die Dirne שִׁחַרְתִּיךָ. — 2. Vom Tiere: Hi. 24, 5 לַטֶּרֶף מְשַׁחֲרֵי.

Die ursprüngliche Bedeutung dieses im Pi. zunächst denominierten Verbums ist „am frühen Morgen handeln", daher „sich frühe aufmachen, jemandem angelegentlich nachgehen, ihn suchen". Während im Hebr. jene ursprüngliche Bedeutung im Sprachgebrauche sich verloren, hat das Arab. sie in seinem Denominativ ساكر II. IV. noch erhalten.

שָׁקַר von שֶׁקֶר Kal Treulosigkeit an jemandem begehen, mit ל der Person Gen. 21, 23. von Abraham ausgesagt. — Pi'el שׁ ausüben. 1. Von Gott. a) Mit ב der Sache Ps. 89, 34 וְלֹא־אֲשַׁקֵּר בֶּאֱמוּנָתִי (parall. חַסְדִּי לֹא־אָפִיר). — b) Absolut = lügen I Sam. 15, 29. — 2. Subjekt sind Menschen. a) Mit ב der Person Lev. 19, 11 אִישׁ בַּעֲמִיתוֹ, den Nächsten betrügen. — b) Mit ב der Sache Ps. 44, 18 בִּבְרִיתֶךָ, dem Bunde untreu werden (parall. שְׁכַחֲנוּךָ). — c) Absolut, von Israel Jes. 63, 8.

Betreffs des Etymons wage ich keine Entscheidung; im Hebr. findet sich kein Anhaltspunkt, das Aram. aber hat das Verbum nur als Denominativ. Die im Wörterbuch von Gesenius herkömmliche, auch im Thesaurus beigebrachte Berufung auf شَقَر „rot sein", kausativ „schminken", ist von vornherein als gegen die Lautgesetze verstossend abzuweisen.

III. Kal — Hiph'il.

אָלָה von אֵל Kal eigentl. allgemein bei Gott beteuern; jedoch nur gebraucht vom Aussprechen eines Fluches oder einer Beschwörung, sei es, dass es sich handelt um Ermittlung eines Diebes, Jud. 17, 2, oder bei Verträgen, Hos. 4, 2; אָלֹה שִׁוא 10, 4. — Hiph'il machen, dass jemand eidlich bekräftiget. a) I Sam. 14, 24 וַיֹּאֶל

'וג׳ הארש ארור לאמר את־חתם שאול*). — b) I Reg. 8, 31; II Chr. 6, 22 להאלתי.

Über die Etymologie von אל Öhler, Theologie des A. T., S. 130; Riehm, A. T. Theologie, S. 49, Anm. 1; dann weiterhin Lagarde, Übersicht S. 159 mit reicher Litteraturangabe.

בטח von בָּטַח **Kal** I. Vertrauen. 1. Auf den wahren Gott Israels. a) Mit ב. α) Der Person Gottes selbst. α') Allein: II Reg. 18, 5 בי אלהי־ישראל; 19, 10 (Part.); Jes. 37, 10 בו näml. אלהיך; Jer. 17, 7 (אשר יבטח באדם); (Gegensatz V. 5 ברוך הגבר אשר יבטח ביי 39, 18 בטח בי נאברי; von Jerusalem, der treulosen Stadt, Zeph. 3, 2 בי לא בטחה אל־אלהיה לא קרבה. In den Psalmen wird das Vertrauen auf Gott und die Rettung aus der Gefahr mit Vorliebe in Folgezusammenhang gestellt, zu dem die Erfahrung und die Verheissungen Gottes berechtigen: Ps. 21, 8 (Part.); 26, 1; 32, 10 (Part.; Gegensatz רשע); 37, 3; 40, 4; 115, 9. 10. 11; 125, 1 (Part.) בי; 56, 5. 12 באלהים; 28, 7; 62, 9; 91, 2; I Chr. 5, 20 בו; Ps. 9, 11; 22, 5. 6; 25, 2; 55, 24; 84, 13 (Part.); 143, 8 בך; das aktive Particip in der Verbindung Prov. 16, 20; 29, 25 בטח בי׳, der durch das Band des Glaubens mit seinem Gott Vereinigte, da in dem Vertrauen auf Jahwe an sich ein Glaubensbekenntnis liegt; das passive Particip Jes. 26, 3 בטוח בך, Subjekt יצר; Ps. 112, 7 נכון לבו בטח ביי. β') Dazu eine nähere Bestimmung: Jes. 26, 4 בי׳ עדי־עד. - β) Sonstige Vertrauensgründe. α') Allein: Jes. 50, 10 בשם יי; Ps. 33, 21 בשם קדשו; 13, 6 בחסדך; 78, 22 ולא בטחו בישועתו (parall. בי לא האמינו באלהים); 119, 42 בדברך. β') Dazu eine nähere Bestimmung: 52, 10 בחסד־אלהים עולם ועד. — b) אל Gottes. a) Allein: II Reg. 18, 22; Jes. 36, 7 אל־יי אלהינו; Ps. 4, 6 אל־יי; 31, 7 אל־יי (Gegensatz השברים הבלי־שוא); 56, 4; 86, 2 (Part.) אליך. β) Dazu eine nähere Bestimmung: Prov. 3, 5 אל־יי בכל־לבך. — c) על Gottes: Jer. 49, 11 ואלמנתיך עלי תבטחו; Ps. 31, 15 עליך בטחתי יי; 37, 5 ובטח עליו neben גול עליי דרכך; Prov. 28, 25 (Part.) בטח עליי. — d) Absolut: Jes. 12, 2; Ps. 22, 5; Hi. 11, 18**). — 2. Vertrauen auf die Götter. a) Mit ב derselben: Ps. 115, 8; 135, 18 בהם 'אשר־ב׳. — b) Mit על: Hab. 2, 18 יצרו עליו יצר בטח־. — 3. Auf Menschen, insofern das Vertrauen auf sie entgegengesetzt ist dem rechten Vertrauen auf

---

*) Wellhausen, Der Text der Bb. Sam. S. 90 meint, dass יִשְׁאַל zu lesen; vgl. aber Kautzsch § 76, 2, c.

**) Nach Hoffmann wäre aber ברי־שי תקוה Objektsatz; er übersetzt: „Vertrauen gewinnst du, dass es gibt eine Hoffnung."

Gott und seine Hilfe. a) Mit בְּ der Person: Jer. 17, 5 אָרוּר הַגֶּבֶר אֲשֶׁר יִבְטַח בָּאָדָם; Gott sucht heim den Pharao 46, 25 בֹּטְחִים בּוֹ; Ps. 118, 8. 9 מִבְּטֹחַ בָּאָדָם בְּטוֹחַ בְּיי bzhw. בִּנְדִיבִים; 146, 3 אַל־תִּבְטְחוּ בִנְדִיבִים. — 4. Auf irdische Machtmittel im Gegensatz zum Vertrauen auf Gott. a) Mit בְּ: Deut. 28, 52 אֲשֶׁר אַתָּה בֹּטֵחַ בָּהֵן הַגְּבֹהוֹת וְהַבְּצֻרוֹת; Jes. 30, 12 וַתִּבְטְחוּ בְעֹשֶׁק; 42, 17 (Part.) הַבֹּטְחִים בַּפָּסֶל; 47, 10 בְּרָעָתֵךְ; Jer. 5, 17 אֲשֶׁר אַתָּה בֹּטֵחַ בָּהֵנָּה; 7, 14 אֲשֶׁר אַתֶּם בֹּטְחִים בּוֹ; לְבֵית אֲשֶׁר קֹרָא־שְׁמִי עָלָיו; 13, 25 אֲשֶׁר בָּטַחְתְּ בַּשֶּׁקֶר; שָׁכַחְתְּ אוֹתִי וַתִּבְטְחִי בַשָּׁקֶר; in dem Orakel wider Moab 48, 7 יַעַן בִּטְחֵךְ בְּמַעֲשַׂיִךְ וּבְאוֹצְרוֹתָיִךְ; Ammon 49, 4 (Part.) הַבֹּטְחָה בְּאֹצְרֹתֶיהָ; das ungetreue Israel Ez. 16, 15 בִּיָפְיֵךְ; Hos. 10, 13 בְּטַחְתָּ בְדַרְכְּךָ*); der Fromme Ps. 44, 7 כִּי לֹא בְקַשְׁתִּי אֶבְטָח: der Frevler 52, 9 וַיִּבְטַח בְּרֹב (parall. לֹא יָשִׂים אֱלֹהִים מָעוּזּוֹ); daher die Warnung nicht zu vertrauen 62, 11 בְּגָזֵל אַל־תֶּהְבָּלוּ; Prov. 11, 28 (Part.) בּוֹטֵחַ בְּעָשְׁרוֹ; ein Thor ist, wer vertraut 28, 26 (Part.) בּוֹטֵחַ בְּלִבּוֹ. — b) Mit אֶל. Dazu ein dat. comm.: Jer. 7, 4 אַל־תִּבְטְחוּ לָכֶם אֶל־דִּבְרֵי הַשֶּׁקֶר. — c) Mit לְ. α) Allein: Jes. 31, 1 בֹּטְחִים עַל־רֶכֶב (parall. עַל־סוּסִים יִשָּׁעֵנוּ); Ez. 33, 13 בְּצִדְקָתוֹ; Ps. 49, 7 הַבֹּטְחִים עַל־חֵילָם. β) Dazu ein dat. comm.: Jer. 7, 8 אַתֶּם בֹּטְחִים לָכֶם עַל־דִּבְרֵי הַשָּׁקֶר. — II. Sich sicher fühlen. 1. Im guten Sinne = gutes Mutes sein, von jener Zuversicht der Gläubigen, die die Folge ist des Bewusstseins, unter Gottes Schutz zu stehen. Absolut: Ps. 27, 3 (parall. לֹא־אִירָא לִבִּי); Prov. 28, 1. — 2. Im schlechten Sinne. a) Mit בְּ des Ortes: Am. 6, 1 הַבֹּטְחִים בְּהַר שֹׁמְרוֹן (parall. הַשַּׁאֲנַנִּים בְּצִיּוֹן). — b) Absolut: Jes. 32, 9. 10. 11 בֹּטְחוֹת בָּנוֹת; Prov. 14, 16. — **Hiph'il** 1. Jemanden vertrauen machen. a) Auf Gott; mit dessen Hilfeleistung man jemanden vertröstet: II Reg. 18, 30; Jes. 36, 15 וְאַל־יַבְטַח אֶתְכֶם ח' אֶל־יי לֵאמֹר. — b) In falsches Vertrauen einwiegen: Jer. 28, 15 הִבְטַחְתָּ אֶת־הָעָם הַזֶּה עַל־שֶׁקֶר; 29, 31 וַיַּבְטַח אֶתְכֶם עַל־שָׁקֶר. — 2. Jemanden in eine sichere Lage bringen. Subjekt ist Gott: Ps. 22, 10 מַבְטִיחִי עַל־שְׁדֵי אִמִּי.

Ausserhalb des theologischen Sprachgebrauches: **Kal** 1. Vertrauen. a) Auf Menschen. α) בְּ derselben: Jud. 9, 26; Mi. 7, 5; Ps. 41, 10; Prov. 31, 11. — β) אֶל derselben: Jud. 20, 36. — γ) עַל derselben: II Reg. 18, 20. 21. 24; Jes. 36, 5. 6. 9; Jer. 9, 3. — b) Auf ein sachliches Objekt. α) בְּ desselben: Hi. 39, 11. — β) עַל desselben: II Reg. 18, 21; Jes. 36, 6; II Chr. 32, 10. — c) מִבְטָח בּוֹ II Reg. 18, 19; Jes. 36, 4. — d) Absolut: Hi. 6, 20**). — 2) Sicherheit haben vor

---

*) Wellhausen streicht den ganzen Satz als unecht. Skizzen u. Vorarb. V. 123.

**) Hoffmann liest בָּטֻחַ und übersetzt: „weil sie voll Vertrauen dahin kamen".

äusseren Gefahren; daher ein sorglos dahinlebendes Volk: Jud. 18, 7. 10. 27; in der Frage an den Propheten Jer. 12, 5 אֵיךְ תִּבְטַח בְּאֶרֶץ; wer für andere keine Rechtsverpflichtungen übernimmt, Prov. 11, 15 בּוֹטֵחַ. Vom Tiere, dem äussere Gefahren die behagliche Ruhe nicht zu stören vermögen Hi. 40, 23.

Der Sprachgebrauch bedient sich zunächst des Kal. Das Substantiv בֶּטַח ist objektiv das Freisein von äusseren Gefahren, subjektiv die getroste, sichere Lage des Menschen. Die allgemeine Beobachtung, dass, wie der sinnliche Begriff „enge sein" für den psychologischen der Beklommenheit, so „weit, ausgeweitet sein" für den der wohlgemuten, zuversichtlichen Stimmung verwendet wird, findet auch hier Anwendung.

גָּנַן von גַּן **Kal** beschirmen, beschützen, nur vom göttlichen Schutz. a) עַל der Stadt, die er beschirmt: In der Verheissung Gottes וְגַנּוֹתִי עַל־הָעִיר הַזֹּאת Jes. 38, 6, zu der die Motivierung kommt II Reg. 20, 6; Jes. 37, 35 לְמַעֲנִי וּלְמַעַן דָּוִד עַבְדִּי. — b) Mit אֶל der Stadt: II Reg. 19, 34 וְגַנּוֹתִי אֶל־הָעִיר הַזֹּאת לְהוֹשִׁיעָהּ לְמַעֲנִי וְגוֹ׳. — **Hiph'il** in derselben Bedeutung wie Kal. a) עַל des Objektes des göttlichen Schutzes: Jes. 31, 5 יָגֵן עַל־יְרוּשָׁלַיִם גָּנוֹן; Sach. 9, 15 יָגֵן עֲלֵיהֶם. — b) בְּעַד desselben: 12, 8 יָגֵן יְיָ בְּעַד יוֹשֵׁב.

Der Wurzel גן dieses auch im Aram. heimischen Denominativs ist die Bedeutung „trennen, abhalten" eigen. Die unter Hiph. registrierten Formen sind ohne Ausnahme Imperfekta mit der Bedeutung des Kal; es dürfte richtiger sein, dieselben als wirkliche Kal-Imperfekta mit dem Bildungsvokal *i* anzunehmen*).

הָבַל von הֶבֶל **Kal** 1. Der Nichtigkeit verfallen, eitel, nichtig handeln. Bezeichnung des Götzendienstes. a) II Reg. 17, 15 וַיֵּלְכוּ אַחֲרֵי**). — b) Absolut: Jer. 2, 5 וַיֵּלְכוּ אַחֲרֵי הַהֶבֶל וַיֶּהְבָּלוּ וְאַחֲרֵי הַגּוֹיִם אֲשֶׁר. — 2. Eitles Vertrauen auf etwas setzen: Ps. 62, 11 אַל־תֶּהְבָּלוּ (parall. אַל־תִּבְטְחוּ בְעשֶׁק). — 3. Eitlen Wahn hegen: Hi. 27, 12 לָמָּה־זֶּה הֶבֶל תֶּהְבָּלוּ. — **Hiph'il** jemanden bethören. Subjekt die falschen Propheten: Jer. 23, 16 מַהְבִּלִים הֵמָּה אֶתְכֶם.

Den sinnlichen Grundbegriff zeigt das Nomen, das in der Bedeutung „Hauch, Windhauch" vorkommt und wie רוּחַ zur Bezeichnung des Leeren, Nichtigen verwendet werden kann.

---

*) Barth, Z.D.M.G. 43, 178.

**) Das ־ vor וְאַחֲרֵי ist natürlich zu streichen.

זִיד von זָד **Kal** sich übermütig erzeigen. Von Babel Jer. 50, 29 אֱלִידִי זָדָה אֶל־קְדֹשׁ יִשְׂרָאֵל*). — **Hiph'il** einen Übermütigen machen, vermessen handeln. 1. Gegen Gott. a) Infinitiv mit לְ. Deut. 18, 20 הַנָּבִיא אֲשֶׁר יָזִיד לְדַבֵּר דָּבָר בִּשְׁמִי. — b) Absolut. Als vermessenes Handeln wird bezeichnet der thatsächliche Ungehorsam und die Widersetzlichkeit gegen ein Gebot Gottes Deut. 1, 43; gegen das im Namen Gottes waltende Gericht 17, 13 (vorausgeht in V. 12 עָשָׂה בְזָדוֹן); gegen Gott und sein Gebot Neh. 9, 16. 29. — 2. Gegen einen Menschen durch freventliche Verletzung seiner natürlichen Rechte. Mit עַל der Person Ex. 21, 14 אִישׁ עַל־רֵעֵהוּ לְהָרְגוֹ; die Ägypter gegen Israel Neh. 9, 10.

Der in allen Gebrauchsweisen des zunächst im Hiph. denominierten Verbums gemeinsame Grundbegriff ist der der Überhebung; doch ist die Bezeichnung nicht nach der sehr verbreiteten Meinung vom Aufwallen des kochenden Wassers hergenommen, sondern das originale Verbum ist جالَ, ï, = mehren, mehr sein.

חָלַם von חֲלֹם **Kal** einen Traum haben, träumen. Die alttestamentl. Theologie unterscheidet: 1. Den vorbedeutenden, also gottgewirkten Traum. α) חָלַם חֲלוֹם Gen. 37, 5. 6. 9 (bis). 10; 40, 8; 41, 11 (bis). 15; 42, 9; Jud. 7, 13; Dan. 2, 1. 3. β) Absolut Gen. 28, 12; 40, 5; 41, 1 (Particip). — 2. Den offenbarenden, unter den Begriff der Prophetie fallenden Traum. α) חֲלֹם הַחֲלוֹם Deut. 13, 2. 4. 6, durchweg Participien, von falschen Propheten gebraucht, die sich dieses Mittels gerne bedienen; jedoch kann der Traum auch Sache der Gotteserleuchtung sein Jo. 3, 1 חֲלֹמוֹת יַחֲלֹמוּן. β) Absolut Jer. 23, 25 von Lügenpropheten. — **Hiph'il** nur Jer. 29, 8 אֲשֶׁר אַתֶּם מַחְלְמִים, wo nur bei Annahme des Hiph'il in der Bedeutung des Kal ein Sinn sich gewinnen lässt**).

Ausserhalb des theologischen Sprachgebrauches: **Kal** von dem natürlichen Traume, absolut Jes. 29, 8 (bis); Ps. 126, 1 (Particip).

Das allgemein semitische Denominativ ist hergenommen von חֲלֹם, was nach Fleischer zunächst den geschlechtlichen, wollüstigen Traum bezeichnet, weshalb man im Arab. diese Benennung des

---

*) Ex, 18, 11 בַּדָּבָר אֲשֶׁר זָדוּ עֲלֵיהֶם ist verstümmelt und gibt kaum mehr einen erträglichen Sinn; vgl. Dillm. z. St.

**) Daher wird wohl durch vorausgehendes מ veranlasste Dittographie vorliegen und das Particip Kal gemeint sein; Kautzsch, § 53, Anm. 5.

Traumes „wegen des ihr anklebenden Geschlechtlich-Sinnlichen da, wo von Prophetie, geistigen, reinen und wahren Traumgesichten die Rede ist, meidet und *manam* oder *ruja* sagt*).

חָנֵף von חָנֵף **Kal** profaniert, unheilig sein. 1. Vom Lande.
a) Jes. 24, ₅ וְהָאָרֶץ חָנְפָה תַּחַת יֹשְׁבֶיהָ mit der Begründung כִּי־עָבְרוּ תוֹרֹת
חָלְפוּ חֹק הֵפֵרוּ בְּרִית. — b) Mit בְּ des Mittels, Ps. 106, ₃₈ בַּדָּמִים. —
c) Jer. 3, ₁ הֲלוֹא חָנוֹף תֶּחֱנַף הָאָרֶץ הַהִיא; dagegen ist V. ₉ Kal mit dem Akkusativ אֶת־הָאָרֶץ unmöglich richtig. Graf streicht אֶת; richtiger wohl Ewald, Kautzsch וַתֶּחֱנַף als Hiph. zu lesen. Die Völker, die wider Zion sich versammelt, sprechen Mi. 4, ₁₁ תֶּחֱנָף. — 2. Von Personen, Jer. 23, ₁₁ כִּי־גַם־נָבִיא גַם־כֹּהֵן חָנֵפוּ. — **Hiph'il** profan machen.
1. Vom Lande. a) אֶת־הָאָרֶץ Num. 35, ₃₃ (*bis*). — b) Dazu noch בְּ des Mittels, Jer. 3, ₂ אֶרֶץ בִּזְנוּתַיִךְ וּבְרָעָתֵךְ. — 2. Israeliten durch Verleitung zur Bundesübertretung, Dan. 11, ₃₂ וּמַרְשִׁיעֵי בְרִית יַחֲנִיף בַּחֲלַקּוֹת.

Aus dem Sprachgebrauch erhellt, dass 'ח sein oder machen durch Verletzung des Charakters der Heiligkeit, sei es der Person oder des Landes geschieht; daher 'ח = vom Heiligen abgesondert. Da nun aber حنيف das gerade Gegenteil, nämlich den dem wahren Gott Zugewendeten bezeichnet, so muss der Wurzel eine allgemeine Bedeutung zu Grunde liegen, welche der jeweilige Sprachgebrauch eigenartig gewendet. Das Arab. bestätiget dies, denn حنف ist = „abbiegen", und Sache des Sprachgebrauches ist es nun, wie dieser Begriff speziell gewendet wird. Beim Araber ist eben حنيف, wie Beidhawi zu Sure 2, ₁₂₉ erklärt: مائل عن الباطل الى الحق.

חָפֵר ohne Nomen. **Kal** 1. Erröten, sich schämen. a) Von Personen, Folge der Enttäuschung falschen, religiösen Vertrauens und solcher Hoffnungen. a) מִן des Grundes. Das götzendienerische Volk Jes. 1, ₂₉ מֵחַגְנוֹת (parall. מֵאֵילִים וְיֵבֹשׁוּ). β) Absolut, von den Wahrsagern Mi. 3, ₇ neben וּבֹשׁוּ הַחֹזִים. — b) Von dinglichem Subjekte. Infolge des auch über das Heer des Himmels ergehenden Gerichtes Jes. 24, ₂₃ וְחָפְרָה הַלְּבָנָה וּבוֹשָׁה הַחַמָּה; aber die vertrauend auf Jahwe blickten, Ps. 34, ₆ וּפְנֵיהֶם אַל־יֶחְפָּרוּ. — 2. Zu Schanden, mit Scham bedeckt werden. a) Absolut. Infolge des über Jerusalem ergangenen Gerichtes von der nun kinderlosen Mutter Jer. 15, ₉ בּוֹשָׁה וְחָפֵרָה; gewöhnlich von Vereitlung der Unternehmungen und Hoffnungen der Bösen, 50, ₁₂ חָפְרָה יוֹלַדְתְּכֶם (parall. בּוֹשָׁה); Ps. 35, ₄ neben יִסֹּגוּ אָחוֹר (parall. וְיִכָּלְמוּ); 70, ₃ neben יֵבֹשׁוּ (parall. יִסֹּגוּ אָחוֹר); 71, ₂₄ neben

---

*) Delitzsch, Biblische Psychologie S. 282, Anm. 2.

יבש; 83, 18 (parall. יבשׁי). — b) Mit יחד, 35, 26 neben יבשׁו (parall. ילבשׁו בשׁת וכלמה); mit יחד 40, 15 neben יבשׁו (parall. סגו אחור). — **Hiph'il** 1. Erröten, durch thatsächliche Enttäuschung der religiösen Hoffnungen, Jes. 54, 4 von Jerusalem in negativer Aussage (parall. לא תכלמי). — 2. Schande bereiten, oder, was in beiden vorkommenden Fällen möglich ist, schändlich handeln, Prov. 13, 5 ורשׁע יבאישׁ ויחפיר; 19, 26 מבישׁ ומחפיר כן.

Ausserhalb des theologischen Sprachgebrauches: **Kal** enttäuscht werden bezüglich einer Erwartung, von den Karawanen Hi. 6, 20 (parall. בוש). — **Hiph'il** erröten in Scham, dahinwelken und absterben, vom Libanon Jes. 33, 9.

Den älteren Sprachgebrauch hat Kal für sich. Ich halte חפר entschieden für ein Farbwort, wofür namentlich die ältesten Kalstellen noch sprechen, und setze es in die nächste Verwandtschaft mit arab. *aḥmar*.

הֶרֱשׁ von חָרֵשׁ Kal 1. Wie Hiph. eigentlich *mutum agere*, sich ruhig verhalten. Ein in Bezug auf Gott gebrauchter Ausdruck, der, wenn Gott angegangen wird, nicht zu schweigen zu den Bitten Israels, die Erhörung derselben besagen will, wie andererseits die Bitte, nicht zu schweigen zu den Frevelthaten der Bösen, gleichbedeutend ist mit der Aufforderung an Gott, aus seiner Unthätigkeit herauszutreten. a) Mit מן in prägnanter, den Begriff des Verlassens bezeichnender Konstruktion: Ps. 28, 1 אל־תחרשׁ ממני. — b) Absolut: 50, 3 יבא אלהינו ואל־יחרשׁ; 35, 22; 39, 13; 83, 2; 109, 1 אל־תחרשׁ. — 2. Taub werden. In der Schilderung der Grossthaten Jahwes: Mi. 7, 16 אזניהם תחרשׁנה, das Suffix geht auf גוים. — **Hiph'il** 1. Von Gott ausgesagt = *mutum agere*. a) Gegenüber den Leiden seines Volkes d. h. unthätig zuschauen: Jes. 42, 14 אחרישׁ אתאפק. — b) Gegenüber den Sünden d. h. sie nicht strafen. α) Mit einem näheren Umstande: Hab. 1, 13 תחרישׁ בבלע רשׁע צדיק ממנו; Zeph. 3, 17 יחרישׁ באהבתו*). β) Absolut: Ps. 50, 21. — 2. Von Menschen ausgesagt. a) Gegensatz zu הניא, sich schweigend zu jemand verhalten, d. h. keine Einwendungen machen gegen eine Gelobung oder Ablobung. α) Num. 30, 15 כי־החרשׁ לה ביום שׁמעו. — β) 30, 15 ואם־החרשׁ יחרשׁ לה. γ) 30, 5. 8. 12 והחרשׁ לה. — b) Im prägnanten Sinne

---

*) Jedoch wohl Schreibfehler; Steiner liest יֶחֱדֶשׁ, Buhl Z.A.W. V, 183 יְחַדֵּשׁ nach LXX, Schwally ebenda X, 207 יחדה באהבתו er freut sich in seiner Liebe.

verstockt schweigen, die Sünden nicht gestehen wollen, absolut: Ps. 32, 3.

Ausserhalb des theologischen Sprachgebrauches: **Hiph'il** 1. Einen Stummen machen, schweigen. a) Akkusativ der Sache, von etwas: Hi. 41, 4 בדיו. — b) Prägnant. α) Mit מן, sich schweigend von jemand wegwenden: I Sam. 7, 8. β) אל, zu jemand sich hinwenden: Jes. 41, 1. — c) Mit einem näheren Umstande: Esth. 4, 14 הזאת בעת התרישי אם־תחרישי. — d) Absolut: Gen. 24, 21 (Part.); Jud. 18, 19; II Sam. 13, 20; II Reg. 18, 36; Jes. 36, 21; Jer. 4, 19; Prov. 11, 12; 17, 28 (Part.); Hi. 6, 24; 13, 5. 19; 33, 31. 33; Esth. 7, 4; Neh. 5, 8. — 2. Sich still verhalten, unthätig sein. a) Infinitiv mit ל, zögern etwas zu thuen: II Sam. 19, 11 (Part.). — b) Prägnant mit מן, jemanden in Ruhe lassen: Jer. 38, 27; Hi. 13, 13. — c) Absolut: Gen. 34, 5; Ex. 14, 14. — 3. Einen Tauben machen: I Sam. 10, 27 (Part.). — 4. Effektiv: jemanden stumm machen, Akkusativ der Person: Hi. 11, 3. — **Hithpa'el** sich still, ruhig verhalten, Jud. 16, 2.

Die Denominierung im Hiph. tritt früher auf, als jene im Kal. Betreffend die Etymologie vgl. die gute Darlegung von Delitzsch Proleg. 100.

חָשָׁה wahrscheinlich von einer Partikel. **Kal** Stille, Ruhe halten. 1. Von Gott ausgesagt. a) Ruhe halten im Handeln, unthätig sein. α) Mit Angabe des Grundes, von Unthätigkeit Jahwes in Betreff des noch nicht verwirklichten Heiles: Jes. 62, 1 לבען ציון (parall. לא אשקוט). β) In prägnanter Konstruktion mit מן der Person: Ps. 28, 1 von Gottes schweigender Abkehr gegenüber den Bittenden. — γ) Absolut. Von Unthätigkeit in Betreff der Wiederherstellung Israels Jes. 64, 11 (parall. תתאפק); oder der Vergeltung für alle Missethat 65, 6. — 2. Von Menschen: 62, 6 בל־היום וכל־הלילה תמיד לא יחשו, von den zu Gott um Erfüllung seiner Weissagungen flehenden Wächtern. — **Hiph'il** Bedeutung wie Kal. 1. Von Gott in Bezug auf seine Unthätigkeit gegenüber den Bedrückern seines Volkes: Jes. 42, 14 החשיתי מעולם (neben אחריש אפק); 57, 11 אני מחשה מעלם. — 2. Von Menschen. Von der Resignation und Ergebung des Frommen: Ps. 39, 3 החשיתי מטוב.

Ausserhalb des theologischen Sprachgebrauches: **Kal** still, ruhig sein. a) Menschen: Eccl. 3, 7 (Gegens. לדבר). — b) Unbelebtes: Ps. 107, 29 die Wellen, falls der Text richtig. — **Hiph'il** 1. Stille, Ruhe halten. a) Im Handeln. α) Mit מן: I Reg. 22, 3 ואנחנו מחשים מקחת אתה. β) Absolut: Jud. 18, 9. — b) Im

Sprechen: II Reg. 2, 3. 5; 7, 9 (Part.). — 2. Zur Ruhe bringen. Mit ל
der Person: Neh. 8, 11 (Part.).

Bezüglich der Ableitung des Verbums halte ich es noch immer
für das Wahrscheinlichste, dass eine Partikel zu Grunde liegt.
Schon Ewald § 106, a bringt es mit dem Gefühlsausrufe הַה in Verbindung; dagegen Barth, Etym. St. 3 ff., mit سلكى.

יטב von יטב **Kal** nur das Imperfekt. 1. Gut, wohlgefällig sein.
a) Das sachliche Subjekt ist ein allgemeiner Begriff, dessen aus dem
Kontext zu ergänzender Inhalt etwas Gott Wohlgefälliges ist. So
in der Frage Lev. 10, 19 הייטב בעיני יי; oder in der Erzählung I Reg.
3, 10 וייטב הדבר בעיני אדני; geistiges Dankesopfer ist gemeint Ps. 69, 32
ותיטב לי׳ מ׳, das dem Herrn wohlgefälliger sein wird als Schlacht-
opfer. — b) In der Anrede an das personifizierte Ninive ist wohl
Nah. 3, 8 היטיבי מנא אמון nicht lediglich besser sein in physischer
Hinsicht, sondern zusammenfassend physische Stärke und sittlicher
Lebenswandel. — 2. Impersonell, ייטב ל׳, als Folge der treuen Beobachtung der Satzungen Gottes, daher der Mahnung zur gewissen-
haften Befolgung derselben beigegeben mit אשר Deut. 4, 40; 6, 3; mit
למען 5, 16. 26; 6, 18; 12, 25. 28; 22, 7; Jer. 7, 23; mit למען אשר 42, 6; nach
einem Imperativ בקול יי שמענא 38, 20 ייטב לך יתחי נפשך. — **Hiph'il**
1. Sittlich gut handeln; als innerlich transitives Denominativum in
absolutem Gebrauche. So vielleicht Gen. 4, 7 *(bis)**); Jes. 1, 17;
Jer. 4, 22; 13, 23; Ps. 36, 4. — 2. Etwas gut machen, mit Akkusativ
der Sache, um sittlich gutes Wollen und Thuen zum Ausdruck zu
bringen; so דרכים ומעלליכם Jer. 7, 3. 5; 18, 11; 26, 13; מעלליכם 35, 15;
ebenso kommt das ethische Moment in Betracht an den zwei Stellen,
wo das Verbum sich einen Objektssatz unterordnet, Deut. 5, 28;
18, 17, indem dort Gott seine Zufriedenheit mit den Furcht Gottes
bezeugenden Worten des Volkes zum Ausdruck bringt. — 3. Gutes
anthun, Wohlthaten erweisen. a) Subjekt ist Gott. α) Akkusativ
der Person, Deut. 8, 16; 28, 63 (Gegens. להאביד אתכם); 30, 5; I Sam.
2, 32**); Jer. 18, 10; 32, 40. 41; Sach. 8, 15; Ps. 51, 20. β) ל der Person,
Ex. 1, 20; Jos. 24, 20; Jud. 17, 13; I Sam. 25, 31; Ps. 125, 4. — γ) עם
derselben, Gen. 32, 10. 13 (עמך היטב איטיב); dazu noch Akkusativ der
Sache Num. 10, 32 הטיב ההיא; die in mehrfacher Hinsicht schwierige
Stelle Mi. 2, 7 הלא דברי ייטיבו עם הישר הלך wird wohl als Hiph.

---

*) Vgl. Kautzsch-Socin, Die Genesis 2. Aufl. Anm. 15.
**) Vgl. Kautzsch, Textkr. Erl. z. St.

kaum richtig punktiert, sondern vielmehr als Kal zu lesen sein. — δ) Absolut, Ps. 119, 68; ferner in der Verbindung weder Gutes noch Böses d. h. überhaupt nichts thuen Zeph. 1, 12; daher auch in der Aufforderung an die Götzen Jes. 41, 23 והיטיבו ותרעו, und in der Schilderung der Ohnmacht derselben Jer. 10, 5 לא ייטו‎ .. וגם־היטיב אתם אין*). — b) Subjekt ist der Mensch. α) Akkusativ der Person, Hi. 24, 21. — β) ל derselben, Gen. 12, 16; Num. 10, 29. 32 **). — γ) Absolut, Lev. 5, 4, wenn jemand schwört להרע או להיטיב.

Ausserhalb des theologischen Sprachgebrauches: Kal nur Imperfekt. 1. Gut sein. a) Das sachliche Subjekt. α) In der ständigen Phrase ייטב בעיני פ׳ zum Ausdruck des Wohlgefälligen ist es דבר Gen. 34, 18; 41, 37; Deut. 1, 23; Jos. 22, 33; Esth. 1, 21; 2, 4; אשר I Sam. 24, 5; II Sam. 18, 4, oder ein allgemeiner, aus dem Kontext zu ergänzender Begriff in der Verbindung וייטב בעיני פ׳ Gen. 45, 16; Lev. 10, 20; Jos. 22, 30; II Sam. 3, 36. — β) וייטב לבב mit dem Subjekte הדבר Esth. 5, 14; mit allgemeinem Subjektsbegriff Neh. 2, 6. — γ) ייטב לב, Ausdruck behaglicher, sorgloser Gemütsstimmung Jud. 18, 20; 19, 6. 9; I Reg. 21, 7; Ruth 3, 7; Eccl. 7, 3. — b) Mit persönlichem Subjekte. a) ייטב פ׳, bei jemand beliebt sein, I Sam. 18, 5; ihm gefallen, Esth. 2, 4. 9. β) יפה פ׳ passend, tauglich erscheinen vor jemandem Neh. 2, 5. — 2. Impersonell, ייטב ל es geht einem wohl, Gen. 12, 13; 40, 14; II Reg. 25, 24; Jer. 40, 9; Ruth 3, 1. — Hiph'il gut machen. 1. Zur näheren Bestimmung irgend einer Handlung. a) Mit sachlichem Akkusativ in der Weise verbunden, dass es einen, je nach dem Kontext verschieden gefärbten, adverbiellen Nebenbegriff enthält. Ex. 30, 7 את־הנרת, die Lampen herrichten; I Reg. 1, 47 את־שמו, den Namen berühmt machen; II Reg. 9, 30 את־ראשה, ihr Haupt schmücken; Jer. 2, 33 תיטבי דרכך, den Weg trefflich einrichten; Hos. 10, 1 היטיבו מצבות, schöne Malsteine machen; Mi. 7, 3 כפים על־הרע להיטיב, aufs Böse die Hände einüben ***); Ruth

---

*) I Sam. 20, 13 haben die Punktatoren ייטיב als Hiph. mit Jahwe als Subjekt gefasst; offenbar aber ist Kal zu lesen (Wellhausen, Der Text der BB. Sam. 116) und der folgende Akkusativ zu erklären nach Kautzsch § 117, 1, Anm. 7.

**) Ps. 49, 19 ist der Text nicht mehr verständlich.

***) Wellhausen, Skizzen u. Vorarb. V. 146: „In להיטיב steckt wohl eine dritte Person Pl., wozu כפיהם (so richtig die Septuaginta) Objekt ist." Vgl. auch Ryssel, Untersuchungen über die Textgestalt und die Echtheit des B. Micha, 119 ff.

3, 10 בן חסדך היטיבה, besser machen; Prov. 17, 22 מטיב, gute Besserung schaffen. — b) Mit Infinitiv, entweder mit ל, I Sam. 16, 17 מיטיב לנגן, ein geschickter Saitenspieler; ohne ל, wie נגן Jes. 23, 16; Ez. 33, 32 (Part.); Ps. 33, 3 vom wackeren, schönen Saitenspiel; דעה Prov. 15, 2 meisterlich wissen; לכת 30, 29 schön einherschreiten. — c) Aus dieser vielseitigen Verwendung des Verbums erklärt es sich, dass im Sprachgebrauche der absolute Infinitiv geradezu zu einem Adverbium werden konnte und in dieser Eigenschaft dem Hauptverbum nachgestellt, die Bedeutung desselben verschieden modifiziert, so: vollständig zermalmen Deut. 9, 21; gründlich untersuchen 13, 15; 17, 4; 19, 18; deutlich, sorgfältig schreiben 27, 8; gänzlich zerstören II Reg. 11, 18. Dem Hauptverbum vorangestellt, um eine Steigerung des Affektes zum Ausdruck zu bringen, Jon. 4, 4. 9 *(bis)* sehr zürnen. — 2. Mit dem Akkusativ פנים, das Antlitz heiter machen, Jud. 19, 22; Prov. 15, 13. — 3. Mit persönlichem Objekte, Eccl. 11, 9 ייטיבך לבך.

Bezüglich des theologischen Sprachgebrauches kann man wohl mit einiger Sicherheit sagen, dass Hiph'il in früherer Schriftperiode auftritt als Kal. Da im Arabischen *ṭôb* wohlriechend, *ṭâba (i)* nachweisbar den angenehmen Eindruck auf den Geruchs-, aber auch den Tastsinn ausdrückt, so führt das auf die allgemeine Bedeutung des Wohligen. Ryssel*) spricht der Wurzel טב die Bedeutung *palpare* zu, „mit der flachen Hand berühren, und zwar: sanft berühren, daher طبّ durch sanfte Berührung mit der Hand heilen (wovon طبيب Arzt und طبّ die Heilkunde).“ Dieses „daher“, das den Übergang vom „Berühren“ zum „Heilen“ vermitteln soll, würde ich auch dann für unberechtigt halten, wenn *ṭabba* „heilen“ nicht denominativ wäre, was es aber thatsächlich ist. Dass syrisch טיב „vorbereiten, herrichten“, das sich in dieser Bedeutung auch im Hebr. im Hiph. Ex. 30, 7 findet, von טאב „sich gut befinden“ ein verschiedener Stamm sein soll, wie Barth**) will, kann ich nicht einsehen.

יתר von יתר Kal nur das substant. Particip als technischer Ausdruck im Opferrituale gebraucht: Ex. 29, 13; Lev. 3, 4. 10. 15; 4, 9; 7, 4 היתרת על הכבד; Ex. 29, 22; Lev. 8, 16. 25 יתרת הכבד; 9, 10 מן הכבד. —

---

*) Die Synonyma des Wahren und Guten, 47 ff.
**) Etymologische Studien 69.

Hiph'il Überfluss verleihen an irdischen Gütern, Folge des göttlichen Segens für das richtige Verhalten des Volkes gegen seinen Gott: ‏יהותיר‎ Deut. 28, 11 ‏לטבה בפרי בטנך‎; 30, 9 ‏בכל משׁה ידך‎ ‏בפרי בטנך‎.

Ausserhalb des theologischen Sprachgebrauches: **Kal** nur Particip. 1. Verbalform: Eccl. 12, 12 ‏יתר‎, es ist übrig; V. 9 ‏ויתר ש‎, es ist übrig zu sagen, dass. — 2. Mit nominalem Charakter. a) Substantiv. α) Das Übrige I Sam. 15, 15. β) Vorteil Eccl. 6, s. 11; 7, 11. — b) Adverbium ‏יתר‎, übermässig, gar sehr, 2, 15; 7, 16; ‏י מן‎, mehr, Esth. 6, 6. — **Niph'al** 1. Übrig bleiben. a) Personen. α) Mit partitivem ‏מן‎ Num. 26, 65; II Sam. 13, 30; Ps. 106, 11; das Particip Lev. 10, 12. 16; Jud. 8, 10; 21, 7. 16; I Reg. 9, 20; 20, 30 (bis); Sach. 14, 16; II Chr. 8, 7. β) Mit ‏ל‎ II Sam. 9, 1, ist noch jemand, der übrig geblieben ‏לבית ש׳‎, vom Hause des Saul. Etwas anders Gen. 44, 20, ‏היא לבדו לאמו‎, er ist allein von seiner Mutter übrig geblieben. — γ) Mit partitiv gebrauchtem ‏ב‎ II Sam. 17, 12, es soll nicht einer übrig bleiben ‏בו בכל־האנשׁים‎; das Particip I Sam. 2, 36. δ) Jemandem übrig bleiben, mit ‏ל‎ 25, 34. — ε) ‏ב‎ des Ortes I Reg. 9, 21; Ez. 14, 22; Am. 6, 9; Sach. 13, 8; Prov. 2, 21; II Chr. 8, 8; das Particip Jes. 4, 3; 7, 22; ‏בל‎ des Ortes Ez. 39, 14. — ζ) ‏אני לבדי‎ I Reg. 19, 10. 14. η) Absolut Jos. 11, 11. 22; Jud. 9, 5; Jes. 1, 8; 30, 17. — b) Sachliche Subjekte. α) Mit partitivem ‏מן‎ Ex. 29, 34; das Particip 12, 10; Lev. 2, 3. 10; 6, 9; 7, 16. 17; 10, 12; 14, 29. — β) Mit partitivem ‏ב‎ das Particip 8, 32; 14, 18. — γ) ‏ב‎ des Ortes Ex. 10, 15; Neh. 6, 1; das Particip I Reg. 15, 18; Jer. 27, 18. 19. — δ) Mit Ortsakkusativ 27, 21 (Part.). ε) Absolut II Reg. 20, 17; Jes. 39, 6; das Particip Ex. 29, 34; Lev. 19, 6; II Reg. 4, 7; Jer. 34, 7; Ez. 34, 18*). — 2. Übrig sein. a) Belebtes. α) Mit partitivem Gebrauch des ‏ב‎ Jos. 18, 2. β) ‏לבדו‎ I Reg. 18, 22. γ) Absolut das Particip Gen. 30, 36; Jos. 17, 2. 6; 21, 5. 20. 26. 34. 39; I Sam. 30, 9; I Chr. 6, 46. 55. 62; 24, 20. — b) Sachliches; nur das Particip. α) Übrig ‏ברחב‎, von der Breite, Ez. 48, 15; ‏ואת‎ 18. — β) Die Zahl der Jahre, die übrig sind ‏עד שׁנת‎ ‏היבל‎ Lev. 27, 18. — γ) Absolut Ex. 28, 10; Ez. 48, 21. — 3. Zurückbleiben. a) Personen, mit ‏לבדו‎ Gen. 32, 25. — b) Sachliches Subjekt I Reg. 17, 17. — 4. Allein bleiben Dan. 10, 13. — **Hiph'il** 1. Einen Rest machen, übrig lassen. a) Mit partitivem ‏מן‎. α) Allein: Ex.

---

*) II Chr. 31, 10 ist statt ‏ההותיר‎ mit LXX zu lesen ‏הותיר‎; Kautzsch § 121, S. 376, Fussnote.

12, 10; 16, 19. 20; Lev. 22, 30; Ez. 39, 28 *). β) Dazu noch ein Akkusativ Num. 33, 55; II Sam. 8, 4; Ez. 12, 16; I Chr. 18, 4. — b) ל der Person und Akkusativ Jes. 1, 9 לִי שָׂרִיד; Jer. 44, 7 לָכֶם שְׁאֵרִית. — c) Mit blossem Akkusativ Ex. 10, 15; Ruth 2, 18. — d) Absolut Ex. 36, 7; II Reg. 4, 43. 44; Ruth 2, 14; II Chr. 31, 10. — 2. Einen Rest besitzen, übrig haben Deut. 28, 54 יוֹתִיר אֲשֶׁר בָּנָיו יֶתֶר. — 3. Einen Vorzug haben, erster sein Gen. 49, 4.

Der Grundbegriff von יתר ist „spannen, strecken"; יֶתֶר ist Sehne, im Syr. יתרא, der Araber nennt die Saite der Lyra وَتَر. Vgl. auch Dietrich, Abhandl. zur sem. Wortforschung, 122.

כרע von בִּרְכַּיִם Kal 1. Sich beugen. a) Im Kulte der Gottheit. α) I Reg. 8, 54 מִכְּרֹעַ עַל־בִּרְכָּיו וְכַפָּיו פְּרוּשׂוֹת הַשָּׁמַיִם; Esr. 9, 5 וָאֶכְרְעָה עַל־בִּרְכַּי וָאֶפְרְשָׂה כַפַּי אֶל־יְיָ. — β) II Chr. 7, 3 וַיִּכְרְעוּ אַפַּיִם אָרְצָה. — γ) Absolut: Ps. 95, 6; II Chr. 29, 29. — b) Zeichen der Huldigung und Ehrerbietung. α) Subjekt sind die Menschen: Ps. 22, 30 לְפָנָיו יִכְרְעוּ כָּל־יוֹרְדֵי עָפָר (parall. וישתחוו); 72, 9 לְפָנָיו יִכְרְעוּ צִיִּים. β) Unbelebtes: Jes. 45, 23 לִי תִּכְרַע כָּל־בֶּרֶךְ; auch mit Bezug auf Götzen I Reg. 19, 18 אֲשֶׁר לֹא־כָרְעוּ לַבַּעַל. — 2. Niedersinken. a) Vom Sturz der Götter Babels: Jes. 46, 1 כָּרַע בֵּל קֹרֵס נְבוֹ. 2 קָרְסוּ כָרְעוּ יַחְדָּו. — b) Als vom Herrn verhängte Strafe über die Abtrünnigen: 65, 12 לַטֶּבַח תִּכְרָעוּ. — Hiph'il niederwerfen den Feind. Subjekt ist Jahwe: a) Ps. 17, 13 הַכְרִיעֵהוּ; 78, 31 וּבַחוּרֵי יִשְׂרָאֵל הִכְרִיעַ. — b) Zum persönlichen Akkusativ eine nähere Bestimmung: II Sam. 22, 40; Ps. 18, 40 תַּכְרִיעַ קָמַי תַּחְתֵּנִי.

Ausserhalb des theologischen Sprachgebrauches: Kal 1. Sich beugen. a) Zeichen der Ehrerbietung. α) II Reg. 1, 13 וַיִּכְרַע עַל־בִּרְכָּיו לְנֶגֶד אֵלִיָּהוּ. β) Absolut: Esth. 3, 2 (bis). 5 (Part.). — b) Sich beugen behufs irgend einer Verrichtung. α) כֹּרְעִים Jud. 7, 5. 6. β) Über das Weib, Hi. 31, 10 וְעָלֶיהָ יִכְרְעוּן אֲחֵרִין. — γ) Absolut: Gen. 49, 9; Num. 24, 9 um zu lagern. — 2. In die Knie sinken, zusammensinken vor Mattigkeit. a) Subjekt sind Lebewesen. α) Mit einer Ortsbestimmung: Jud. 5, 27 (bis) בֵּין רַגְלֶיהָ כָּרַע נָפָל; 5, 27 בַּאֲשֶׁר כָּרַע שָׁם נָפַל; II Reg. 9, 24 וַיִּכְרַע בְּרִכְבּוֹ; vielleicht auch Jes. 10, 4 כָּרַע תַּחַת אַסִּיר. β) Absolut: I Sam. 4, 19 וַתִּכְרַע וַתֵּלֶד; Ps. 20, 9 כָּרְעוּ וְנָפָלוּ; vom Tiere Hi. 39, 3 תִּכְרַעְנָה יַלְדֵיהֶן תְּפַלַּחְנָה. — b) Die zusammensinkenden Kniee: Hi. 4, 4 בִּרְכַּיִם כֹּרְעוֹת. — Hiph'il jemanden niederbeugen vor Betrübnis, Jud. 11, 35.

Kal ist die ältere Konjugation. Ob כרע mit כרה verwandt ist?

*) Ez. 6, 8 ist zu lesen וְהוֹתַרְתִּי (Ewald, Smend); Ps. 79, 11 הַתֵּר (Kautzsch).

Verba denominativa in zwei Konjugationen.

מָלַךְ von מֶלֶךְ Kal 1. König sein, von Jahwes Königtume. a) עַל der Person. α) Allein: I Sam. 8, 7. β) Dazu בְּ des Mittels: Ez. 20, 33 עליכם אמלוך. — γ) בְּ des Ortes und eine Zeitbestimmung: Mi. 4, 7 עליהם בהר ציון מעתה ועד־עולם. — b) בְּ des Ortes: Jes. 24, 23 בהר ציון ובירושלם. — c) Mit einer Zeitbestimmung: Ex. 15, 18 לעולם ועד; Ps. 146, 10 לעולם. — d) Absolut: Jes. 52, 7. — 2. König werden. a) עַל der Person: Ps. 47, 9 מלך אלהים על־גוים. — b) Absolut: 93, 1; 96, 10; 97, 1; 99, 1 יי מלך. — Hiph'il zum Könige machen. Subjekt ist Jahwe, die Person aber, die von Jahwes Gnaden König wird, folgt im Akkusativ. a) I Sam. 15, 11 את־שאול למלך. — b) 15, 35 על־ישראל 'את־ש; I Chr. 28, 4 בי רצה להמליך על־כל־ישראל; II Chr. 1, 9 המלכתני על־עם. 11 עליו. — c) I Reg. 3, 7 'את־עבדך תחת ד; II Chr. 1, 8 והמלכתני תחתיו.

Ausserhalb des theologischen Sprachgebrauches: Kal 1. König sein. a) עַל der Person, über jemand. α) Allein: Jud. 9, 8. 10. 12. 14; I Sam. 8, 9. 11; 12, 12. 14; 16, 1; II Sam. 8, 15; I Reg. 6, 1; 12, 17; I Chr. 18, 14; 29, 26; II Chr. 1, 13; 10, 17; 20, 31. β) Dazu ein Akkusativ der Zeit: I Sam. 13, 1; I Reg. 2, 11; 15, 25; 22, 52; II Reg. 3, 1; I Chr. 29, 27. — γ) Überdies noch בְּ des Ortes: II Sam. 5, 5 (bis); I Reg. 11, 42; 16, 29; II Reg. 10, 36; 12, 2; 15, 13; II Chr. 9, 30. — b) תחת der Person, an jemandes Stelle König sein: I Reg. 1, 35. — c) אחרי der Person: 1, 13. 17. 24. 30. — d) Das Land, über das jemand König ist. α) Mit עַל: I Reg. 11, 25; II Reg. 11, 3 (Part.); II Chr. 22, 12 (Part.). - β) Mit בְּ: Gen. 36, 31. 32; II Sam. 3, 21; I Reg. 11, 37; I Chr. 1, 43. γ) Eine vereinzelte Konstruktion: Esth. 1, 1 (Part.) מהדו ועד־כוש שבע ועשרים ומאה מדינה. — e) An einem Orte König sein. α) Mit בְּ. α') Allein: Jos. 13, 12. 21; Jud. 4, 2; II Reg. 23, 33. β') Dazu ein Akkusativ der Zeit: I Reg. 2, 11 (bis); 14, 21; 15, 2. 10; 16, 23; 22, 42; II Reg. 8, 17. 26; 12, 2; 14, 2; 15, 2. 13. 33; 16, 2; 18, 2; 21, 1. 19; 22, 1; 23, 31. 36; 24, 8. 18; Jer. 52, 1; I Chr. 3, 4; 29, 27 (bis); II Chr. 12, 13; 13, 2; 20, 31; 21, 5. 20; 22, 2; 24, 1; 25, 1; 26, 3; 27, 1. 8; 28, 1; 29, 1; 33, 1; 34, 1; 36, 2. 5. 9. 11. — β) Mit עַל: Jer. 33, 21 (Part.) על־ישראל. — f) Blosser Akkusativ der Zeit: II Sam. 2, 10; 5, 4; I Reg. 14, 20; II Chr. 3, 1; I Chr. 3, 4. — g) Eine sonstige nähere Bestimmung: I Reg. 14, 19 אשר מלך; Jes. 32, 1 לצדק; Prov. 8, 15 בי מלכים ימלכו. — h) Absolut: Gen. 36, 31; Jer. 22, 15; 23, 5; Hi. 34, 30; I Chr. 1, 43; II Chr. 23, 3; sonst nur למלוך II Reg. 24, 12; 25, 1; Jer. 1, 2; 51, 59; 52, 4; Esth. 1, 3; Dan. 9, 2; II Chr. 16, 13; 17, 7; 29, 3; 34, 3. 8. — 2. König werden. a) עַל der Person. α) Allein: Gen. 37, 8; I Sam.

11, 12; בלכתי־בלי־ישראל II Sam. 2, 10. — β) Dazu eine Zeitbestimmung eingeführt mit בשנת: I Reg. 15, 1. 9. 25; 16, 29; 22, 41. 52; II Reg. 3, 1; 9, 29; 12, 2; 15, 13; II Chr. 13, 1. — γ) In einer gewissen Prägnanz des Ausdruckes nach dem Schema: ... בימי בלך .. אסא .. בשנת שנה ... בחדש .. על I Reg. 15, 33; 16, 8. 15. 23; II Reg. 13, 1. 10; 14, 23; 15, 8. 17. 23. 27; 17, 1. — b) תחת der Person, an Stelle jemandes. α) Allein: II Sam. 16, 8 (Part.); II Reg. 3, 27; Jer. 22, 11 (Part.); 37, 1; Esth. 2, 4; sonst nur noch תחת־ייבלך Gen. 36, 33–39; II Sam. 10, 1; I Reg. 11, 43; 14, 20. 31; 15, 8. 24. 28; 16, 6. 10. 28; 22, 40. 51; II Reg. 8, 15. 24; 10, 35; 12, 22; 13, 9. 24; 14, 16. 29; 15, 7. 10. 14. 22. 25. 38; 16, 20; 19, 37; 20, 21; 21, 18. 26; 24, 6; Jes. 37, 38; I Chr. 1, 44. 46. 48. 50; 19, 1; 29, 28; II Chr. 9, 31; 12, 16; 13, 23; 17, 1; 21, 1; 24, 27; 26, 23; 27, 9; 28, 27; 32, 33; 33, 20; 36, 8. — β) Dazu eine Zeitbestimmung mit בשנת: II Reg. 1, 17; 15, 30; dieselbe widerspricht an beiden Stellen den sonstigen chronologischen Angaben. — c) Mit ב des Ortes: II Sam. 15, 10; I Reg. 11, 24; 14, 21. — d) Mit ב der Zeit: II Reg. 8, 16. 25; 14, 1; 15, 1. 32; 16, 1; 18, 1. — e) Absolut: I Sam. 24, 21 בלך־המלך; I Reg. 1, 5. 11. 13. 18; 2, 15; 16, 22; II Reg. 9, 13; Prov. 30, 22; Eccl. 4, 14; I Chr. 4, 31; II Chr. 25, 1; 29, 1; במלכו I Reg. 15, 29; בשנת מלכו II Reg. 25, 27; sonst nur noch במלכו I Sam. 13, 1; II Sam. 5, 4; I Reg. 14, 21; 16, 11; 22, 42; II Reg. 8, 17. 26; 14, 2; 15, 2. 33; 16, 2; 18, 2; 21, 1. 19; 22, 1; 23, 31. 36; 24, 8. 18; Jer. 52, 1; II Chr. 12, 13; 20, 31; 21, 5. 20; 22, 2; 24, 1; 26, 3; 27, 1. 8; 28, 1; 33, 1. 21; 34, 1; 36, 2. 5. 9. 11. — **Hiph'il** 1. המליך, einen König einsetzen. a) Mit ל, für jemanden: I Sam. 8, 22. — b) על, über jemanden: 12, 1; II Reg. 8, 20; II Chr. 21, 8. — c) Akkusativ der Person, einen als König einsetzen: Jes. 7, 6 ונמליך בתוכה מלך את בן־טבאל. — 2. המליך. a) Akkusativ der Person. α) Allein: Jud. 9, 16; I Sam. 11, 15; I Reg. 1, 43; 12, 1; 16, 21; II Reg. 10, 5; 11, 12; 17, 21; Ez. 17, 16 (Part.); I Chr. 11, 10; 12, 31. 38; II Chr. 10, 1; 11, ב; 23, 11. — β) Dazu על, über jemanden: Jud. 9, 18; I Reg. 12, 20; 16, 16; I Chr. 12, 38; 23, 1; II Chr. 36, 4–10. — γ) אל, offenbar verschrieben aus על, über jemanden: II Sam. 2, 9. — δ) תחת, jemanden an Stelle eines anderen: II Reg. 14, 21; 21, 24; 23, 30. 34; 24, 17; Esth. 2, 17; II Chr. 22, 1; 26, 1; 33, 25; 36, 1. — ε) וימליכו אדם אבימלך Jud. 9, 6. — ζ) ב des Ortes: Jer. 37, 1. — b) ל der Person, jemanden zum Könige machen: I Chr. 29, 22. — c) Absolut: Hos. 8, 4. — **Hoph'al** zum Könige gemacht werden: Dan. 9, 1 הֻמְלַךְ בְּמָלְכוֹ.

Für die Eruierung des sinnlichen Grundbegriffes ist ملك „halten, besitzen" massgebend. Das Adjektiv *malik*, auf das unser malk zurückgeht*), bezeichnet den, der dauernd der Besitzende, Mächtige ist. Delitzsch, Proleg. 30, tritt mit Berufung auf das Assyr. und Aram. für die ursprüngliche Bedeutung „beraten" ein, die aber in keinem Fall die Grund-, sondern im Gegenteil erst eine sehr entfernt abgeleitete Bedeutung sein kann**).

מעט von מָעַט Kal gering sein an Bedeutung, in dem an Jahwe gerichteten Gebete: Neh. 9, 32 אל־ימעט לפניך את כל־התלאה***). — Hiph'il an Macht oder Bedeutung verringern, von Gott verhängte Strafe: Jer. 10, 24 פן־תמעטני; Ez. 29, 15 והמעטתים.

Ausserhalb des theologischen Sprachgebrauches: Kal 1. Gering sein an Zahl. Von der Familie: Ex. 12, 4 ואם־ימעט הבית מהיות משה; der Zahl der Jahre Lev. 25, 16 לפי מעט השנים; der Bogen der Krieger Jes. 21, 17. — 2. Gering werden. a) Von Menschen = an Zahl wenig werden: Jer. 29, 6; 30, 19, an beiden Stellen im Gegensatz zu רבה; Ps. 107, 39. — b) Vom Vermögen = hinschwinden: Prov. 13, 11. — Pi'el an Zahl wenig werden, von den Müllerinnen Eccl. 12, 3. — Hiph'il wenig machen. 1. Mit Akkusativobjekt, das nominaler Natur ist. a) Lebewesen: Lev. 26, 22; Ps. 107, 38. — b) Einen bestimmten Kaufpreis Lev. 25, 16; ein Grundstück Num. 26, 54; 33, 54; mit einer gewissen Prägnanz 35, 8 Städte d. h. dieselben weniger zu Abgaben heranziehen. — 2. Ein Infinitiv mit לְ. a) Ausdrücklich: Ex. 30, 15 להמעיט. — b) Es ist beim Particip המעיט Ex. 16, 17. 18; Num. 11, 32 לאסף; II Reg. 4, 3 אשר־תמעיטי der Infinitiv לשאל zu ergänzen.

Zur Etymologie vgl. Gesenius, Thesaurus u. d. W.

נשך von נָשַׁךְ Kal eine Sache auf Zinsen leihen, Deut. 23, 20 כל־דבר אשר ישך†). — Hiph'il Zins auflegen. a) 23, 20 לאחיך לא תשיך. — b) 23, 21 לנכרי תשיך ולאחיך לא תשיך.

Das originale Verbum ist in Kal und Pi. noch erhalten.

עבט von עָבַט Kal Pfand geben. a) Wer dem Nächsten ein Darlehen gewährt, darf nicht in sein Haus hineingehen Deut. 24, 10 לעבט עבטו. — b) Infolge des von Jahwe verliehenen Segens 15, 6 ואתה לא תעבט. — Hiph'il auf Pfand leihen. a) Akkusativ der

---

*) De Lagarde, Übersicht 72 ff.
**) Nöldeke, Z.D.M.G. 40, 727.
***) Zur Konstruktion Kautzsch § 117, 1; Anm. 7.
†) Siegfried-Stade, Hebr. Wb., bemerken mit Recht, dass wahrscheinlich Hiph. zu lesen sei.

Person. 15, 6 והעבט תעביטנו. — b) Mit doppeltem Akkusativ. Im Gebote die Hand nicht vor dem armen Volksgenossen zu verschliessen, 15, 8 העבט תעביטנו די מחסרו.

Die Etymologie ist unsicher. Jo. 2, 7 יעבטון ist ein anderer Stamm, daher die Bedeutungsentwickelung „verflechten, verwechseln" falsch. Mir kommt bei dem obigen Verbum trotz mancher Bedenken immer wieder ضبط in den Sinn.

עוה von עי Kal im Sinne des Hiph'il 'ע bethätigen, von der Sünde Israels Dan. 9, 5 חטאנו ועוינו והרשענו. — Hiph'il 'ע bethätigen. a) Von Verfehlungen gegen Gott gebraucht, sündigen: II Sam. 7, 14; 24, 17 (in Verbindung mit חטאתי); und in dem Bekenntnis חטאנו העוינו הרשענו I Reg. 8, 47; Ps. 106, 6; II Chr. 6, 37. — b) Von sittlichen Verfehlungen gegen Menschen, Jer. 9, 4 הַעֲוֵה נִלְאוּ.

Ausserhalb des theologischen Sprachgebrauches: Kal an jemandem übel handeln. Vasthi an (על) Fürsten und Völkern Esth. 1, 16. — Hiph'il von der Verfehlung des Simei gegen David II Sam. 19, 20.

Erst durch Abschwächung des Sprachbewusstseins ist es zu erklären, dass im Sinne des denominierten Hiph'il ein Kal mit der Bedeutung „freventlich handeln" in Aufnahme kam; in der That zeigt sich Kal selten und spät. Unsere hebr. Wörterbücher werfen, wie so häufig, auch hier wieder zwei von einander verschiedene Stämme zusammen. In עוה ist der Stamm غوى „irren"; davon ist zu unterscheiden עוה, das im Niph., Pi., Hiph. sich findet und dem arabischen عوى „beugen, biegen" gleichkommt.

פרה von פרי Kal 1. Terminus für die Fortpflanzungsfähigkeit; daher in der charakteristischen Segensformel Gen. 1, 22. 28; 9, 1. 7 פרו ורבו; 35, 11 פרה ורבה; in der Verheissung 8, 17; Jer. 23, 3 ופרו ורבו; Ez. 36, 11 ורבו ופרו; Jer. 3, 16 כי רבו ופרו בארץ; daher dann in der Erzählung Gen. 47, 27 ויפרו וירבו; Ex. 1, 7 פרו וישרצו וירבו ויעצמו במאד מאד. — 2. Eine davon etwas verschiedene Bedeutungswendung: Gen. 26, 22 הפרה יי לנו ופרינו בארץ; Ex. 23, 30 עד אשר תפרה ונחלת הארץ. — 3. Im übertragenen Sinne: Deut. 29, 17 שרש פרה ראש ולענה; Jes. 45, 8 תפתח ארץ ויפרו ישע; zweifelhaft 11, 1 יצר מגזע ישי ונצר משרשיו יפרה*). — Hiph'il fruchtbar machen. a) פרה הרבה kausativ

---

*) Wenn diese Lesart beibehalten wird, dann = ein Schössling ist fruchtbar, grünt hervor, nicht aber = bringt Frucht (Delitzsch, Dillm.), was 'פ יִתֵּן wäre. Die LXX scheinen aber יפרח gelesen zu haben.

Verba denominativa in zwei Konjugationen.

gewendet: Gen. 17, ₂₀ בְּרַכְתִּי אֹתוֹ וְהִפְרֵיתִי אֹתוֹ וְהִרְבֵּיתִי אֹתוֹ בִּמְאֹד מְאֹד; 28, ₃ וְיִרְבֶּךָ; 48, ₄ וְהִרְבִּיתִךָ וּנְתַתִּיךָ יַעַל שְׂדֵי; הִנְנִי מַפְרְךָ; Lev. 26, ₉ וְהִרְבֵּיתִי אֶתְכֶם וְהִפְרֵיתִי אֶתְכֶם. — b) פָּרָה mit persönlichem Akkusativ. α) Gen. 17, ₆ וְהִפְרֵתִי אֹתְךָ בִּמְאֹד מְאֹד; Ps. 105, ₂₄ וַיֶּפֶר אֶת־עַמּוֹ מְאֹד. — β) Gen. 41, ₅₂ הִפְרַנִי אֱלֹהִים בְּאֶרֶץ עָנְיִי.

Ausserhalb des theologischen Sprachgebrauches: **Kal** nur das Particip. Ein fruchtbarer Weinstock: Jes. 32, ₁₂; Ex. 19, ₁₀; Ps. 128, ₃. Als Substantiv = Fruchtbaum: Gen. 49, ₂₂ *(bis)*; Jes. 17, ₆.

Bezüglich der Etymologie trennt Barth*) פָּרָה „Frucht bringen" als לי״ה von פרה „viel sein", welches לי״ו sein soll und identisch wäre mit وفر. Wie aber die Verbindung פְּרֵה וּרְבֵה beweisen soll, dass פרה „zahlreich werden" bedeutet, kann ich nicht ersehen. רבה ist für sich allein = zahlreich werden, es kann also das vorausgehende פרה nicht dasselbe besagen. Zur Vorstellung selbst vgl. פְּרִי בֶטֶן. Der Wurzel פר eignet die Bedeutung „durchbrechen".

יָצַר לִי eine aus צר לי hervorgegangene Verbalbildung. **Kal** von der als Strafe von Gott verhängten Not: Jud. 10, ₉ וַיֵּצֶר לְיִשְׂרָאֵל מְאֹד; vielleicht auch Hi. 20, ₂₂ בִּמְלֹאות שִׂפְקוֹ יֵצֶר לוֹ**), von der den reichen Sünder überkommenden Angst. Dagegen muss Jud. 2, ₁₅ וַיֵּצֶר לָהֶם מְאֹד mit LXX Hiph. gelesen werden. — **Hiph'il** von צר לי aus gebildet. a) Subjekt ist Jahwe: Jer. 10, ₁₈ וַהֲצֵרוֹתִי לָהֶם; Zeph. 1, ₁₇ וַהֲצֵרֹתִי לָאָדָם. — b) Ein von Jahwe geschickter Feind. α) Bloss der Dativ לָהֶם Neh. 9, ₂₇; לוֹ II Chr. 28, ₂₀. ₂₂; 33, ₁₂. β) Dazu eine nähere Bestimmung: Deut. 28, ₅₂ *(bis)* לְךָ בְּכָל־שְׁעָרֶיךָ; I Reg. 8, ₃₇; II Chr. 6, ₂₈ לוֹ אֹיְבוֹ בְּאֶרֶץ שְׁעָרָיו, wie nach LXX gelesen werden muss.

Ausserhalb des theologischen Sprachgebrauches: **Kal** צַר לִי Gen. 32, ₈; לָאָבִין II Sam. 13, ₂; וַתֵּצֶר לְדָוִד מְאֹד I Sam. 30, ₆.

רִיב von ריב **Kal** I. Subjekt ist Gott. 1. Jemandes Sache führen, von Gottes richterlicher Thätigkeit sowohl gegenüber seinem Volke, als einzelnen Gliedern desselben. Da Gott naturgemäss nur eine gerechte Sache führt, so wird der Ausdruck gleichbedeutend mit Rettung oder Hilfe, die unschuldig Bedrängten zu teil wird. a) רִיב אֶת־ mit dem entsprechenden Genitivsuffix I Sam. 24, ₁₆; Juda und Jerusalem schmachten noch in fernem Lande, aber der

---

*) Etym. Studien 12 ff.
**) Dagegen Hoffmann: יֵצֶר לוֹ oder יֹצֶר = „sein Brüten ist", geht dahin, wie sein Reichtum voll wird.

Herr wird ihnen zu ihrem Rechte verhelfen Jer. 50, 34 רִיב יָרִיב אֶת־רִיבָם;
51, 36 הִנְנִי רָב אֶת־רִיבֵךְ; Mi. 7, 9; im Gebete des Bedrängten רִיבָה רִיבִי
Ps. 43, 1 (mit dem näheren Umstande מֵאִישׁ־חָסִיד; parall. שָׁפְטֵנִי);
119, 154 (neben גְּאָלֵנִי); die Aufforderung an Jahwe, die eigene Sache
zu führen, in der Bitte 74, 22 רִיבָה רִיבֶךָ (neben זְכֹר חֶרְפָּתְךָ); die Sache
der Geringen und Elenden wird Jahwe führen Prov. 22, 23; wie die
Sache der Waisen 23, 11. Statt des Suffixes ein anderer Genitiv
I Sam. 25, 39 רָב אֶת־רִיב חֶרְפָּתִי מִיַּד נָבָל; Thr. 3, 58 רַבְתָּ רִיבֵי נַפְשִׁי. —
b) Ohne das Substantiv רִיב von dem die Sache seines Volkes
führenden Gott Jes. 51, 22 רָב עַמּוֹ יֵאלֹהָיִךְ. — 2. Streiten, vom Ein-
greifen Gottes nach seiner doppelten Erweisung. a) Im freundlichen
Sinne: für jemanden streiten. Mit לְ der Person Deut. 33, 7 יָדָיו
רָב לוֹ*); vom Baal, der für sich selbst streiten soll Jud. 6, 31 יָרֶב לוֹ. —
b) Feindlich: jemanden bestreiten, befehden, angreifen. α) Akkusativ
der Person Jes. 27, 8 בְּשַׁלְחָה תְּרִיבֶנָּה; 49, 25 אֶת־יְרִיבֵךְ; Ps. 35, 1 אֶת־יְרִיבַי
(parall. לְחַם אֶת־לֹחֲמָי); Hi. 10, 2 עַל־מַה־תְּרִיבֵנִי. β) בְּ der Person;
Subjekt ist Baal, dessen Altar Gideon niedergerissen, darum Jud. 6, 32
יָרֶב בּוֹ הַבַּעַל. γ) Mit einem näheren Umstande der Zeit; von
Jahwe, welcher anfeindet Jes. 57, 16 לֹא לָעוֹלָם אָרִיב; Ps. 103, 9 לֹא לָנֶצַח יָרִיב; der
Art und Weise Am. 7, 4 לָרִב בָּאֵשׁ**). — c) Hadern, Vorwürfe machen,
mit אֶת der Person Jer. 2, 9 (bis). — 3. Allgemein ins Gericht gehen,
von Jahwe als Völkerrichter Jes. 3, 13 (neben לָדִין עַמּוֹ). — II. Subjekt ist der Mensch. 1. Die Sache jemandes führen, von der Gerechtigkeitspflege als religiös-sittlicher Forderung im Lande. Mit
Akkusativ der Person Jes. 1, 17 רִיבוּ אַלְמָנָה (neben שִׁפְטוּ יָתוֹם). — 2. Streiten
mit Worten. a) Vom sündhaften Murren wider Gott und Gottes
Wege, hadern, sei es, dass sich dasselbe direkt gegen Gott kehrt,
oder gegen den Vollzieher seines Willens. α) Hadern mit Gott.
α') Mit persönlichem Akkusativ, vielleicht Deut. 33, 8 תְּרִיבֵהוּ עַל־מֵי
מְרִיבָה. β') אֶת־יְהוָה Num. 20, 13; הֵן יָרֹב אֶת־יֹצְרוֹ Jes. 45, 9. γ') Mit אֶל
Gottes Jer. 2, 29; 12, 1; Hi. 33, 13. δ') בְּשָׂרִי 40, 2. β) Hadern
mit Mose, dem Vollzieher des göttlichen Willens; mit עִם der Person
Ex. 17, 2 (bis), was eine Herausforderung Gottes selbst ist, daher
die folgenden Worte וּמַה־תְּנַסּוּן אֶת־יְהוָה; Num. 20, 3. — b) Von sittlicher
Zurechtweisung: Vorwürfe erheben. α') בְּ der Person Hos. 2, 4 (bis).
β') אֶת Neh. 5, 7; 13, 11. 17. γ') עִם 13, 25. δ') Mit einem näheren

---

*) Vgl. Kautzsch a. a. O.
**) Vgl. Kautzsch a. a. O.

Umstande Mi. 6, 1, der Prophet soll seine Vorwürfe erheben אֶת־הֶהָרִים, angesichts der Berge.   ε') Absolut Hos. 4, 4 (neben רִיב). —
b) Streiten durch die That: der von Gott auf ihr Geschrei gesendete Helfer Jes. 19, 20 וְרָב וְהִצִּיל. Für den Baal streiten לַבַּעַל Jud. 6, 31 *(bis)*. — **Hiph'il** streiten wider Gott, ihn bestreiten; 1 Sam. 2, 10 מְרִיבָיו, wo übrigens der Text in Unordnung und in vielfacher Hinsicht zweifelhaft. Ausserdem das Particip nur noch Hos. 4, 4 in einer offenbar verderbten Stelle*).

Ausserhalb des theologischen Sprachgebrauches: **Kal** 1. Im allgemeinen vom aussergerichtlichen Streit. a) In Streit geraten. α) עִם der Person Gen. 26, 20; Jud. 11, 25.   β) עַל der Ursache Gen. 26, 21. 22.   γ) Absolut Ex. 21, 18**). — b) Hadern, Vorwürfe machen. α) ב der Person Gen. 31, 36.   β) אֶת Jud. 8, 1. γ) אֶל 21, 22.   δ) עִם Prov. 3, 30. — 2. Vom Gerichtsstreite. a) רִיבְךָ אֶת ריב, führe deinen Streit mit jem. Prov. 25, 9. — b) Das Verbum: α) Mit אֶת Jes. 50, 8. -   β) עִם Hi. 9, 3; 13, 19; 23, 6.   γ) לְ, für jemand, seine Partei ergreifen 13, 8.   δ) Absolut Prov. 25, 8.

Über רִיב und seinen etymologischen Zusammenhang vgl. Nöldeke Z.D.M.G. 37, 534 ff.

רָשַׁע von רֶשַׁע **Kal** 'ר sein, freveln, sündigen. a) In prägnanter Konstruktion mit מִן, II Sam. 22, 22; Ps. 18, 22 מֵאֱלֹהָי לֹא־רָשַׁעְתִּי (parall. שָׁמַרְתִּי דַּרְכֵי יי). — b) Absolut I Reg. 8, 47; Eccl. 7, 17 (Gegs. וְהִרְבָּה צַדִּיק V. 16); Dan. 9, 15; II Chr. 6, 37. — **Hiph'il** 1. Als einen 'ר erklären; das Verbum schliesst dabei ethische Wertschätzung ein, so dass also der juridische und ethische Begriff sich gegenseitig durchdringen. a) Subjekt ist Gott. Bei Eidesleistung von seiten der Menschen I Reg. 8, 32 לְהַרְשִׁיעַ רָשָׁע (Gegs. וּלְהַצְדִּיק צַדִּיק); Jahwe überliefert den Frommen nicht in die Gewalt des Gottlosen Ps. 37, 33 וְלֹא יַרְשִׁיעֶנּוּ בְהִשָּׁפְטוֹ; während der Gute Jahwes Wohlgefallen erringt, Prov. 12, 2 יַרְשִׁיעַ מְזִמּוֹת וְאִישׁ; im Gebete Hi. 10, 2 אַל־תַּרְשִׁיעֵנִי. — b) Subjekt sind Menschen. In der Schilderung des Treibens der Frevler Ps. 94, 21 דָּם נָקִי יַרְשִׁיעוּ; mit stärkerem Überwiegen der juridischen Seite des Begriffes, ohne dass dabei das ethische Werturteil ausgeschlossen werden könnte, Hi. 9, 20 פִּי יַרְשִׁיעֵנִי; 15, 6 יַרְשִׁיעֲךָ פִיךָ; 32, 3 וַיַּרְשִׁיעוּ אֶת־אִיּוֹב; 34, 17 צַדִּיק כַּבִּיר יַרְשִׁיעַ; 40, 8 תַּרְשִׁיעֵנִי; mit zu

---

*) Vgl. Wellhausen, Skizzen und Vorarb. V.

**) I Sam. 15, 5 וַיָּרֶב = וַיֶּאֱרֹב, legte einen Hinterhalt. Kautzsch § 68, 2. Anm. 1.

ergänzendem, persönlichen Akkusativ 34, 29. — 2. Einen 'ר darstellen. a) Von Gott ausgesagt, Hi. 34, 12 אל לא־ירשיע, Gott handelt nicht ungerecht; vielleicht besser noch mit Berücksichtigung des parall. Satzes שדי לא־יענה במשפט nach G. Hoffmann ganz prägnant zu verstehen: Gott verurteilt nicht unschuldig. — b) Von demjenigen, der den Forderungen Gottes gemäss nicht handelt. α) Mit Infinitiv II Chr. 20, 35 להרשיע. — β) Absolut Ps. 106, 6; Dan. 9, 5; 12, 10; Neh. 9, 33; II Chr. 22, 3.   γ) Streitig Dan. 11, 32 מרשיעי ברית; nach einigen „die am Bunde Frevelnden"; nach anderen „die Verdammer des Bundes".

Ausserhalb des theologischen Sprachgebrauches: Kal 'ר sein; forensischer Terminus zur Bezeichnung dessen, der juristisch das Unrecht auf seiner Seite hat. So Hi. 9, 29; 10, 7. 15, doch soll nicht bestritten werden, dass wohl auch an diesen Stellen der juristische Begriff rein d. h. ohne jedes ethische Werturteil kaum besteht. — Hiph'il als einen 'ר, einen solchen, der juristisch das Recht nicht auf seiner Seite hat, erklären. Mit Akkusativ der Person, bei Streitigkeiten über Aneignung fremden Eigentumes Ex. 22, 8 אשר ירשיען אלהים; wenn streitende Parteien vor Gericht treten, so gilt für den Richter Deut. 25, 1 והצדיקו את־הצדיק והרשיעו את־הרשע; im forensischen Sinne wohl auch Jes. 50, 9 מי־הוא ירשיעני, im Rechtsstreite des Knechtes Jahwes mit seinen Gegnern; 54, 17, wo das Objekt לשון ist, die, wenn sie sich zum Rechtsstreite wider Israel erhebt, als schuldig erwiesen wird; in Participialkonstruktion Prov. 17, 15 מ' צדיק.

Hiph'il ist ältere Konjugation. Das Denominativ ist durchweg reiner Gegensatz zu צדק; es wird sich annehmen lassen, dass dieser auch im sinnlichen Grundbegriff zum Ausdruck kommt. Ist nun צדק = normgemäss, so רשע = was nicht an eine feste Norm sich hält, haltlos. Das Aram. bietet für diese sinnliche Bedeutung keinen Beleg, denn es kennt nur ein denominiertes اَرْشَى, wohl aber das Arab. in رَسَا und رَسَخَ.

IV. Kal — Hithpa'el.

אָנַף von אַף Kal zürnen, nur von Gottes Zorn. a) ב der Person. α) Allein: I Reg. 8, 46; II Chr. 6, 36 בם; Jes. 12, 1 בי.   β) Dazu eine nähere Bestimmung: Ps. 85, 6 האנף־בנו; הלעולם; Esr. 9, 14 הלוא אנפת־בנו עד־כלה. — b) Mit einer Bestimmung der Zeit: Ps. 79, 5 עד־מה יי תאנף לנצח. — c) Absolut: 2, 12; 60, 3. — Hithpa'el zürnen,

nur von Gott, mit ב der Person. a) Allein: I Reg. 11,9 בשלה;
II Reg. 17,18 באד בישראל. — b) Dazu die Ursache des göttlichen
Zornes. α) Deut. 1,37 גם־בי התאנף ה׳ בגללכם לאמר. β) 4,21 בי עלל
התאנף. — c) Zu ב der Person ein Infinitiv: 9,8 בם להשמיד אתכם.
20 ויתאנף ה׳ התאנף בי מאד להשמידי.

לין, לון von לל*) Kal 1. Von Menschen ausgesagt. a) Ver-
weilen, Ausdruck eines dauernden, sittlich guten oder sittlich
schlechten Zustandes. Mit ב des Ortes: Jes. 1,21 צדק ילין בה; Jer.
4,14 עד־מתי תלין בקרבך מחשבות אונך; in der Schilderung der Folge der
Gottesfurcht Ps. 25,13 נפשו בטוב תלין. — b) Bestand haben. Der
Mensch in seiner Herrlichkeit 49,13 בל־ילין. — 2. Im übertragenen
Sinne. a) Mit ב. Vom Fluche ausgesagt Sach. 5,4 ולנה בתוך ביתו. —
b) Mit את. Hi. 19,4 אתי תלין משוגתי. — **Hithpolel** weilen, ruhen,
Ps. 91,1 בצל שדי.

Ausserhalb des theologischen Sprachgebrauches:
Kal 1. Die Nacht verbringen. a) Lebewesen. α) ב des Ortes.
Gen. 19,2; 31,54; 32,22; Jos. 4,3; 6,11; Jud. 19,11. 13. 15. 20; Jes. 21,13;
65,4; Hi. 31,32; Cant. 7,12. β) Verschiedene andere Präpositionen.
בתוך Jos. 8,9; Neh. 4,16; את II Sam. 19,8; על Hi. 39,9; בחצר Neh.
13,20; נגב 21; מסביב I Chr. 9,27. γ) עם Gen. 28,11; 32,14; Jos. 3,1;
Jud. 18,2; 19,4. 7; I Reg. 19,9. δ) פה Num. 22,8; Jud. 19,9.
ε) Absolut. Das Perfekt וילן II Sam. 12,16; das Imperf. וילינו Gen.
24,54**); der Imper. לין Jud. 19,6; לינו Gen. 19,2; Jud. 19,9; der
Infinitiv ללין Gen. 24,23; ללון V. 25; Jud. 19,10. 15; 20,4; Jer. 14,8. —
b) Unbelebtes = über Nacht liegen bleiben. Das Fett des Opfers
Ex. 23,18 לא־ילין ... חג־הפסח; das Opferfleisch des Paschafestes 34,25;
Deut. 16,4 בבקר; der Leichnam 21,23 לא־תלין נבלתו. — 2. Wohnen, ver-
weilen. a) Lebewesen. Mit ב des Ortes Zeph. 2,14; Ps. 55,8; Ruth
1,16. — b) Synekdochisch für die Person das Subjekt אזן Prov. 15,31
בקרב חכמים תלין; das Subjekt עין Hi. 17,2 תלן במרותם***). — c) Von
Unbelebtem. α) ב des Ortes. Der Tau auf dem Gezweige Hi. 29,19;
Stärke auf seinem Nacken 41,14. β) בין. Ein Myrrhenbüschel
zwischen den Brüsten Cant. 1,13. — 3. Einkehr halten. Ps. 30,6
בערב ילין בכי. — **Hiph'il** 1. Nachtruhe halten, II Sam. 17,8 לא ילין

---

*) Nöldeke in Z.D.M.G. 37,535.

**) Ps. 59,16 ist mit LXX וילינו oder ילינו „sie murren" zu lesen.
Kautzsch. Textkr. Erl. z. St.

***) Sehr ansprechend Hoffmann: תלן = תֵּלַן, meine Augen ermatten
ob ihrer Verhetzung.

א־תלין. — 2. Übernachten lassen, über Nacht zurückbehalten. Vielleicht Lev. 19,13 לא־תלין פעלת שכיר אתך עד־בקר. — **Hithpolel** wohnen, von Tieren mit על des Ortes Hi. 39,28.

נדב von נָדִיב **Kal** antreiben, vom Antrieb des Herzens aus religiösen Motiven: Ex. 25,2 כל־איש אשר ידבנו לבו; 35,21 כל־איש אשר־ נשאו לבו. 29 כל־איש ואשה אשר נדב לבם אתם להביא לכל אשר. — **Hithpa'el** 1. Sich willig erweisen betreffs freiwilliger Gaben = freiwillig spenden. a) Ein sachlicher Akkusativ. α) Allein: I Chr. 29,14 זאת. — β) Dazu לְ der Person: Esr. 3,5 מתנדב נדבה ליי. γ) Sonst eine nähere Bestimmung: I Chr. 29,17 בישר לבבי התנדבתי כל־אלה. — b) Ein Infinitiv: 29,5 מתנדב למלאות ידו היום ליי. — c) Mit לְ dessen, für den gespendet wird. α) Allein: Esr. 2,68 לבית האלהים. — β) Dazu eine nähere Bestimmung: I Chr. 29,9 בלב שלם התנדבו ליי. — d) Absolut: Esr. 1,6; I Chr. 29,6.9. — 2. Sich willig erweisen betreffs des Tempeldienstes: Amasja II Chr. 17,16 המתנדב ליי.

Ausserhalb des theologischen Sprachgebrauches: **Hithpa'el** sich willig erweisen. a) Mit Rücksicht auf den Kriegsdienst: Jud. 5,2 בהתנדב עם. 9 המתנדבים בעם. — b) Neh. 11,2 המתנדבים לשבת בירושלם.

Der Stamm נדב hat nach Barth, Die Nominalbildung 184, die Bedeutung „rufen"; נדיב ist daher „Ausrufer", von dem aus sich leicht ein Verbum „antreiben" ergibt.

עוף von עוֹף **Kal** fliegen, Bild der Vergänglichkeit des menschlichen Lebens Ps. 90,10; des Frevlers Hi. 20,8. — **Hithpolel** verfliegen, vom Dahinschwinden der Herrlichkeit Hos. 9,11.

Ausserhalb des theologischen Sprachgebrauches: **Kal** 1. Fliegen im eigentlichen Sinne. a) Vom Vogel, der Deut. 4,17 בשמים, vom Seraph, der Jes. 6,6 gegen (אל) den Propheten hin fliegt; mit blossem Akkusativ der Richtung vom Adler Prov. 23,5 יעוף השמים. — b) Absolut II Sam. 22,11; Ps. 18,11 von Jahwe; 55,7 vom Menschen; Jes. 31,5 (Part.); Nah. 3,16; Prov. 26,2 vom fliegenden Getiere; aber auch von Unbelebtem Sach. 5,1.2 מגלה עפה; vom Pfeile Ps. 91,5; von den Feuerfunken, בני רשף Hi. 5,7. — 2. Als Bezeichnung schneller Bewegung überhaupt; so wird das Einstürmen feindlicher Menschenmassen fliegen genannt Jes. 11,14; Hab. 1,8; oder die Bewegung eilig dahinjagender Schiffe Jes. 60,8; auch der flüchtige Blick der Augen Prov. 23,5. — **Polel** 1. Fliegen im eigentl. Sinne von Lebewesen, mit על des Ortes Gen. 1,20; mit ב des Mittels

Jes. 6, 2; absolut 14, 29; 30, 6 שׁרק בעים. — 2. Fliegen machen, vom Schwerte Ez. 32, 10 בעיפפי חרבי על־פניהם.

קֹשֵׁשׁ von קַשׁ Kal nur Zeph. 2, 1. — **Hithpolel** ebenda in der Aufforderung התקוששו וקשׁו, sammelt euch, d. h. geht in euch! So nach einer häufigen Erklärung, aber unsicher*).

Ausserhalb des theologischen Sprachgebrauches: **Polel** Strohhalme zusammenlesen, mit dem Akkusativ קַשׁ Ex. 5, 12; übertragen auch von anderen Stoffen: תבן 5, 7; עצים Num. 15, 32. 33; I Reg. 17, 10. 12.

רָעָה von רֵעַ Kal Genosse sein, Umgang mit jemand haben, nur das Participip mit folgendem Akkusativ Prov. 13, 20 כסילים; 28, 7 זוללים; 29, 3 זונות. — **Hithpa'el** sich jemanden zum Genossen nehmen, Prov. 22, 24 את בעל אף.

Ausserhalb des theologischen Sprachgebrauches: **Pi'el** jemanden zum Festgenossen nehmen, Jud. 14, 20 כרעהו אשׁר רעה לו.

Die Verwendung des Verbums in der Sprache der Chochma weist die wohl nicht zufällige Erscheinung auf, dass es nur vom Umgang mit schlechten Menschen im Gebrauche ist. Was die Ableitung betrifft, so halte ich an Wetzsteins obsoletem Stamm רדד „eng verbunden sein" fest; die Behauptung von Delitzsch zu Prov. 13, 20, das Verbum sei mit רעה „weiden" zusammenzustellen, bedarf keiner Widerlegung.

V. Niph'al — Pi'el.

נכר von נֵכָר **Niph'al** eigentl. sich als ': hinstellen, daher sich verstellen; vom heuchlerischen Gebahren des Hassers, der sich verstellt Prov. 26, 24 בשׂפתו. — **Pi'el** als ': hinstellen: a) Verkennen eine Wahrheit, mit einem allgemeinen, aus dem Kontext zu entnehmenden Objekte es näml. den wahren Grund der Vernichtung Israels Deut. 32, 27. — b) Verkennen eine Sache, Jer. 19, 14 את המקום הזה, den Ort in seiner Heiligkeit.

Ausserhalb des theologischen Sprachgebrauches: **Pi'el** nur Hi. 21, 29 mit dem Objekte אתתם, die Fingerzeige, Erfahrungen Weitgereister verwerfen**). — **Hithpa'el** sich als ': hinstellen; von Josef, der sich Gen. 42, 7 gegen (אל) seine Brüder fremd

---

*) Vgl. Schwally Z.A.W. X, 181.
**) I Sam. 23, 7 gibt נכר absolut keinen Sinn; es ist doch wohl aus מכר verschrieben.

stellt; ähnlich I Reg. 14, 5. 6 (Participia) von der Gemahlin Jerobeams.

Das Denominativ ist im Arab. besonders IV. V. häufig. Der Syrer denominiert von ܢܘܟܪܳܝ ein Verbum ܢܟܪܝ. Betreffs der sinnlichen Grundbedeutung habe ich die Bedeutungsentwicklung „fixieren, verwundert ansehen, fremd finden, fremd sein" (Gesenius H.W.) nie geglaubt. Ich halte vielmehr הכיר „ansehen" für einen, von unsrigem verschiedenen Stamm. Bezüglich des letzteren weist Delitzsch*) hin auf assyrisch *nakaru* anders, fremd sein.

נקשׁ Nebenform zu יקשׁ von יָקֹשׁ. **Niph'al** verstrickt werden, von der Verführung zur Abgötterei Deut. 12, 30 פֶּן־תִּנָּקֵשׁ אַחֲרֵיהֶם. — **Pi'el** Schlingen legen. a) Von den Feinden, die hinterlistig das Verderben des Leidenden beabsichtigen, in absoluter Gebrauchsweise Ps. 38, 13. — b) Vom Wucherer, der des Nächsten Habe an sich zu reissen sucht, Ps. 109, 11 יְנַקֵּשׁ נוֹשֶׁה לְכָל־אֲשֶׁר־לוֹ.

Ausserhalb des theologischen Sprachgebrauches: **Hithpa'el** eine Schlinge zu legen suchen. I Sam. 28, 9 אַתָּה מִתְנַקֵּשׁ בְּנַפְשִׁי.

Die Grundbedeutung scheint mir das Syrische erhalten zu haben, wo נקשׁ „einschlagen" und, wie das Bibl.-Aram. Dan. 5, 6, auch „anschlagen" bedeutet.

VI. Niph'al — Hiph'il.

אדר von אַדִּיר **Niph'al** nur im Particip = verherrlicht: Ex. 15, 6 יְמִינְךָ יְיָ נֶאְדָּרִי בַכֹּחַ, 11 מִי כָמֹכָה נֶאְדָּר בַּקֹּדֶשׁ, zum Ausdruck der unvergleichlichen Erhabenheit Gottes. — **Hiph'il** herrlich machen, von Gott: Jes. 42, 21 יַגְדִּיל תּוֹרָה וְיַאְדִּיר.

Auf den sinnlichen Grundbegriff weist noch das Adjektiv אַדִּיר „weit" hin.

בדל — **Niph'al** 1. Sich abgesondert halten. a) Im Gegensatz zur Vermischung des heiligen Samens mit den heidnischen Bewohnern des Landes. Mit מִן: Esr. 9, 1 מֵעַמֵּי הָאֲרָצוֹת; 10, 11 מֵעַמֵּי הָאָרֶץ; Neh. 9, 2 בְּנֵי יִשְׂרָאֵל מִכֹּל בְּנֵי נֵכָר; das Particip als Bezeichnung jener israelitischen Einwohner, die ihre Verbindung mit den Heiden abbrechend sich zu den zurückgekehrten Exulanten schlugen, Esr. 6, 21 כֹּל הַנִּבְדָּל מִטֻּמְאַת גּוֹיֵי־הָאָרֶץ אֲלֵהֶם; Neh. 10, 29 מֵעַמֵּי הָאֲרָצוֹת אֶל־תּוֹרַת הָאֱלֹהִים. — b) Von dem sündhaften Teile der Gemeinde Jahwes:

*) Proleg. S. 195, Anm.

Verba denominativa in zwei Konjugationen.

Num. 16, 21 בְּתוֹךְ הָעֵדָה הַזֹּאת. — 2. Ausgesondert werden. a) Zum heiligen Dienst. α) Mit folgendem Infinitiv: I Chr. 23, 13 לְהַקְדִּישׁ קֹדֶשׁ קָדָשִׁים. — β) Von einer Aussonderung zu kultischer Versammlung ist auch die Rede Esr. 10, 16 וַיִּבָּדְלוּ עֶזְרָא הַכֹּהֵן אֲנָשִׁים. — b) Ausgeschlossen werden aus dem Verbande der religiösen Gemeinde 10, 8 מִקְּהַל הַגּוֹלָה. — **Hiph'il** 1. Eine Sonderung machen, aussondern. a) Subjekt ist Gott. α) Die Sonderung geschieht mit Rücksicht auf die Verleihung des Heiligkeitscharakters. α') Lev. 20, 24 אֲנִי יְיָ הִבְדַּלְתִּי אֶתְכֶם מִן הָעַמִּים. — β') Dazu ein Infinitiv: 20, 26 אַתֶּם בְּגוֹיִם לִהְיוֹת לִי; Num. 16, 9 הִבְדִּיל אֱלֹהֵי יִשְׂרָאֵל אֶתְכֶם מֵעֲדַת יִשְׂרָאֵל לְהַקְרִיב אֵלָיו; Deut. 10, 8 הִבְדִּיל יְיָ אֶת שֵׁבֶט הַלֵּוִי לָשֵׂאת. — γ') I Reg. 8, 53 הִבְדַּלְתָּם לְךָ לְנַחֲלָה מִכֹּל עַמֵּי הָאָרֶץ. — β) Zur Strafe für den Götzendienst: Deut. 29, 20 וְהִבְדִּילוֹ יְיָ לְרָעָה מִכֹּל שִׁבְטֵי יִשְׂרָאֵל; der Proselyt soll nicht mehr der Befürchtung Raum geben Jes. 56, 3 הַבְדֵּל יַבְדִּילַנִי יְיָ מֵעַל עַמּוֹ. — b) Ein Organ Gottes. α) Objekt sind Personen. α') Im Akkusativ: Num. 8, 14 וְהִבְדַּלְתָּ אֶת הַלְוִיִּם מִתּוֹךְ בְּנֵי יִשְׂרָאֵל. — β') Mit לְ: David, welcher aussonderte I Chr. 25, 1 לַעֲבֹדָה לִבְנֵי אָסָף. — β) Sachliches Objekt: Deut. 4, 41 שָׁלֹשׁ עָרִים בְּעֵבֶר הַיַּרְדֵּן; 19, 2. 7 שָׁלֹשׁ עָרִים תַּבְדִּיל לָךְ. — c) Die Gemeinde, welche aussondert Ez. 39, 14 אַנְשֵׁי תָמִיד, um durch Wegschaffung der Leichen das Land zu reinigen; Neh. 13, 3 כָּל עֵרֶב מִיִּשְׂרָאֵל. — 2. Einen Unterschied machen. a) Mit doppeltem בֵּין: Lev. 10, 10 וּלְהַבְדִּיל בֵּין הַקֹּדֶשׁ וּבֵין הַחֹל וּבֵין הַטָּמֵא וּבֵין הַטָּהוֹר; 11, 47 לְהַבְדִּיל בֵּין הַטָּמֵא וּבֵין הַטָּהֹר וּבֵין הַחַיָּה הַנֶּאֱכֶלֶת וּבֵין הַחַיָּה אֲשֶׁר לֹא תֵאָכֵל. b) Mit לְ .. בֵּין: 20, 25 וְהִבְדַּלְתֶּם בֵּין הַבְּהֵמָה הַטְּהֹרָה לַטְּמֵאָה; Ez. 22, 26 בֵּין קֹדֶשׁ לְחֹל. — 3. Eine Scheidewand bilden im geistigen Sinne: Jes. 59, 2 עֲוֹנֹתֵיכֶם הָיוּ מַבְדִּלִים בֵּינֵכֶם לְבֵין אֱלֹהֵיכֶם.

Ausserhalb des theologischen Sprachgebrauches: **Niph'al** prägnant, von jemandem sich absondernd zu einem anderen übergehen: 1 Chr. 12, 8 וּמִן הַגָּדִי נִבְדְּלוּ אֶל דָּוִיד. — **Hiph'il** 1. Absondern: II Chr. 25, 10 וַיַּבְדִּילֵם אֲ' לָלֶכֶת. — 2. Auswählen: Esr. 8, 24 מִשָּׂרֵי הַכֹּהֲנִים שְׁנֵים עָשָׂר לְשֵׁרֵבְיָה. — 3. Eine Scheidewand bilden. a) Mit doppeltem בֵּין: Gen. 1, 4. 18 בֵּין הָאוֹר וּבֵין הַחֹשֶׁךְ; 7 בֵּין הַמַּיִם וּבֵין. בֵּין קֹדֶשׁ וּבֵין קֹדֶשׁ הַקֳּדָשִׁים; der Vorhang Ex. 26, 33 בֵּין הַיָּם וּבֵין הֶחָלִילָה 14 הַיַּמִּים. — b) בֵּין .. לְ: Gen. 1, 6 מַבְדִּיל בֵּין מַיִם לָמָיִם; die Mauer Ez. 42, 20 בֵּין הַקֹּדֶשׁ לְחֹל. — 4. Eine Trennung machen, abtrennen, absolut Lev. 1, 17; 5, 8.

Älteren Sprachgebrauch weist Hiph'il auf. Die Grundbedeutung ist „schneiden, trennen"; vgl. das nahe verwandte فصل.

זהר — **Niph'al** sich warnen lassen. a) Von prophetischer Mahnung. α) Mit בְּ des Mittels: Ps. 19, 12 גַּם עַבְדְּךָ נִזְהָר בָּהֶם nämL

בְּמֻשָּׁב. β) Absolut: Ez. 3, 21. b) Allgemein von sittlicher Mahnung: Eccl. 4, 13 אֲשֶׁר לֹא־יָדַע לְהִזָּהֵר עוֹד näml. ein alter und thörichter König. — **Hiph'il** 1. Jemandem Verwarnung geben, vom Propheten ausgesagt. Es folgt Akkusativ der Person. a) Allein: Ez. 3, 19 וְהִזְהַרְתּוֹ. 18. 20 הִזְהַרְתּוֹ näml. den רָשָׁע bzhw. צַדִּיק. — b) 3, 17; 33, 7 וְהִזְהַרְתָּ אוֹתָם מִמֶּנִּי, von Jahwes wegen. — c) 3, 18 לְהַזְהִיר רָשָׁע מִדַּרְכּוֹ הָרְשָׁעָה; 33, 8. 9 לְהַזְהִיר רָשָׁע מִדַּרְכּוֹ. — d) Lev. 15, 31 וְהִזַּרְתֶּם אֶת־בְּנֵי־יִשְׂרָאֵל מִטֻּמְאָתָם. — e) Ez. 3, 21 כִּי־הִזְהַרְתּוֹ צַדִּיק. — 2. Jemandem Belehrung geben über etwas. Es folgt Akkusativ der Person. a) Allein: II Chr. 19, 10 וְהִזְהַרְתֶּם אֹתָם von Belehrung über Satzungen und Rechte. — b) Dazu ein sachlicher Akkusativ: Ex. 18, 20 וְהִזְהַרְתָּה אֶתְהֶם אֶת־הַחֻקִּים וְאֶת־הַתּוֹרֹת.

Ausserhalb des theologischen Sprachgebrauches: **Niph'al** 1. Sich warnen lassen, nur absolut. Wegen einer äusseren Gefahr Ez. 33, 4. 5 *(bis)*; vor der Vielschreiberei Eccl. 12, 12. — 2. Gewarnt werden, absolut: Ez. 33, 6. — **Hiph'il** jemanden warnen bezüglich einer äusseren Gefahr. Akkusativ der Person: II Reg. 6, 10; Ez. 33, 3.

Der etymologische Zusammenhang ist nicht erkennbar. Von זהר „glänzen" scheint das Denominativ doch getrennt werden zu müssen.

זָרַע von זֶרַע **Niph'al** 1. Besamt werden, vom Weibe Num. 5, 28 וְנִזְרְעָה זָרַע. — 2. Es wird Same d. i. Nachkommenschaft hervorgebracht, Nah. 1, 14 לֹא־יִזָּרַע מִשִּׁמְךָ עוֹד. — **Hiph'il** Nachkommenschaft hervorbringen, Lev. 12, 2 אִשָּׁה כִּי תַזְרִיעַ.

Ausserhalb des theologischen Sprachgebrauches: **Kal** Samen tragen, Gen. 1, 29 (Part.) אֶת־כָּל־עֵשֶׂב זֹרֵעַ זֶרַע. — **Hiph'il** Samen tragen, 1, 11. 12 עֵשֶׂב מַזְרִיעַ זֶרַע.

Das originale Verbum זרע „ausstreuen, säen" im Hebr. selbst besonders im Kal noch häufig.

יָעַד von מוֹעֵד **Niph'al** eigentl. an einem מ׳ zusammentreffen. 1. Subjekt ist Jahwe: Sich für jemanden an einem Orte einstellen zum Zwecke der Selbstoffenbarung, daher wir geradezu übersetzen „sich offenbaren". Ex. 25, 22 וְנוֹעַדְתִּי לְךָ שָׁם; 29, 43 וְנֹעַדְתִּי שָׁמָּה לִבְנֵי יִשְׂרָאֵל; 30, 6. 36 אֲשֶׁר אִוָּעֵד לְךָ שָׁמָּה; ebenso, nur mit dem Pluralsuffix לָכֶם 29, 42; Num. 17, 19, welches aber nach dem Zeugnis der LXX gleichfalls in לְךָ zu ändern ist. — 2. Subjekt sind Menschen. a) Sich versammeln, kultischer Terminus für die Versammlung vor dem Zelte oder dem Tempel. α) אֶל der Person. Beim Blasen der silbernen Trompete Num. 10, 4 וְנוֹעֲדוּ אֵלֶיךָ הַנְּשִׂיאִים. β) עַל derselben. Vor der Lade, indem sie opferten, standen der König I Reg. 8, 5; II Chr. 5, 6

יהוה ונקהלו ישראל עדת־כל. — b) Sich zusammenthuen, zusammenrotten wider Jahwe. Durchweg ausgesagt von der עדה, Num. 16, 11; 27, 3 הנועדים עלי; 14, 35 'ה׳ על. — c) Sich versammeln zum gemeinsamen Zuge wider Jahwes Stadt, Ps. 48, 5 המלכים נועדו יחדו. — **Hiph'il** jemanden an den Gerichtsort bestellen, ihn zur Rechenschaft ziehen. In der Frage Jahwes, da er im Vollzuge seines Strafgerichtes begriffen ist, Jer. 49, 19; 50, 44 יועידני ומי כמוני מי, an zweiter Stelle mit Pleneschreibung יועידני; dem allmächtigen Gott gegenüber ist das Geschöpf immer im Unrechte, denn wenn es sich auch rechtfertigen wollte, Hi. 9, 19 יועידני מי.

Ausserhalb des theologischen Sprachgebrauches: **Niph'al** 1. Sich mit einander verabreden. Absolut Jos. 11, 5; Am. 3, 3; mit יחדו Hi. 2, 11. — 2. Eine Zusammenkunft abhalten, Neh. 6, 2 נועדה יחדו. 10 האלהים אל־בית.

Das originale Verbum im Kal erhalten Ex. 21, 8. 9; II Sam. 20, 5; Jer. 47, 7; Mi. 6, 9; im Hoph'al Jer. 24, 1; Ez. 21, 21. Die sinnliche Bedeutung ist „stellen, feststellen, bestimmen".

ישע von יְשׁוּעָה **Niph'al** in den Zustand der 'ה versetzt werden. 1. Diese 'ה ist nicht bloss äusserliche, das leibliche, sondern auch innerliche, das geistige Leben betreffende Erlösung. a) Israel ist erlöst Jes. 45, 17 בי׳ נושע ישראל. — b) Absolut. 45, 22 wendet euch zu mir והושעו כל־אפסי־ארץ*). — 2. Befreit, erlöst werden durch göttliche Hilfe aus äusserer Bedrängnis. a) מן. α) Des Feindes. Wenn Israel sich durch Blasen mit den Trompeten vor Gott in Erinnerung bringt, wird es gerettet Num. 10, 9 מאויביכם; in dem Ausdruck der Glaubenszuversicht II Sam. 22, 4; Ps. 18, 4 Jahwe, den Preiswürdigen, rufe ich מאיבי אושע. β) Der von Gott verhängten צרה, bezüglich deren er selbst verheisst Jer. 30, 7 יושע ממנה. — b) ב des von Jahwe selbst gezeigten Mittels. Jes. 30, 15 בשובה ונחת. — c) Absolut. Jer. 4, 14; 17, 14. — 3. In mehr positiver Wendung des Begriffes: Hilfe erlangen, der göttlichen Hilfe teilhaftig werden. a) ב des Mittels. Deut. 33, 29 עם נושע ביהוה. — b) ב der Zeit. Jer. 23, 6 בימיו; 33, 16 בימים ההם. — c) Absolut. Jer. 8, 20; Sach. 9, 9; Ps. 80, 4. 8. 20; 119, 117; Prov. 28, 18. — **Hiph'il** I. 'ה bereiten. Subjekt

---

*) In Jes. 64, 4 ist der Text ganz verderbt; im Anschluss an LXX liest Kautzsch במעלנו ונרשע und übersetzt ansprechend: „Fürwahr, du zürntest und wir mussten es büssen — über unsere Untreue und wir wurden verdammt."

ist Gott. 1. תשועה ist nicht bloss materielle, sondern geistige Not aufhebendes Heil. a) Akkusativ der Person. Jes. 35, 4; Sach. 8, 13. — b) Dazu מן des Übels. Ez. 36, 29 אתכם מכל טמאותיכם; 37, 23 אותם מכל מושבתיהם. — c) מושיע, stehende Bezeichnung Gottes Jes. 43, 3. 11; 45, 15. 21; 49, 26; 60, 16. — 2. 'ה ist Befreiung aus materieller Not, daher jemanden retten, ihm helfen. a) Subjekt ist die Person Gottes selbst. α) Akkusativ der Person. α') Allein. Jos. 22, 22; Jud. 10, 13; II Sam. 22, 28; II Reg. 6, 27; Jes. 25, 9; 33, 22; 38, 20; 49, 25; 63, 9; Jer. 15, 20; 30, 11; 42, 11; Zeph. 3, 19; Sach. 12, 7; Ps. 18, 28; 20, 7; 31, 3; 34, 19; 36, 7; 37, 40; 55, 17; 57, 4; 69, 36; 71, 3; 72, 13; 76, 10; 86, 2; 145, 19; Hi. 22, 29; im Gebete als Ausdruck des Wunsches הושיעני Jer. 17, 14; Ps. 3, 8; 6, 5; 69, 2; 71, 2; 106, 47; 109, 26; 119, 94. 146; הושיענו Jer. 2, 27; I Chr. 16, 35; als Ausdruck des Glückwunsches Jer. 31, 7 את־עמך 'ה הושע; Ps. 28, 9 את־עמך הושיעה. Spottweise von den Götzen: Sie mögen sich doch aufmachen, Jer. 2, 28 ויושיעוך. In Participialkonstruktion von Jahwe ausgesagt: II Sam. 22, 3 מושעי; Jer. 14, 8 מושיעו; Ps. 106, 21 מושיעם; 7, 11 'ב ישרי־לב; 17, 7 מושים חוסים. β') Dazu ביד des Feindes. Ex. 14, 30 את־ישראל מיד מצרים; Jud. 2, 18 ויושיעם מיד איביהם; 10, 12 אתכם מידם; I Sam. 7, 8 וישיענו מיד פלשתים; II Reg. 19, 19 הושיענו נא מידו; Jes. 37, 20 הושיענו מידו; Ps. 106, 10 מיד שונא (parall. מיד אויב ויגאלם); II Chr. 32, 22 מיד סנחריב. — γ') מכף des Feindes I Sam. 4, 3. — δ') מן des Feindes. Ps. 7, 2 הושיעני מכל־רדפי (neben הצילני); 59, 3 הושיעני מאנשי דמים (parall. הצילני); 109, 31 משפטי נפשו. ε') מן der materiellen Bedrängnis. II Sam. 22, 3 תשעני מחמס; Jer. 30, 10; 46, 27 מושיעך מרחוק הנני; Sach. 8, 7 מושיע את־עמי מארץ; Ps. 22, 22 מפי אריה; 34, 7 מכל־צרותיו; 107, 13. 19 ממצוקותיהם; Hi. 5, 15 מחרב מפיהם; vom Götzen Jes. 46, 7 מצרתו לא יושיענו. Das Particip = Helfer, Retter als Bezeichnung Jahwes, I Sam. 10, 19 'כ לכם מכל־רעותיכם וצרתיכם. — ε') ביד der Person, durch welche der Herr Rettung schafft. Jud. 6, 36. 37 בידי את־ישראל; II Sam. 3, 18 את־עמי ... ביד עבדי; ביד עבדי 'גו; II Reg. 14, 27 ויושיעם ביד יר. — η') ב des Mittels. Hos. 1, 7 (bis) והושעתים בי אלהיהם bzw. in negativer Aussage בקשת 'וגו; bei dem Hilferufe הושיעני Ps. 31, 17 בחסדך; 54, 3 בשמך. ϑ') II Reg. 19, 34; Jes. 37, 35 למעני ולמען דוד עבדי להושיעה; Ps. 106, 8 למען שמו ויושיעם. — β) ל desjenigen, dem Jahwes Hilfe zu teil wird. Ez. 34, 22 לצאני; Ps. 86, 16 לבן־אמתך והושיעה; 116, 6 לי; Prov. 20, 22 לך. Von Götzen Jud. 10, 14 בעת צרתכם לכם; Jer. 11, 12 יהושיעו לא־הושע בעת רעתם. — γ) Bloss ב des Mittels I Sam. 14, 6; 17, 47. — d) Absolut. Jes. 43, 12; 63, 1; Hab. 1, 2; II Chr. 20, 9; im Gebete

Verba denominativa in zwei Konjugationen.

הֹושִׁיעָה Ps. 12, 2; 20, 10; נָא הֹושִׁיעָה 118, 25. Von Götzen Jes. 45, 20. Das Particip = Retter, Bezeichnung Jahwes 63, 8. — b) Subjekt ist Jahwes Rechte, sein Arm. a) Akkusativ der Person. Ps. 138, 7 תֹּושִׁיעֵנִי יְמִינֶךָ. — β) לְ der Person. Jes. 59, 16 לֹו וַתֹּושַׁע; 63, 5 לִי וַתֹּושַׁע; Ps. 98, 1 הֹושִׁיעָה־לֹּו יְמִינֹו. — γ) Absolut Jes. 59, 1 die Hand Jahwes ist zu kurz מֵהֹושִׁיעַ; im Gebete Ps. 60, 7; 108, 7 הֹושִׁיעָה יְמִינְךָ. — 3. In positiver Wendung des Begriffes: den Sieg verleihen. a) Akkusativ der Person. α) Allein. Deut. 20, 4; I Sam. 14, 23. 39 (Part.); Sach. 10, 6. β) Dazu מִן des Feindes. Ps. 44, 8 הֹושַׁעְתָּנוּ מִצָּרֵינוּ. — γ) Sonst eine nähere Bestimmung. II Sam. 8, 6. 14; I Chr. 18, 13 בְּכֹל אֲשֶׁר־הָלָךְ דָּוִיד; Sach. 9, 16 בְּיֹום הַהוּא כְּצֹאן עַמֹּו .. וְהֹושִׁיעָם. — b) לְ der Person. I Chr. 18, 6 לְדָוִיד בְּכֹל אֲשֶׁר הָלָךְ. — c) Mit innerem Objekte. I Chr. 11, 14 וַיֹּושַׁע יְהוָה תְּשׁוּעָה גְדֹולָה. — d) Absolut Zeph. 3, 17. — II. Subjekt ist eine von Gott erweckte Person, die im Namen und Auftrag Jahwes die Befreiung, Rettung eines Volkes oder Staatswesens durchführt. 1. Mit folgendem Akkusativ. a) Allein. Jud. 3, 9. 31; 10, 1; I Sam. 23, 2. 5. — b) Dazu מִיַּד des Feindes. Jud. 2, 16; 8, 22; 13, 5; I Sam. 9, 16; Neh. 9, 27. — c) מִן des Feindes Jud. 6, 14. — d) בְּ des Mittels 6, 15. — 2. לְ der Person. In der Aussage vom theokratischen Könige, dass er Hilfe schaffen möge Ps. 72, 4 לִבְנֵי אֶבְיֹון (parall. יִשְׁפֹּט עֲנִיֵּי). — 3. Absolut. מֹושִׁיעַ als Bezeichnung eines von Gott erweckten Retters des Volkes Jud. 3, 9. 15; II Reg. 13, 5; Jes. 19, 20; Ob. 21*); Neh. 9, 27; אֶרֶץ מָ II Sam. 22, 42; Jes. 43, 11; 47, 15; Hos. 13, 4; Ps. 18, 42. — III. Von der zu göttlicher Hilfe in Gegensatz gesetzten menschlichen Hilfe. 1. Subjekt ist die Person des Menschen; es folgt Akkusativobjekt. Jes. 47, 13 יֹושִׁיעֻךְ חֹבְרֵי שָׁמַיִם; Hos. 13, 10 wo ist nun dein König וְיֹושִׁיעֲךָ; 14, 4 אַשּׁוּר לֹא יֹושִׁיעֵנוּ. — 2. Subjekt ist des Menschen Hand, seine Rechte u. a. a) Akkusativ: Ps. 44, 7 mein Schwert לֹא תֹושִׁיעֵנִי. — b) Mit לְ. Jud. 7, 2 יָדִי הֹושִׁיעָה לִּי; I Sam. 25, 26. 33 הֹושֵׁעַ יָדְךָ לָךְ bzwh. יָדִי לִי; in dem demütigen Bekenntnis der eigenen Unzulänglichkeit Ps. 44, 4 וּזְרֹועָם לֹא־הֹושִׁיעָה לָּמֹו; Hiob in der Aufforderung von seiten Gottes, seine Macht zu zeigen, Hi. 40, 14 תֹּושִׁעַ לְךָ יְמִינֶךָ.

Ausserhalb des theologischen Sprachgebrauches: **Hiph'il** = bereiten, helfen, retten, sei es ein Volk aus einer äusseren Bedrängnis, oder eine einzelne Person aus hilfloser Lage. 1. Akkusativ der Person. a) Allein. Ex. 2, 17; Jud. 6, 31; I Sam. 10, 27; II Sam.

---

*) Vgl. Wellhausen, Skizzen und Vorarb. V, 204.

10, 19; II Reg. 6, 27; Hi. 26, 2; I Chr. 19, 12. 19. Das Particip I Sam. 11, 3 אין־: 'ב ואבאין. — b) Dazu ביד des Feindes Jud. 12, 2. — c) בכף des Feindes II Reg. 16, 7. — 2. ל der Person. Jos. 10, 6 הושיעה לי; I Sam. 25, 31; II Sam. 10, 11. — 3. Absolut. Jer. 14, 9; Thr. 4, 17; in der Anrede הושיעה המלך II Sam. 14, 4; II Reg. 6, 26; 'ב ואין Deut. 22, 27; 28, 29. 31; 'ב כי אינך Jud. 12, 3.

Die negative Wendung des Begriffes im Hiph'il „Befreiung, Rettung verschaffen" erweist sich als die ursprünglichere und ältere im Sprachgebrauche. Betreffs des sinnlichen Etymons kann hier um so weniger ein Zweifel sein, als zu dem Umstande, dass die Begriffe des Freiseins von Gefahr, des Wohlergehens und Glückes durchweg durch „weit sein" ausgedrückt werden, noch das Arab. in وسع die rein sinnliche Bedeutung erhalten hat.

בלם von כְּלִמָּה Niph'al 1. Sich von 'ב überkommen lassen, sich beschämt fühlen im religiös-sittlichen Sinne. a) Mit מן als der Ursache der 'ב: Ez. 16, 27 זמת מדרכך הנכלמתי; 36, 32 בושו והכלמו מדרכיכם; 43, 10 מעונותיהם. 11 מכל אשר עשו. — b) Mit einem Infinitiv Esr. 9, 6 נכלמתי להרים אלהי פני אליך. — c) Absolut: Vom Knechte Jahwes Jes. 50, 7 ידעתי כי לא אבוש; die Gemeinde, die sich von der durch den Strafzustand bedingten 'ב nicht überwältigt zu fühlen braucht, 54, 4 אל־תיראי כי לא תבושי ואל־תכלמי כי לא תחפירי; das hartnäckige Volk fühlt die 'ב des sündhaften Wandels nicht, Jer. 3, 3 מאנת הכלם; 8, 12 הכלם לא ידעו neben גם־בוש לא־יבושו; wohl aber das zur Einsicht gekommene 31, 19 בשתי וגם־נכלמתי; Ez. 16, 61 וזכרת את־דרכיך ונכלמת; die Priester und Leviten, die im Gegensatz zu der eigenen Nachlässigkeit den Eifer des Volkes sehen, II Chr. 30, 15 ויכלמו. — 2. Beschämt werden. Mit מן als der Ursache der 'ב: Jer. 22, 22 תבושי ונכלמת מכל רעתך; Ez. 16, 54 מכל אשר עשית. — 3. Zu Schanden werden. a) Mit einer näheren Bestimmung. α) Jes. 45, 17 לא־תבשו ולא־תכלמו עד־עולמי עד von Israel, weil es dauernd Rettung erlangt. β) Ps. 69, 7 אל־יכלמו בי מבקשיך. — b) Absolut, von den Feinden Gottes oder seines Volkes, deren Vorhaben durch Jahwes Erweisung schmählich misslingt: Jes. 45, 16 בושו וגם־נכלמו; 41, 11; Ps. 35, 4 יבשו ויכלמו; 40, 15; 70, 3 יסגו אחור ויכלמו; in dem Gebete 74, 21 אל־ישב דך נכלם. — Hiph'il 1. 'ב bereiten, göttliche Strafe; daher von Gott ausgesagt Ps. 44, 10 אף־זנחת ותכלימנו. — 2. 'ב empfinden, im sittlich-religiösen Sinne: Jer. 6, 15 גם־הכלים לא ידעו *).

---

*) Wegen 8, 12 wohl gleichfalls als Niph. zu lesen.

Ausserhalb des theologischen Sprachgebrauches: **Niph'al** 1. Sich beschämt fühlen. Von der Tochter, der der Vater ins Gesicht spuckt, Num. 12,14 הֲלֹא תִכָּלֵם שִׁבְעַת יָמִים. — 2. Sich mit Schimpf bedecken: II Sam. 19, 4 הִתְכַּלְּמוּ בְנוֹסָם בַּמִּלְחָמָה. — 3. Mit Schimpf bedeckt werden: II Sam. 10, 5; I Chr. 19, 5 (Part.). — **Hiph'il** ≕ bereiten. 1. Mit Worten beschimpfen: I Sam. 20, 34 כִּי הִכְלִמוֹ אָבִיו*); 25, 7 לֹא הִכְלַמְנוּם; Hi. 19, 3 תַּכְלִימוּנִי**). — 2. Beschämung bereiten. a) Akkusativ der Person: Prov. 25, 8; 28, 7. — b) Absolut: Hi. 11, 3 (Part.). — 3. Jemandem etwas zuleide thuen: Ruth 2, 15 וְלֹא תַכְלִימוּהָ. — **Hoph'al** 1. Beschimpft werden: I Sam. 25, 15. — 2. Beschämt werden: Jer. 14, 3.

Bezüglich der sinnlichen Grundbedeutung ist vielleicht كَلَمَ „verwunden" zur Vergleichung herbeizuziehen. Was Delitzsch Proleg. 99 zur Erklärung der Grundbedeutung beibringt, hält in mehrfacher Hinsicht nicht Stich. Dass הִכְלִים das genaue Synonym von קלל wäre, ist unmöglich. Die Bedeutungsentwicklung des letzteren Denominativums, das nicht „gering achten" heisst, ist an anderer Stelle gegeben. Dass im Aram. בַּלֵּם mit קַלֵּם wechselt, erkläre ich mir daraus, dass der Stamm im Aram. nicht einheimisch, sondern aus dem Hebr. herübergenommen ist.

לִין von לָנָה **Niph'al** untereinander ein Murren anstellen, Zeichen der Widerspenstigkeit gegen die von Jahwe bestellte Obrigkeit. a) עַל der Person. Ex. 16, 7 (Keth.) הִלֹּנֹתֶם עָלֵינוּ, wider Mose und Aaron: Num. 14, 2 וַיִּלֹּנוּ... עַל־משֶׁה וְעַל־אַהֲרֹן; 16, 11 (Keth.) תִלֹּנוּ עָלָיו, wider Aaron; Jos. 9, 18 וַיִּלֹּנוּ כָל־הָעֵדָה עַל־הַנְּשִׂיאִים. — b) Dazu ein Objektssatz mit לֵאמֹר. Ex. 15, 24 וַיִּלֹּנוּ... עַל־משֶׁה לֵאמֹר; Num. 17, 6 וַיִּלֹּנוּ... עַל־משֶׁה וְעַל־אַהֲרֹן לֵאמֹר. — **Hiph'il** 1. Ein Murren wider jemanden richten. a) Wider Jahwe. α) Ex. 16, 8 תְּלוּנֹתֵיכֶם; תַּלִּינוּ; הִלֹּנֹתֶיכֶם אֲשֶׁר אַתֶּם מַלִּינִם עָלָיו Num. 14, 27 אֲשֶׁר הֵמָּה מַלִּינִים עָלָי. — β) 14, 27 הַמַּלִּינִים עָלַי; הִלִּינוּ עָלָיו. — b) Wider Mose und Aaron. α) 17, 20 אֲשֶׁר הֵם מַלִּינִם עֲלֵיכֶם. — β) Ex. 16, 2 (Keth.) וַיִּלִּינוּ... עַל־משֶׁה וְעַל־אַהֲרֹן בַּמִּדְבָּר; 17, 3 וַיָּלֶן הָעָם עַל־משֶׁה. — 2. Jemanden zum Murren bewegen. Num. 14, 36 (Qere) וַיַּלִּינוּ עָלָיו אֶת־כָּל־הָעֵדָה.

Die Wörterbücher führen das Verbum in der Regel als mittenvokalisch und als identisch mit לִין „über Nacht bleiben" an, um

---

*) Vgl. Thenius z. St.; ferner Wellhausen, Der Text der Bb. Sam. 120.
**) Jud. 18, 7 passt nicht in den Kontext; vgl. Kautzsch, Textkr. Erl. z. St.

ausgehend vom „Beharren" zum „widerspenstig sein" zu gelangen*). Da jedoch בלל auf einen Stamm לבל zurückgeht, während aus dem Nomen תלם auf לין geschlossen wird, so müssen wir auf einer Trennung dieser beiden Verba bestehen**). In der Frage nach der Etymologie kommt man wohl über Vermutungen nicht hinaus, unter denen jene Ewalds (§ 114, c) beachtenswert ist, der in הלין eine aus ילן „rufen, Geräusch machen" erweichte Wurzel sieht.

מטר von מטר Niph'al beregnet werden, was auf Veranlassung Jahwes geschieht. Am. 4, 7 חלקה אחת תמטר. — Hiph'il Regen machen oder fallen lassen. 1. Von Jahwe ausgesagt. a) Mit verschiedenen Akkusativobjekten, sei es zum Erweis eines göttlichen Strafgerichtes, sei es zum Erweis von Gottes Fürsorge und Liebe. Dazu kommt: α) עֵל. α') Der Person. Ez. 38, 22 אש וגפרית אמטיר עליו ועל־אגפיו; Ps. 11, 6 ימטר על־רשעים פחים; 78, 24 וימטר עליהם מן לאכל. 27 וימטר עליהם כעפר שאר. — β') Des Ortes: Gen. 19, 24 המטיר על־סדם ועל־עמרה גפרית ואש; Ex. 9, 23 ברד ה׳ על־ארץ. — β) ל der Person. Ex. 16, 4 ממטיר לכם לחם מן־השמים. γ) Sonst eine nähere Bestimmung. 9, 18 ממטיר ברד מאד. — b) על des Ortes. α) Allein. Gen. 2, 5 לא המטיר ה׳ אלהים על־הארץ; Am. 4, 7 (bis) על־עיר. — β) Dazu eine Zeitbestimmung. Gen. 7, 4 ממטיר על־הארץ ארבעים יום. — c) In der schwierigen Stelle Hi. 20, 23 וימטר עלימו בלחומו wird wohl am besten ב des Mittels anzunehmen sein***). — 2. Auch dort, wo Jahwe nicht direkt als Subjekt namhaft gemacht ist, wird der Regen doch auf ihn zurückgeführt. a) Jahwe befiehlt den Wolken Jes. 5, 6 מהמטיר עליו מטר. — b) In der impersonellen Gebrauchsweise Am. 4, 7 חלקה אשר־לא־תמטר עליה תיבש, nachdem unmittelbar vorher die Rede davon war, dass Gott nach freiem Ermessen Regen verteilt †); in der Frage Hi. 38, 26 wer spaltet der Regenflut Kanäle להמטיר על־ארץ.

Wie im Aram. und Arab., so kommt auch im Hebr. zunächst Hiph. für den Sprachgebrauch in Betracht. Zur Etymologie Delitzsch, Hiob ² S. 527, Anm. 2.

נזר von נזר Niph'al ausschliesslich kultischer Terminus. 1. Sich als ל zeigen, sich weihen. a) ל der Gottheit. Hos. 9, 10 המה באי

---

*) Siegfried-Stade nehmen לין an, trennen aber die beiden Verba als zwei verschiedene Stämme.

**) Nöldeke, Z.D.M.G. 37, 535.

*** Vgl. Hoffmann z. St. Übrigens ist der Text verdächtig: Nöldeke. Z.D.M.G. 40, 721.

†) Nach dem Kontexte wird אמטיר gelesen werden müssen; Kautzsch § 144, Anm. 2.

Verba denominativa in zwei Konjugationen. 107

בעל־פעור יתזרו לבשת. — b) Mit מאחרי, Ez. 14, 7, von Jahwe abfallen. —
2. Abschwächung des ursprünglichen Sprachgebrauches: sich enthalten. a) בנזיר־ישׂראל מקדשי Lev. 22, 2. — b) Absolut im adverb. Infinitiv Sach. 7, 3. — **Hiph'il** als 'כ: handeln oder leben. a) ל der
Gottheit. α) Allein לי־, Num. 6, 2. 5. 6.   β) יהזיר לוי אחריכי נזרו
V. 12. — b) Mit מן, von einer Sache abstehen, V. 3 מיין ישבר*).

Die Grundbedeutung von נזר und seinem arabischen Äquivalent
نذر ist allerdings nicht „geloben", aber auch nicht „weihen", wie
Wellhausen meint**), sondern, wie aus Niph'al noch zu ersehen,
„ausscheiden, aussondern".

פלה Nebenform zu פלא **Niph'al** wunderbar ausgezeichnet werden
von Gott. a) Ex. 33, 16 ונפלינו אני ועמך מכל־העם. — b) Von der
wunderbaren Bereitung des Menschen: Ps. 139, 14 נפלאית נוראית. —
Hiph'il 1. Eine Scheidung machen, von durch göttliche Handlung
vollzogener Scheidung, die stets den Begriff des Wunderbaren in
sich schliesst. a) Mit doppeltem בין: Ex. 9, 4 בין מקנה ישׂראל ובין
מקנה מצרים; 11, 7 בין מצרים ובין ישׂראל. — b) Mit Akkusativ, eine
ehrende Ausnahme machen: 8, 18 והפליתי ביום ההוא את־ארץ גשן. — 2. In
wunderbarer Weise auszeichnen. a) Persönliches Objekt: Ps. 4, 4
הפלה יי חסיד לו. — b) Sachliches Objekt: 17, 7 הפלה חסדיך, sie in wunderbarer Weise bethätigen.

צמד von צמד **Niph'al** sich anjochen, verächtliche Bezeichnung
des Götzendienstes, nur mit folgendem לבעל פעור Num. 25, 3. 5 (Part.);
Ps. 106, 28. — **Hiph'il** ein Joch machen, einjochen oder anjochen.
Ps. 50, 19 לשונך תצמיד מרמה, deine Zunge jocht ein Betrug, wobei
eine doppelte Vorstellung möglich: Entweder die Zunge legt als
Joch 'כ sich an, oder die Zunge legt der 'כ ein Joch an, um damit
zu arbeiten. Die gewöhnliche Übersetzung „flicht Betrug" ist nicht
zu erweisen und wird übrigens auch dem Hiph'il nicht gerecht.
Die sinnliche Grundbedeutung ist „binden", die im Arab. und
Syr. sich noch findet und auch im Hebr. in dem Pu'al-Particip
II Sam. 20, 8 חרב מצמדת על־מתניו noch zu belegen ist.

קהל von קהל **Niph'al** sich zu einem 'ק zusammenthuen. 1. Von
der legitimen Versammlung der Kultusgemeinde. a) אל Gottes, dazu
Bestimmung des Ortes: Jud. 20, 1 ותקצא . . אל־יי אחד כאיש השדה. —
b) אל der Person, dazu eine nähere Bestimmung: I Reg. 8, 2 אל־המלך

---
*) Lev. 15, 31 ist mit Sam. LXX zu lesen והזהרתם; vgl. Dillmann z. St.
**) Skizzen u. Vorarb. III, 118.

אֶל־הֵיכָל֨ך בְּל־אַנְשֵׁי יִשְׂרָאֵל 'שׁ; II Chr. 5, 3 בְּל־אִישׁ יִשְׂרָאֵל הָאֲרֹנִים בֵּית ... ... — c) Bestimmung der Zeit und des Ortes: II Chr. 20, 26 בַּיּוֹם ... הָרְבִיעִי לְעֵמֶק ': — d) Bloss Bestimmung des Ortes. α) Im Akkusativ: Jos. 18, 1; 22, 12 שִׁלֹה בְּל־עֲדַת בְּנֵי־יִשְׂרָאֵל. β) Mit אֶל: Lev. 8, 4 הָעֵדָה אֶל־פֶּתַח אֹהֶל מוֹעֵד. — 2. Von der Versammlung der Gemeinde oder eines Teiles derselben mit einem allerdings revolutionären, aber doch auf den Kult bezüglichen Zweck. a) Um jem. sich zu einer Versammlung zusammenfinden: Ex. 32, 1 הָעָם עַל־אַהֲרֹן. — b) Wider jemand. α) עַל־אַהֲרֹן בְּמֹשֶׁה Num. 16, 3 Korah und seine Rotte; 17, 7 הָעֵדָה. — β) אֶל־יִרְמְיָהוּ בְּבֵית־י״י Jer. 26, 9. — **Hiph'il** zu einem קָ zusammenrufen. 1. Von der Versammlung der Kultsgemeinde. Es folgt Akkusativ der Person. a) Allein: Ex. 35, 1; Num. 8, 9 אֶת־כָּל־עֲדַת בְּנֵי יִשְׂרָאֵל; 20, 8 אֶת־הָעֵדָה; 10, 7 אֶת־הַקָּהָל; Deut. 31, 12 אֶת־הָעָם; I Reg. 12, 21 יְהוּדָה אֶת־כָּל־בֵּית; II Chr. 11, 1 אֶת־בֵּית יְהוּדָה וּבִנְיָמִין. — b) Dazu ein *dativ. comm.*: Deut. 4, 10 הַקְהֶל־לִי אֶת־הָעָם. — c) Eine Ortsbestimmung. α) Mit אֶל: Lev. 8, 3 אֵת כָּל־הָעֵדָה אֶל־פֶּתַח אֹהֶל מוֹעֵד; Num. 20, 10 אֶת־הַקָּהָל אֶל־פְּנֵי הַסֶּלַע; Deut. 31, 28 אֵלַי אֶת־זִקְנֵי; מִי־יַעֲקִידֵנִי .. אֶל־הַמַּלְךְ 'שׁ I Reg. 8, 1 אֶל־שְׁלֹמֹה; mit der Bestimmung אֶל־יְרוּשָׁלָיִם I Chr. 15, 3; אֶת־כָּל־ 28, 1 'שׁ; II Chr. 5, 2 אֶת־זִקְנֵי יִשְׂרָאֵל וגו'. — β) יַד ... בְּכָל־יִשְׂרָאֵל I Chr. 13, 5. — d) Eine Zeitbestimmung: Num. 1, 18 יֵאת כָּל־הָעֵדָה הִקְהִילוּ בְּאֶחָד לַחֹדֶשׁ הַשֵּׁנִי. — 2. Von der Rotte Korahs: 16, 19 וַיַּקְהֵל .. אֶת־הָעֵדָה אֶל־פֶּתַח אֹהֶל מ'.

Ausserhalb des theologischen Sprachgebrauches: **Niph'al** von der Ansammlung feindlichen Volkes. a) Mit עַל der Person: Num. 20, 2; Ez. 38, 7. — b) Absolut: II Sam. 20, 14; Esth. 8, 11; 9, 2. 15. 16. 18. — **Hiph'il** 1. Vom Ansammeln feindlichen Volkes: Ez. 38, 13 הִקְהַלְתָּ קָהָל. — 2. Forensischer Terminus, vor die Gerichtsversammlung bringen, Hi. 11, 10 absolut.

Zur Etymologie vgl. Delitzsch, Hoheslied und Koheleth 211 ff. Anders dagegen de Lagarde Übersicht 51.

שׁבע von שָׁבַע **Niph'al** schwören. I. Subjekt ist Gott. 1. Mit בְּ desjenigen, bei dem er schwört. a) בְּ der eigenen Person Gottes. α) Dazu kommt ein Objektssatz: Gen. 22, 16 בִּי נִשְׁבַּעְתִּי .. כִּי יַעַן אֲשֶׁר; עָשִׂיתָ אֶת־הַדָּבָר הַזֶּה; Jes. 45, 23 בִּי נִשְׁבַּעְתִּי; Jer. 22, 5 הָיָה הַבַּיִת הַזֶּה; בְּנַפְשׁוֹ .. יְהוָה 49, 13 בִּי נִשְׁבַּעְתִּי. β) לְ der Person: Ex. 32, 13 וַתִּשָּׁבַע לָהֶם בָּךְ. — b) בְּ in anderen Verbindungen. Dazu tritt ein Objektssatz. α) Direkt untergeordnet: Jes. 62, 8 נִשְׁבַּע־י״י בִּשְׁמוֹ הַגָּדוֹל .... אִם־אֶתֵּן עוֹד אֶת־דְּגָנֵךְ; Jer. 44, 26 נִשְׁבַּעְתִּי בִּשְׁמִי הַגָּדוֹל.

נקם; Am. 6, ₈ נשבע יעקב בגאון אנכי נשבע .. בנפשי; 8, ₇ נשבע יעקב בגאון; באון יעקב נשבע אדני; Ps. 89, ₃₆ נשבעתי בקדשי אם־לדוד אכזב. β) Eingeführt mit ב: Jer. 51, ₁₄ נשבע ה' צבאות בנפשו; Am. 4, ₂ נשבע ה' בקדשו כי הנה ימים באים. — 2. ל der Person, der er schwört. a) Allein: Ez. 16, ₈. — b) Hinzukommt Akkusativ der Sache, welche er eidlich zusichert. α) Der Akkusativ ist הארץ. α') ': אשר נשבע ה' לאבתם Gen. 50, ₂₄ לאברהם ליצחק וליעקב; Num. 14, ₁₆; Deut. 31, ₂₃ להם; 6, ₁₈ לאבתיך; Num. 14, ₂₃ לאבתם; Deut. 8, ₁; Jud. 2, ₁ לאבותיכם; Deut. 6, ₂₃ לאבתינו. β') הארץ אשר נשבע ה' לאברהם ליצחק וליעקב לתת לאבתם Ex. 33, ₁; Deut. 34, ₄. γ') ': אשר: Ex. 13, ₅ לאבתיך לתת לך; Deut. 6, ₁₀ לך לתת לאב' לך ולי'; 10, ₁₁; 31, ₇; Jos. 1, ₆; Jer. 32, ₂₂ לתת להם; Jos. 5, ₆ לתת לנו; לאבתם לתת לאבתם; Deut. 1, ₈ לאבתיכם לאברהם ליצחק וליעקב לתת להם; 26, ₃ לתת לנו לאבתינו. — β) Der Akkusativ ist האדמה. α') ': אשר האדמה: Num. 32, ₁₁ לאב' לי' ולי'; 11, ₁₂; Deut. 31, ₂₀ לאבתיו. β') Deut. 11, ₉. ₂₁ לאבתיכם לתת להם; 7, ₁₃; 28, ₁₁ לאבתיך לתת לך; 30, ₂₀ לאב' לי' ולי' לתת להם.
γ) Der Akkusativ ist ברית in der Verbindung: 4, ₃₁ ברית אבתיך אשר ': להם; 7, ₁₂ לאבתיך אשר': ואת־החסד ואת־הברית; 8, ₁₈ אשר ': לאבתיך. δ) Der Akkusativ ist הטובה. α') ': אצי: Gen. 26, ₃ לאברהם אביך; Deut. 7, ₈ לאבתיכם. β') לאבתיכם לתת להם כימי ארץ Jer. 11, ₅. ε) Andere Akkusative: Deut. 9, ₅ לאבתיך ': אשר ההדבר ואת' לאב'; Jos. 21, ₄₂ לאבתם ': בכל אשר ני'; Mi. 7, ₂₀ קדם מימי לאבתינו ': אשר nämlich הראשנים הסדך; Ps. 89, ₅₀ לדוד ... אמת ליעקב חסד לאברהם באמתך. ζ) Ein Objektssatz: Gen. 24, ₇ ארץ לזרעך לאמר נשבע־לי; Jos. 5, ₆ לאבותם לתת־הארץ; I Sam. 3, ₁₄ נשבעתי לבית עלי אבי־; Ps. 89, ₄ זרעך אכין עד־עולם לדוד; 132, ₁₁ בא מת־ .. אמת לדוד אשר. η) לאבתיך ': אשר Deut. 13, ₁₈; 19, ₈; וג' לאבחם לאבתיך 29, ₁₂; לאבת 26, ₁₅; לך ולאבתיך Ex. 13, ₁₁; לך Deut. 28, ₉; להם 2, ₁₁; Jud. 2, ₁₅; לתת II Sam. 3, ₉. — 3. Akkusativ der eidlich zugesicherten Sache. a) ': אשר הארץ Deut. 31, ₂₁. — b) Ein Infinitiv: Jes. 54, ₉ (bis) מעבר מי נח bzw. קצפי עליך. — c) Ein Objektssatz, eingeführt mit לאמר: Num. 32, ₁₀; Deut. 1, ₃₄; Jes. 14, ₂₄; mit לבלתי Deut. 4, ₂₁; direkt untergeordnet Ps. 95, ₁₁; 110, ₄. — II. Subjekt ist der Mensch. 1. Schwören. a) Mit ב desjenigen, bei dem er schwört. α) Allein: Gen. 31, ₅₃ ישפטו אבי אברהם אלהי; Deut. 6, ₁₃; 10, ₂₀ תשבע. — β) Dazu ל der Person: Jos. 9, ₁₈. ₁₉ להם ני אלהי ישראל. — γ) Akkusativ der Sache. α') ני בכם ... ': אשר I Sam. 20, ₄₂*). - β') Ein Objektsatz: Jud. 21, ₇

---

*) Das folgende לאמר muss gestrichen werden: Wellhausen, Der Text der Bb. Sam. 121.

בי"י לאמר Reg. 2, 23‎ I ;בי"י נ' ביראינך ייצא‎ II Sam. 19, 8; בי"י לבלתי תמלח
בתי העולם ב"י וגו'‎ Dan. 12, 7; בשבעי חיי"י‎ Jer. 12, 16; בח ישבע"חלי אלחים.

δ) בַּ der Person und Akkusativ der Sache: I Sam. 28, 10 לה שאול
לו בי"י לאמר‎; 2, 8 לך בי"י אלהי ישראל לאמר‎; I Reg. 1, 30 ב"י: לאמ"י תי----
1, 17 בי"י אלהיך לאמתך ב"‎; direkt untergeordneter Objektssatz Gen.
21, 23 לי בי"י בי"ששי"די .. ועשיתם גמראתם‎ Jos. 2, 12; לי באלהים הנה אב"תשקר‎;
I Sam. 24, 22 לי באלהים אב"תשמידני‎; 30, 15 לי בי"י אב"תמיתני .. ואב"תשמידני‎
אי‎. — b) Mit בַּ desjenigen, dem er schwört. *α*) Gott dem Herrn.
α') Dazu ein Objektssatz: Ps. 132, 2 לי"י נדר לאביר .. אב"אבא באהל‎.
β') Sonst eine nähere Bestimmung: II Chr. 15, 14 לי"י בקול גדול יבתרועה
וגו'‎. *β*) Einem Menschen. *α'*) בַּ allein: Gen. 25, 33; 26, 31; 47, 31
(bis); Jos. 9, 15; I Sam. 24, 23; II Sam. 19, 24; 21, 2; II Reg. 25, 24.
β') Dazu ein sachlicher Akkusativ: Jos. 9, 20 התבועה אשר נ' להם‎. —
γ') Ein Objektssatz. Eingeführt mit לאמר‎ II Sam. 21, 17; I Reg. 1, 13;
Jer. 40, 9; mit פן‎ Jud. 15, 12; direkt untergeordnet I Reg. 1, 51. —
δ') Sonst eine nähere Bestimmung: Gen. 24, 9 לו על-הדבר הזה‎; 25, 33
השבעה לי כיום‎. *ε'*) כאשר נ' לה‎ Jos. 6, 22. — c) Mit אל der Person:
Jer. 38, 16 המלך ג' אל-ירמיהו בסתר לאמר חי-י"י‎. — d) Mit Akkusativobjekt. *α*) Allein. *α'*) Ein Nomen: Num. 30, 3 ידר נדר לי"י או-השבע
שבעה‎. *β'*) Ein Infinitiv: Lev. 5, 4 לבטא בשפתים להרע או להיטיב‎;
Ps. 15, 4 להרע‎; 109, 106 לשמר משפטי צדקך‎. — *γ'*) Ein Objektssatz.
Eingeführt mit לאמר‎ Jud. 21, 18; II Sam. 3, 35; direkt untergeordnet
ist der Schwur חי-י"י‎ I Sam. 19, 6; Jer. 4, 2; Hos. 4, 15; beigeordnet
derselbe Schwur mit ויאמר‎ I Reg. 1, 29*). *β*) Dazu eine nähere
Bestimmung: Jos. 14, 9 ביום ההוא לאמר אב-לא וגו'‎; Jud. 21, 1 במצפה
לאמר‎. — e) Bloss eine Ortsbestimmung: Gen. 21, 31 שם‎; Jes. 65, 16
(Part.) בארץ‎. — f) Absolut: Gen. 21, 24; Esr. 10, 5. — 2. Einen
Meineid schwören. a) לשקר נ'‎. *α*) Allein: Jer. 5, 2; 7, 9; Mal. 3, 5
(Part.). *β*) Dazu בשמי‎: Lev. 19, 12; Sach. 5, 4 (Part.). — *γ*) על des
Grundes: Lev. 5, 24 עליו‎. — b) על-שקר‎: 5, 22 על-אחת מכל אשר-יעשה
האדם‎. — c) לבריתה‎ Ps. 24, 4. — d) Das absolut gesetzte Verbum ist
im Sinne von „meineidig schwören" genommen Sach. 5, 3 (Part.),
während Eccl. 9, 2 הנשבע‎ im Gegensatz steht zu אשר שבועה ירא‎, also
den leichtfertig Schwörenden bezeichnet. — 3. Der Schwur als Anrufung Gottes involviert: a) Ein Glaubensbekenntnis, daher zum
Ausdruck einer besonders feierlichen Form des Bekenntnisses ge-

---

*) I Sam. 20, 3 ist וישבע דוד‎ verschrieben aus וישב דוד‎; vgl. Wellhausen
a. a. O. 114.

braucht. α) Bezüglich des wahren Gottes Israels: Jes. 48, 1 (Part.) בשם יי neben ובאלהי רש׳ יזבירו; 65, 16 באלהי אמן; Ps. 63, 12 בי בל־הנשבע, jeder Fromme. β) Bezüglich der heidnischen Gottheiten: Jer. 5, 7 בלא אלהים; 12, 16 בבעל; Am. 8, 14 (Part.) באשמת שמרון; Zeph. 1, 5 (Part.) במלכם. — b) Die eidliche Zusage der Treue: Jes. 19, 18 (Part.) ל־; נשבעת; 45, 23 בי נשבעתי . . . לי; Zeph. 1, 5 הנשבעים לי*). — 4. Einen Unheilsschwur bilden mit dem Namen jemandes: Ps. 102, 9 מהוללי בי נשבעו (parall. חרפוני איבי). — **Hiph'il** 1. Jemanden schwören lassen. a) Akkusativ der Person. α) Allein: I Sam. 14, 27 השביע אביו את**). β) Dazu = der Gottheit: α') I Reg. 2, 42 השבעתיך ביי; II Chr. 36, 13 השביעו באלהים. — β') Gen. 24, 3 ואשביעך ביי אלהי השמים ואלהי הארץ אשר לא תקח אשה. γ') Ein sachlicher Akkusativ. α') Ein Nomen: Jos. 2, 17. 20 שבעתנו אשר השבעתנו. β') Ein Infinitiv mit ל: Esr. 10, 5 וישבע את־שרי הכהנים . . לעשות כדבר הזה; Neh. 5, 12 ואשביעם לעשות כדבר הזה. γ') Ein Objektssatz, eingeführt mit אשר: Gen. 24, 37; 50, 5. 25; Ex. 13, 19; I Sam. 14, 28; I Reg. 22, 16; II Chr. 18, 15. δ') באשר השבעתיך Gen. 50, 6. δ) Sonst eine nähere Bestimmung: II Reg. 11, 4 וישבע אתם בבית יי im oder vielleicht beim Tempel? — b) Bloss = der Gottheit, in dem Verbote, fremde Götter anzurufen: Jos. 23, 7 בשם אלהיהם לא תזכירו ולא תשביעו. — c) Bloss ein Objektssatz: 6, 26 בעת ההיא לאמר ארור האיש. — 2. Jemanden etwas beschwören lassen. a) Mit bedingter Fluchformel für den Fall der Unwahrheit. Es folgt Akkusativ der Person. α) Allein: Num. 5, 19. β) 5, 21 והשביע הכהן את־האשה בשבעת האלה. — b) Von der Abnahme eidlicher Versicherung: I Reg. 18, 10 והשביע את הממלכה ואת־הגוי כי.

Ausserhalb des theologischen Sprachgebrauches: **Hiph'il** in der weltlichen Formel השבעתי אתכם Cant. 5, 8; 8, 4; השבעתי 5, 9; selbst auch בצבאות או באילות 2, 7; 3, 5.

Es ist mit Berücksichtigung von Gen. 21, 28–30 doch das Wahrscheinlichste, dass נשבע ursprünglich „bei sieben heiligen Dingen sich verpflichten" sei.

שׁוֹא von שָׁוָא***) **Niph'al** irre geführt werden, von der von Jahwe in der Ausübung seines Strafgerichtes über Ägypten bewirkten Bethörung der Fürsten oder Beamten, Jes. 19, 13 (parall. נואלו). —

---

*) Schwally Z.A.W. X, 170 streicht das Particip.

**) I Sam. 20, 17 להשביע את־דוד muss nach LXX in Niph. korrigiert und gelesen werden להשבע לדוד. Betreffs Jer. 5, 7 vgl. Graf z. St.

***) Wellhausen, Die Komposition des Hexat., S. 351, Anm. 2.

Hiph'il 1. Jemanden bethören mit dem Nebenbegriff der Verführung. Akkusativ der Person, Gen. 3,13 הנחש השיאני; zu übermütiger Sicherheit hat dich verführt Jer. 49,16; Ob. 1,3 זדון לבך. — 2. Jemanden bethören durch Täuschung. a) Von Gott gewirkt. α) Akkusativ der Person, II Reg. 19,10; Jes. 37,10 אל-ישיאך אלהיך. β) ל der Person, Jer. 4,10 השא השאת לעם. — b) Von Menschen. α) Akkusativ der Person, Jer. 37,9 אל-תשיאו נפשתיכם; Ob. 1,7 אנשי בריתך השיאוך; von Hiskia durch den Hinweis auf Gottes Hilfe II Chr. 32,15. — β) ל der Person, von Hiskia, der die Seinigen auf Jahwe vertröstet II Reg. 18,29; Jes. 36,14; von den Lügenpropheten, vor denen gewarnt wird Jer. 29,8 אל-ישיאו לכם נביאיכם. — γ) ב der Person: den Gesalbten des Herrn Ps. 89,23 לא-ישיא אויב בו. — c) Vielleicht Ps. 55,16 Qerê ישיא מות עלימו, in dem Gebete wider gottlose Feinde, wo die Ausübung der Täuschung durch den Tod von dem unvorhergesehenen Überfall desselben zu erklären wäre.

שִׁיא = سِيّ ist wohl Wüste, Leere, Öde. Hiph'il scheint im Sprachgebrauch herrschend und wohl zunächst gebildet.

שׁמד — ? — **Niph'al** 1. Vernichtet, vertilgt werden, Terminus für den Vollzug des göttlichen Strafgerichtes. a) Subjekt sind Menschen. α) Mit einer Bestimmung des Ortes. α') Deut. 12,30 אחרי השמדם מפניך. — β') Ps. 83,11 נשמדו בעין-דאר. — β) Sonst eine adverbielle Bestimmung: 37,38 יחדו ': ופשעים (parall. נכרתה); 92,8 להשמדם עדי-עד. γ) Prägnant: Jer. 48,42 מעם ונשמד מואב. — δ) Absolut. α') Deut. 4,26 כי השמד תשמדון. β') 28, 20. 24. 45. 51. 61 עד השמדך; 7,23 עד השמדם. — b) Sachliche Subjekte. α) Mit näherer Bestimmung: Jes. 48,19 שמו מלפני in negativer Aussage neben לא-יכרת. — β) Absolut: Ez. 32,12 בלי-המיונה; Prov. 14,11 בית רשעים. — 2. Verwüstet werden. Absolut: Jer. 48,8 המשיר; Hos. 10,8 אין במות. — **Hiph'il** 1. Terminus für den Vollzug der strafgerichtlichen Thätigkeit Gottes. 1. Vernichten, vertilgen. a) Subjekt ist Gott. α) Persönlicher Akkusativ. α') Allein: Deut. 28,48 עד השמידו אתך; 31,4 אשר השמיד אתם nämlich die Amoriterkönige und ihr Land; 9, 8. 19. 25; 28,63 להשמיד אתכם; Am. 9,8 השמדתי אתי-כה; לא השמיד אשמיד; Sach. 12,9 את-כל-הגוים; Ps. 145,20 ישמיד את-כל-הרשעים; Deut. 9,20 להשמידו; Ez. 25,7 אשמידך; Deut. 9,3 ישמידם היא neben יכניעם. 14 ואשמידם neben ואמחה; Jes. 26,14 והשמידם; Ps. 106,23 להשמידם. β') Dazu מפני der Person, vor der Gott jemanden vertilgt: Deut. 2,22 השמידם מפניהם; Jos. 9,24 את-כל-ישבי הארץ מפני; II Reg. 21,9; II Chr. 33,9 בני ישראל מפני .. הגוים;

Am. 2, 9 אֶת־הָאֱמֹרִי מִפְּנֵיהֶם; I Chr. 5, 25 מִפְּנֵיהֶם.. עַמֵּי־הָאָרֶץ; Deut. 2, 12 וַיַּשְׁמִידֵם מִפְּנֵיהֶם. 21 וַיַּשְׁמִידֵם ־־ מִפְּנֵיהֶם; Jos. 24, 8 וָאַשְׁמִידֵם מִפְּנֵיכֶם. — γ) מִלִּפְנֵי der Person: Deut. 31, 3 אֶת־הַגּוֹיִם הָאֵלֶּה מִלְּפָנֶיךָ. — δ') מִקֶּרֶב derselben: 4, 3 הִשְׁמִידוֹ יי אלהיך מִקִּרְבֶּךָ. — ε') בְּתוֹךְ derselben: Ez. 14, 9 וְהִשְׁמַדְתִּיו מִתּוֹךְ עַמִּי יִשְׂרָאֵל. — ζ') Verschiedene sonstige Bestimmungen des Ortes: Deut. 6, 15 וְהִשְׁמִידְךָ מֵעַל פְּנֵי הָאֲדָמָה; Jos. 23, 15 עַד־הַשְׁמִידוֹ אֶתְכֶם מֵעַל הָאֲדָמָה; Am. 2, 9 פִּרְיוֹ מִמַּעַל; Thr. 3, 66 תַּשְׁמִידֵם מִתַּחַת שְׁמֵי יי. — η') Ein Adverbium: Deut. 7, 4 מַהֵר וְהִשְׁמִידְךָ. — β) Bloss ein näherer Umstand: I Reg. 13, 34 לְהַכְחִיד וּלְהַשְׁמִיד מֵעַל פְּנֵי הָאֲדָמָה. — γ) Absolut: Der substant. Infinitiv הַשְׁמֵד = Vernichtung Jes. 14, 23*). — b) Subjekt ist der Mensch als das im Auftrage Gottes handelnde Organ seines heiligen Willens. α) Persönlicher Akkusativ. α') Allein: Deut. 7, 24 עַד הִשְׁמִדְךָ אֹתָם; Jos. 11, 14 עַד־הִשְׁמִדָם אֹתָם; I Reg. 16, 12 בְּ כָּל־בֵּית אַ; Ps. 106, 34 אֶת־הָעַמִּים; I Reg. 15, 29 II Reg. 10, 17 עַד־הִשְׁמִידוֹ; Deut. 2, 23 הִשְׁמִידֻם; Jos. 11, 20 לְבִלְתִּי הֱשְׁמִידָם; II Chr. 20, 10 לֹא הִשְׁמִידֻם; Deut. 1, 27 לְהַשְׁמִידֵנוּ. Der Akkusativ ist aus dem Kontext zu ergänzen II Chr. 20, 23. — β') Dazu eine nähere Bestimmung: II Reg. 10, 28 אֶת־הַבַּעַל מִיִּשְׂרָאֵל. — β) Absolut: Deut. 33, 27. — c) Subjekt ist der Tag Jahwes selbst: Jes. 13, 9 וְהִשְׁמִיד יַשְׁמִיד מִמֶּנָּה. — 2. Zerstören. a) Subjekt ist Gott. α) Blosser sachlicher Akkusativ: Lev. 26, 30 אֶת־בָּמֹתֵיכֶם; Mi. 5, 13 עָרֶיךָ; Hag. 2, 22 הֹוק מַמְלְכוֹת הַגּוֹיִם. — β) Dazu eine nähere Bestimmung: Am. 9, 8 אֹתָהּ מֵעַל פְּנֵי הָאֲדָמָה, näml. das sündige Königreich. — b) Subjekt ist ein im Auftrage Gottes handelndes Organ seines Willens. Es folgt sachlicher Akkusativ: Num. 33, 52 אֶת־כָּל־בָּמֹתָם; Jes. 23, 11 לִשְׁמִד מָעֻזְנֶיהָ. — II. In der Schilderung unheiligen Treibens der Weltmacht = vertilgen, verderben: Jes. 10, 7 לְהַשְׁמִיד וּלְהַכְרִית גּוֹיִם; Dan. 11, 44 לְהַשְׁמִיד וּלְהַחֲרִים רַבִּים. — III. Entfernen, wegschaffen: Jahwe will nicht wieder mit Israel sein, Jos. 7, 12 אֲבַל־לֹא אוֹסִיף הַשְׁמִידָם הַחֵרֶם מִקִּרְבְּכֶם.

Ausserhalb des theologischen Sprachgebrauches: **Niph'al** vernichtet, ausgerottet werden. a) Mit מִן: Jud. 21, 16 בַּהִשָּׁמֵד אִשָּׁה. — b) Absolut: Gen. 34, 30**). — **Hiph'il** 1. Jemanden vernichten. a) Akkusativ der Person: II Sam. 14, 7. 11; 22, 38; Esth. 3, 6. 13; 4, 8; 7, 4; 8, 11. — b) Dazu eine nähere Bestimmung: II Sam. 14, 16 אֹתִי וְאֶת־בְּנִי יַחַד מִנַּחֲלַת אֱלֹהִים. — 2. Ausrotten: I Sam. 24, 22 אֶת־שְׁמִי מִבֵּית אָבִי.

---

*) Ez. 34, 16 ist Schreibfehler für אַשְׁמִיד; vgl. Kautzsch, Textkr. Erl. z. St.
**) II Sam. 21, 5 ist statt נִשְׁמַדְנוּ offenbar Hiph'il zu lesen; vgl. Wellhausen, Der Text der Bb. Sam. 209.

Für die Wahrscheinlichkeit, dass in נבא ein Denominativ vorliegt, spricht mir besonders der Umstand, dass wie im Hebr., so auch im Syr. und Bibl.-Aram. absolut keine einfache Aussageform *(Peal)* existiert. Dasselbe scheint, wie ich aus Barth, Etym. St. 10, entnehme, im Assyr. der Fall zu sein. Bezüglich der Etymologie bringt Barth allerdings auch nur einen Versuch a. a. O.

VII. Niph'al — Hithpa'el.

נבא von נביא **Niph'al 1.** Als ein 'נ auftreten, weissagen im weitesten Sinne des Wortes genommen; von jeder prophetischen Rede, sei es, dass sie ermahnenden, drohenden oder tröstenden Charakters ist. a) Mit על desjenigen, auf den die Weissagung sich bezieht. α) Allein. Im drohenden Sinne Ez. 4, 7; 11, 4; 29, 2; 34, 2; Am. 7, 16; besonders beliebt in der Verbindung הנבא על .. ואמרת Ez. 13, 17; 25, 2; 28, 21; 35, 2; 38, 2; 39, 1; ebenso, aber nicht im drohenden Sinne 37, 4. — β) Hinzukommt der Akkusativ des Geweissagten: Jer. 25, 13 את כל־הכתוב בספר הזה .. כל־כל־הגוים; 26, 20 הזאת ועל־הארץ הזאת ככל דברי '. — b) Mit אל desjenigen, auf den die Weissagung sich bezieht. α) Allein. Tröstend Ez. 13, 16 (Particip; von falschen Propheten); 37, 9; drohend Am. 7, 15; besonders wieder הנבא אל .. ואמרת, im drohenden Sinne Ez. 6, 2; 13, 2; 21, 2. 7; tröstend und verheissend 36, 1. — β) Dazu ein sachlicher Akkusativ: Jer. 25, 30 אל־הערים האלה את כל־הדברים; 26, 11 אליהם את אשר שמעתם באזניכם. 12 אל־הבית הזה את .. כל־הדברים. γ) ל des Gegenstandes, über jemanden von etwas weissagen: 28, 8 למלחמה ולרעה ולדבר mit der diesem Propheten eigenen Konstruktion אל ארצות .. ועל ממלכת. — c) Mit ל der Person, jemandem weissagen, von den das Volk irreführenden, falschen Propheten. α) Allein. Jer. 29, 31; und in Participialkonstruktion 14, 16; 23, 16; 27, 15. β) Hinzukommt als Akkusativobjekt שקר 27, 10. 11. 16 (Participia); wofür der masoret. Text 20, 6 bietet בשקר*). — d) Der Inhalt der Weissagung: α) Im Akkusativ. Jer. 20. 1 (Part.) את־הדברים האלה; 28, 6 את־דבריך; in Participialkonstruktion הנבאים בא .. mit dem Genitiv 23, 26 השקר, oder V. 32 חלמות שקר; einmal mit באשר Ez. 37, 7 כאשר צויתי ונבאתי. β) Folgt eingeführt mit לאמר: I Reg. 22, 12; Jer. 32, 3; II Chr. 18, 11 (an allen drei Stellen Participia). γ) Mit ל: Jer. 28, 9 הנביא אשר ינבא לשלום. — e) Im Namen eines Gottes weissagen. α) בם יי Jer. 11, 21; 26, 9;

---

* Siegfried-Stade, Hebr. Wörterbuch, lesen auch hier שֶׁקֶר oder לְשֶׁקֶר.

הנבאים בשקר 14, 15. — β) נבאים בשמי שקר הנבאים 14, 14; 23, 25. — γ) לב נבאי שקר 29, 21 (Part.). δ) הנבאים בשמי שקר חם 27, 15; לשקר 29, 9 בשקר לב. — ε) Im Namen Baals, 2, 9 בבעל. — f) Nähere Umstände. α) Die Zeit, in der der Prophet seines Amtes waltet: Jer. 26, 18 בימי חזקיה; Ez. 38, 17 בימים ההם, wozu noch der Akkusativ שנים, Jahre hindurch, an der letzteren Stelle kommt. — β) Die Zeit, auf die sich die Weissagung erstreckt: Ez. 12, 27 לעתים רחוקות. — γ) Der Ort der Weissagung: Am. 7, 13 בית־אל; 12 שם. — g) Absolut: Jer. 19, 14; 23, 21; Ez. 11, 4. 13; 13, 2 (Part.); 21, 19; 37, 7; Jo. 3, 1; Am. 2, 13; 3, 8; Sach. 13, 3; häufig wiederum הנבא ואמרת Ez. 21, 14. 33; 30, 2; 34, 2; 36, 3; 37, 9; 38, 14. — 2. Sich verzückt gebärden, infolge des Herabkommens des Geistes Gottes über Saul I Sam. 10, 11; 19, 20 (Particip). — 3. Begeistert musizieren beim hl. Dienste, mit ב der Instrumente I Chr. 25, 1. 3; ohne dieses V. 2; an allen Stellen Participia. — **Hithpa'el** 1. Als Prophet auftreten, eine Weissagung aussprechen. a) Mit על der Person, über jemanden. α) Dazu ein sachlicher Akkusativ: I Reg. 22, 8. 18; II Chr. 18, 17 לא־יתנבא עלי כי אם, während es heisst im V. 7 מתנבא עלי טוב. — β) Der Inhalt der Weissagung folgt mit לאמר II Chr. 20, 37. — b) Mit ל, jemandem weissagen: Jer. 29, 27 (Part.); dazu ein sachlicher Akkusativ 14, 14 חזון שקר וקסם ואליל ותרמית לבם. — c) Mit לפני, vor jemandem: I Reg. 22, 10; II Chr. 18, 9 (Participia). — d) ביד יי Jer. 26, 20 (Part.); die Propheten Samariens aber weissagten 23, 13 בבעל. — e) Absolut: Jer. 29, 26; Ez. 37, 10; Sach. 13, 4. — 2. Den Propheten spielen. Ez. 13, 17 כלבתן, auf eigene Faust. — 3. In prophetische Begeisterung geraten, von ekstatischen Zuständen, hervorgerufen durch die Macht des Geistes Gottes. a) Mit ב des Ortes. Num. 11, 26. 27 (Part.) במחנה. — b) Die Person, in deren Gesellschaft dieser Zustand erregt wird, mit עם I Sam. 10, 6; oder בתוכם V. 10. — c) Absolut: Num. 11, 25; I Sam. 10, 5 (Part.). 13; 19, 20. 21. 23. 24. — 4. Rasen, Folge der Einwirkung des über Saul kommenden bösen Geistes I Sam. 18, 10; von den Propheten Baals gebraucht I Reg. 18, 29.

Zur etymologischen Bestimmung von נבא pflegt man نبا, sprechen, heranzuziehen und *nabī'*, das auf keinen Fall eine Passivbildung ist, wird demnach erklärt als Sprecher, nämlich Gottes, göttlich empfangener Rede. Gegen diese fast allgemein angenommene Deutung wendet sich Kuenen unter Berufung darauf, dass prophezeien nicht durch Aktivformen, sondern durch Niph'al und Hithpa'el angedeutet wird, dass ferner der Gebrauch dieser Formen besonders I Sam.

10, 6. 10; 18, 10 u. s. w. nicht an „sprechen" denken lasse, und endlich, dass das Alte Testament auch *nebi'im* bei Baal erwähnt, die, „soweit wir wissen, doch nicht im Namen Baals gesprochen haben. Es steht also fest, dass die Übersetzung von *nabi* als Sprecher zu verwerfen ist. Welche andere Auffassung statt dessen an die Stelle treten muss, ist und bleibt zweifelhaft"*). Allein der Gebrauch der reflexiven Formen erklärt sich zur Genüge aus dem denominativen Charakter des Verbums, und wenn für ekstatische Zustände, die eben auch im Prophetismus des A. T. vorkommen, die allgemeine Bezeichnung durch unser Denominativ in den Samuelbüchern gewählt wird, so ist damit kein Beweis gegen die Bedeutung „sprechen" gegeben. Im Namen Baals endlich haben die Propheten sehr wohl gesprochen (Jer. 2, 8). Wir halten demnach an *nabi* = Sprecher fest, zumal in נבב, einem offenbar sehr nahe stehenden, parallelen Stamme, die Bedeutung „sprechen" nicht abzuleugnen ist.

VIII. Pi'el — Pu'al.

ארש — das Nomen nicht erhalten. **Pi'el** 1. Sich ein Weib verloben. a) Mit dem Akkusativ אשה Deut. 20, 7; 28, 30. — b) Der vollständige Ausdruck mit Angabe des Kaufpreises II Sam. 3, 14, die Michal, 'פ אשר ארשתי לי במאה ערלת. — 2. Bildlich von dem neuen Vertrag, den Jahwe mit seinem Volke eingeht Hos. 2, 21 (*bis*) וארשתיך לי לעולם וא' לי 'וא באמונה. 22 — **Pu'al** verlobt sein, nur vom Mädchen gebraucht. Absolut Ex. 22, 15; Deut. 22, 28; mit לאיש V. 23 (Particip); V. 25. 27 המאֹרשה, die Verlobte.

Bei Eruirung des sinnlichen Grundbegriffes zieht Dietrich**) zur Vergleichung heran أَرِش „jede Busse, Preis, jedes Geschenk, offenbar, womit Eifer und Liebe (des anderen) erregt werden soll". Es entspricht wohl das aramäische אַרס, binden, knüpfen, אריס vielleicht *contractus****); damit stimmt عِرْس Gattin, عُرْس Hochzeit, das originale Verbum عَرَسَ binden†), schon aus lautlichen Gründen nicht.

---

*) Kuenen, Historisch-kritische Einleitung in die Bb. des A. T., deutsch von Müller, II. T. S. 6.
**) Abhandlungen S. 250.
***) Fränkel, Die aram. Fremdwörter S. 128.
†) Barth, Etymologische Studien S. 16.

אִשֵּׁר von אֶשֶׁר **Pi'el** glücklich preisen, von jemandem sagen אַשְׁרֵי הָאִישׁ bzhw. הָאִשָּׁה. a) Im guten Sinne. Wegen Kindersegens: Gen. 30, 13 אִשְּׁרוּנִי בָּנוֹת; infolge sonstigen irdischen Segens von Gott Mal. 3, 12 אִשְּׁרוּ אֶתְכֶם כָּל־הַגּוֹיִם; den messianischen König Ps. 72, 17 כָּל־גּוֹיִם יְאַשְּׁרוּהוּ; die tugendsame Hausfrau Prov. 31, 28 יְאַשְּׁרוּהָ; den Hiob wegen der Wohlthaten, die er erwiesen Hi. 29, 11 וַתְּאַשְּׁרֵנִי. — b) Vom Glücklichpreisen der von Gott noch immer ungestraften Frevler: Mal. 3, 15 אֲנַחְנוּ מְאַשְּׁרִים זֵדִים. — **Pu'al** beglückt werden. Wer auf den Geringen achtet, der wird Jahwes Schutz und Segen erfahren Ps. 41, 3 יְאֻשַּׁר בָּאָרֶץ; wer die Weisheit festhält, Prov. 3, 18 מְאֻשָּׁר.

Ausserhalb des theologischen Sprachgebrauches: **Pi'el** preisen, das Mädchen wegen ihrer Schönheit Cant. 6, 9.

צִוָּה von מִצְוָה **Pi'el** A. Subjekt ist Gott. I. Befehlen, gebieten, heissen. 1. Jemandem befehlen, Akkusativ der Person. a) Doppelter Akkusativ, der Person und der Sache. α) Der sachliche Akkusativ ist: α') מִצְוָה bzhw. מִצְוֹת allein. Deut. 11, 13 מְצַוֶּה אֶתְכֶם אֲשֶׁר מִצְוֹתַי; 26, 13 כְּכָל־מִצְוָתְךָ אֲשֶׁר צִוִּיתָנִי; I Sam. 13, 13 צִוָּךְ יְיָ אֱלֹהֶיךָ; I Reg. 13, 21 הַמִּצְוָה אֲשֶׁר צִוְּךָ; II Reg. 18, 6 אֲשֶׁר־צִוָּה יְיָ אֶת־מֹשֶׁה. - β') מִצְוֹתָי תִּשְׁמֹרוּ Deut. 28, 45; 6, 17 מִצְוֹת יְיָ אֱלֹהֵיכֶם וְעֵדֹתָיו וְחֻקָּיו; I Reg. 8, 58 חֻקָּיו וּמִשְׁפָּטָיו; Neh. 1, 7 הַתּוֹרָה וְהַמִּצְוָה אֲשֶׁר; צוָּה יְיָ אֶת־בְּנֵי יַעֲקֹב II Reg. 17, 34. — γ') הַדֶּרֶךְ Ex. 32, 8; Deut. 5, 30; 9, 12. 16; Jer. 7, 23 צִוִּיתִי אֲשֶׁר בְּרִיתִי Jos. 7, 11 אוֹתָם; Jud. 2, 20 אֶת־אֲבוֹתָם; חֻקָּה תְּהִיָּה אֲשֶׁר־צִוָּה יְיָ אֶת־מֹשֶׁה Jos. 23, 16 בְּרִית יְיָ אֱלֹהֵיכֶם אֲשֶׁר צ' אֶתְכֶם Num. 31, 21; סֵפֶר תּוֹרַת מֹשֶׁה אֲשֶׁר צ' כְּכָל־הַתּוֹרָה אֲשֶׁר צ' אֶת־אֲבוֹתֵיכֶם II Reg. 17, 13; דִּבְרֵי חֻקִּי אֲשֶׁר צ' יְיָ אֶת־יִשְׂרָאֵל Neh. 8, 1; כָּל הַדְּבָרִים הָאֵלֶּה Ex. 19, 7; Sach. 1, 6; הָעֵדֻת יַחֲקֹקִים וְהַמִּשְׁפָּטִים Deut. 6, 20; הָאֹת Ex. 4, 28; אֵשׁ זָרָה Lev. 10, 1. δ') בִּלְאֲשֶׁר Ex. 7, 2; 31, 6; 38, 22; Deut. 18, 18; Jos. 11, 15; Jud. 13, 14 (Subjekt der Engel Jahwes); I Reg. 11, 38; 15, 5; Jer. 1, 7. 17; אֶת אֲשֶׁר Ex. 34, 11 (Part.); I Sam. 13, 14; אֲשֶׁר Jer. 29, 23; 32, 35. ε') בְּכֹל אֲשֶׁר צוָּה יְיָ אֶת־מֹשֶׁה Ex. 39, 32. 42; Num. 1, 54; 2, 34; 9, 5; 30, 1; אֹתִי אֱלֹהִים Gen. 6, 22; אִתִּי יְיָ Ex. 40, 16; אֶתְכֶם 29, 35; אֶתְכֶם Jer. 11, 4; צִוָּה Gen. 7, 5; צִוִּיתִיךָ Ex. 31, 11; I Reg. 9, 4; Jer. 50, 21; II Chr. 7, 17; צִוִּיתֶם Deut. 26, 14; צִוִּיתִים II Reg. 21, 8; צִוִּי יְיָ Deut. 1, 41. ζ') בַּאֲשֶׁר צוָּה יְיָ אֶת־מֹשֶׁה Ex. 39, 1. 5. 7. 21. 26. 29. 31; 40, 19. 21. 23. 25. 27. 29. 32; Lev. 8, 9. 13. 17. 21. 29; 9, 10; 16, 34; 24, 23; Num. 1, 19; 2, 33; 3, 51; 8, 3; 15, 36; 26, 4; 27, 11; 31, 7. 31. 41. 47; Deut. 34, 9; Jos. 11, 15. 20; 14, 5; אֶת־מֹשֶׁה וַיֵּאָתֵן Ex. 12, 50; צִוָּה אֱלֹהִים אֶת־נֹחַ Gen. 7, 9; צִוִּיתִי אֶת־אֲבוֹתֵיכֶם Jer. 17, 22; אִתִּי יְיָ Ex. 34, 4; Lev. 8, 4; Num. 3, 42; 17, 26; 27, 22; אִתִּי אֱלֹהִים Gen. 7, 16; 21, 4; אִתּוֹ יְיָ Jer. 13, 5; אֹתָם Ex. 7, 6; אֶתְכֶם Deut. 5, 29;

אתי 1, 19; צוהי 'כ Num. 20, 9; II Sam. 5, 25; I Chr. 14, 16; 24, 19; צייתיך
Ex. 23, 15; Jos. 13, 6; צוך Deut. 5, 12. 16; 20, 17; צוני Deut. 4, 5; 10, 5;
Ez. 37, 10; צויתני 9, 11; צויתם Deut. 24, 8; צוני 6, 25. Statt באשר steht
אדישה -- אשר-צ' Num. 4, 49; אשר צייתך Ex. 34, 18. — ,') Das allgemeine Objekt „es" ist zu ergänzen, Ex. 18, 23 וצוך אלהים. –
β) Das sachliche Objekt vertritt ein Infinitiv mit ל: Num. 34, 29
אתדאדני צ' יי לתת אתדהארץ; 36, 2 אלה אשר צוה יי לנחל; Deut. 4, 13
צוך .. לעשות אתדיים 5, 15 איתי .. ללמד 14 בריתו אשר צוה אתכם לעשות;
הדרך אשר צוך .. ללכת בה 6, 6 וייציני יי לעשות אתדכל-החקים; חשבת 6, 24;
הברית 28, 69; מצוך לעשות אתדהחקים 26, 16; את אשר לאדצויתהו לדבר 18, 20;
17, 4 הדבר אשר-צ' יי אתדיה' לדבר' Jos. 4, 10; אשר-צ' יי אדישה לבד;
לרשות אתדעבי; I Chr. 17, 6; II Sam. 7, 7; אדישה לתדלני יי; I Reg.
17, 4. 9 לבלכך; Jer. 13, 6 האזור אשר צויתיך לטמנו; 26, 2
צייתיך לדבר אלהים. — γ) An Stelle des sachlichen Akkusativs ein
Objektssatz. α') Ohne Einführung, Jos. 1, 9 צויתיך חזק ואכץ.
β') Eingeführt mit לאמר, II Reg. 17, 35; Ez. 10, 6. — b) Zum doppelten
Akkusativ, der Person und der Sache, tritt hinzu: α) אל der Person,
jemandem etwas für einen anderen auftragen. α') מצוה als Komplex
religiöser Satzungen in der Unterschrift Lev. 27, 34 אלה המצית אשר
את כלדאשר אצוה אותך 'צ. יי אדימ' אלדבני יש' בהר סיני — β') Ex. 25, 22
אלדבני יש'. γ) Deut. 1, 3 בכל אשר צוה יי אתו אלהים. β) ביד, durch
jemanden etwas auftragen: Jud. 3, 4 אתדמצית יי אשרדצוה אתדאבותם
בידדמ' . — γ) ל des Betreffs: Num. 8, 20 בכל אשר צ' יי אתדמ' ללוים.
δ) ב des Ortes: Lev. 7, 38 זאת התורה .. אשר צ' יי אתדמ' בהר סיני.
ε) Noch ein Akkusativ. α') In Gestalt eines Infinitivs mit ל: Jos.
9, 24 תורה ... אשר .... לתת לכם אתדמ'; Ps. 78, 5 את אשר
צוה אתדאבותינו להודיעם לבניהם. β') In Gestalt eines Objektssatzes
mit לאמר: Jer. 7, 23 אתדדברי הברית הזאת; 11, 4 הדבר הזה צ' לאמר אותם
אשר צ' אתדאבותם לאמר; Neh. 1, 8 אתדדבר' צ' אתדמ' עבדך לא'. -
ζ) Verschiedene nähere Bestimmungen. Num. 30, 17 אלה החקים אשר
צ' יי אתדמ' בין איש לאשתי; Mal. 3, 22 das Gesetz meines Knechtes
Mose, אשר צויתי אותו בחרב על-כל-ישראל חקם ומשפטים; I Chr. 22, 13
אתדהחקים יאתדהמשפטים אשר צ' יי אתדמ' עלדישראל; II Chr. 33, 8 את כלדאשר
צייתים לכלדהתורה והחקים והמשפטים בידדמשה *). — c) Akkusativ der
Person und על in betreff dessen der Befehl ergeht. α) Jer. 7, 22 לא
באשר צ' יי אתדמ' עלדדברי עולה ובח. — β) Num. 8, 22 על-הלוים.

---

*) I Reg. 13, 9 צוה אתי בדבר יי לאמר ist verschrieben aus צִוַּיְתִי; vgl.
Kautzsch, Textkr. Erl. z. St.

Verba denominativa in zwei Konjugationen. 119

2. ל der Person, welcher etwas befohlen wird. a) Dazu ein sachlicher Akkusativ: Jer. 32, 23 בל-אשׁר צ' להם לעשׂות. — b) Sachlicher Akkusativ und ביד der Person, durch welche der Befehl übermittelt wird: Neh. 9, 14 מצות וחקים ותורה צוית להם ביד משׁה עבדך. — 3. אל der Person, der befohlen wird. a) Ex. 16, 34 באשׁר צוה יי אל-משׁה. — b) Sachlicher Akkusativ und ביד der Person, durch welche der Befehl übermittelt wird: Num. 15, 23 את כל-אשׁר צוה יי אליכם ביד-משׁה; 36, 13 אלה המצות והמשׁפטים אשׁר צ' יי ביד-משׁה אל-בני ישׂ'. — c) כל der Sache und ein folgender Objektsatz: I Reg. 11, 10 צוה אליו על-הדבר הזה לבלתי-לכת אחרי וג'. — 4. על der Person, welcher befohlen wird. a) Dazu ein sachlicher Akkusativ: I Reg. 11, 11 יען אשׁר צויתי עליך; I Chr. 16, 40 תורת יי אשׁר צ' על-ישׂ'. — b) Ein Objektssatz. α) Gen. 2, 16 ויצו יי אלהים על-האדם לאמר. — β) Mit פן, dass nicht: Jes. 5, 6 ועל העבים אצוה .. מהמטיר. — 5. Die Sache, welche Gott befiehlt. a) Ein Akkusativ. α) Allein. α') Num. 30, 2 זה הדבר אשׁר-צ' יי; I Sam. 2, 29 אשׁר צ' בזבחי ובמנחתי; Ps. 7, 7 משׁפט; 119, 4 פקדיך. 138 צדק עדתיך; Ex. 35, 10; 36, 1 כל-אשׁר צוה; I Reg. 11, 10 את אשׁר; Deut. 17, 3; II Reg. 14, 6; Jer. 7, 31; 19, 5; II Chr. 25, 4 אשׁר. Von Götzen Jes. 48, 5 פסלי ונסכי צום. β') Das Objekt ist ein Infinitiv mit ל: Ex. 35, 1 אלה הדברים אשׁר-צ' יי לעשׂת אתם; 36, 5 אשׁר צוה יי לעשׂת; Lev. 7, 36 dies ist die Zumessung, אשׁר צ' יי לתת להם; 8, 5 זה הדבר אשׁר-צ' יי לעשׂות. 34 באשׁר עשׂה .. צ' יי לעשׂת; Num. 34, 13 אשׁר צ' יי לתת .. הארץ; Deut. 6, 1 המצוה החקים והמשׁפטים אשׁר צ' יי אלהיכם ללמד; Jer. 11, 8 את-כל-דברי; 26, 8 בל-אשׁר-צוה יי לדבר; Ps. 71, 3 צוית להושׁיעני. γ') Ein Objektssatz ohne Einführung Jud. 4, 6; ein solcher mit י, Jer. 34, 22 והשׁבתים ... הנני מצוה; Am. 6, 11 כי-הנה יי מצוה; 9, 9 כי-הנה אנכי מצוה והנעותי וג'. δ') In ellipt. Ausdrucksweise: Deut. 2, 37 כל אשׁר-צ' יי אלהינו, alles was Jahwe geboten hatte scl. nicht anzugreifen = verboten; ebenso 4, 23 כל אשׁר צוך יי אלהיך, alles, was dir Jahwe verboten. ε') Der Akkusativ ist zu ergänzen, Thr. 3, 37. ζ') באשׁר צוה יי Ex. 7, 10. 20; 39, 43; Lev. 9, 7; 10, 15; Num. 20, 27; Jos. 10, 40; II Sam. 24, 19. — β) Zum sachlichen Akkusativ ביד der Person. α') Lev. 8, 36 כל-הדברים .. ביד-משׁה; Neh. 8, 14 אשׁר צ' יי ביד-משׁה. — β') Das Objekt ist ein Infinitiv mit ל: Ex. 35, 29 אשׁר צ' יי לעשׂות ביד-משׁה; המלאכה Jos. 21, 2 יי ביד-מ' לתת; γ') באשׁר צוה יי ביד-משׁה Jos. 21, 8. γ) ל des Betreffs: Num. 9, 8 זה הדבר אשׁר-צ' יי לכם; 36, 6 מה-יי-צוה יי לבנות; δ) ביד der Person und ל des Betreffs: Jos. 14, 2 באשׁר צ' יי ביד-מ' לתשׁעת המטות. — b) Zwei sachliche Akkusative. α) Der zweite ist ein Objektssatz

ohne Einführung, nach der einleitenden Formel זה הדבר אשר צ׳ יי׳ Ex. 16,16.32; Lev. 9,6.   β) Eingeführt mit לאמר: Ex. 35,4; Lev. 17,2 זה הדבר אשר צוה יי׳; Num. 19,2 זאת חקת התורה אשר צוה יי׳. γ) Dazu ביד der Person: Esr. 9,11 אשר צוית ביד עבדיך הנביאים לאמר. — 6. In betreff jemandes befehlen. a) In betreff einer Person: II Reg. 17,15 אשר צוה יי׳ אתם לבלתי עשות בהם..; Thr. 1,10 גוים באו במקדשה אשר צויתה לא־יבאו בקהל לך. — b) In betreff einer Sache: אשר הטין ציתיך, worauf der Objektssatz folgt mit לאמר Gen. 3,17; mit לבלתי V. 11. — II. Verfügen, bestimmen, Terminus für göttliche Fügung. a) Mit folgendem Infinitiv: II Sam. 17,14 להפר את־עצת א׳. — b) Mit אל, wider jemanden: Jes. 23,11 אל־כנען. — c) Mit על, wider jemanden: Nah. 1,14 וצוה יי׳ עליך לא־יזרע משמך עוד. — III. Ohne Angabe des Befohlenen: Befehle, Aufträge geben. 1. Jemandem. a) Akkusativ. Deut. 31,14 rufe Josua und tretet in das Offenbarungszelt ואצונו, damit ich ihm Befehle geben kann*), V. 23 ויצו את־יהושע; Jes. 45,12 כל־צבאם; die falschen Propheten Jer. 14,14; 23,32 לא־שלחתים ולא צויתים; im dichterischen Sprachgebrauche gibt Gott Befehle Ps. 78,23 ויצו שחקים ממעל. — b) Mit ל: Jer. 47,7 יי׳ צוה־לה, näml. dem Schwerte. — 2. Bloss mit einem Umstand der Zeit: Num. 15,23 היום אשר צוה יי׳, der Tag, an welchem Jahwe Gebote gab. — 3. Absolut. Vom Schöpfungsbefehl Ps. 33,9; 148,5. — IV. Entbieten, senden. 1. Jemanden. a) Akkusativ. α) Dazu noch אל: Ex. 6,13 ויצום אל־בני יש׳. β) ל, für jemand: Ps. 91,11 מלאכיו יצוה־לך. — γ) ל, gegen jemand: Thr. 1,17 צוה יי׳ ליעקב סביביו צריו Jahwe entbot gegen Jakob ringsum seine Bedränger. – δ) על, gegen jemand: Jes. 10,6 ועל־עם עברתי אצונו (parall. אשלחנו). — ε) Zum Akkusativ eine nähere Bestimmung: Am. 9,3 משם את־הנחש. — b) Mit ל: Jes. 13,3 אני צויתי למקדשי. — c) Mit על: II Chr. 7,13 על־חגב לאכל הארץ. — 2. Ein sachliches Objekt. a) Akkusativ. α) Ps. 44,5 ישועות יעקב; 68,29 עזך. β) Zum Akk. eine nähere Bestimmung: Am. 9,4 אצוה את־החרב; Ps. 42,9 ייי׳ יצוה יי׳ חסדו; 133,3 צ׳ יי׳ את־הברכה; Hi. 38,12 המימיך צוית בקר**); Thr. 2,17 אמרתו אשר צ׳ מימי־קדם. — b) על der Sache: Hi. 36,32 עליה במפגיע es, das Licht, gegen den Widersacher. — V. Bestellen. 1. Jemanden = ihn einsetzen; Akkusativ der Person: a) שפטים על־עמי II Sam. 7,11; I Chr. 17,10; ויצוך על־ישראל 22,12. —

---

*) Dillmann mit Unrecht hier im Sinne von „bestellen, in das Amt einsetzen".

**) Vgl. Hoffmann z. St.

b) לבני בלעדי -- לבנדי -- יצוהו I Sam. 13, 14; 25, 30. — c) אד נגד בלעדי II Sam. 6, 21. — 2. Etwas bestellen. a) ברכתי לכם Lev. 25, 21 meinen Segen zu eueren Gunsten. — b) אתך את־הברכה Deut. 28, 8, Segen bei ihm. — c) דבר צוה לאלף דור Ps. 105, 8; I Chr. 16, 15. — d) לבלב ברי־ Ps. 111, 9. — B. Subjekt ist der im Auftrage und als Organ Gottes handelnde Mensch. I. Befehlen, gebieten, heissen. 1. Jemandem befehlen. a) Akkusativ der Person: Num. 28, 2; 34, 2 צו את־בני יש' ואמרת. — b) In Participialkonstruktion: Jes. 55, 4 נגיד ומצוה לאמים. — 2. Jemandem etwas befehlen. Akkusativ der Person. a) Zum persönlichen tritt ein sachlicher Akkusativ. α) Der sachliche Akkusativ ist: α') מצוה bzwh. מצרי allein. Deut. 4, 2 את־מצות; את־כל־המצוה הזאת אשר אנכי מ' ; 11, 22 וי אלהיכם אשר אנכי מצוה אתכם 31, 5 בכל־המצוה אשר צ' אתכם. β') 27, 10 את־מצותי יאת־חקיו אשר אנכי מ'; 6, 2 את־כל־חקתי ומצותי אשר אנכי מ'. γ') 31, 29 הדרך; II Reg. 21, 8 ככל אשר צויתי 'את בעבדי מ'; Deut. 12, 28 התורה אשר־צ' את הדברים האלה אשר אנ' מ'; 4, 2; 13, 1 הדבר אשר אנכי מצוה את־בנכם; 32, 46 את הדברים .. אשר הצים אנכי מצוך; Jer. 51, 59 הדבר אשר־צ' את־שריה; Jos. 11, 15 כ' צ' מ' את־יהושע. δ') Deut. 12, 11. 14 'בכל־אשר אנכי מ' ; Jos. 1, 16 צויתנו. 18 אצונו; 22, 2 (bis) צוה כ' עבד יי. ε') 4, 10 ככל אשר־צ' משה את־יהושע. ζ') 8, 31 כאשר צוה משה עבדי את־בני; Deut. 12, 21 צויתך. η') Das allgemeine Objekt „es" ist zu ergänzen: Jos. 8, 8 ראו צויתי אתכם. β) Das sachliche Objekt vertritt ein Infinitiv mit ל: Deut. 24, 18. 22 אנכי מצוך לעשות את־הדבר הזה; Jos. 18, 8 את־הלכים לכתב את־הארץ. γ) Ein Objektssatz. α') Eingeführt mit לאמר: Deut. 2, 4; 15, 11 (אנכי מצוך); 19, 7 (אנכי מ'); 27, 1; 31, 10. 25; Jos. 1, 10. 11; 3, 3. 8; 4, 3. 17; 6, 10. β') Ein selbständiger Satz mit ו: Gen. 18, 19 את־בניו ואת־ביתו אחריו ושמרו דרך יי; Ex. 27, 20; Lev. 24, 2 יקחו אל־בני ישראל; Num. 5, 2 וישלחו; 35, 2 ונתנו; Jos. 4, 16 ויעלו. — b) Zum doppelten Akkusativ der Person und der Sache ein Objektssatz: Jos. 1, 13 הדבר אשר צ' אתכם מ' עבדי. — c) Zum doppelten Akkusativ eine nähere Bestimmung. α) אשר מצוה אנכי אתכם היום. Dieses אשר bezieht sich auf: α') את־כל־המצוה 27, 1; 11, 13 מצותי; Deut. 11, 27 מצות יי אלהיכם. β') אשר אנכי מ'; את־כל־הדברים 28, 14. — γ') באשר statt אשר 27, 4. — β) אשר אנ' מ' אתכם היום מצוך. Dieses אשר bezieht sich auf: α') מצות יי אלהיך 28, 13; das ist wohl auch einzusetzen 30, 16*); בכל־מצותי 13, 19; 28, 1; 30, 8; את־מצות יי ואת־חקתיו 8, 1; 11, 8; 15, 5; 19, 9; המצוה הזאת 30, 11; את־כל־המצוה 10, 13; 11, 8; בכל־מצותיו וחקתיו 28, 15; את־מצותיו ואת־משפטיו 4, 40; את־המצוה יאת'

---

*) Vgl. Dillmann z. St.

במשפטים את־המשפטים 7,11; חקתיו יחקתיו מצותי משפטי 8,11. β') הדרך 11,28.
γ') אשר בבל 30,2. γ) כל־הן אנכי מצוך את־הדבר הזה היום 15,15.
δ) Eine andere Zeitbestimmung, die zu dem doppelten Akkusativ
tritt: 3,18 ארבם. בית ההיא לאמר. — 3. Die Sache, welche befohlen wird.
a) Ein Akkusativ. α) אשר Lev. 9,5; Jos. 8,35; II Reg. 18,12. β') בבל
הנביא אשר־צויתי רבי Jer. 36,8; משה עבד האלהים I Chr. 6,31. γ) באשר
צוה Ex. 16,24; Lev. 9,21; Jos. 8,33; 11,12; I Chr. 15,15; באשר אדני
משה Num. 32,25; באשר צוה משה Jos. 4,8; באשר צוה Lev. 10,18; über
8,31 vgl. unter Puʻal. — b) Ein Objektsatz. ויצו ב' וידברהו קול
במחנה Ex. 36,6; ferner nach dem Schema צוה הכהן ולקח Lev. 13,54;
14,4.5.36.40. — II. Anweisung geben, als Anweisung vorlegen, vortragen. 1. Akkusativ der Person. a) Allein: Deut. 3,28 את יהושע
וחזקהו. — b) Dazu ל des Bezugs: Num. 32,28 ויצו ל' את אלעזר וג' על לחם ב'
mit der Nebenbedeutung des Kundthuens letztwilliger Verfügung. —
2. Zwei Akkusative, der Person und der Sache. a) Allein. α) ויצום
את כל־אשר דבר ה' את Ex. 34,32. β) Statt des sachlichen Akkusativs ein Infinitiv mit ל: Lev. 7,38 ביום צותו את־בני יש' להקריב.
γ) Ein Objektsatz mit לאמר: Lev. 6,2; Num. 34,13; Deut. 31,10;
Jer. 36,5. — b) Dazu eine nähere Bestimmung. α) ארבם בית ההיא
את כל־הדברים Deut. 1,18; הדברים האלה אשר אנכי מצוך היום 6,6.
β) ארבש' 1,16; 3,21; ביום ההוא לאמר 27,11. אתחנן ביום ההוא לאמר
γ) אצוך לעיניהם Jer. 32,13. - δ) לאמר על־פי יי לאמר
Num. 36,5. ε) אל־אדניהם לאמר אתם Jer. 27,4. — III. Bestellen.
1. Eine Person, sie in das Amt einsetzen. a) Akkusativ der Person:
Num. 27,23 ויצוהו. — b) Dazu eine nähere Bestimmung: 27,19 את
לעיניהם; Jes. 45,11 ועל־פעל ידי תצוני. — 2. Etwas bestellen, einsetzen.
Deut. 33,4 תורה צוה־לנו. — Puʻal befohlen werden. Mit Bezug
auf Mose oder den Propheten ausgesagt, die einen Befehl Jahwes
erhalten haben. a) Sicher überliefert nur כאשר צויתי Ez. 12,7; 24,18;
37,7; und so ist wohl auch Lev. 8,31 zu lesen (Dillm.). — b) Nicht
ganz sicher כאשר צויתי Lev. 8,35; 10,13. — c) Sehr zweifelhaft:
Ex. 34,34 Mose richtete den Israeliten aus את אשר יצוה (vgl. dagegen LXX); Num. 3,16 כאשר צוה ist wahrscheinlich nach Sam.
צוה; 36,2 אדני צוה בי' לתת וג' ist wahrscheinlich בי' zu streichen
und צוה zu lesen*).

Ausserhalb des theologischen Sprachgebrauches:
Piʻel 1. Befehlen, gebieten, heissen. 1. Jemandem etwas befehlen.

*) Siegfried-Stade, Hebr. Wb. u. d. W.

Akkusativ der Person. a) Doppelter Akkusativ, der Person und der Sache. α) Der sachliche Akkusativ: α') מצה Jer. 35, 16.   β') אשר Gen. 27, 8 (Part.); דבר I Sam. 21, 3 (bis).   γ') בכל אשר 'צ אדם 'ב II Sam. 9, 11; Jer. 35, 18; ציר V. 10; מצוה Ruth 3, 6.   δ') באשר ציוה I Sam. 17, 20; צוה Gen. 50, 12; ציר Esr. 4, 3.   β) Das sachliche Objekt vertritt ein Infinitiv mit ל: Gen. 50, 2; II Reg. 23, 4; Jer. 36, 26; Neh. 5, 14; I Chr. 22, 6.   γ) An Stelle des sachlichen Objektes ein Objektssatz. α') Ohne Einführung: I Sam. 18, 22.   β') Eingeführt mit לאמר: Gen. 26, 11; 44, 1; Ex. 5, 6; Jos. 8, 4; Jud. 21, 10. 20; II Sam. 13, 28; 18, 5; I Reg. 22, 31; II Reg. 22, 12; 23, 21; Jer. 38, 10; Ruth 2, 15; II Chr. 18, 30.   γ') Mit בלבלי Ruth 2, 9.   δ') Ein selbständiger Satz mit כי: II Sam. 4, 12. — b) Zum doppelten Akkusativ: α) Ein mit לאמר eingeführter Objektssatz: Jer. 35, 8. 14.   β) Eine nähere Bestimmung: II Sam. 18, 12 לאמר .. אתך המלך 'צ באזנינו. — 2. ל der Person, an welche der Befehl ergeht. a) Dazu ein Infinitiv mit ל: I Chr. 22, 17. — b) Ein mit לאמר eingeführter Objektssatz: Ex. 1, 22. — c) Das allgemeine Objekt „es" ist zu ergänzen aus dem Kontext I Sam. 20, 29. — 3. על der Person, der befohlen wird. a) Dazu ein sachlicher Akkusativ. α) כל־הרעה אשר־דבר עליו I Reg. 2, 43.   β) בכל בלי 'צ אשר Esth. 4, 17.   γ) בכל 'צ עליה 2, 20. — b) Ein Infinitiv mit ל 4, 8. — c) Ein Objektssatz. α) Mit לאמר: Jer. 35, 6; Am. 2, 12.   β) Mit אשר Esth. 2, 10. — 4. Die Sache, welche jemand befiehlt. a) Akkusativ. α) Der sachliche Akkusativ ist: α') כל אשר II Sam. 21, 14.   β') בכל־הדברים האלה אשר 'צ Jer. 38, 27; בכל אשר־צ II Reg. 11, 9; 16, 16; Esth. 3, 12; 8, 9; II Chr. 23, 8.   γ') באשר 'צ Gen. 47, 11; II Sam. 13, 29.   β) Ein Objektssatz. α') Eingeführt mit לאמר II Reg. 17, 27.   β') Ein selbständiger Satz mit כי: Gen. 42, 25; Jos. 8, 29; 10, 27; I Reg. 5, 31; Jer. 37, 21. — b) Zum Objektssatz tritt ein näherer Umstand: Gen. 50, 16 לפני מותו 'צ. — 5. Betreffs jemandes (על) befehlen. Jer. 39, 11 Nebukad. befahl ': ביד נבוזראדן לאמר. — 6. Für jemanden befehlen. Esth. 3, 2 כן צוה־לו המלך. — II. Weisung, Anweisung, Auftrag geben. 1. Jemandem, Akkusativ der Person. a) Allein: Gen. 28, 1; 49, 29. 33; II Sam. 13, 28; 14, 19; I Reg. 2, 46; II Reg. 11, 15. — b) Dazu ein Objektssatz mit לאמר: Gen. 32, 5. 18. 20; II Sam. 11, 19; I Reg. 2, 1; II Reg. 11, 5; 16, 15. — c) על zur Angabe des Grundes. II Sam. 18, 5 בצוֹת המלך את־כל־השרים על 'א ולאבשלום. — 2. על der Person und ein mit לאמר eingeführter Objektssatz: Gen. 28, 6; II Chr. 19, 9. — III. Entbieten, senden. 1. Jemanden. a) Akkusativ der Person. α) Gen. 12, 20 עליו אנשים

β) Esr. 8,17 אמרה בפי־־אדו. — b) Jemanden an einen anderen mit einer Botschaft, jemandem sagen lassen; die Botschaft selbst folgt als Objektssatz ohne Einleitung. Esth. 4,10 ותצוהו אל־מ׳. — 2. Etwas entbieten. Gen. 50,16 ויצוו אל־יוסף לאמר. — IV. Bestellen. 1. Eine Person einsetzen. a) I Reg. 1,35 צ׳ להיות נגיד על־ישראל ואתו. — b) Neh. 7,2 ואצוה את־חנני .. על־ירושלם. — 2. Bestimmungen treffen. a) Über eine Person. II Sam. 14,8 יאמר אצוה עליך. — b) Vom Bestellen des Hauses. α) אל־ביתו II Sam. 17,23. β) לביתך II Reg. 20,1; Jes. 38,1. — **Pu‘al** nur Gen. 45,19 ואתה צויתה זאת עשו; richtiger aber ohne Zweifel nach LXX צו את־זה יאתה.

Dass der Stamm צוה mit وصى nicht nur, wie man allgemein glaubte, verwandt, sondern vielmehr identisch sei, hat zuerst Barth erkannt*). Die sinnliche Grundbedeutung ist demnach „binden, verbinden". Der Araber bildet davon توصية mit dem zugehörigen Denominativ „testieren", spezialisiert also die Bedeutung mehr, als der Hebräer, bei dem übrigens ein Anklang an den arabischen Sprachgebrauch in jenen Stellen des A. T. sich findet, wo צוה in der Bedeutung „letztwillige Verfügung treffen, sein Haus bestellen" verwendet wird.

קלל von קַל **Piel** den 'ב behandeln, fluchen. 1. Gott dem Herrn fluchen. a) Es folgt das Akkusativobjekt Gott, gegen den lästernde Worte auszusprechen verbietet Ex. 22,27 אלהים לא תקלל; Lev. 24,15 איש כי־יקלל אלהיו. Hieher gehört wohl auch I Sam. 3,13, wo unser Text מקללים להם בניו keinen Sinn ergibt, sondern mit LXX gelesen werden muss 'ב אלהים. — b) Ohne Objekt von der Gotteslästerung Lev. 24,11; המקלל 14.23. — 2. Menschen verfluchen. a) Mit persönlichem Objekte: Gen. 12,3 מקללך (Gegs. מברכך); Ex. 21,17 'ב אב; Lev. 19,14 חרש; 20,9 (bis) את־אביו יקלל־אמו; Deut. 23,5 לקללך, Subjekt ist Bileam; Jos. 24,9 אתכם, Subjekt ist Bileam; Jud. 9,27 את־אבימלך; II Sam. 16,9 המלך הזה את־אדני. 10 את־דוד; 19,22 את־משיח יי; Jer. 15,10**); Prov. 20,20 מ׳ אביו ואמו; 30,10 יקללך. 11 אביו דור (parall. לא יברך); Eccl. 7,21 מקללך. 22 אחרים; 10,20 (bis) fluche nicht גם במדעך מלך, und in deinen Schlafgemächern עשיר; Neh. 13,2 לקללו, Subjekt Bileam. 25 ואקלל, Nehemia den Juden, welche heidnische Weiber genommen. — b) ויקללם בשם יי II Reg. 2,24 Elisa die ihn ver-

---

*) Z.D.M.G. 41, 641.

**) „Für das völlig sinnlose כלה מקללוני wird כֻּלָּה קִלְלוּנִי zu lesen sein." Kautzsch § 61,3.

spottenden Knaben; auch von den Heiden gebraucht I Sam. 17, 43 ויקלל הפ׳ את־דוד באלהיו; schwierig ist die Entscheidung, ob in der Beschreibung der Not und Verzweiflung Jes. 8, 21 וקלל במלכו ובאלהיו, die Präposition analog den bisher angeführten Fällen soviel ist als *per* (Delitzsch), wofür mir die Wiederholung der Präposition spricht, die andeutet, dass von verschiedenen Objekten, von göttlicher und weltlicher Auktorität die Rede ist. — c) מקללי קללה נמרצת I Reg. 2, 8. — d) Absolut II Sam. 16, 5 (Part.). 7. 10. 11. 13; Ps. 62, 5 (Gegs. יברכו); 109, 28. — 3. Sachliche Objekte belegt mit Fluch: Gott Gen. 8, 21 את־האדמה; Job Hi. 3, 1 את־יומו. — Pu'al vom Fluche betroffen werden, sei es der Fluch Gottes, der den Sünder trifft Jes. 65, 20; Ps. 37, 22 (Part.; Gegs. מברכיו); oder der Fluch der Menschen, von dem ein dem Frevler gehöriges und darum als sündenbelastet angesehenes Grundstück betroffen wird Hi. 24, 18.

Über den Zusammenhang zwischen מקל, den Orakelstab (Hos. 4, 11), und „fluchen", sowie über die Etymologie vgl. Schwally, Z.A.W. XI, 170 ff.

רחם von רחמים Pi'el Erbarmen erweisen. 1. Von Gott ausgesagt. a) Akkusativ dessen, dem gegenüber Gottes Erbarmen sich bethätiget. α) Allein: Ex. 33, 19 את־אשר ארחם ורחמתי; Deut. 13, 18; 30, 3 ורחמך; II Reg. 13, 23 וירחמם; Jes. 9, 16 את־יתמיו ואת־אלמנתיו in negativer Aussage; 14, 1 את־יעקב; 27, 11 לא־ירחמנו עשהו (parall. לא יחננו); 30, 18 לרחמכם (parall. לחננכם); 49, 13 כי־נחם יי עמו וענייו ירחם; der Nichtswürdige möge sich zu Jahwe bekehren 55, 7 וירחמהו; die Nachbarvölker Israels Jer. 12, 15 ושבתי ורחמתים; 30, 18 fürwahr ich אהב משכנתיו der Zelte Jakobs ארחם; 31, 20 רחם ארחמנו; 33, 26 אשוב את־שבותם ורחמתים כראשונה; Ez. 39, 25 עתה אשיב את־שבות יעקב ורחמתי כל־בית ישראל; Hos. 1, 6 את־בית ישראל. 7 את־בית יהודה; 2, 6 ארחמה. 25 לא־רחמה; Mi. 7, 19 ישוב ירחמנו; Sach. 1, 12 את ירושלם ואת ערי יהודה; 10, 6 ורחמתים, das Haus Juda und Joseph; Ps. 102, 14 ציון. β) Zum Akkusativ eine nähere Bestimmung mit ב: Jes. 54, 8 ובחסד עולם רחמתיך; 60, 10 וברצוני רחמתיך. — b) על der Person: Ps. 103, 13 על־יראיו. — c) Mit כן: Jer. 13, 14 לא אחם מהשחיתם. — d) Absolut: Hab. 3, 2; Thr. 3, 32; das Particip als Name Jahwes mit Bezug auf das erlöste Israel Jes. 49, 10 מרחמם; 54, 10 מרחמך; im Lobpreis Jahwes Ps. 116, 5 ואלהינו מ׳. — 2. Von Menschen ausgesagt. a) Mit persönlichem Akkusativobjekt vom Mitleid und Erbarmen des Eroberers gegen den Besiegten, I Reg. 8, 50; Jer. 42, 12; oder gegen das wehrlose Kind, Jes. 13, 18 ופרי־בטן לא ירחמו; der Mutter gegen ihre Kinder

49, 15 בְּרֶחֶמָה. — b) על der Person, Ps. 103, 13 אב על־בנים. — c) Absolut, vom Erbarmen des Eroberers, Jer. 6, 23; 21, 7; 50, 42 in durchweg negativen Aussagen. — **Puʻal** Erbarmen finden, Hos. 14, 4 der Verwaiste, Prov. 28, 13 der bussfertige Sünder; sonst nur noch לא רחמה, Name der Hurentochter, Hos. 1, 6. 8; 2, 3. 25.

Ich glaube, dass die Bezeichnung für Erbarmen, Mitleid zusammengebracht werden müsse mit רחם Mutterleib, und halte den Übergang von der Abstammung aus demselben Mutterleibe zur Bedeutung der Zärtlichkeit nicht für zu gewagt. Die sinnliche Bedeutung des Stammes ist wohl „weich sein"; dafür zeugt noch das nahe verwandte رخم*).

IX. Piʻel — Hiphʻil.

בֵּעֵר von בְּעִיר **Piʻel** austilgen, nur von der Vertilgung des Bösen und des in den Augen Jahwes Greuelhaften. 1. In Strafsentenzen Jahwes. a) Jemanden: I Reg. 14, 10 ובערתי אחרי בית־ירבעם כאשר יבער הגלל; den Ahab 21, 21 ובערתי אחריך. — b) Absolut: Num. 24, 22 כי אם־יהיה לבער קין; Jes. 4, 4 רוח בער; auch das übrig gebliebene Zehntel des Volkes trifft das Strafgericht 6, 13 והיתה לבער. — 2. In der legislatorischen Formel Deut. 13, 6; 17, 7; 19, 19; 21, 21; 22, 21. 24; 24, 7 ובערת הרע מקרבך; 17, 12; 22, 22 ובערת הרע מישראל; 21, 9 הדם הנקי מקרבך; 19, 13 דם־הנקי מישראל; mit Bezug auf den Zehent 26, 13 בערתי הקדש מן־הבית. 14 לא־בערתי ממנו בטמא. Im Anschlusse an diese Formel der Entschluss Israels betreffend die Bürger Gibeas Jud. 20, 13 ונבערה רעה מישראל; im Berichte über Josaphat I Reg. 22, 47 ויתר הקדש .. בער 'ב; Josia II Reg. 23, 24 גם את־האבות ואת־הידעונים ואת; התרפים ואת־הגלולים בער; Josaphat II Chr. 19, 3 האשרות מן־הארץ. — **Hiphʻil** nur I Reg. 16, 3 in Jahwes Strafsentenz הנני מבעיר אחרי בעשא.

Ausserhalb des theologischen Sprachgebrauches: **Piʻel** abweiden: a) Im eigentlichen Sinne vom Vieh: Ex. 22, 4 בשדה אחר. — b) Im Bilde: Jes. 3, 4 בערתם הכרם; den Zaun vom Weinberge will der Herr wegreissen 5, 5 והיה לבער. — **Hiphʻil** beweiden lassen, Ex. 22, 4 שדה איש־בערה.

Die Denomination ging vom Piʻel aus. Für den denominativen Charakter selbst spricht wohl Ex. 22, 4 klar; dagegen ist der etym.

---

*) Ps. 18, 2 ארחמך gehört natürlich nicht hieher und ist übrigens wohl wahrscheinlich Schreibfehler für ארוממך.

Zusammenhang mit בער „brennen" ganz zweifelhaft. Ich wäre für eine reinliche Scheidung beider Verba. Vgl. jedoch Gesenius' H.W.B.¹² u. d. W.

יחל — **Pi'el** 1. Harren. a) Ausdruck heilsbegieriger Sehnsucht und gläubiger Zuversicht. α) ל dessen, worauf man harrt. α') Gott: Ps. 31, 25 לְךָ הִיַחֲלוּ‎; 69, 4 לֵאלֹהָיו מְיַחֵל עֵינַי כָּלוּ‎; 33, 22 לָךְ יִחַלְנוּ כַּאֲשֶׁר‎. — β') Jes. 42, 4 יְיַחֵלוּ אִיִּים וּלְתוֹרָתוֹ‎; Ps. 33, 18; 147, 11 לְחַסְדּוֹ הַמְיַחֲלִים‎; 119, 74. 81. 114. 147 יִחָלְתִּי לִדְבָרְךָ‎. 43 לְמִשְׁפָּטֶךָ‎. β) Mit אל. α') Gottes: 130, 7; 131, 3 אֶל יי יִשְׂרָאֵל יַחֵל‎. β') Jes. 51, 5 יְיַחֵלוּן אֶל זְרֹעִי‎ (parall. אלי .. יקוו‎). — γ) Mit adverbiellem Akkusativ: Ps. 71, 14 תָמִיד אֲיַחֵל אִיחָלָה‎. — b) Harren auf Befreiung von Übel, auf irdisches Glück und Segensstand. α) Mit ל, auf etwas: Hi. 30, 26 לָאוֹר‎. β) Akkusativ der Zeit: 14, 14 בֹּא צְבָאִי כָּל יְמֵי‎. — γ) Absolut: 13, 15 אֲיַחֵל לֹא‎*). — c) Harren auf Erfüllung eines Lügenorakels: Ez. 13, 6 דָּבָר לְקַיֵּם‎. — 2. Geduld haben in dem von Gott verhängten Unglück: Hi. 6, 11 אֲיַחֵל כִּי מַה־כֹּחִי‎. — 3. Jemanden hoffen lassen: Ps. 119, 49 דְּבַר לְעַבְדְּךָ‎ יִחַלְתָּנִי אֲשֶׁר עַל‎. — **Hiph'il** harren, von der gottergebenen, glaubensfesten Zuversicht. a) Mit ל. α) Gottes: II Reg. 6, 33 עוֹד לַיי מַה אוֹחִיל‎; Ps. 38, 16 הוֹחָלְתִּי יי לְךָ כִּי‎; 42, 6. 12; 43, 5 לֵאלֹהִים הוֹחִילִי‎; Mi. 7, 7 יִשְׁעִי לֵאלֹהֵי אוֹחִילָה‎; Thr. 3, 24 לוֹ אוֹחִיל עַל כֵּן‎. β) Ps. 130, 5 לִדְבָרוֹ הוֹחָלְתִּי‎*). — b) אוֹחִיל כִּי‎ Thr. 3, 21.

Ausserhalb des theologischen Sprachgebrauches: **Pi'el** harren, warten auf jemanden. Die Regentropfen Mi. 5, 6 עֲשֵׂב‎ אָדָם‎ (parall. לְאִישׁ יְקַוֶּה‎); in der Schilderung von Hiobs ehemaligem Glücke Hi. 29, 21 יִחֵלוּ לִי שָׁמְעוּ‎. 23 לִי כַמָּטָר יִחֲלוּ‎. Vielleicht gehört hieher Gen. 8, 12 אֲחֵרִים יָמִים שִׁבְעַת עוֹד וַיִּיָּחֶל‎**). — **Hiph'il** harren, warten. a) Vor jemandem, die Zeit nutzlos verbringen: II Sam. 18, 14 בְּכַף‎ לְפָנֶיךָ אוֹחִילָה‎. — b) Auf etwas warten: Hi. 32, 11 לְדִבְרֵיכֶם‎. — c) Mit Zeitbestimmung: I Sam. 10, 8; 13, 8 יָמִים שִׁבְעַת‎. — d) Absolut: Hi. 32, 16.

Das Denominativ ist mit חיל‎ „in Krämpfen sich winden" nahe verwandt, vielleicht ursprünglich ganz identisch, und erst im theol. Sprachgebrauche, der übrigens nur später Schriftperiode eignet, zur Differenzierung der Bedeutung aus einem mittenvokalischen in einen vornvokalischen Stamm umgeschlagen. Dafür spricht, dass der

---

*) Vgl. jedoch Kautzsch, Textkr. Erl. z. St.

**) Die Punktation als Niph. ist natürlich sinnlos, ebenso wie Ez. 19, 5 נוֹחֲלָה‎, wofür Cornill וַאֲלָה‎ schreibt.

Stamm חיל gerade in den ältesten Stellen (Gen. 8, 10; Jud. 3, 25; offenbar auch II Sam. 18, 14) neben יחל in der Bedeutung „harren, warten" noch vorkommt. Dagegen kann nicht geltend gemacht werden, dass Hiph. auf einen Stamm יפ׳ hinweist, denn neben חיל kommt auch חיל vor, wie wenigstens Jer. 51, 29 darthut, selbst wenn man in dem Imper. הילילי Mi. 4, 10 nur absichtliche Dissimilierung des Vokales aus ursprünglichem היליל annehmen will. Dazu kommt noch der Umstand, dass Gen. 8, 12 וַיִּיָּחֶל, I Sam. 13, 8 וַיֹּחֶל auf ein altes Hiph. von יפ׳ hindeuten, denn ich halte in beiden Fällen für die richtige Punktation וַיָּחֶל. Dass aber ein derartiger Bedeutungsübergang „in Krämpfen sich winden — harren, warten" nicht unmöglich und wie er stattgefunden haben kann, zeigt Jes. 26, 18.

נבט — das Nomen nicht erhalten. **Pi'el** nur Jes. 5, 30 וְיַבֵּט לָאָרֶץ, einen Blick thuen um Rettung in der Not; Subjekt ist Juda. — **Hiph'il** einen Blick thuen. 1. Von Gott ausgesagt, ist je nach dem Affekte, mit dem jener Blick begleitet ist, das Denominativ gebraucht: a) Vom Gnadenblicke Jahwes. α) Mit folgendem Akkusativ Am. 5, 22 שֶׁלֶם מְרִיאֵיכֶם in negativer Aussage; im Gebete an Jahwe Ps. 84, 10 פְּנֵי מְשִׁיחֶךָ (neben ראה); mit Objektssatz, gleichfalls im Gebete Jes. 64, 8 עַבְדְּךָ כֻלָּנוּ; ein persönlicher Akkusativ in negativer Aussage Thr. 4, 16 (parall. פְּנֵי כֹהֲנִים לֹא נָשָׂאוּ וּזְקֵנִים לֹא חָנָנוּ). — β) ל der Sache: im Gebete Ps. 74, 20 הַבֵּט לַבְּרִית. — γ) Mit einer näheren Bestimmung: in der Gebetsformel הַבֵּט מִשָּׁמַיִם וּרְאֵה Jes. 63, 15; Ps. 80, 15. — δ) Absolut im Gebete: Ps. 13, 4 הַבִּיטָה neben עֲנֵנִי. — b) Vom teilnehmenden Blicke Gottes auf den Kummer und die Bedrückung Frommer. α) Mit Akkusativ: Ps. 10, 14 עָמָל וָכַעַס תַּבִּיט; im Gebete: Thr. 1, 11 רְאֵה יְהוָה וְהַבִּיטָה כִּי הָיִיתִי זוֹלֵלָה; 5, 1 הַבִּיט וּרְאֵה אֶת־חֶרְפָּתֵנוּ (parall. זכר). — β) אל der Person: Jes. 66, 2. — c) Vom teilnehmenden Blicke Jahwes, den er richtet auf das Thuen und Treiben der Menschen als Zeuge und weiterhin als Richter desselben. α) Mit Akkusativ: Thr. 3, 63 שִׁבְתָּם וְקִימָתָם. — β) Mit einem näheren Umstande: Ps. 33, 13 מִשָּׁמַיִם (neben ראה); 102, 20 מִשָּׁמַיִם אֶל־אֶרֶץ; 104, 32 (Part.) לָאָרֶץ; Hi. 28, 24 לִקְצוֹת־הָאָרֶץ. — γ) Absolut: Jes. 63, 5. — d) Vom absichtlich oder scheinbar teilnahmslosen Blick Jahwes auf Thuen und Treiben der Menschen. α) Mit Akkusativ, der Person Hab. 1, 13 בֹּגְדִים; der Sache V. 3 עָמָל. — β) Mit אל 1, 13 אֶל־עָמָל. — γ) Mit näherem Umstande: Jes. 18, 4 בִּמְכוֹנִי. — e) Vom Sehen schlechtweg, das demjenigen nicht abgesprochen werden kann, der das menschliche Auge gebildet Ps. 94, 9. — 2. Vom Menschen aus-

gesagt. a) Vertrauend hinschauen, als Ausdruck heilsbegieriger Sehnsucht nach Hilfe in der geistigen Not. Mit אל: Num. 21, 9 אל נחש הנחשת; Jes. 22, 11 אל־עשיה, in negativer Aussage von dem Volke, das auch in dem eben hereinbrechenden Strafgerichte Gottes Hand nicht erkennen will; Jon. 2, 5 אל־היכל קדשך; in der schwierigen Stelle Sach. 12, 10 והביטו אלי את אשר־דקרו; endlich Ps. 34, 6 אליו, zu Gott. — b) Hilfesuchend in irdischen Nöten: Jes. 8, 22 אל־ארץ; 22, 8 אל־נשק בית היער; vielleicht gehört hierher I Sam. 2, 32. — c) Vom freudigen Blick, wegen des Strafgerichtes, das denjenigen ereilt, welcher nicht in Gott, sondern in seiner Bosheit seine Stärke sucht: Ps. 92, 12 עיני בשורי. — d) Vom schadenfrohen Blick des Bösewichtes auf den leidenden Gerechten 22, 18; von dem, der seine Genossen trunken macht, um sich an ihrer Schande zu weiden Hab. 2, 15, על־מעוריהם. — e) Schauen. α) Mit leiblichem Auge: Ex. 3, 6 אל־האלהים; Num. 12, 8 תמנה יי יביט; der Fromme Ps. 91, 8 בעיניך תביט; das Thuen Gottes Hi. 36, 25 אנוש יביט בו אנוש יראה מרחוק*). — β) Mit dem Auge des Glaubens: Ps. 119, 18 ואביטה נפלאות. — f) Meditierend dem Auge des Geistes etwas vergegenwärtigen. α) Mit אל: Jes. 51, 1 אל־צור. 2 אל־אברהם. 6 אל־הארץ.
β) Mit Infinitiv: Jes. 42, 18 הבטים לראות. γ) Absolut: Hab. 1, 5 ראו בגוים והביטו; Thr. 1, 12 הביטו וראו. — g) Etwas beachten. α) In seinen Folgen, daraus eine Mahnung, eine Lehre ableiten: Jes. 5, 12 אל פעל בב (parall. מעשה ידיו לא ראו). — β) Etwas befolgen: Ps. 119, 6 אל־כל־מצותיך; dagegen Akkusativ V. 15 ארחתיך.

Ausserhalb des theologischen Sprachgebrauches: **Hiph'il** einen Blick thuen: a) Hinsehen. α) Mit אחרי, hinter sich schauen: Gen. 19, 17; Ex. 33, 8; I Sam. 24, 9; mit מאחרי Gen. 19, 26. — β) Mit näherem Umstande: Gen. 15, 5 השמימה; I Reg. 18, 43 דרך־ים; Ps. 142, 5 הביט ימין; Hi. 35, 5 שמים וראה; Prov. 4, 25 לנכח; vom Tiere gebraucht Hi. 39, 29 למרחוק. — γ) Absolut: I Sam. 17, 42 (neben ראה); I Reg. 18, 43; 19, 6; I Chr. 21, 21 (neben ראה). — b) Mit Aufmerksamkeit, Überraschung, überhaupt mit besonderem Affekte hinschauen. α) Mit אל: I Sam. 16, 7; II Reg. 3, 14. β) Absolut: Hi. 6, 19. — c) Erblicken, etwas Num. 23, 21; jemanden Jes. 38, 11.

In der einzigen Pi'elstelle sind wohl Zweifel an der Richtigkeit des Textes gerechtfertigt. Selbst wenn aber der Text vollkommen intakt wäre, so wäre נבט nicht Niph'al, wie Dillmann und

---
*) Vgl. dagegen Hoffmann z. St.

vor ihm Böttcher behaupten. Letzterer, weil für Pi'el weder das Pathach, noch eine Sinnverstärkung, noch die impersonelle Stellung motiviert erscheint*). Allein das Pathach bedarf einer besonderen Motivierung nicht, und wenn eine Sinnverstärkung nicht beabsichtigt wäre, dann dürfte בבם überhaupt nicht, auch nicht im Niph'al, in Verwendung kommen. Endlich impersonell ist das Verbum hier nicht gebraucht. Die Etymologie des Verbums ist dunkel; ich kenne auch in den übrigen semitischen Sprachen keinen entsprechenden Stamm. Vgl. jedoch Delitzsch, Proleg. 98.

לישָׁן von לָשׁוֹן Po'el jemanden verleumden, Ps. 101, 5 מְלָושְׁנִי בַסֵּתֶר רֵעֵהוּ. — Hiph'il in derselben Bedeutung, Prov. 30, 10 אַל־תַּלְשֵׁן עֶבֶד אֶל־אֲדֹנָו.

עִשֵׂר von עֶשֶׂר Pi'el 1. Den Zehnten geben, verzehnten zu gottesdienstlicher Verwendung. Es folgt Akkusativ der Sache. a) Allein: Deut. 14, 22 עַשֵּׂר תְּעַשֵּׂר אֵת כָּל־תְּבוּאַת זַרְעֶךָ. — b) Dazu Dativ der Person: Gen. 28, 22 וְכֹל אֲשֶׁר תִּתֶּן־לִי עַשֵּׂר אֲעַשְּׂרֶנּוּ לָךְ. — 2. Den Zehnten erheben oder einsammeln: Neh. 10, 38 וְהֵם הַלְוִיִּם יְעַשְּׂרוּ אֵת הַמַּעֲשֵׂר. — Hiph'il 1. Den Zehnten geben, Abgabe an die Leviten und Armen: Deut. 26, 12 לַעְשֵׂר אֶת־כָּל־מַעְשַׂר תְּבוּאָתֶךָ. — 2. Den Zehnten erheben: Neh. 10, 39 הַלְוִיִם מְעַשְּׂרִים.

Ausserhalb des theologischen Sprachgebrauches: Kal mit dem Zehnten belegen, Besteuerung seitens der weltlichen Obrigkeit: I Sam. 8, 15 וְזַרְעֵכֶם וְכַרְמֵיכֶם יַעְשֹׂר. 17 צֹאנְכֶם יַעְשֹׂר.

Über die Grundbedeutung des Stammes vgl. Gesenius' H.W.B.[12] Die beiden unter Hiph. registrierten Formen sind nach Barth Z.D.M.G. 43, 184 Überreste des i-Infinitivs Kal. Vgl. Kautzsch § 53, 3, Anm. 2.

קִדֵּם von קֶדֶם Pi'el 1. Entgegenkommen im freundlichen Sinne. a) Subjekt Jahwe, seine Erbarmungen und Gnadenerweise. Es folgt Akkusativ der Person. α) Allein: Ps. 59, 11 אֱלֹהֵי חַסְדִּי יְקַדְּמֵנִי**); 79, 8 יְקַדְּמוּנוּ רַחֲמֶיךָ. β) Doppelter Akkusativ: 21, 4 תְּקַדְּמֶנּוּ בִּרְכוֹת טוֹב. — b) Subjekt ist der Mensch, der Gott dem Herrn entgegenkommt mit Opfer und Gebet. α) Zum Akkusativ Gottes בְּ des Mittels: Mi. 6, 6 בַּמָּה אֲקַדֵּם יְהוָה .. אֲקַדְּמֶנּוּ בְעֹלוֹת; Ps. 95, 2 נְקַדְּמָה פָנָיו בְּתוֹדָה. β) Eine Zeitbestimmung: 88, 14 וּבַבֹּקֶר תְּפִלָּתִי תְקַדְּמֶךָּ. — 2. Entgegenkommen im feindlichen Sinne. a) Subjekt ist Jahwe.

---

*) Ausführliches Lehrbuch § 1100, 5.
**) Vgl. jedoch Kautzsch, Textkr. Erl. z. St.

Im Gebete um Einschreiten gegen den Feind Ps. 17, 13 קדמה פניו. —
b) Subjekt der Bösewicht, Tod und Unglück. α) Der persönl.
Akkusativ allein: II Sam. 22, 6; Ps. 18, 6 קדמוני מוקשי מות; Hi. 30, 27
קדמני ימי־עני. β) Dazu eine nähere Bestimmung: II Sam. 22, 19;
Ps. 18, 19 יקדמוני ביום־אידי. — 3. Vorausgehen. In der Schilderung
der Grösse Gottes: Ps. 89, 15 חסד ואמת יקדמו פניך. — **Hiph'il**
1. Herankommen an jemanden: Am. 9, 10 ותקדים בעדינו הרעה. —
2. Gott dem Herrn etwas zuvorthuen: Hi. 41, 3 מי הקדימני ואשלם*).

Ausserhalb des theologischen Sprachgebrauches:
Pi'el 1. Entgegenkommen im freundlichen Sinne. Es folgt Akkusativ der Person. a) Allein: Hi. 3, 12. b) Dazu ב des Mittels:
Deut. 23, 5 קדמו בלחם ובמים; Jes. 21, 14 בלחמו קדמו; Neh. 13, 2 קדמו
את־ישראל בלחם ובמים. — 2. Entgegenkommen im feindlichen Sinne:
II Reg. 19, 32; Jes. 37, 33 ולא־יקדמנה מגן. — 3. Temporal: zuvorkommen, überholen. a) Mit Akkusativ: Ps. 119, 148 קדמו עיני אשמרות. —
b) Mit ב der Zeit und folgendem Verb. fin.: 119, 147 קדמתי בנשף
ואשועה. — c) Infinitiv mit ל: Jon. 4, 2 לברח תרשישה. — 4. Lokal: an
der Spitze marschieren, voranziehen, Ps. 68, 26.

Das Denominativ bedeutet zunächst „nach dem Vorne hingehen"; vgl. im Arab. أَقْدَمَ von قُدَّام.

קנא von קִנְאָה **Pi'el** 1. ק׳ bethätigen. 1. Subjekt ist Gott.
a) Die ק׳ ist die Energie seiner Heiligkeit, die er bethätiget: Ez.
39, 25 לשם קדשי. — b) Der Liebeseifer, den er bethätigt für jemand,
mit ל. α) Allein: Jo. 2, 18 לארצו. — β) Dazu ein inneres Objekt:
Sach. 1, 14 קנאתי לציון קנאה גדולה; 8, 2 (bis) לירושלם וֹלציון קנאה גדולה
וחמה גדולה קנאתי לה. — 2. ק׳ bethätigen. Subjekt ist der Mensch.
a) Die ק׳ ist durch die That sich erweisendes Interesse für die
Rechte eines anderen, Eifer im sittlich-guten Sinne. α) Für Gott
und seine Rechte. α') ל Gottes: Num. 25, 13 לאלהיו; I Reg. 19, 10. 14
קנא קנאתי ליי אלהי צבאות. — β') Mit innerem Objekte: Num. 25, 11
בקנאו את־קנאתי בתוכם. β) Für Menschen. Es folgt ל der Person:
11, 29 המקנא אתה לי; II Sam. 21, 2 בקנאתו לבני־ישראל ויהודה. — b) ק׳ ist
der Zorneseifer oder sittliche Unwille über das Treiben der Frevler
namentlich bei der Beobachtung, dass diese scheinbar straflos ausgehen. Es folgt ב der Person: Ps. 37, 1 בעשי עולה (parall. אל־תחר

---

*) Dagegen Hoffmann: „Wer tritt mir entgegen, den ich heil liesse"
(וְאַשְׁלֵם).

בְּבֶטֶן); 73,3 בְּחֻלְלִי; Prov. 24,19 בִּרְשָׁעִים (parall. אַל־תִּתְחַר בַּמְּרֵעִים). —
c) 'ק ist sittlich schlechter, weil lediglich auf das Böse bezüglicher
Wetteifer. Es folgt ב der Person: Prov. 3,31 בְּאִישׁ חָמָס (parall. אַל־
תְּקַנֵּא בְּבֶן־אָדָם); 23,17 בְּחַטָּאִים; 24,1 לִבְּךָ; 24,1 בְּאַנְשֵׁי רָעָה (parall. אַל־תִּתְאָו
לִהְיוֹת אִתָּם). — d) 'ק ist der Neid, die Eifersucht im sittlich-religiösen
Sinne. α) Von dem wiederhergestellten Israel: Jes. 11,13 אֶפְרַיִם לֹא־יְקַנֵּא
אֶת־יְהוּדָה. β) Ps. 106,16 וַיְקַנְאוּ לְמֹשֶׁה בַּמַּחֲנֶה. — 3. 'ק erregen; ausschliesslich die wegen Abgötterei als Zorn sich manifestierende 'ק Gottes.
Deut. 32,21 קִנְאוּנִי בְלֹא־אֵל; I Reg. 14,22 וַיְקַנְאוּ אֹתוֹ... בְּחַטֹּאתָם. — **Hiph'il**
'ק erregen. 1. Mit Bezug auf Gott ist es sein durch Abgötterei
hervorgerufener Zorn. a) Akkusativ Gottes und ב des Mittels:
Deut. 32,16 יַקְנִאֻהוּ בְּזָרִים (parall. בְּתוֹעֵבֹת יַכְעִיסֻהוּ); Ps. 78,58 וַיַּכְעִיסוּהוּ
בְּבָמוֹתָם וּבִפְסִילֵיהֶם יַקְנִיאוּהוּ (parall.). — b) Mit innerem Objekte: Ez. 8,3
סֵמֶל הַקִּנְאָה הַמַּקְנֶה. — 2. Mit Bezug auf Menschen ist es die von
Gott strafweise durch Zorn und gekränktes Ehrgefühl hervorgerufene
Erregung: Deut. 32,21 אַקְנִיאֵם בְּלֹא־עָם (parall. בְּגוֹי נָבָל אַכְעִיסֵם).

Ausserhalb des theologischen Sprachgebrauches:
Pi'el 1. Jemanden beneiden im gewöhnlichen Sinne: Gen. 26,14 אֹתוֹ
פְּלִשְׁתִּים; bildnisweise Ez. 31,9 וַיְקַנְאֻהוּ כָּל־עֲצֵי־עֵדֶן. — 2. Auf jemanden
eifersüchtig sein. a) ב der Person: Gen. 30,1 וַתְּקַנֵּא רָחֵל בַּאֲחֹתָהּ; 37,11 בּוֹ
אֶחָיו. — b) Akkusativ der Person, von dem gegen sein Weib den
Argwohn des Ehebruches hegenden Mann: Num. 5,14 *(bis)*. 30 וְקִנֵּא
אֶת־אִשְׁתּוֹ.

Der Sprachgebrauch zeigt Pi'el als die ältere Konjugation. Die
Beobachtung der verschiedenartigen Verwendung des Verbums führt
auf den allen Gebrauchsweisen gemeinsamen Begriff einer inneren
Erregung, welche, wie in unseren Sprachen, nach den äusserlich zu
Tage tretenden Symptomen benannt ist: كَنَأَ „rot sein". Das De-
nominativ kommt auch im Aram. vor.

X. Pu'al — Hiph'il.

גֻּשַּׁם von גֶּשֶׁם Pu'al beregnet werden. In negativer Aussage,
Folge des göttlichen Zornes: Ez. 22,24 אַתְּ אֶרֶץ לֹא מְטֹהָרָה הִיא לֹא
גֻשְׁמָה בְּיוֹם זָעַם. — **Hiph'il** Regen spenden: Jer. 14,22 הֲיֵשׁ בְּהַבְלֵי
הַגּוֹיִם מַגְשִׁמִים.

Ein Versuch der etym. Deutung des Nomens bei Delitzsch,
Hiob², S. 483. Richtig wohl Barth, Etym. St. 2, der auf سَجَمَ
„vergiessen" und ساجم „fliessend" hinweist.

עָפַל von עֹפֶל **Pu'al** nur Hab. 2, 4 עֻפְּלָה לֹא־יָשְׁרָה in der Charakterisierung des Chaldäers*). — **Hiph'il** eine Vermessenheit begehen, nur Num. 14, 44 וַיַּעְפִּלוּ לַעֲלוֹת אֶל־רֹאשׁ הָהָר.

Die sinnliche Grundbedeutung wird wohl „anschwellen" sein; vgl. das Arab.

XI. Pi'el — Hithpa'el.

שִׁבַּח — **Pi'el** loben, preisen im kultischen Sinne. a) Akkusativ Gottes: Ps. 63, 4 שְׂפָתַי יְשַׁבְּחוּנְךָ; 117, 1 שַׁבְּחוּהוּ (parall. הַלְלוּ); 147, 12 שַׁבְּחִי יְרוּשָׁלִַם אֶת־יְיָ (parall. הַלְלִי). — b) Sachlicher Akkusativ: 145, 4 דּוֹר לְדוֹר יְשַׁבַּח מַעֲשֶׂיךָ. — **Hithpa'el** sich rühmen: 106, 47; I Chr. 16, 35 לְהִשְׁתַּבֵּחַ בִּתְהִלָּתֶךָ.

Ausserhalb des theologischen Sprachgebrauches: **Pi'el** 1. Jemanden glücklich preisen: Eccl. 4, 2 אֶת־הַמֵּתִים. — 2. Preisen: 8, 15 אֶת־הַשִּׂמְחָה.

Die Grundbedeutung des Verbums sieht Schwally, Idiotikon des christl.-pal. Aram. 91, in שׁבח „besänftigen", welch letzteres daher von obigem Verbum eigentlich nicht zu trennen wäre, wie denn auch Gesenius im Thes. nur einen Stamm שׁבח kennt. Das Verbum mit der Bed. „loben, preisen" ist nach Schwally Aramaismus.

פֵּאֵר von הִפְאֶרֶת **Pi'el** 'ה bereiten. 1. Im geistigen Sinne von der Verherrlichung, die Israel zu teil wird von seiten seines Gottes. Es folgt der Akkusativ. a) Allein: Jes. 55, 5; 60, 9 כִּי פֵאֲרָךְ. — b) Dazu ein näherer Umstand: Ps. 149, 4 יְפָאֵר עֲנָוִים בִּישׁוּעָה. — 2. Vom Bereiten äusserer Pracht und Herrlichkeit, nur bezüglich des Heiligtumes ausgesagt. Der Herr selbst Jes. 60, 7 וּבֵית תִּפְאַרְתִּי אֲפָאֵר, indem dasselbe mit den Weihegaben der bekehrten Heidenvölker geziert wird; im neuen Jerusalem wird die Pracht des Libanon kommen, 60, 13 לְפָאֵר מְקוֹם מִקְדָּשִׁי; der Perserkönig, der freiwillig Gold und Silber dem Gotte Israels darbringt, Esr. 7, 27 יְיָ לְפָאֵר אֶת־בֵּית. — **Hithpa'el** 'ה sich bereiten. 1. Von Gott ausgesagt = sich verherrlichen. a) ב der Person, an und durch jemanden: Jes. 44, 23 בְּיִשְׂרָאֵל; 49, 3 בְּךָ. — b) Absolut: 60, 21; 61, 3 לְהִתְפָּאֵר. — 2. Von Menschen = sich brüsten oder prahlen, Ausdruck des auf die eigene Kraft pochenden Hochmutes: Jud. 7, 2 פֶּן־יִתְפָּאֵר עָלַי יִשְׂרָאֵל לֵאמֹר.

---

*) Ist aber doch wohl Textfehler: vgl. Wellhausen, Skizzen und Vorarb. V, 163.

Ausserhalb des theologischen Sprachgebrauches: **Hithpaʻel** 1. Höflichkeitsformel: Ex. 8, 5 התפאר לי. — 2. Sich brüsten: Die Axt Jes. 10, 15 יתפאר בו.

Die Bedeutung „sich prahlen, brüsten" erinnert an das im Syr. vorkommende אתפער „irritiert werden" als an einen nahe verwandten Stamm, dessen Peal im Syr. nicht gebräuchlich, dagegen in فار mit der sinnlichen Bedeutung „aufwogen, aufwallen" zu belegen ist. Dagegen Barth Etym. St. 21 stellt פאר = فخر „sich rühmen".

פלל von פליל **Piʻel** im allgemeinen == עשׂה פלילה. 1. Einen Schiedsrichter machen, Entscheidung üben. a) Von Gott ausgesagt: I Sam. 2, 25 אם־יחטא איש לאיש ופללו אלהים*). — b) Von priesterlicher Entscheidung: Ps. 106, 30 ויפלל näml. Pinehas, der dadurch vermittelte zwischen dem eifernden Gott und dem ungetreuen Israel, dass er die schuldige Genugthuung vollzog. — c) Im weiteren Sinne von Jerusalem ausgesagt: Ez. 16, 52 אשר פללת לאחותך בחטאתיך. — **Hithpaʻel** 1. Sich zum Schiedsrecht Übenden machen bei Vergehungen gegen Gott: I Sam. 2, 25 אם לי״י יחטא איש מי יתפלל־לו. — 2. Sich zu einem machen, der Vermittlung übt d. i. Fürbitte thuen bei Gott. a) אל Gottes. α) Allein: Num. 11, 2; 21, 7 (Subjekt Mose). β) Hinzukommt בעד desjenigen, für welchen die Fürbitte bei Gott geschieht: I Sam. 7, 5 אתפלל בעדכם אל־י״י; קבצו את־כל־ישׂראל המצפתה; 12, 19 בעד עבדיך אל־י״י אלהיך, an beiden Stellen Samuel Subjekt; Jer. 29, 7 בעדה אל־י״י näml. העיר, Subjekt die Deportierten; in der Aufforderung an den Propheten 37, 3; 42, 20 בעדנו אל־י״י אלהינו; 42, 2 בעדנו אל־י״י אלהיך בעד כל־השׁארית. γ) Sonst eine Bestimmung: Subjekt der Prophet 42, 4 הנני מתפלל אל־י״י אלהיכם בדבריכם. — b) Die Person, für welche die Fürbitte geschieht. α) Mit בעד. α') Allein: Gen. 20, 7 (Abraham); Num. 21, 7 (Mose); I Sam. 12, 23 (Samuel); I Reg. 13, 6 (der Gottesmann aus Juda); Jer. 7, 16; 11, 14 (der Prophet Jeremia); Hi. 42, 10 (Hiob). β') Dazu eine nähere Bestimmung: Deut. 9, 20 גם־בעד אהרן בעת ההיא (Mose); Ps. 72, 15 ויתפלל בעדו תמיד, für den König; Subjekt ist das unbestimmte „man". β) Mit על. α') Allein: Hi. 42, 8 (Hiob). β') Dazu ein Objektsatz: II Chr. 30, 18 יחזקיהו עליהם לאמר. — 3. Allgemein beten, flehen. a) Zum Gotte Israels. α) Die Person Gottes ist genannt. α') Mit אל. α") Allein: Gen. 20, 17;

---

*) Vgl. Wellhausen, Der Text der BB. Sam. 47 ff.

I Sam. 1, 10*). 26; 8, 6; II Reg. 4, 33; Jer. 29, 12; Ps. 5, 3; Neh. 2, 4; 4, 3; II Chr. 32, 24; 33, 13. β'') Dazu Akkusativ des Gebetes: II Sam. 7, 27 אֶת־הַתְּפִלָּה הַזֹּאת ; אֵלֶיךָ I Reg. 8, 54 אֶל־יְיָ אֵת כָּל־הַתְּפִלָּה וְהַתְּחִנָּה הַזֹּאת. γ'') Das Gebet selbst angeknüpft mit וַיֹּאמַר Deut. 9, 26; וַיֹּאמֶר II Reg. 6, 18; Jes. 38, 2; Jon. 2, 2; 4, 2; לֵאמֹר II Reg. 20, 2; Jes. 37, 15; Jer. 32, 16. δ'') אֶל wegen jemand: II Reg. 19, 20; Jes. 37, 21 אֲשֶׁר הִתְפַּלַּלְתָּ אֵלַי אֶל־סַנְחֵרִיב. - ε'') אֶל־יְיָ דֶּרֶךְ עִירוֹ I Reg. 8, 44; II Chr. 6, 34; דֶּרֶךְ אַרְצָם I Reg. 8, 48; II Chr. 6, 38. — ζ'') כָּל־זֹאת אֵלֶיךָ Ps. 32, 6. – β') Mit לִפְנֵי. α'') Allein: I Sam. 1, 12; I Chr. 17, 25. β'') Dazu Akkusativ des Gebetes: I Reg. 8, 28; II Chr. 6, 19 אֶת־הָרִנָּה וְאֶת־הַתְּפִלָּה אֲשֶׁר עַבְדְּךָ מִתְפַּלֵּל לְפָנֶיךָ. γ'') Der Wortlaut des Gebetes, angeknüpft mit וַיֹּאמַר II Reg. 19, 15; וַיֹּאמֶר Neh. 1, 4. γ') Mit לְ: Dan. 9, 4 לַיְיָ אֱלֹהַי. - β) Mit אֶל dessen, um das man betet: I Sam. 1, 27 אֶל־יְיָ הַזֶּה. γ) Mit אֶל der Richtung. α') Allein: I Reg. 8, 35; II Chr. 6, 26 אֶל־הַמָּקוֹם הַזֶּה ; I Reg. 8, 42; II Chr. 6, 32 אֶל־הַבַּיִת הַזֶּה. β') Dazu der Akkusativ des Gebetes: I Reg. 8, 29; II Chr. 6, 20 הַתְּפִלָּה אֲשֶׁר יִתְפַּלֵּל עַבְדְּךָ אֶל־הַמָּקוֹם הַזֶּה ; I Reg. 8, 30; II Chr. 6, 21 .. תְּחִנַּת עַבְדְּךָ אֶל־הַמָּקוֹם הַזֶּה. δ) כָּל־זֹאת 32, 20. ε) Absolut: I Sam. 2, 1; I Reg. 8, 33; II Reg. 6, 17; Jes. 16, 12; Dan. 9, 20; Esr. 10, 1; II Chr. 6, 24; 7, 1. 14. — b) Zu den Göttern: Mit אֶל Jes. 45, 20 לֹא מִתְפַּלְלִים אֶל־אֵל יוֹשִׁיעַ; 44, 17 לֵאמֹר הַצִּילֵנִי כִּי אֵלִי אַתָּה יִתְפַּלֵּל אֵלָיו. — c) Zu der Gemeinde: 45, 14 אֵלַיִךְ יִשְׁתַּחֲווּ אֵלַיִךְ יִתְפַּלָּלוּ.

Ausserhalb des theologischen Sprachgebrauches: **Pi'el** abgeblasst = meinen, urteilen Gen. 48, 11.

Der Sprachgebrauch zeigt, dass das Verbum das mittlerische Eintreten und häufiger noch das Eintreten zwischen das Objekt der Bitte und Gott bezeichnet. Jedenfalls kommen wir auf die allgemeine Vorstellung des Zwischeneintretens, worin wir den sinnlichen Grundbegriff sehen.

XII. Pu'al — Hithpa'el.

עֻנַּג von ענג **Pu'al** nur das femin. Particip = verweichlicht, üppig, Jer. 6, 2 von der Tochter Zion, falls der Text richtig**). — **Hithpa'el** sich ענג bereiten. 1. Lust an geistigen Gütern. a) Mit עַל. α) עַל־יְיָ Jes. 58, 14 von dem, welcher die Sabbatheiligung einhält; in

---

*) Unser Text bietet zwar מִבְּלִי־; dagegen alle älteren Codd. und LXX lesen אֱלִי־.

**) Vgl. Graf z. St.

der Aufforderung, seine Wonne in Gott zu finden Ps. 37,4; בל־שדי
Hi. 22,26; 27,10. — β) עלים שלום Ps. 37,11. — b) Mit ב. Jes. 55,2
בדשן נפשכם, wo nicht vom Genusse sinnlicher Güter die Rede (Stade-Siegfr.), vielmehr wird geistige Nahrung und Erquickung gewährleistet. — c) Mit בְ. 66,11 מזיז כבודה in der Verheissung an diejenigen, die an Zions Geschick innigen Anteil nehmen. — 2. Im schlechten Sinne von der auf das Leiden anderer sich gründenden Lust oder Schadenfreude, Jes. 57,4 בלי־מי תתענגו.

Ausserhalb des theologischen Sprachgebrauches: **Hithpaʻel** sich Wohlleben bereiten, ein verzärteltes Leben führen, von der Frau, die Deut. 28,56 מהתענג ידך nicht den Versuch macht, ihren Fuss auf die Erde zu setzen.

Das Denominativum wird als Synon. von רכך, das Adjektiv ענג als solches von רך gebraucht. ענג scheint die sinnliche Grundbedeutung „weich sein" zu haben.

XIII. Hiphʻil — Hophʻal.

יכח von נכה **Hiphʻil** I. In den Aussagen über Gott. 1. Schiedsrichterlich bestimmen, Recht sprechen. a) לְ der Person. Jes. 2,4; Mi. 4,3 והוכיח לעמים, die Bekehrung der Nationen zu Jahwe manifestiert sich in der Anerkennung seines Schiedsrichteramtes, bezhw. seines vom Tempelberge ausgehenden Wortes. In der schwierigen Stelle Hi. 16,21 ויוכח לגבר עם־אלוה ובן־אדם לרעהו involviert die schiedsrichterliche Entscheidung Jahwes eine Rechtfertigung Hiobs*). — b) Der absolute Gebrauch Gen. 31,42; I Chr. 12,17 schliesst ebenfalls das ethische Moment nicht nur der Rechtfertigung des Schuldlosen, sondern auch der Bestrafung des Unrechtes in sich. — 2. Zur Rechenschaft ziehen. a) Akkusativ der Person, Ps. 50,21 אוכיחך. — b) ב derselben, Prov. 30,6 in der Mahnung, nichts hinzuzuthuen zum Worte Gottes, פן־יוכיח בך ונכזבת. — 3. Jemandem etwas zuerkennen, von göttlicher Vorherbestimmung. Gen. 24,14 אתה הכחת לעבדך, 44 האשה אשר־הכיח יי לבן־אדני. — 4. Jemanden zurechtweisen. a) Thatsächlich = strafen, züchtigen. α) Akkusativ der Person. αʼ) Allein: Prov. 3,12 את־אשר יאהב יי; Hi. 5,17 glücklich der Mann, יוכחנו אלוה; 13,10 הוכח יוכיח אתכם; in kühnerer Redewendung ist statt Gott

---

*) Hoffmann: „O möge er richten den Mann (Hiob) vor Gott; zwischen (יכח) dem Menschen und seinem Hirten (לְרֵעֵהוּ)."

Subjekt der die Züchtigung verschuldende Abfall des Volkes Jer. 2, 19 יְיַסְּרֻךְ מְשֻׁבוֹתַיִךְ.   β') Dazu ב, sei es zur Einführung des Mittels, II Sam. 7, 14 וְהֹכַחְתִּיו בְּשֵׁבֶט אֲנָשִׁים; oder eines sonstigen Umstandes, Ps. 6, 2 אַל־בְּאַפְּךָ תוֹכִיחֵנִי (parall. תְּיַסְּרֵנִי); 38, 2 אַל־בְּקֶצְפְּךָ תוֹכִיחֵנִי (parall. תְיַסְּרֵנִי).   γ') עַל des Grundes: Ps. 105, 14; I Chr. 16, 21 וַיּוֹכַח עֲלֵיהֶם מְלָכִים.   δ') בְּ des Grundes: Hi. 22, 4 הֲמִיִּרְאָתְךָ יֹכִיחֶךָ.   β) Bloss ב zur Einführung des Grundes: II Reg. 19, 4; Jes. 37, 4 וְהוֹכִיחַ בַּדְּבָרִים.   γ) Absolut: Hab. 1, 12; Ps. 94, 10. — b) Mit Worten = rügen, Ps. 50, 8 לֹא עַל־זְבָחֶיךָ אוֹכִיחֶךָ. — II. Subjekt ist der Mensch. 1. Recht sprechen. Vom messianischen Könige, der, mit dem Geiste Gottes ausgerüstet, als gerechter Richter das Land regieren wird; daher er nicht Jes. 11, 3 לְמַרְאֵה עֵינָיו יוֹכִיחַ Recht sprechen wird, sondern V. 4 בְּמֵישָׁרִים לְעַנְוֵי־אָרֶץ (parall. וְשָׁפַט בְּצֶדֶק דַּלִּים). Das Particip mit dem ethischen Nebenbegriff des gerechten, namentlich das Unrecht strafenden Richters Prov. 24, 25. — 2. Jemanden zurechtweisen, von sittlicher Zurechtweisung durch Worte verstanden. a) Akkusativ der Person: Lev. 19, 17 הוֹכֵחַ תּוֹכִיחַ אֶת־עֲמִיתֶךָ; Ps. 141, 5; Prov. 9, 8; das Particip 28, 23 אָדָם 'מ. — b) לְ der Person: 9, 7 (Part.); לֵץ 'מ. 8 כֹּחֵחַ; 15, 12 der Spötter liebt nicht לוֹ הֹכֵחַ; 19, 25 לֵב. — c) Absolut: Hos. 4, 4; das Particip = Strafprediger Ez. 3, 26; Prov. 25, 12; allgemeiner der Zurechtweiser Gottes Hi. 40, 2. — **Hoph'al** gezüchtiget werden, im sittlichen Sinne genommen Hi. 33, 19 וְהוּכַח בְּמַכְאוֹב.

Ausserhalb des theologischen Sprachgebrauches: **Niph'al** forensischer Terminus. 1. Mit einander einen Rechtsstreit eingehen, Jes. 1, 18; Hi. 23, 7. — 2. Recht, Genugthuung erhalten, in der schwierigen Stelle Gen. 20, 16 וְנֹכָחַת בַּכֹּל אֶת־. — **Hiph'il** 1. Das Schiedsrichteramt ausüben, mit בֵּין der Personen Gen. 37, 37. Das Particip Jes. 29, 21 לַמּוֹכִיחַ 'מ; Hi. 9, 33. — 2. Gerichtlich beweisen. a) אֶל der Person: 13, 3 אֶל־אֵל; — b) Akkusativ der Sache: 13, 15 דְּרָכַי אֶל־פָּנָיו. — c) בְּ בְּשַׁעַר Am. 5, 10, der den gerichtlichen Beweis erbringt. — 3. Jemanden zurechtweisen. a) Ihn zur Rede stellen: Gen. 21, 25 Abraham stellte zur Rede הוֹכִיחַ אַבְרָהָם עַל־אֹדוֹת בְּאֵר הַמַּיִם אֲבִימֶלֶךְ. — b) Rügen. α) Akkusativ der Sache: Hi. 6, 25. 26.   β) ב des Mittels: 15, 3 הוֹכֵחַ בְּדָבָר לֹא יִסְכֹּן. — c) Jemanden einer Sache überweisen. α) עַל der Person und Akk. der Sache: 19, 5.   β) Absolut: 32, 12 אֵין לְאִיּוֹב מוֹכִיחַ, niemand überführt den Hiob. — **Hithpa'el** Rechtsstreit mit einander eingehen Mi. 6, 2.

Für den theologischen Sprachgebrauch kommt Hiph'il allein in Betracht. Der ursprüngliche Stamm ist wohl נכח, das mit نكح

"einstecken, feststecken" identisch ist, und נכח, für welches die Entwicklungsreihe *nankach, naukach, nokach* gilt*), ist das vom Auge Fixierte, das, was dem Auge gegenüber**), als Präposition "gegenüber von, vor". Ich betrachte demnach הוכיח als ein ursprünglich örtliches Denominativ, wie solche namentl. im Arab. häufig zu belegen (vgl. unser "jemanden coramisieren"); von hier aus aber ist leicht der Übergang zu erklären zu der nachweisbar im Sprachgebrauch ältesten Bedeutung des schiedsrichterlichen Bestimmens.

החרים von חרם **Hiph'il** 1. Mittelst des חרם als unlösbares Opfer eine Person oder Sache Gott weihen. a) Israel seinem Gotte Jahwe. α) Akkusativ dessen, was geweiht wird: Städte und ihre Einwohner, Num. 21, ₂ את־עריהם. ₃ אתהם ואת־עריהם; Deut. 2, ₃₄; 3, ₆ בל־עיר מתם נשים וטף; 3, ₆ אתם; Jos. 8, ₂₆ את כל־ישבי העי; 10, ₁ ויחרימה nämL. Ai. ₂₈ את־המלכה החרים אותם ואת־כל־הנפש אשר־בה. 35. 39 את כל־הנפש אשר־בה. 37 ואת־כל־הנפש אשר־בה. אתה. 40 את־כל־הנשמה; 11, ₁₂ אתם, die Städte und ihre Könige; Jud. 1, ₁₇ אתה, die Stadt Sephath. Völker, Deut. 7, ₂ החרם תחרם אתם; 20, ₁₇ החרם תחרימם; I Reg. 9, ₂₁ להחרימם. Besiegte Könige und Gefangene, Jos. 2, ₁₀ אתם; Jud. 21, ₁₁ כל־זכר וכל־אשה ידעת משכב זכר; I Sam. 15, ₁₈ את־החטאים. ₂₀ את־עמלק. Tiere, 15, ₃ את־כל־אשר־לו. ₉ (bis) החרימו לא אבו alles Wertvolle, besonders Rinder, dagegen wertloses Vieh החרימו. ₁₅ את־החרים. β) Zum Akkusativ ל der Gottheit: Lev. 27, ₂₈ כל־חרם אשר יחרם איש ליי מכל־ אשר־לו***); Mi. 4, ₁₃ והחרמתי ליי בצעם וחילם לאדון כל־הארץ†). γ) Die nähere Bestimmung: להחרם Deut. 13, ₁₆ אתה ואת־כל־אשר־בה בחרם; Jos. 6, ₂₁ את־כל־אשר בעיר מן .. יחרם; I Sam. 15, ₈ את־כל־העם. – δ) Andere nähere Bestimmungen: Jos. 11, ₂₀ למען החרימם לבלתי היות להם תחנה. ₂₁ ויחרימם עם־עריהם; I Chr. 4, ₄₁ החרימם עד היום הזה. ε) Absolut: Jos. 11, ₁₁ ††). — b) Von Heiden, die im Auftrage Jahwes handeln: Jer. 50, ₂₆ והחרימוה, Babels Hab und Gut; 51, ₃ כל־צבאה; eine vereinzelte Konstruktion 50, ₂₁ החרם אחריהם. — c) Von heidnischen Eroberern. Akkusativ der eroberten Länder, II Reg. 19, ₁₁; Jes. 37, ₁₁ להחרימם; oder Völker, Dan. 11, ₄₄ להחרים רבים; II Chr. 32, ₁₄

---
*) Vgl. Böttcher, Ausf. Lehrbuch der hebr. Sprache, II, 459.
**) Vgl. Ryssel, Die Synonyma des Wahren und Guten, 35 ff.
***) Vgl. Dillmann z. St.
†) Ryssel, Untersuchungen über die Textgestalt und die Echtheit des B. Micha, S. 80.
††) Jos. 6, ₈ פני־החרמה ist nach LXX zu verbessern in פני־המחנה; Kautzsch, Textkr. Erl. z. St.

Verba denominativa in zwei Konjugationen.

החרימי אתי ביתי; החיים האלה אשר ; absolut 20, 23. — 2. Von Jahwe, etwas durch Bannfluch der Vernichtung weihen. Jes. 11, 15 את יי והחרים לשון ים־מצרים, doch ist die Lesart strittig und vielfach wird emendiert והחרב*****): 34, 2 ergrimmt ist Jahwe über alle Völker und zornig über all' ihr Heer, החרימם; Jer. 25, 9 והחרמתים, Juda und die Völker ringsum. — **Hoph'al** gebannt werden, Ex. 22, 19 זבח לאלהים יחרם בלתי ליי לבדו; Lev. 27, 29 כל־חרם אשר יחרם מן־האדם; Esr. 10, 8 בל־רכושו.

Die Etymologie des theokratisch so wichtigen Begriffes ist zweifellos sicher; sie führt zurück auf den Begriff des Abschliessens******), schimmert noch durch in חרם „Fischernetz" und wird besonders klar aus dem Arabischen (*harâm* Gegensatz *halâl*) bewiesen.

נגד von נֶגֶד: **Hiph'il** I. Subjekt ist Gott. 1. Verkündigen, verlautbaren, mitteilen, offenbaren. Es folgt sachliches Akkusativobjekt. a) Allein: Gen. 32, 30 הגידה־נא שמך. — b) Dazu ל der Person. *α*) Das Objekt ist ein Nomen: Deut. 4, 13 ויגד לכם את־בריתו; Jer. 33, 3 ואגידה לך גדלות; 42, 3 לנו. . את־הדרך; Ps. 111, 6 לעמו. . כח מעשיו; 147, 19 מגיד דברו; Hi. 11, 6 ויגד לך תעלמות חכמה. *β*) Ein Objektsatz: Am. 4, 13 ומגיד לאדם מה־שׂחו. *γ*) Zu ergänzen: II Reg. 4, 27 ויי העלים ממני ולא הגיד לי. — 2. Vorausverkündigen, ankündigen, von der Mitteilung zukünftiger Dinge. a) Der wahre Gott Israels. *α*) Akkusativ der Sache. *α'*) Allein: Jes. 42, 9 אני מגיד; חדשות; 45, 19 אני יי דבר צדק מגיד מישרים; 57, 12 צדקתך; derselbe ist zu ergänzen 44, 8. *β'*) Dazu ל der Person. *α''*) Der Akkusativ ist ein Objektsatz: Gen. 41, 25 את אשר האלהים עשה הגיד לפרעה; II Sam. 7, 11 בדברים ישמחוך יי; I Chr. 17, 10 ואגד לך בית יבנה־לך יי. *β''*) Der sachliche Akkusativ ist zu ergänzen: I Sam. 23, 11 הגיד־נא לעבדך; Jes. 48, 5 ואגיד לך מאז באו. *γ'*) Sonst eine nähere Bestimmung: Jes. 46, 10 מגיד מראשית אחרית; 48, 3 הראשנות מאז הגדתי; Sach. 9, 12 גם־היום מגיד משנה אשיב לך. *β*) Absolut: Jes. 43, 12. — b) Von den falschen Göttern. *α*) Akkusativ der Sache. *α'*) Allein: 41, 22 הראשנות מה הנה הגידו; 43, 9 זאת; 44, 7 ויגידה; 48, 14 את־אלה. *β'*) Dazu ל der Person: 41, 22 לנו את אשר תקרינה. *γ'*) Ein ethischer Dativ: 44, 7 יאשר תבאנה יגידו למו. *δ'*) Sonst eine nähere Bestimmung: 41, 23 הגידו האתיות לאחור; wobei der sachliche Akkusativ zu ergänzen ist 41, 26 מי־הגיד מראש; 45, 21 באז הגידה. *β*) Absolut: 41, 26 (Part.). — 3. Mahnend, strafend vor-

---

*) Kuenen, Historisch-krit. Einleitung (deutsch von Müller) S. 89; Kautzsch, Textkr. Erl. z. St. Dagegen spricht sich aus Dillmann.

**) Das Nähere vgl. bei Baudissin, Studien II, 26.

halten: Hi. 36, 9 להב פטלב. — II. Subjekt ist der Mensch. 1. Verkündigen, mitteilen, offenbaren, wobei der Mensch das im Auftrage Gottes handelnde Organ desselben ist. a) Akkusativ der Sache. α) Allein. α') Derselbe ist ein Nomen: Jes. 48, 20 הגידו השמיעו זאת; Jer. 9, 11 ויאמר דבר פי״י אלי״י ויגידה. β') Ein Objektssatz: Jes. 21, 6 אשר יראה יגיד. γ') Zu ergänzen: Dan. 9, 23 יצא דבר ואני באתי להגיד. — β) Dazu ל der Person. α') Der sachliche Akkusativ ist ein Nomen: Deut. 5, 5 להגיד לכם את דבר; 17, 9 והגידו לך את דבר המשפט. 10. 11 הדבר אשר יגידו; I Sam. 8, 9 והגדת להם משפט המלך; Jer. 16, 10 והגדת להם את כל-הדברים האלה; 42, 4 אגיד לכם; .. כל-הדבר; 20 והגדנו לנו; ויבל אשר יאבי״י ד׳ אלהינו כן הגדתי לכם; der Fürsprechengel Hi. 33, 23 להגיד לאדם ישרו; der Engel Gottes Dan. 10, 21 אגיד לך אמת; 11, 2 אגיד לך; ועתה אמת אגיד לך. β') Ein Objektssatz: Ex. 19, 3 ותגד לבני ישראל אדם הראיתם יגו'; Deut. 30, 18 הגדתי לכם היום; I Sam. 3, 13 והגדתי לו כי שפט אני את־ביתו; 15, 16 הרפ ואגידה לך את אשר; Mi. 6, 8 הגיד לך אדם; .. והגדתי לכם מה די; Jes. 21, 10 אשר שמעתי מאת ד' *(מחזה. γ') Zu ergänzen: II Sam. 24, 13 יגד־לי Gad dem David die Weisung Jahwes; Jer. 38, 15 Jeremia den Spruch Jahwes dem König Zedekia; 42, 21 dem Volke den Bescheid Jahwes. γ) ב des Ortes. α') Das Objekt ist ein Nomen: Jer. 5, 20 הגידו זאת בבית יעקב; 50, 28 בציון את־נקמת ד׳. β') Ein Objektssatz: 48, 20 הגידו בארנון כי שדד מואב. — b) Akkusativ der Person: Deut. 32, 7 שאל אביך ויגדך. — c) Eine Ortsbestimmung. α) ב des Ortes: Jer. 4, 5; 50, 2. β) מן desselben: 4, 15 קול מגיד מדן. — d) Absolut: Jes. 45, 21 הגידו והגישו. — 2. Vorausverkündigen, vorhersagen. Zu ל der Person tritt ein Objektssatz: Gen. 49, 1 ואגידה לכם את אשר־יקרא אתכם; I Reg. 14, 3 והגיד לך מה־יהיה לנער; Jes. 19, 12 לך וידעו מה־יעץ. — 3. Bescheid geben, erklären. a) Organe Jahwes. α) ל der Person und sachlicher Akkusativ: I Sam. 9, 6. 8 הלא־הגיד לנו; 19 וכל אשר בלבבך אגיד לך; Ez. 24, 19; 37, 18 הלוא־תגיד לנו מה־אלה לך bzhw. מה־אלה לך. β) Zwei Akkusative: 43, 10 הגד את־בית־ישראל את־הבית. — b) Von heidnischen Zauberern und Wahrsagern: Gen. 41, 24 ואין מגיד לי; Dan. 2, 2 להגיד למלך חלמתיו. — 4. Lobend, preisend verkündigen. a) Akkusativ des Ruhmesgegenstandes. α) Allein. α') Ein Nomen: Ps. 64, 10 ויגידו פעל אלהים; 145, 4 וגבורתיך (parall. ישבח). β') Ein Objektssatz: 92, 16 להגיד כי־ישר ד׳. β) Dazu ל der Person: 22, 32 יגידו צדקתו לעם נולד; 71, 18 עד־אגיד זרועך לדור לכל־יבוא גבורתך. γ) Eine Bestimmung des Ortes: Jes. 42, 12 ותהלתו באיים יגידו; 66, 19 והגידו את־כבודי.

---

*) Vgl. Ryssel, Untersuchungen über die Textgestalt und die Echtheit des B. Micha, 98 ff.

בגוים; Ps. 9, 12 עלילותיו בעמים; mit einem zu ergänzenden Objekte Jer. 31, 10 במרחק באיים. *d)* Eine Bestimmung der Zeit: Ps. 71, 17 נפלאותיך אגיד; 92, 3 בלילות ואמונתך בבקר חסדך; das allgemeine Objekt „es" ist zu ergänzen 75, 10 לעלם אגיד ואני*). — b) Absolut: 40, 6. — 5. Bekennen. a) Im schlechten Sinne: Von dem offenen und frechen, mit keiner Scham verbundenen Zuschautragen, gleichsam vor (נגד) sich Hertragen der Sünden, Jes. 3, 9 הגידו כסדם חטאתם. — b) Vom feierlichen Bezeugen. *α)* Bei der Darbringung der Erstlinge: Deut. 26, 3 הגדתי היום לי׳ אלהיך כי־באתי אל־הארץ. *β)* Das Eintreffen der von Jahwe vorausgesagten Dinge: Jes. 48, 6 הלוא אתם תגידו. — c) Vom Sündenbekennen. *α)* Einfacher Akkusativ: Ps. 38, 19 עוני. — *β)* ל der Person und Objektssatz: Jos. 7, 19 והגד־נא לי מה עשית; vielleicht auch, wenigstens im jetzigen Zusammenhange Jon. 1, 8 הגידה־נא לנו באשר למי־הרעה הזאת. — d) Vom bittenden Vortragen: Ps. 142, 3 צרתי לפניו. — 6. Mahnend, strafend vorhalten. a) Zum Akkusativ der Sache ל der Person: Jes. 58, 1 לעמי פשעם; Ez. 23, 36 תועבותיהן את להן; Mi. 3, 8 לישראל חטאתו וליעקב פשעו. — b) Jemandem den Lebenswandel: Hi. 21, 31 דרכו על־פניו. — 7. Lehren: 15, 18 מאבותם אשר חכמים יגידו. — III. Subjekt sind Gottes Kreaturen. 1. Belebtes: Lehren, nur Hi. 12, 7 ויגד־לך näml. השמים עוף (parall. ויורך). — 2. Unbelebtes. a) Bescheid geben, vom Losstab Hos. 4, 12 לו יגיד ומקלו. — b) Lobend, preisend verkündigen. Es folgt der Akkusativ des Ruhmesgegenstandes. *α)* Allein: Ps. 19, 2 ידיו ומעשה מגיד הרקיע; 30, 10 אמתך היגיד (parall. היודך נפ׳); 50, 6 צדקו שמים; 51, 17 תהלתך יגיד ופי; 97, 6 צדקו השמים. *β)* Dazu על Gottes: Hi. 36, 33 עלי רעו יגיד. — Hoph'al verkündet, überliefert werden, von einer religiösen Wahrheit: Jes. 40, 21 לכם מראש הגד.

Ausserhalb des theologischen Sprachgebrauches: Hiph'il 1. Allgemein: Berichten, erzählen, mitteilen. a) Akkusativ der Sache. *α)* Allein: Ein Objektssatz eingeführt mit לאמר II Reg. 9, 18. 20; mit כי II Sam. 19, 7. *β)* Dazu ל der Person. *α')* Der Akkusativ ist ein Nomen: Gen. 42, 29; 44, 24; 45, 13; Ex. 4, 28; Num. 23, 3; Jud. 13, 6; I Sam. 3, 18; 18, 26; 19, 18; 25, 36. 37; II Sam. 11, 18. 22; I Reg. 19, 1; II Reg. 18, 37; Jes. 36, 22; Jer. 36, 13. 16; Cant. 5, 8; Ruth 3, 16; Esth. 4, 7. 9. 12; Neh. 2, 18. *β')* Ein Objektssatz. *α")* Eingeführt mit לאמר: Gen. 45, 26; Ex. 13, 8; Lev. 14, 35; I Sam. 14, 33; 19, 11; 23, 1; 24, 2; 25, 14; II Sam. 2, 4; 4, 10 (Part.); 11, 10; 17, 16;

---

*) Nach der LXX ist jedoch zu lesen אגיל (Bäthgen).

19, 9: I Reg. 1, 23; 20, 17; II Reg. 5, 4; 7, 10; 10, 8; 22, 10; II Chr. 20, 2; 34, 18*). β") Mit כי: Gen. 3, 11; 12, 18; 29, 12; Jud. 4, 12; 14, 9; I Sam. 10, 16; 22, 21; II Sam. 12, 18; Jer. 51, 31. γ") Mit אשר־את: Jud. 14, 6; II Reg. 7, 12; Ruth 2, 19; 3, 4; mit אשר II Sam. 18, 21; Esth. 3, 4; mit כי I Reg. 1, 20. δ") Ein Fragesatz: Mit ה Gen. 24, 23; 43, 6; מי II Reg. 6, 11; מה Gen. 29, 15; I Sam. 10, 15; 14, 43; II Reg. 4, 2; Jer. 38, 25; Esth. 8, 1; איפה Gen. 37, 16; אי זה I Sam. 9, 18; איך Jer. 36, 17; איכה Cant. 1, 7. ε") Beigeordnet: · copulat. Gen. 46, 31; consec. 47, 1; 48, 2; Num. 11, 27; Jud. 14, 2; II Sam. 11, 5; 17, 21; Ps. 52, 2. ζ') כדברים האלה Gen. 24, 28; ככל־ הדברים האלה I Sam. 25, 12; Jer. 38, 27. δ') Das allgemeine Akkusativobjekt ist dem Sinne nach zu ergänzen: Gen. 9, 22; 14, 13; 21, 26; 24, 49 (bis); 29, 12; 31, 27; 37, 5; Ex. 16, 22; Jud. 9. 7. 42; 13, 10; I Sam. 11, 9; 14, 1. 43; 19, 3. 21; 25, 8. 19; II Sam. 1, 4; 10, 5; 14, 33; 17, 18; 18, 10. 11 (Part.); I Reg. 18, 12. 16; II Reg. 4, 7; 7, 15; 9, 12. 36; Jon. 1, 10; Hi. 1, 15. 16. 17. 19; Ruth 4, 4; Esth. 2, 22; 3, 4; 4, 4. 8; Neh. 2, 16.
γ) Dazu אל der Person: Ex. 19, 9; I Sam. 3, 15. - δ) Dazu eine Ortsbestimmung. α') Mit ב: II Sam. 1, 20; II Reg. 9, 15; Jer. 36, 20; Mi. 1, 10**). β') Akkusativ des Ortes: II Reg. 7, 9. 11, das allgemeine Objekt „es" zu ergänzen. — b) ל der Person, jemandem Mitteilung machen. α) Allein: Gen. 32, 6; I Sam. 4, 14; II Sam. 1, 5. 6. 13 (Part.); 15, 28; 18, 25. β) Dazu על, worüber man Mitteilung macht: Gen. 26, 32; I Chr. 19, 5. γ) Sonst ein näherer Umstand: Gen. 43, 7 לי את־כל־הדברים האלה. — c) לפני der Person, jemandem Mitteilung machen: I Sam. 17, 31. — d) על der Person, gegen jemand: 27, 11 בלתי־לאבד***). — e) על der Person, über jemanden: Esth. 6, 2. — f) Bloss ב des Ortes: I Sam. 4, 13. — g) Absolut: Hi. 38, 4. 18; מגיד, ein Bote II Sam. 15, 13; Jer. 51, 31 (bis). —
2. Mit dem Nebenbegriff der Heimlichkeit: heimlich mitteilen, hinterbringen, verraten. Es folgt Akkusativ der Sache. a) Allein: Jos. 2, 14. 20; Eccl. 10, 20; Esth. 2, 10 (bis). 20. — b) Dazu ל der Person. α) Das Akkusativobjekt ist ein Nomen: Jud. 16, 17. 18 (bis) לה את־ כל־לבו; I Sam. 10, 16; 19, 7; 20, 9; II Sam. 15, 35; II Reg. 6, 12; Esth.

---

*) I Sam. 15, 31 ist, falls man nicht Hoph. punktieren und לו ergänzen will, ילדי zu lesen. Wellhausen, Der Text der Bb. Sam. 198.

**) Nach Ryssel a. a. O. S. 22 sind die Worte בגת אל תגידו anfänglich an den Rand beigeschrieben gewesen und später aus Unkenntnis in den Text aufgenommen worden.

***) I Sam. 24, 19 ist הגדת nach Klostermann in הגדלת zu verbessern.

3, 6.   β) Ein Satz: Mit לאמר I Sam. 18, 24; 19, 2; II Sam. 3, 23; I Reg. 2, 39; mit כי Gen. 31, 20; ein Fragesatz mit הֲ Jud. 16, 6. 10. 13. 15; Neh. 2, 12; אי בה I Sam. 20, 10.   γ) Der Akkusativ ist aus dem Kontext zu ergänzen: I Sam. 18, 20; 22, 22; 23, 25; II Sam. 13, 4; 17, 17. — 3. Gerichtlicher Terminus. a) Jemanden oder etwas denunzieren. α) Akkusativ der Person. α') Allein: Jer. 20, 10 הגידו ונגידנו.   β') Dazu ein zweiter Akkusativ: Hi. 31, 37 כספר צעדי אגידנו.   γ') Sonst eine nähere Bestimmung: 17, 5 לחלק יגיד רעים.
β) Akkusativ der Sache: Prov. 29, 24, das allgemeine Objekt „es" zu ergänzen.   γ) Absolut: Lev. 5, 1. — b) Allgemein vor der Behörde aussagen: Prov. 12, 17 צדק; Esr. 2, 59; Neh. 7, 61 בית־אבותם. — 4. Vereinzelte Gebrauchsweisen. a) Eine Rede vortragen. α) Doppelter Akkusativ: Hi. 26, 4 את־מי הגדת מלין. — β) Absolut: 42, 3. — b) Ein Rätsel lösen. α) Mit dem Objekte חידה: Jud. 14, 14; in Participialverbindung V. 19 מגידי החידה.   β) Zum sachlichen Objekte ל der Person. α') Das sachliche Objekt ist: חידה Jud. 14, 12 (bis). 15; דבר I Reg. 10, 3 (bis); II Chr. 9, 2 (bis).   β') Dasselbe muss ergänzt werden: Jud. 14, 13. 16 (ter). 17. — c) Jemandem etwas ihm Unbekanntes verraten: Eccl. 6, 12 מי־יגיד לאדם מה־יהיה אחריו; 8, 7 כאשר יהיה מי יגיד לו; 10, 14 מה־יהיה מאחריו מי יגיד לו. — **Hoph'al** 1. Gemeldet, mitgeteilt werden. Es folgt ל der Person. a) Die mitgeteilte Sache steht im Nominativ: I Reg. 10, 7; Ruth 2, 11 (bis); II Chr. 9, 6. — b) Im Akkusativ: Gen. 27, 42; Jes. 21, 2. — c) Ein Objektssatz. α) Mit לאמר: Gen. 22, 20; 38, 13. 24; Jos. 10, 17; I Sam. 15, 12; 19, 19; II Sam. 6, 12; I Reg. 1, 51; II Reg. 6, 13; 8, 7; Jes. 7, 2. β) Mit כי: Gen. 31, 22; Ex. 14, 5; Jud. 9, 47; I Sam. 23, 7. 13; 27, 4; I Reg. 2, 29. 41.   γ) Mit אשר: Jos. 9, 24; II Sam. 21, 11; I Reg. 18, 13.   δ) Mit הנה: II Sam. 19, 2. — d) Das allgemeine Objekt „es" aus dem Kontexte zu ergänzen: Jud. 9, 25; II Sam. 10, 17; I Chr. 19, 17. — 2. Gerichtlicher Terminus: angezeigt werden, Deut. 17, 4.

Die sinnliche Grundbedeutung des Stammes נגד ist „sich erheben, hoch sein". Deutlich zeigt sich dies noch im Arab., wo نَجْدٌ = Hochland, im Koran = Hochweg; vgl. Sur. 90, 10.

XIV. Hiph'il — Hithpa'el.

ידה von יָדָה. **Hiph'il** 1. Allgemein religiöser Sprachgebrauch: ein das Lob, den Preis Gottes oder den Dank gegen ihn bezweckendes Bekenntnis ablegen, ihn loben, ihm danken. a) Das

Akkusativobjekt. α) Gott. Gen. 29, 35 הפעם אודה את־יי; Jes. 12, 1 אודך יי: 38, 18 שאול יודך לא (parall. בית יהללך). 19 חי חי הוא יודך; Jer. 33, 11 בבאים הודו את־יי. β) את־שמך I Reg. 8, 33. 35; II Chr. 6, 24. 26; שבך Jes. 25, 1. — b) ל Gottes, nur Jes. 12, 1 הודו ליי. — 2. Im kultisch-rituellen Sinne: lobsingen dem Herrn. a) Akkusativ. α) Gott. α') Allein: Ps. 7, 18 יי אודה (parall. ואזמרה שם־יי עליון); 30, 10 אודך עפר: 118, 19 אודה יה. 21; 139, 14 אודך; 118, 28 ואודך; 67, 4 (bis). 6 (bis); 88, 11; 138, 4; 145, 10 אודך; gänzlich unverständlich bleibt 76, 11 כי־חמת אדם תודך. - β') Dazu ein sachlicher Akkusativ: 42, 12; 43, 5 בכנור אודך ישועת פני אלהי, und so ist wohl auch 42, 6 zu lesen. — γ') Zum Ausdruck besonderer Innerlichkeit zum Akkusativ Gottes 9, 2; 138, 1 בכל־לבי; 86, 12 בכל־לבבי; 111, 1 בכל־לבב; 119, 7 בישר לבב. δ') Andere nähere Bestimmungen: 43, 4 בכנור; 71, 22 בכלי־נבל; 109, 30 באר פה (parall. אהללני); II Sam. 22, 50; Ps. 18, 50; אודך בגוים; 57, 10; 108, 4 אודך בעמים (parall. אזמרך בלאמים); 35, 18 בקהל רב (parall. בעם עצום אהללך); 28, 7 משירי אהודנו; 30, 13; 52, 11 לעולם; 45, 18 לעלם ועד. — β) שם. α') Allein: 54, 8; 99, 3; 142, 8; II Chr. 6, 24. — β') Mit näherer Bestimmung: Ps. 44, 9 לעולם; 138, 2 על־חסדך ועל־אמתך. — γ) לאך 89, 6. — b) Mit ל. α) Gottes. α') Allein: Ps. 75, 2 (bis); 92, 2 (parall. לזמר לשמך); 100, 4; 105, 1; 106, 1; 107, 1; 118, 1. 29; 136, 1. 2. 3. 26; Esr. 3, 11; Neh. 12, 46; I Chr. 16, 7. 8. 34. 41; 29, 13 (Part.); II Chr. 7, 3. 6; 20, 21; in der Verbindung להזכיר ולהודות ולהלל ליי אלהי ש׳ I Chr. 16, 4; על־הודות יהלל ליי 25, 3; להודות ולהלל ליי 23, 30; II Chr. 5, 13. β') Dazu ein sachlicher Akkusativ, nur in dem Refrain הודו ליי כי חסדו Ps. 107, 8. 15. 21. 31. γ') Mit verschiedenen näheren Bestimmungen: 6, 6 בשאול מי יודה־לך; 33, 22 בכנור (parall. בנבל־עשור); 79, 13 לעולם; 119, 62 על משפטי צדקך. - β) לשם יי 122, 4; לשמך 140, 14; לשם קדשך 106, 47; I Chr. 16, 35; לזכר קדשו Ps. 30, 5; 97, 12. — c) Absolut: Neh. 11, 17; 12, 24; II Chr. 31, 2. — 3. Ein Bekenntnis ablegen über Versündigung und Schuld. a) בלי כסיתי ליי Ps. 32, 5. — b) Mit dem aus dem Kontext zu ergänzenden Akkusativ der Schuld: Prov. 28, 13, wo מודה im Gegensatz steht zu מכסה פשעיו. — **Hithpa'el** 1. Sich geständig zeigen, bekennen. a) Akkusativ der Verschuldung. α) Allein: Lev. 5, 5 אשר חטא עליה; 26, 40 את־עונם ואת־עון אבתם; Num. 5, 7 את־חטאתם; Dan. 9, 20 (Part.) חטאתי. β) את־כל־עונת בני ישראל Lev. 16, 21. — b) על der Verschuldung: Neh. 1, 6 (Part.) על־חטאות; 9, 2 עונתיהם ועונות אבתהם; על־חטאתיהם. — c) Absolut: Dan. 9, 4; Esr. 10, 1; Neh. 9, 3 (Part.). — 2. Lobpreisen im kultischen Sinne: II Chr. 30, 22 (Part.).

Ausserhalb des theologischen Sprachgebrauches: **Hiph'il** Jemanden loben, Akkusativ der Person, Gen. 49, 8; Ps. 45, 18; 49, 19; Hi. 40, 14.

Der ältere Sprachgebrauch liegt im Hiph'il vor. Bezüglich der Etymologie ist gegen Kirsch-Bernstein, der das entsprechende syrische 'audi von 'ido ableitet, zu bemerken, dass unser Denominativ mit יָד „Hand" nichts zu thuen hat. יד geht auf einen Stamm ידה zurück, das Denominativ auf ידה (vgl. das Arab. und besonders das Äthiop.). In ידָה haben wir ودى „ausstrecken".

לָבֵן von לָבָן **Hiph'il** 1. Weisse Farbe hervorbringen, als symbolische Farbe der Reinheit und Unschuld, sowohl mit sachlichem Jes. 1, 18, als persönlichem Subjekte Ps. 51, 9. — 2. Jemanden läutern im ethischen Sinne: Dan. 11, 35 קין וללבן ולברר. — **Hithpa'el** geläutert werden im ethischen Sinne: Dan. 12, 10 ויתלבנו יתבררו.

Ausserhalb des theologischen Sprachgebrauches: **Hiph'il** einen weissen Anblick darbieten: Jo. 1, 7 הלבינו שריגיה.

רוּעַ von תְּרוּעָה **Hiph'il** 1. Lärm blasen, Funktion der Priester bei hereinbrechender Gefahr. a) Mit בְּ des Mittels: Num. 10, 9 בחצצרת. — b) Mit Angabe des Ortes. α) Im Akkusativ: Hos. 5, 8 בית און. β) Mit בְּ: Jo. 2, 1 בהר קדשי. — c) Mit עַל der feindlichen Person: II Chr. 13, 12. — d) Absolut: Num. 10, 7. — 2. Jauchzen, Ausdruck jubelnder Freude zu Ehren Gottes, über die Grösse seiner Thaten, seiner Güte. a) Mit dem Akkusativ: תרועה גדולה, Esr. 3, 11. 13. — b) לְ Gottes. α) Allein: Ps. 66, 1 לאלהים כל־הארץ; 81, 2 לאלהי יעקב (parall. הרנינו); 95, 1 נרננה ליהוה (parall. לצור ישׁענו); 98, 4; 100, 1 כל־הארץ. β) Dazu eine nähere Bestimmung mit בְּ: 47, 2 בקול רנה לאלהים (parall. תקעו־כף); 95, 2 נריע לו בזמרות. — c) Mit לִפְנֵי Gottes und בְּ des Mittels: 98, 6 הריעו לפני המלך יהוה בחצצרות. — d) Absolut: Jes. 44, 23 in der Aufforderung an die תחתיות ארץ; Zeph. 3, 14 neben רני בת ציון; Sach. 9, 9 neben הגילי; Hi. 38, 7. — 3. Triumphieren, der Feind über (עַל) den leidenden Gerechten: Ps. 41, 12. — **Hithpolel** 1. Einander zujauchzen, Ausdruck des Dankes für Gottes Güte, Ps. 65, 14 neben ישׁירו. — 2. Triumphieren, von Gott ausgesagt nach der wahrscheinlichen Deutung von 60, 10 עלי פלשׁת אתרועע; weiterhin 108, 10 עלי פלשׁת אתרועע.

Ausserhalb des theologischen Sprachgebrauches: **Polal** es wird gejubelt, vom Freudengeschrei in den Weinbergen Jes. 16, 10. — **Hiph'il** 1. Kriegsgeschrei erheben, von dem zum Angriffe übergehenden Kriegsvolke. a) Mit תרועה גדולה Jos. 6, 5. 20. — b) Absolut: 6, 10 (ter). 16. 20; I Sam. 17, 20. 52; Jes. 42, 13; II Chr. 13, 15 (bis). — 2. Freudengeschrei erheben. a) 'ה תרועה I Sam. 4, 5. — b) Mit Präpositionen. α) Jud. 15, 14 לקראתו. β) Jer. 50, 15 'ה עליה. — c) Absolut: I Sam. 10, 24. — 3. Klagegeschrei erheben: Jud. 7, 21; Jes. 15, 4; Mi. 4, 9. — 4. Geschrei erheben: Hi. 30, 5 עלימו יריעו.

Fast ausschliesslich und schon frühe im theolog. Sprachgebrauch ist Hiph'il. ε*l*) ist zunächst „gellend schreien, lärmen", dann „schrecken".

C. In drei Konjugationen.

1. Kal — Niph'al — Pi'el.

כתב denom.? **Kal** 1. Schreiben. a) Von der Führung des Buches des Lebens durch Gott. α) Mit sachlichem Akkusativ: Ex. 32, 32 מספרך אשר כתבת. — β) Das passive Particip. α') Jes. 4, 3 כל-הכתוב לחיים בירושלם. β') Dan. 12, 1 כל-הנמצא כתוב בספר. — b) Von der Führung des Buches, das die Thaten und Geschicke der Menschen enthält. a) Mit sachlichem Akkusativ: Hi. 13, 26 כי-תכתב עלי מררות. — β) Nähere Bestimmung des Ortes: Jes. 65, 6 הנה כתובה לפני. — γ) Des Mittels: Jer. 17, 1 חטאת יהודה כתובה בעט ברזל. — δ) Absolut: Ps. 149, 9 משפט כתוב, längst aufgezeichnetes Gericht. — c) Von der Führung der Bürgerliste durch Jahwe im verherrlichten Jerusalem: Ps. 87, 6 יי יספר בכתוב עמים. — 2. Von schriftlicher Dekretierung. a) Drohungen bzw. Verheissungen, welche im Gesetze für den Fall eines bestimmten Verhaltens Israels in Erfüllung gehen sollen. α) Deut. 28, 61 Jahwe wird über dich kommen lassen Krankheiten und Plagen aller Art, אשר לא כתוב בספר התורה הזאת; 29, 19 ככל אלות הברית הכתובה בספר התורה הזה. 20 כל-האלה הכתובה בספר התורה הזה 26; Jer. 25, 13 כל-הכתוב בספר הזה את-כל-הקללה הכתובה will ich in Erfüllung gehen lassen; Dan. 9, 11 האלה והשבעה אשר כתובה בתורת ב' עבד-האל. β) 9, 13 באשר כתוב בתורת מ'. — b) Gebote vorschreiben. α) Akkusativ der Sache und ל der Person: II Reg. 17, 37 ואת-החקים ואת-המשפטים והתורה והמצוה אשר כתב לכם; Hos. 8, 12 אכתב-לו רבי תורתי. β) Akkusativ der Sache und לפני der Person: Jos. 8, 32 משנה תורת מ' אשר כתב לפני בני ישראל. — γ) ל der Person, welcher vorgeschrieben wird. α') Dazu eine Ortsbestimmung: Ps. 40, 8 במגלת-ספר כתוב עלי. — β') II Reg. 22, 13 ככל-הכתוב עלינו. — δ) ב des Ortes. α') Neh. 8, 14 וימצאו כתוב בתורה ... אשר צוה יי ביד-מ';

Verba denominativa in drei Konjugationen.

13,1 לאריבא אשר בו כתוב נמצא. β') Deut. 28,58 הזאת התורה כל־דברי; 30,10 הזה בספר הכתובה התורה בספר התוכחה. – γ') כל־הכתוב mit der näheren Bestimmung: Jos. 23,6 משה תורת בספר; I Chr. 16,40 בתורת יי. – δ') ככל־הכתוב mit der näheren Bestimmung: Jos. 8,34 בספר התורה; 1,8 בו nämlich. ספר התורה הזה. – ε') בכתוב mit der näheren Bestimmung: Jos. 8,31; II Reg. 14,6 משה תורת בספר; II Chr. 25,4 משה בספר בתורה; 35,12 משה בספר; I Reg. 2,3; Esr. 3,2; II Chr. 23,18 בתורת 'ב; 31,3; 35,26 בתורת יי; Neh. 10,35.37 בתורה. ε) על des Ortes. α') בכתוב על ספר. β') ככל־הכתוב על־הספר הזה II Chr. 34,21. – β') ספר הברית הזה II Reg. 23,21. – ζ) Absolut: בכתוב Esr. 3,4; Neh. 8,15; II Chr. 30,5; בכתב אלא 30,18. – 3. Vereinzelte Gebrauchsweisen. a) Vom Schreiben in das Herz: Jer. 31,33 ועל־לבבם אכתבנה nämlich את־תורתי; Prov. 3,3; 7,3 על־לוח לבך כתבם nämlich חסד ואמת bzw. מצותי. – b) Zeichen der Zugehörigkeit zu Jahwe: Jes. 44,5 יכתב ידו ליי. – **Niph'al** 1. Geschrieben werden. a) Die von Jahwe Abtrünnigen: Jer. 17,13 בארץ יכתבו; die Lügenpropheten Ez. 13,9 יכתבו בית־ישראל לא יכתב. – b) Eine Denkschrift: Mal. 3,16 ויכתב ספר זכרון לפניו ליראי יי. – 2. Aufgeschrieben werden. a) Von der Führung des Buches des Lebens: Ps. 69,29 צדיקים עם (parall. ימחו מספר החיים). – b) Von der Führung des Buches, das die Schicksale enthält: 139,16 ימים יכתבו. – **Pi'el** die ungerechten Beamten in ihrer sündhaften Thätigkeit heissen Jes. 10,1 כתבו עמל מכתבים.

Ausserhalb des theologischen Sprachgebrauches: **Kal** 1. Schreiben. a) Mit sachlichem Akkusativ. α) Allein: II Reg. 10,1 ספרים; Hi. 31,35 ספר. – β) Dazu ein Infinitiv mit ל: Esth. 8,10 לאבד 'ב אשר.. הספרים; II Chr. 32,17 ספרים כתב לחרף ליי. – γ) אל der Person. α') Bloss dieses: II Sam. 11,14 ספר אל־יואב; Esth. 9,23 את אשר־כתב 'ב אליהם. – β') Dazu noch ein Objektssatz: II Reg. 10,6 אליהם ספר שנית לאמר. – δ) ל der Person: Deut. 24,1.3 לה ספר כריתת. ε) על der Person, an jemanden: II Chr. 30,1 אגרות כתב על־אפרים. – ζ) על der Person, wider jemanden: Esr. 4,6 שטנה על־יושבי יהודה. η) Eine Ortsbestimmung mit על. α') Bloss diese u. z. על־הלחת: Ex. 34,28 את הדברים עשרת הברית דברי; 34,1; Deut. 10,2 על־הלחת; על־האבנים: 27,3.8 את־התורה הזאת; 31,24 את־דברי התורה הזאת; Jos. 8,32 'ב משנה תורת; ausserdem noch Num. 17,17 den Namen eines jeden על־מטהו; den Namen Ahrons 18 על־מטה לוי; Jer. 36,28 הראשנים כל־הדברים את עליה nämlich מגלה; Ez. 37,16 (bis) ליהודה עליו bzw. ליוסף, näml. auf den Stab.

β') Dazu noch eine Ortsbestimmung mit בְּ: Deut. 6,9; 11,20 וּכְתַבְתָּם
עַל־מְזוּזוֹת בֵּיתְךָ וּבִשְׁעָרֶיךָ.   γ') Die Bestimmung: כְּפִי דְרֵיהוּ: Jer. 36,4
אֶת־הַדְּבָרִים .. אֶת כָּל־דִּבְרֵי הַסֵּפֶר 32. אֵלָיו ..; 45,1 עָלָיו;
הָאֵלֶּה עַל־סֵפֶר.   δ') Sonst ein näherer Umstand: Deut. 10,4 עַל־הַלֻּחֹת;
Jos. 8,1 כָּתַב בַּחֵרֶט אֱנוֹשׁ לֵאמֹר; 30,8 בְּמִכְתַּב הָרִאשׁוֹן אֵת עֲשֶׂרֶת הַדְּבָרִים;
כָּתְבָה עַל־לוּחַ אִתָּם.   ϑ) Eine Ortsbestimmung mit אֶל. α') Bloss diese:
Jer. 36,2 אֶל־כֵּפֶר .. אֶל־סֵפֶר; 51,60 מְגִלַּת־סֵפֶר וְכָתַבְתָּ אֵלֶיהָ אֵת כָּל־הַדְּבָרִים;
אֶחָד.   β') Dazu ein *dat. comm.*: 30,2 אֶל־סֵפֶר .. אֵת כָּל־הַדְּבָרִים כְּתָב־לְךָ.
ι) Sonstige nähere Bestimmungen: II Sam. 11,15 בַּסֵּפֶר לֵאמֹר; Jer. 36,29
עָלָיו 6 כִּפֵר; I Reg. 21,8 סְפָרִים בְּשֵׁם אַחְאָב; Esth. 8,8 עַל־הַיְהוּדִים
כַּטּוֹב בְּעֵינֵיכֶם בְּשֵׁם; 9,29 אֶת־כָּל־תֹּקֶף לְקַיֵּם.   ×) Der sachliche
Akkusativ ist zu ergänzen: I Sam. 10,25 בַּסֵּפֶר näml. אֵת מִשְׁפַּט הַמְּלֻכָה;
Jer. 32,10. 44 בַּסֵּפֶר den Kaufvertrag; 36,18 (Part.) עַל־הַסֵּפֶר בַּדְּיוֹ. —
b) Ohne ein Objekt. α) עַל der Person und Zeitbestimmung: Esr. 4,7
וּבִימֵי א' כָּתַב .. עַל א'.   β) Bloss עַל des Ortes. α') II Reg. 23,3;
II Chr. 34,31 הַזֹּאת עַל־הַסֵּפֶר; II Reg. 23,24; II Chr. 34,24 עַל־הַסֵּפֶר; Ez.
37,20 הָעֵצִים אֲשֶׁר תִּכְתֹּב עֲלֵיהֶם. — β') Citierungsformeln. α'') כְּתוּבָה
עַל־סֵפֶר: Jos. 10,13 הַיָּשָׁר; II Sam. 1,18 הִנֵּה.   β'') הֲלוֹא־הֵם
כְּתוּבִים עַל־סֵפֶר דִּבְרֵי הַיָּמִים I Reg. 11,41. — γ'') כְּתוּבִים עַל־סֵפֶר דִּבְרֵי שְׁלֹמֹה
לְמַלְכֵי י u. z. entweder in der Frage הֲלוֹא־הֵם I Reg. 15, 7. 31;
16, 5. 14. 20. 27; 22, 39. 46; II Reg. 8,23; 10, 34; 12,20; 13, 8. 12; 14, 15. 18. 28;
15, 6. 21. 36; 16, 19; 20, 20; 21, 17. 25; 23, 28; 24, 5; Esth. 10, 2; הֲלוֹא־הֵמָּה
I Reg. 14, 29; 15, 23; II Reg. 1,18; oder הִנָּם I Reg. 14, 19; II Reg.
15, 11. 15. 26. 31.   δ'') הִנֵּה כְּתוּבִים עַל־סֵפֶר מַלְכֵי י' I Chr. 9,1; II Chr.
25, 26; 27, 7; 28, 26; 35, 27; 36, 8. — ε'') הִנָּם כְּתוּבִים עַל־סֵפֶר הַמְּלָכִים לִיהוּדָה
וְיִשְׂרָאֵל 16, 11.   ζ'') עַל־מִדְרַשׁ סֵפֶר הַמְּלָכִים הִנָּם כ' 24, 27.   η'') הִנָּם כ'
עַל־דִּבְרֵי שְׁמוּאֵל I Chr. 29,29; הֲלֹא הִנָּם כ' עַל דִּבְרֵי חֹזַי II Chr. 33,19;
וַיְהֻמָּם כ' עַל־חֲקִיקֵי 35, 25.   γ) Bloss בְּ des
Ortes. α') הִנָּם כ' בְּדִבְרֵי יֵהוּא 12, 15; הֲלֹא־הֵם כ' בְּדִבְרֵי שְׁמַעְיָה הַנָּבִיא
20,34; בַּחֲזוֹן יְשַׁעְיָהוּ כ' הִנָּם 32,32; כ' בְּמִדְרַשׁ הַנָּבִיא עִדּוֹ 13,22.   β') כָּתוּב
בְּ Neh. 7,5; בָּהּ 6, 6; בַּסְּפָרִים כָּאֲשֶׁר כָּתוּב I Reg. 21,11. — δ) Mit adverbiellem Akkusativ: Esr. 4,7 כָּתוּב אֲרָמִית. — c) Absolut: Esth. 6,2
וַיִּמָּצֵא כָתוּב. — 2. Aufschreiben. a) Personen. α) Doppelter Akkusativ: Jer. 22,30 כִּתְבוּ אֶת־הָאִישׁ הַזֶּה עֲרִירִי, mit der speziellen Bedeutung des
Eintragens in die Bürgerliste.   β) Zum Akkusativ eine nähere
Bestimmung: I Chr. 24,6 וַיִּכְתְּבֵם .. לִפְנֵי הַמֶּלֶךְ.   γ) Das passive
Particip = verzeichnet. α') הַכְּתוּבִים בִּשְׁמוֹת I Chr. 4,41.   β') Sonstige
nähere Bestimmung: Neh. 12,22 עַל־סֵפֶר דִּבְרֵי הַיָּמִים. 23 בְּדִבְרֵי אֶל.
γ') Absolut: Num. 11,26. — b) Sachen. α) Blosser Akkusativ:

Ex. 24, 4 את בל-דברי יי; Deut. 31, 9 את-התורה הזאת; Jos. 10, 19 יושר
כתבום; Hab. 2, 2 חזון; Esth. 9, 20 האלה את-הדברים. *β)* Dazu ein
zweiter Akkusativ. *α')* In Gestalt eines Infinitivs: Ex. 24, 12 יהתורה
והמצוה אשר כתבתי להורתם. *β')* 17, 14 זאת זכרון בספר dies zum An-
denken in ein Buch. — *γ')* 39, 30 עליו מכתב פתוחי חותם קדש ליי.
γ) Zum Akkusativ verschiedene nähere Bestimmungen. *α')* אל der
Person: Jud. 8, 14 אליו אנשי סכות*). *β')* ל zur Einführung des *dat.
comm.:* Ex. 34, 27 כתב-לך את-הדברים האלה; Deut. 31, 19 לכם את-השירה
הזאת; Ez. 24, 2 כתוב לך את-שם היום. *γ')* ב des Ortes: Num. 5, 23
וכתב ... את-האלות; Jos. 24, 26 ויכתב בספר תורת אלהים את-הדברים האלה בספר.
δ') ב der Zeit: Deut. 31, 22 את-השירה הזאת ביום ההוא. *ε')* Sonst ein
näherer Umstand: Num. 33, 2 ויכתב ... את-מוצאיהם על-פי יי; Jer. 36, 17 את
כל-הדברים האלה מפיו. 27 מפי ירמיהו ... את-הדברים; dabei ist der Akkusativ
aus dem Vorhergehenden zu ergänzen Ez. 43, 11 וכתב לעיניהם. —
δ) Bloss אל, in betreff jemandes: Jer. 51, 60 כל-הדברים האלה הבתבים
אל-בבל. *ε)* Bloss adverbieller Akkusativ: Eccl. 12, 10 וכתוב יושר. —
3. Beschreiben. a) ב des Mittels. Die steinernen Tafeln Ex. 31, 18;
Deut. 9, 10 כתבים באצבע אלהים. — b) Mit verschiedenen Bestimmungen
des Ortes. *α)* Ex. 32, 15 כתבים משני עבריהם מזה ומזה הם כתבים. -
β) Ez. 2, 10 כתובה פנים ואחור וכתוב אליה קינים. — 4. Etwas schriftlich
aufnehmen. a) Das Land. *α)* Der blosse Akkusativ: Jos. 18, 6. 8
את-הארץ. 8 אותה. - *β)* Dazu eine nähere Bestimmung: 18, 14 ויכתח
לפי חלקם. 9 ויכתבה לערים לשבעה חלקים על-ספר. — b) Eine Geschichte:
II Chr. 26, 22. — 5. Unterschreiben. a) Mit ב: Jer. 32, 12 העדים הכתבים
בספר המקנה. — b) Absolut: Neh. 10, 1 (Part.). — **Niph'al** 1. Geschrieben werden: Esth. 8, 8 כתב אשר-נכתב בשם-המלך. — 2. Aufgeschrieben werden. a) ל der Person, von jemandem: Ps. 102, 19
לדר אחרון. — b) ב des Ortes: Esth. 1, 19 ברתי פרס-ומדי; 2, 23 בספר
דברי הימים. 9, 32 בספר. — c) ב der Zeit: Esr. 8, 34 בעת ההיא. — d) Absolut: Hi. 19, 23. — 3. Schriftlich angeordnet werden. a) Infinitiv
mit ל: Esth. 3, 9 לאבדם; 8, 5 להשיב את-הספרים. — b) בשם המלך 3, 12. —
c) Sonstige nähere Bestimmungen: 3, 12 ככל-אשר-צוה המן אל; 8, 9
ככל-אשר-צוה מ' ב' אל-היהודים.

Über den denominativen Charakter des Verbums bin ich mir
nicht ganz gewiss, obwohl manches dafür zu sprechen scheint. Ich
finde im Hebr. auch keinen Anhaltspunkt für die Etymologie. Dass
es mit كتب „nähen" zusammenhängen sollte, ist nicht recht wahrscheinlich, schon mit Rücksicht auf den Charakter der alten Schrift.

---

*) Prov. 20, 22 ist der Text nicht verständlich.

נקה von נקי Kal nur der absolute Infinitiv neben Niph. Jer. 49,12. — **Niph'al** 1. Mit Bezug auf das juridisch-ethische Gebiet. a) Entlediget, frei sein von einer übernommenen Verpflichtung. Mit folgendem מן: Gen. 24,8 ונקית משבעתי. 41 מאלתי: prägnant Num. 5,19 מבי חמים המאררים האלה. — b) Frei sein von einer Schuld Menschen gegenüber. α) Mit מן der Schuld selbst. Der Mann, der einen Verdacht hat gegen sein Weib, mag sich derselbe bestätigen oder nicht: Num. 5,31 ונקה האיש מעון. — β) Mit מן der Person: Jud. 15,3 נקיתי הפעם מפלשתים. — 2. Mit Bezug auf das ausschliesslich religiöse Gebiet: Frei sein von Sünde und Schuld, Gott gegenüber als ein נקי dastehen. a) Ps. 19,14 מפשע רב. — b) Absolut: Jer. 2,35 נקיתי (parall. לא חטאתי). — 3. Die Zusammenfassung zweier im Kausalnexus stehender Begriffe in einem Worte: Schuld- und Straflosigkeit. Das Weib wird straflos bleiben, nicht berührt werden von den Folgen des fluchbringenden Wassers Num. 5,28; wer hätte je an den Gesalbten Jahwes Hand angelegt 1 Sam. 26,9 ונקה; in Jahwes Gerichtsdrohung Jer. 25,29 הנקה תנקו לא תנקו ואתם; an Edom 49,12 ואתה הוא נקה תנקה לא; hieher rechnen wir auch die schwierige Stelle Sach. 5,3 כל־הגנב מזה כמה נקה וכל־הנשבע מזה כמה נקה, jeder Dieb ist seit lange straflos geblieben u. s. w.*); nur in negativer Aussage weiterhin der Ehebrecher Prov. 6,29; der Böse 11,21 (Gegens. זרע צדיקים); der sich über Unglück freut 17,5; ein falscher Zeuge 19,5 (parall. לא ימלט). 9 (parall. יאבד); der Habgierige 28,20. — **Pi'el** 1. Als einen נקי schuldlos erklären. Subjekt ist Gott. a) Akkusativ der Person. α) Allein: Hi. 9,28.   β) Dazu מן der Verschuldung: Ps. 19,13 נקני מנסתרות. — b) Akkusativ der Sache: Jo. 4,21 ונקיתי דמם לא־נקיתי, wo aber doch wohl nur Schreibfehler vorliegen kann**). — 2. Ungestraft lassen, Folge der Schuldloserklärung. Subjekt ist nur Gott. a) Persönlicher Akkusativ. α) Allein: Ex. 20,7; Deut. 5,11 את אשר ישא את־שמו לשוא.   β) Dazu kausales מן: Hi. 10,14 מעוני לא תנקני. — b) נקה לא ינקה.   α) Persönlicher Akkusativ: Jer. 30,11; 46,28 ונקה לא אנקך.   β) Sachlicher Akkusativ: Ex. 34,7, wo aus dem Vorhergehenden als Objekt zu nehmen ist עון פשע וחטאה; Num. 14,18 עון אבות על־בנים.   γ) Ohne weiteres Objekt: Nah. 1,3.

Ausserhalb des theologischen Sprachgebrauches: **Niph'al** 1. Ausgeplündert sein, von einer Stadt Jes. 3,26 (Part.). —

---

*) Vgl. dagegen die Übersetzung von Kautzsch.
**) Vgl. Siegfried-Stade u. d. W.

2. Forensischer Terminus, straflos bleiben, frei ausgehen Ex. 21, 19. — **Pi'el** Jemanden ungestraft lassen: I Reg. 2, 9.

Die Grundbedeutung ist „leer, ausgeleert sein"; sie schimmert noch durch in der Anwendung des Ausdruckes auf eine ausgeplünderte Stadt. Für die Behauptung Ryssels *), dass die Wurzel eigentl. bedeute „ausgestochen d. h. auserwählt, rein sein", bietet der bibl. Sprachgebrauch absolut keinen Anhaltspunkt. Ich verweise noch auf das Syrische. Von derselben Wurzel נקיא: „Trankopfer", davon denominiert קי: *(Pa.)*. Das Trankopfer ist aber doch wohl vom Ausgiessen benannt.

שנא — **Kal** Hass empfinden, hassen. 1. Subjekt ist Jahwe. a) Akkusativ der Person: Hos. 9, 15 שם שנאתים, in Gilgal; ohne nähere Angabe des Grundes Mal. 1, 3 את־עשו; dagegen ist im Objekte selbst auch schon der Grund des Hasses enthalten Ps. 5, 6 בל־פעלי און; 11, 5 אהב חמס. רשע — b) Mit sachlichem Objekte. *a)* Akkusativ: Deut. 12, 31 כל־תועבת יי אשר שנא; 16, 22 מצבה אשר שנא יי אלהיך; Jes. 1, 14 חדשיכם ומועדיכם; Jer. 12, 8 שנאתיה näml. חלתי; 44, 4 את הדבר־התועבה הזאת אשר ש'; Am. 5, 21 חגיכם; 6, 8 ארמנתיו; Sach. 8, 17 את־כל־אלה אשר שנאתי, näml. Ungerechtigkeit und Treulosigkeit gegen den Nächsten; Prov. 6, 16 שש־הנה. *β)* In Participialkonstruktion: Jes. 61, 8 שנא גזל בעולה; Mal. 2, 16 ש' שלח. — 2. Subjekt ist der Mensch. a) Jahwe hassen. Nur das Particip mit Genitivobjekt von solchen, die den Götzen göttliche Verehrung erweisen: Ex. 20, 5; Deut. 5, 9 לשנאי; 7, 10 *(bis)* לשנאיו bzhw. לשנא; II Chr. 19, 2 שנאי יי. — b) Die Abgötter: Ez. 16, 37 כל־אשר ש'; 23, 28 אשר שנאת. — c) Von der dem Gebote der Nächstenliebe widerstreitenden Gesinnung. *a)* Akkusativ der Person: Lev. 19, 17 לא־תשנא את־אחיך בלבבך. — *β)* Das Particip nur in der Verbindung לא־שנא לו Deut. 4, 42; 19, 4; V. 6 לא שנא היא לו; Jos. 20, 5; endlich איש ש' לרעהו Deut. 19, 11; das Subst. Ex. 23, 5; Prov. 25, 21 שנאך. — d) Im allgemeinen von Hass im sittlichen Sinne. *a)* Mit Bezug auf Personen. *a')* Akkusativ der Person: Am. 5, 10 מוכיח בשער; Ps. 31, 7 שנאתי השמרים הבלי־שוא **); 105, 25 עב'; 119, 113 סעפים; 139, 21 משנאיך; Prov. 9, 8 אל־תוכח לץ פן ישנאך; 26, 28 דכיו; 29, 10 תם; das Particip mit dem Objekte 13, 24 בנו; 29, 24 שתף. *β')* Das Particip mit Genitivobjekt, gewöhnlich mit einem Suffix, nicht der persönliche Feind oder Hasser schlecht-

---

*) Die Synonyma des Wahren und Guten, S. 45.
**) Zu lesen ist שנאת nach LXX; vgl. Kautzsch, Textkr. Erl. z. St.

weg, sondern Bezeichnung einer ganzen Klasse von Menschen, die Recht und Gerechtigkeit unterdrücken, gegen die Gemeinde Jahwes Tücke sinnen, seine Getreuen wegen ihres Strebens nach dem Guten anfeinden: שנא II Sam. 22, 18; Ps. 9, 14; 18, 18; 41, 8; 69, 15; 86, 17; 118, 7; שנאיך 21, 9 (parall. איביך); Hi. 8, 22 (parall. רשעים); שנאי ܝ Jes. 66, 5; שנא ה׳ Ps. 35, 19; 69, 5 (an beiden Stellen im Parall. איבי שקר); 38, 20 שנאי שקר (parall. איבי חיים, was doch wohl aus ה׳ verschrieben ist); שנאי צדיק 34, 22 (parall. רשע); שנאי ציון 129, 5.
γ′) Zwei Akkusative: 25, 19 שנאתי חמס שנאת; 139, 22 תכלית שנאה שנאתים. β) Mit sachlichem Objekte. α′) Im Akkusativ: Am. 5, 15 אהבו טוב ושנאו רע; Ps. 26, 5 קהל מרעים; 45, 8 אהבת צדק ותשנא רשע; 50, 7 מוסר; 97, 10 רע; 101, 3 עשה סטים; 119, 104. 128 שקר; 163 שקר. בל ארחות שקר; vom Thoren Prov. 1, 22. 29 דעת; vom Wollüstigen 5, 12 מוסר; Jahwe fürchten ist 8, 13 שנאת רע; der Gerechte hasst 13, 5 דבר־שקר*). β′) In Participialkonstruktion: Ex. 18, 21; Prov. 28, 16 שנאי בצע; Mi. 3, 2 שנאי טוב ואהבי רעה; Ps. 120, 6 שלום; Prov. 12, 1; 15, 10 תוכחת; 27 מתנת; Hi. 34, 17 משפט**). — Niph'al verhasst sein im ethischen Sinne. Der Arme ist verhasst Prov. 14, 20 גם לרעהו; in absoluter Aussage von dem איש מזמות V. 17. — Pi'el 1. Jemanden hassen. Von der Weisheit Prov. 8, 36 כל משנאי. — 2. Das subst. Particip = Feind. a) Die Feinde Jahwes: Deut. 32, 41 משנאי (parall. צר); Num. 10, 35; Ps. 83, 3; 139, 21 משנאיך; 68, 2 משנאיו (parall. איביו); 81, 18 ? ′מ. — b) Die Feinde des leidenden Gerechten, der Gemeinde: II Sam. 22, 41; Ps. 18, 41; 55, 13 משנאי; 89, 24 משנאיו; 44, 8. 11 משנאינו.

Ausserhalb des theologischen Sprachgebrauches: Kal 1. Gegensatz zur Liebe im geschlechtlichen Sinne = Abneigung empfinden. a) Akkusativ der Person. α) Allein: Deut. 22, 13. 16; 24, 3; Jud. 14, 16; בי שנאתה 15, 2. β) Dazu ein innerer Akkusativ: II Sam. 13, 15 וישנאה א׳ שנאה אשר גדולה השנאה באד כי גדולה שנאה ׳. — b) שנואה, das vom Ehegatten zurückgesetzte Weib: Gen. 29, 31. 33; Deut. 21, 15 (bis). 16. 17; Prov. 30, 23. — 2. Hassen im gewöhnlichen Sinne, von der Abneigung gegen einen anderen. a) Akkusativ der Person: Gen. 26, 27; 37, 4. 5. 8; Jud. 11, 7; II Sam. 13, 22; 19, 7; I Reg. 22, 8; Prov. 19, 7; 25, 17; II Chr. 18, 7. — b) In Participialkonstruktion:

---

*) Ez. 35, 6 שנאתי דם אם־לא ist unverständlich.
**) Ps. 36, 3 ist לשנא in einem Zusammenhang von Worten, die keinen Sinn geben.

Deut. 7, 15; 30, 7; II Sam. 19, 7; II Chr. 1, 11 שנאיך; Ez. 16, 27 שנאתיך; Gen. 24, 60 שנאיו; Ex. 1, 10 שנאינו; Lev. 26, 17 שנאיכם; Esth. 9, 1. 5. 16; Ps. 106, 41 שנאיהם. — c) Absolut: Eccl. 3, 8; שנא Ps. 106, 10; Prov. 26, 24; das passive Particip II Sam. 5, 8 ist wohl Textfehler*). — 3. Etwas zuwider haben. a) Akkusativ der Sache: Prov. 11, 15 שנאתקע; Eccl. 2, 17 אתהחיים. 18 אתכלעמלי. — b) Das passive Particip von der in Trümmern liegenden Stadt Jes. 60, 15. — **Piʻel** nur das Particip vom Feinde oder Gegner im bürgerlichen Sinne: Deut. 33, 11; Hi. 31, 29.

Das nur im Part. gebräuchliche Piʻel tritt nicht nur, was das Vorkommen im allgemeinen anbelangt, hinter Kal bedeutend zurück, sondern letzteres weist auch ursprünglichere Bedeutung und vielfache Verwendung in sehr alten Stellen auf.

II. Kal — Nipḥʻal — Puʻal.

סקל von einem Nomen, das wahrscheinlich סֶקֶל gelautet. **Kal** jemanden steinigen. Durch das Gesetz als die theokratische Todesstrafe bestimmt, trifft sie denjenigen, der am Gebannten sich vergreift Jos. 7, 25; der Gott lästert I Reg. 21, 10; gerne auch mit באבנים als Strafe für Abgötterei Deut. 13, 11; 17, 5; für Verletzungen der Heiligkeit des Verlöbnisses 22, 21. 24; für Gotteslästerung I Reg. 21, 13. — **Niphʻal** gesteinigt werden; die durch das Gesetz angeordnete Procedur in der Verbindung סקול יסקל, vom Menschen, der entgegen dem Gebote dem hl. Berge zu nahe kommt Ex. 19, 13; vom stössigen Rinde 21, 28, während dafür V. 29. 32 das Imperf. allein gebraucht wird. — **Puʻal** gesteiniget werden, wegen Gotteslästerung I Reg. 21, 14. 15.

Ausserhalb des theologischen Sprachgebrauches: **Kal** steinigen, bekanntes gerichtliches Strafverfahren. So Ex. 8, 22 mit dem Subjekte Ägypter; 17, 4 Israel den Mose; I Sam. 30, 6 den David die Leute, die um denselben waren. — **Piʻel** 1. Jemanden mit Steinen bewerfen zum Ausdruck des Hasses und der Verachtung, stets mit באבנים II Sam. 16, 6. 13. — 2. Einen Ort entsteinen; den Weingarten Jes. 5, 2; die Strasse 62, 10 mit beigefügtem מאבן.

III. Kal — Nipḥʻal — Hiphʻil.

אשם von אָשָׁם **Kal** 1. In Schuld geraten, Folge der Übertretung irgend einer göttlichen Verordnung. a) Absolut: אשמו Lev.

---
*) Vgl. Klostermann z. St.

4, ‏וי׳ 27‎; 5, 2. 3. 17. 23; ‏יאשׁמ׳‎ 4, 13; ‏יאשׁמה הנפשׁ החטא‎ Num. 5, 6; ‏האשׁמו‎, ihr würdet in Schuld geraten näml. durch Nichteinhaltung des Schwures Jud. 21, 22; von den Völkern, die Israel, das heilige Volk, antasten Jer. 2, 3; 50, 7; Edom, indem es Rache nahm an Juda Ez. 25, 12 ‏אשׁום יאשׁמו‎; die Anweisung an die Priester und Leviten betreffs ihres Vorgehens bei Rechtshändeln schliesst II Chr. 19, 10 ‏כה תעשׁון ולא תאשׁמו‎. Mit Hos. 4, 15 ‏אל־יאשׁם יהודה‎ ist schwer, mit Hab. 1, 11 ‏אז חלף רוח ויעבר ואשׁם‎ gar nichts anzufangen. — b) ‏ל‎ der Person, der gegenüber jemand in Schuld gerät. α) Gott: Lev. 5, 19 ‏אשׁם אשׁם לי׳‎; II Chr. 19, 10. β) Menschen: Num. 5, 7 ‏לאשׁר אשׁם לו‎. — c) Die Ursache, durch die jemand in Schuld gerät. α) ‏ב‎: Lev. 5, 4. 5 ‏לאחת מאלה‎, durch irgend etwas Derartiges näml. von den früher aufgezählten Vergehungen. — β) ‏ב‎: Ez. 22, 4 ‏בדמך אשׁר שׁפכת אשׁמת‎; Hos. 13, 1 ‏בבעל‎. — 2. Ursache und Wirkung, Schuld und Strafe als Wechselbegriff mit fliessender Grenze gebraucht, daher auch: büssen. Absolut: Jes. 24, 6; Hos. 10, 2; 14, 1*); Sach. 11, 5; Ps. 34, 22. 23; Prov. 30, 10. — **Niph'al** schuldig werden, büssen Jo. 1, 18**). — **Hiph'il** jemanden schuldig sprechen: Ps. 5, 11 ‏האשׁימם‎ ‏אלהים***‎), sprich sie schuldig, Gott.

Das Verbum ist zunächst, wenn nicht vielleicht ausschliesslich im Kal denominiert. Betreffs des sinnlichen Etymons vgl. die Bemerkungen von Gesenius im Thesaurus.

‏זכר‎ von ‏זָכָר‎ **Kal** allgemein in das Gedächtnis zurückrufen. 1. Gott, der in das Gedächtnis zurückruft a) Menschen. α) Akkusativ des Objektes. Da das Zurückrufen in das Gedächtnis von seiten Gottes immer ein werkthätiges ist, so wird ‏ז׳‎ der bildliche Ausdruck für die Vorsehung Gottes überhaupt, die helfend und rettend eingreift. So ‏ויזכר אלהים‎ mit den Akkusativen Gen. 8, 1 ‏את נח‎ ‏ואת־כל־החיה‎; 19, 29 ‏את־אברהם‎; 30, 22 ‏את־רחל‎; in der Konstatierung der thatsächlichen Erhörung des Gebetes I Sam. 1, 19 ‏ויזכרה י׳‎; in der Selbstbezeugung Jahwes Jer. 31, 20, so oft ich mich auch von ihm lossagte, ‏זכר אזכרנו עוד‎; in der Schilderung der ausserordentlichen Güte Gottes Ps. 8, 5, was ist der Mensch, ‏כי תזכרנו‎ (parall. ‏תפקדנו‎); 9, 13 ‏אתם זכר‎ (parall. ‏לא שׁכח צעקת ענוים‎); 115, 12

---

*) Hos. 5, 15 ist ‏יאשׁמו‎ = ‏ישׁמו‎, stutzig werden. Wellh. Skizzen und Vorarb. V, 113.

**) Merx, Joel 86 ff. korrigiert ‏אֵשָׁמָה‎.

***) De Lagarde, Proph. chald. emendiert הַשֵּׁמֵם.

Verba denominativa in drei Konjugationen. 155

זכרני; dagegen bezüglich der Toten gilt 88, 6 היו כמתים לא. Besonders beliebt ist der Ausdruck im Gebete um Gottes Hilfe: Jud. 16, 28 נא זכרני; I Sam. 1, 11, wenn du dich um das Elend deiner Magd bekümmerst וזכרתני; Jer. 15, 15 זכרני; Ps. 74, 2 זכר עדתך; 106, 4 זכרני יי (parall. פקדני בישועתך); Hi. 14, 13 ותזכרני. β) ל der Person. Im Gebete Ex. 32, 13 זכר לאברהם ליצחק ולישראל; Deut. 9, 27 זכר לעבדיך לאברהם וליצחק 'וליע; Ps. 25, 7 זכר לי אתה; im Lobpreise Jahwes 136, 23, in unserer Niedrigkeit לנו זכר. — b) Sachliche Objekte. α) Im Akkusativ. α') ברית, wobei ein Gedenken des Bundes die faktische Erfüllung gegebener Verheissungen besagt: Gen. 9, 15. 16; Ex. 2, 24; 6, 5; Lev. 26, 42 (bis). 45 (mit dat. comm. להם); Jer. 14, 21; Ps. 105, 8; 106, 45 (mit dat. comm. להם); 111, 5. β') Sind Verschuldungen und Sünden das Objekt, so ist die Drohung Gottes, dieselben in das Gedächtnis zurückzurufen, sowie die Verheissung oder Bitte, dass dieses nicht geschehe, gleichbedeutend mit in Anrechnung bringen oder nicht bringen. So Jes. 43, 25 חטאתיך (parall. מחה פשעיך); 64, 8 עון; Jer. 14, 10 עון (neben יפקד חטאתם); 44, 21, wo statt אתם zu lesen ist אתָּם, nämlich הקטר: Hos. 7, 2 לרעתם; 8, 13; 9, 9 עון (neben יפקד חטאתם); Ps. 25, 7 חטאות נעורי ופשעי. γ') Andere sachliche Objekte: Lev. 26, 42, das Land, das dem Volke Gottes bestimmt ist; Jer. 2, 2 זכרתי לך חסד (mit dat. comm. לך); Ps. 20, 4 מנחתיך; 98, 3 חסדו אמונתו; 105, 42 אדבר קדשו; Thr. 2, 1 הדם רגליו. Im Gebete Jer. 18, 20 זכר עמדי לפניך; Hab. 3, 2 רחם תזכר; Ps. 25, 6 רחמיך יי וחסדיך; 74, 22 חרפתך; 89, 51 חרפת עבדיך; 119, 49 דבר לעבדך; Thr. 3, 19 זכר עניי ומרודי; Neh. 1, 8 אזכרה נא.   δ') Öfter ist das Verbum mit einem Objektssatz verbunden: In dem Gebete II Reg. 20, 3; Jes. 38, 3 זכר נא את אשר התהלכתי לפניך. Dabei ist der Inhalt eines solchen Satzes gerne die Vergänglichkeit des menschlichen Lebens, die im Gebete ein beliebtes Motiv darstellt, um Gottes Erbarmen und Nachsicht zu gewinnen; so eingeleitet mit כי Ps. 78, 39; 103, 14 זכר כי עפר אנחנו; Hi. 7, 7; 10, 9; eingeleitet mit מה Ps. 89, 48 זכר אני מה חלד; nicht von der Vergänglichkeit des Lebens, sondern von der widerfahrenen Schmach Thr. 5, 1 זכר יי מה היה לנו. β) Mit ל: In der Verheissung, nicht mehr zu gedenken Jer. 31, 34 לחטאתם (parall. אסלח לעונם); II Chr. 6, 42 זכרה לחסדי דויד. — c) Jemandem etwas gedenken d. h. ihm vergelten. α) Im guten Sinne: Ps. 132, 1 זכור יי לדוד את כל ענותו; Neh. 13, 22 זכרה לי אלהי גם זאת; vollständig auch 5, 19; 13, 31 זכרה לי אלהי לטובה. β) Im bösen Sinne: Ps. 79, 8 אל תזכר לנו עונת ראשנים; 137, 7 זכר יי לבני אדום את יום; Neh. 6, 14 זכרה אלהי לטוביה; einmal mit על der

Versündigung 13, 29 לחם על גאלי הבהמה. — 2. Subjekt ist der Mensch, der in das Gedächtnis ruft a) Gott. Es folgt Akkusativ der Person Gottes: Bei Einschärfung einer religiösen Pflicht, einer Ermahnung Deut. 8, 18 וזכרת את־יהוה אלהיך; II Sam. 14, 11 יזכר־נא המלך את־יהוה אלהיך; Neh. 4, 8 אדני הגדול זכרו; Eccl. 12, 1 את־בוראיך. Gott ins Gedächtnis rufen ist weiterhin soviel, als ihm treu bleiben oder sich zu ihm bekehren: Jes. 17, 10 צור מעזך (parall. שכחת אלהי ישעך); 57, 11; 64, 4; Jer. 51, 50 את־יהוה; Ez. 6, 9 וזכרו אותי בגוים; Sach. 10, 9 במרחקים יזכרוני. Namentlich beim hereinbrechenden Unglück gedenkt der Mensch Gottes, dem er einst nahe gestanden Jon. 2, 8 את־יהוה; Ps. 42, 7 אזכרך; 77, 4 אזכרה אלהים; der Gerechte aber versenkt sich in die Erinnerung Gottes 63, 7 זכרתיך, indem er nachsinnt über die ihm zuteil gewordenen, thatsächlichen Erweise göttlicher Huld. — b) Ein sachliches Objekt. α) Im Akkusativ. Zur Einführung eines Gebotes: bezüglich des Tages des Auszuges Ex. 13, 3 זכור את־היום הזה; des Sabbates 20, 8 זכור את־יום השבת; im Gebote selbst, welches das Essen ungesäuerten Brotes befiehlt Deut. 16, 3 למען תזכר את־יום צאתך; ebenso mit dem Nebenbegriff praktischer Folgen die Aufforderung, zu gedenken Num. 15, 39 וזכרתם את־כל־מצות יי; Mal. 3, 22 זכרו תורת משה. Zur Einführung des Motives für Israels dankbare Gesinnung und Gehorsam gegen Jahwe: Deut. 8, 2 וזכרת את־כל־הדרך; 32, 7 זכר ימות עולם; Jes. 63, 11 ויזכר־. Als Beweis, dass Jahwe allein der wahrhafte Gott ist, dient die Erinnerung 46, 9 זכרו ראשנות מעולם; daher die Aufforderung 43, 18 אל־תזכרו ראשנות (parall. וקדמניות אל־תתבננו) nur eine rhetorische Wendung sein kann, um auszudrücken, dass das neue Heil viel herrlicher sein solle. Zur Einführung einer Verheissung, dass Israel nicht mehr gedenken werde 54, 4 חרפת אלמנותיך (parall. בשת עלומיך תשכחי); einer Drohung, dass das Volk gedenken wird Ez. 16, 61 את־דרכיך; 20, 43 וזכרתם את־דרכיכם את כל־עלילותיכם; ähnlich 36, 31; die Hure wird nicht mehr Ägyptens gedenken 23, 27. Als Aufforderung zum Lobe Gottes dient das Gedenken seiner Wunderthaten Ps. 105, 5; I Chr. 16, 12 זכרו נפלאתיו; 15 זכרו לעולם בריתו. Als Mittel zur Tröstung Ps. 77, 12 (bis), ich gedenke מעללי־יה bzhw. אזכור מקדם פלא; 119, 52 משפטיך; 55 שמך; 143, 5 זכרתי ימים מקדם. Versicherung treuer Anhänglichkeit an Jerusalem besagt 137, 1 את־ציון. 6 אזכרכי. Im historischen Rückblicke Jer. 17, 2 כזכר בניהם מזבחותם; Ez. 16, 22. 43 את־ימי נעוריך; 23, 19 את־ימי נעוריה; von den Vätern, die nicht gedachten Ps. 78, 42 לא־זכרו; 106, 7 לא־זכרו את־רב חסדיך; Neh. 9, 17 ולא־זכרו נפלאתיך; Jerusalem gedenkt Thr. 1, 7 זכרה ירושלם ימי עניה; aber es gedachte ehedem nicht V. 9 לא זכרה אחריתה. Auch

wider das heidnische Babel erhebt Gott den Vorwurf Jes. 47, 7 לא
זכרת אחרית, wie wider Tyrus, dass es nicht eingedenk war Am. 1, 9
ברית אחים. Zur Einführung einer Ermahnung oder eines Vorsatzes
wird der Eindringlichkeit halber öfter dem Verbum ein allgemeines
Objekt in der Gestalt eines Demonstrativpronomens gegeben, wie
זאת Jes. 46, 8; Ps. 74, 18; אלה Jes. 44, 21; Ps. 42, 5.   β) Ein Objektssatz. α') Eingeführt mit כי. So in der als Motivierung zur Menschen-
freundlichkeit gebräuchlichen Mahnung, stets ins Gedächtnis zu rufen
Deut. 5, 15; 15, 15; 16, 12; 24, 18. 22 וזכרת כי [בארץ] מצרים; die Konstatierung der Umkehr des Volkes besagt die Erinnerung Ps. 78, 35
ויזכרו כי אלהים; in der Ermahnung, Gottes Thuen zu preisen Hi. 36, 24
זכר כי תשגיא פעלו; die Jugend zu benützen Eccl. 11, 8, wo ויזכר את
ימי החשך als aus dem Objektssatz כי הרבה יהיו herausgehobenes Subjekt
anzusehen.   β') Mit אשר־את. In der erbaulichen Mahnung, eingedenk zu sein Deut. 7, 18; 24, 9 זכר את אשר־עשה יי; zur Einführung des
Gebotes, die Amalekiter zu vernichten 25, 17 זכור את אשר־עשה לך עמלק; in
der Mahnung, eingedenk zu sein 9, 7 זכר את אשר־הקצפת יי.   γ') Direkt
untergeordnet: ein Satz mit מה Mi. 6, 5 זכר־נא מה־יעץ בלק; mit כי in der
Aufforderung, zu erwägen Hi. 4, 7 זכר־נא מי הוא נקי אבד; ein Infinitiv Ps.
109, 16 vom Bösen, der nicht daran gedacht hat זכר עשות חסד.   δ') Beigeordnet: Num. 15, 40 למען תזכרו ועשיתם; Ez. 16, 63 למען תזכרי ובשת;
Ps. 22, 28 יזכרו וישבו אל־יי.   γ) In Participialkonstruktion: Ps. 103, 13
לזכרים פקדיו לעשותם. δ) Absolut: Thr. 3, 20. — **Niph'al** 1. In das
Gedächtnis gerufen werden. a) Durchweg in negativer Aussage zum
Ausdruck der vollständigen Vertilgung von der Erde, so dass der
Name des Betreffenden der Vergessenheit anheimfällt. Daher in der
Androhung des Strafgerichtes Gottes Ez. 21, 37 לא תזכר; 25, 10 mit
dem Zusatz בגוים; andererseits aber auch in der Verheissung Gottes,
wegzuthuen die Namen der Götzen ולא־יזכרו עוד Hos. 2, 19 (der dazu-
setzt בשמם); Sach. 13, 2. Weiterhin im Anschlag gegen das Leben
des durch seine Mahnungen verhassten Propheten Jer. 11, 19 ושמו
לא־יזכר עוד; die Feinde Israels gegen dasselbe, indem sie sprechen
Ps. 83, 5 ולא־יזכר שם־ישראל עוד. Als Erfahrungssatz über das Ende
des Sünders wird es ausgesprochen Hi. 24, 20 עוד לא־יזכר. — b) In
Anrechnung gebracht werden von seiten Gottes. α) ל der Person,
der etwas angerechnet wird: Ez. 18, 22 לא־יזכרו לו; 33, 16 לא־תזכרנה.
β) אל Gottes: Ps. 109, 14 יזכר עון אבתיו (parall. וחטאת אמו אל תמח). —
γ) Absolut, nur ולא־תזכר צדקתו Ez. 3, 20; 18, 24; 33, 13. — 2. Sich in
Erinnerung bringen bei Gott. a) In gnädige Erinnerung, durch das

Blasen der Trompeten bei der Bedrängnis von seiten der Feinde Num. 10,9 לְפָנֵי. — b) Im üblen Sinne, bezüglich der Schuld, die man auf sich geladen, so dass Jahwe strafend einschreitet Ez. 21,29 יַעַן הַזָּכֶרְכֶם. — **Hiph'il 1.** In das Gedächtnis rufen, im allgemeinen mit dem Nebenbegriff laut, öffentlich. Im speziellen. a) Die Gottheit im Kulte anrufen. α) בְּ der Gottheit: Jes. 26,13 לְבַדְּךָ נַזְכִּיר שְׁמֶךָ, wo שֵׁ' noch unter der Rektion von בְּ steht; 48,1 בֵּאלֹהֵי יִשׂ׳; Am. 6,10 בְּשֵׁם יְיָ; Ps. 20,8 בְּשֵׁם יְיָ אֱלֹהֵינוּ. Von der Anrufung heidnischer Götter Jos. 23,7 בְּשֵׁם אֱלֹהֵיהֶם. - β) Akkusativ, nur von der Anrufung heidnischer Götter Ex. 23,13 שֵׁם אֱלֹהִים אֲחֵרִים. — b) Ehrenvoll, preisend erwähnen, rühmen. α) Mit sachlichem Akkusativ: Jes. 63,7 חַסְדֵי יְיָ; Ps. 45,18 שִׁמְךָ; 71,16 צִדְקָתְךָ לְבַדֶּךָ; 77,12 מַעַלְלֵי־יָהּ (Keth.); von Jahwe ausgesagt, der rühmend erwähnt den Namen des Knechtes Jahwes Jes. 49,1; Ps. 87,4 רַהַב וּבָבֶל לְיֹדְעָי. β) Mit Objektssatz Jes. 12,4 כִּי נִשְׂגָּב שְׁמוֹ. γ) Absolut, in den Überschriften Ps. 38,1; 70,1 לְהַזְכִּיר, vielleicht zum Lob, Preis Gottes*); I Chr. 16,4. — c) Öffentlich in Erinnerung bringen. α) Mit sachlichem Akkusativ, vielleicht technischer Ausdruck für Offenbarmachung eines Vergehens: Num. 5,15 מַזְכֶּרֶת עָוֹן, vom Eifersuchtsspeisopfer; Elisa macht offenbar I Reg. 17,18 אֶת־עֲוֹנִי; Ez. 21,28 יַעַן הַזְכִּיר. 29 בְּהִזָּכֵר עֲוֹנְכֶם; Ägypten 29,16 בִּזְכָרָם. -- β) Mit dem Akkusativ Jahwe, wobei jedoch ein sachliches Objekt zu ergänzen. In dem Israel angebotenen Rechtsstreite wird es aufgefordert, Jahwe seine etwaigen verdienstlichen Werke in Erinnerung zu bringen Jes. 43,26; die von Jahwe selbst aufgestellten Wächter, welche 62,6 הַמַּזְכִּרִים אֶת־יְיָ heissen, sollen den Herrn erinnern an die Vollendung seines Heilswerkes. -- d) Verkündigen im Auftrage Jahwes, Jer. 4,16 הַזְכִּירוּ, mit folgendem, direkt untergeordneten Objektssatze. — **2. Kausativ**, an etwas gedenken machen. Von Gott ausgesagt bezüglich der Stiftung eines Kultus Ex. 20,24 בְּכָל־הַמָּקוֹם אֲשֶׁר אַזְכִּיר אֶת־שְׁמִי.

Ausserhalb des theologischen Sprachgebrauches: **Kal 1.** In das Gedächtnis rufen, mit folgendem Akkusativ. a) Eine Person Nah. 2,6. — b) Eine Sache: Gen. 42,9; Num. 11,5; Prov. 31,7; Hi. 21,6; 40,31; Eccl. 5,19. — c) Ein Objektssatz, eingeführt mit כִּי Jud. 9,2; אֶת אֲשֶׁר II Sam. 19,20; direkt untergeordnet II Reg. 9,25; Hi. 11,16. — **2.** Mit dem Nebenbegriff praktischer Folgen. a) Bezüglich einer Person, die im Akkusativ folgt Gen. 40,23; I Sam.

---

*) Siehe unter dem von אַזְכָּרָה denomin. Hiph'il S. 37.

25, 31; Esth. 2, 1; mit dem Zusatze אָרֵךְ Gen. 40, 14. — b) Bezüglich einer Sache: II Chr. 24, 22. — 3. Prägnant: eine Erwähnung machen, vom Namen Jer. 20, 9; von der Lade Jahwes 3, 16; von dem Ausdruck יי בשׁם 23, 36. — **Niph'al** nur passivisch: a) In das Gedächtnis gerufen werden, die Dirne Jes. 23, 16; frühere Erlebnisse 65, 17. — b) Im Gedächtnis behalten werden, von Gedenktagen Esth. 9, 28 (Part.). — c) Erwähnt werden: Hi. 28, 18. — **Hiph'il** 1. In Erinnerung bringen. a) Eine Person bei jemandem, Akkusativ und אל, Gen. 40, 14. — b) Eine Sache: 41, 9 אֶתְחֲטָאַי אֲנִי מַזְכִּיר; II Sam. 18, 18 שְׁמִי. — c) מַזְכִּיר, der beim König Dinge in Erinnerung bringt, Amtsname = Kanzler II Sam. 8, 16; 20, 24; I Reg. 4, 3; II Reg. 18, 18. 37; Jes. 36, 3. 22; I Chr. 18, 15; II Chr. 34, 8. — 2. Eine Erwähnung machen. a) Im gewöhnlichen Gespräche, mit Akkusativ der Sache: I Sam. 4, 18; Jes. 19, 17. — b) Lobpreisend erwähnen: Cant. 1, 4 דֹּדֶיךָ.

An der Priorität des Kal in der Denominierung kann wohl nicht gezweifelt werden. Schwierig ist die Etymologie dieses allgemein semitischen Verbums. Neben der bekannten Ableitung, die auf „stechen" zurückgeht, stellt neuerdings Schwally Z.A.W. XI, 176 ff. die Grundbedeutung auf „im Kulte anrufen" und זָכָר „kultische Person" d. h. Mann, weil nur ein solcher den Kult ausüben konnte. Allein זכר mit der speziellen Bedeutung „im Kulte anrufen" kann kein originales Verbum sein, in der That tritt auch zunächst das Hiph'il in dieser Bedeutung auf. Schwally selbst sagt: „Die Gottheit im Kulte anrufen heisst הִזְכִּיר בְּשֵׁם אֱלֹהִים." Demnach ist die etymologische Frage auf diese Weise nicht gelöst. Man wird doch wieder auf die Grundbedeutung „stechen" zurückkommen müssen, zumal die Annahme nahe liegt, dass die Bezeichnung für Mann zu allererst eine sexuelle Bedeutung habe. Andererseits ist auch für זָכָר „Gedächtnis" jene sinnliche Grundbedeutung nicht so unmöglich. Wir haben Analogieen innerhalb des Hebr. selbst und auch in unseren Sprachen; vgl. stechen, Stich, sticheln.

עָתַר — **Kal** 1. Fürbitte einlegen bei Gott. a) ל Gottes, Gen. 25, 21 לְיי לְנֹכַח אִשְׁתּוֹ. — b) אל Gottes: Ex. 8, 26; 10, 18 אֶל־יי. — 2. Im allgemeinen flehen, beten zu Gott: Jud. 13, 8 אֶל־יי; Hi. 33, 26 אֶל־אֱלוֹהַּ. — **Niph'al** tolerativ das Fürbitten auf sich wirken, sich erflehen lassen. a) Mit ל, von jemandem: Gen. 25, 21; Jes. 19, 22; Esr. 8, 23; I Chr. 5, 20; II Chr. 33, 13. 19. — b) Mit ל, für jemanden: II Sam. 21, 14; 24, 25, beidemal לָאָרֶץ. — **Hiph'il** 1. Fürbitte einlegen. a) Bei Gott. α) ל Gottes: Ex. 10, 17 לְיי אֱלֹהֵיכֶם. β) אל desselben, 8, 4. 25; 9, 28

אֵלָיו. — b) Für jemanden. a) לְ der Person, 8,₅ לָךְ לְעָבְדְּךָ וּלְעֻבְדֶּךָ. β) בְּעַד derselben, 8,₂₄ הַעְתִּירוּ בַעֲדִי. — 2. Im allgemeinen flehen, beten, Hi. 22,₂₇ אֵלָיו, zu Gott.

Dass das Verbum denominiert ist, ist mir sicher, gerade wie im Arab. عَتَرَ, die عَتِيرَة darbringen; fraglich ist nur, ob von עָתָר, das wohl zweimal zu belegen ist, aber Ez. 8,₁₁ wegen der Bedeutung „Rauch, Duft" nach Cornill Verschreibung für עֲשַׁן sein wird, während Zeph. 3,₁₀ עֲתָרַי ganz unverständlich ist*). Auch die Etymologie ist unsicher und nur so viel entgegen der vielfachen Annahme gewiss, dass unser Verbum mit „räuchern" nichts zu thuen hat**).

רָעַע von רַע Kal 1. Böse sein. a) Das sachliche Subjekt ist: α) Ein allgemeiner Begriff, dessen aus dem Kontext zu ergänzender Inhalt etwas die Heiligkeit Gottes Verletzendes ist. So ist zu יֵרַע בְּעֵינֵי יי das Subjekt Gen. 38,₁₀ אֲשֶׁר עָשָׂה, vom unsittlichen Treiben des Onan; II Sam. 11,₂₇ הַדָּבָר, von der Handlungsweise des David gegen Uria; ferner ist Jes. 59,₁₅ וַיֵּרַע בְּעֵינָיו als Subjekt gemeint der Zustand der Rechtlosigkeit, בְּרָאֹן מִשְׁפָּט. Dagegen I Chr. 21,₇ וַיֵּרַע בְּעֵינֵי הָאֱלֹהִים עַל־הַדָּבָר הַזֶּה. β) Das körperliche Organ, das vorzugsweise als Sitz eines sittlichen Affektes gilt; so עַיִן im Sinne von missgünstig sein Deut. 15,₉; 28,₅₄.₅₆, immer mit בְּ gegen jemanden; לֵבָב missmutig sein 15,₁₀ in dem die Bereitwilligkeit zum Leihen einschärfenden Gebote. — b) Mit persönlichem Subjekte im absoluten Gebrauch vom grimmigen Wüten und Anstürmen der Feinde des Volkes Gottes Jes. 8,₉, wenn nicht vielleicht statt רֹעוּ zu lesen ist רֵעוּ. — 2. Impersonell Ps. 106,₃₂ וַיֵּרַע לְמֹשֶׁה בַּעֲבוּרָם infolge der von Gott über ihn verhängten Strafe. — **Niph'al** schlecht werden, Prov. 13,₂₀ רֹעֶה כְסִילִים יֵרוֹעַ; dagegen wird יֵרוֹעַ 11,₁₅ entweder gestrichen oder רֹעַ יֵרַע gelesen werden müssen***). — **Hiph'il** 1. Schlechtes thuen, sittlich schlecht handeln, Gen. 19,₇; Jud. 19,₂₃; I Sam. 12,₂₅ (הָרֵעַ); I Reg. 16,₂₅; II Reg. 21,₁₁; Jes. 1,₁₆; 11,₉; Jer. 4,₂₂; 7,₂₆; 13,₂₃; Ps. 37,₈; Prov. 4,₁₆; 24,₈; I Chr. 21,₁₇ (וְהָרֵעַ הֲרֵעֹתִי); daher das Particip zur Bezeichnung des Bösewichtes Jes. 1,₄ (parall. מַשְׁחִיתִים); 9,₁₆ (in Verbindung mit חָנֵף); 14,₂₀; 31,₂ (parall. פֹּעֲלֵי אָוֶן); Jer. 20,₁₃; 23,₁₄; Ps. 22,₁₇; 26,₅ (parall. רְשָׁעִים); 27,₂; 37,₁ (parall. עֹשֵׂי עַוְלָה). ₉ (Gegs. קַוֵּה יהוה); 64,₃ (parall. פֹּעֲלֵי אָוֶן); 92,₁₂; 94,₁₆

---

*) Vgl. Schwally, Z.A.W. X, 203.
**) Wellhausen, Skizzen und Vorarb. III, 115.
***) Siegfried-Stade, Hebr. Wb. u. d. W.

(parall. אין פצלי); 119,115; Prov. 17,4; 24,19 (parall. רששים); Hi. 8,20. — 2. Etwas schlecht, verwerflich machen, mit Akkusativ der Sache: Gen. 44,5 אשר עשיתם; Jer. 38,9 את כל-אשר עשו; Mi. 3,4 מעלליהם; ein Infinitiv להרשיע I Reg. 14,9; Jer. 16,12. — 3. Etwas Böses, Übles anthuen. a) Subjekt ist Gott. α) Akkusativ der Person: Mi. 4,6; Ps. 44,3. — β) ל derselben: Ex. 5,22; Num. 11,11; Jos. 24,20; Jer. 25,6; Sach. 8,14; Ruth 1,21. γ) עם derselben: I Reg. 17,20. δ) Absolut: Jer. 25,29; 31,28; ferner in der sprichwörtlichen Redensart „Böses oder Gutes anthuen", von Jahwe Zeph. 1,12; von Götzen Jes. 41,23; Jer. 10,5. — b) Subjekt ist der Mensch. α) Akkusativ der Person: Num. 16,15; Deut. 26,6; I Sam. 25,34; Ps. 74,3. — β) ל derselben: Gen. 19,9; 43,6; Ex. 5,23; Num. 20,15; I Sam. 26,21. γ) עם derselben: Gen. 31,7. δ) ב derselben: I Chr. 16,22. ε) Absolut: Lev. 5,4 להרע אי להטיב; vielleicht gehört hieher auch das schwierige להרע Ps. 15,4.

Ausserhalb des theologischen Sprachgebrauches: **Kal** 1. 'ירע בעיני zum Ausdruck des Missfälligen mit dem Subjekte הדבר Gen. 21,11; I Sam. 8,6; 18,8; II Sam. 11,25 אל-ירע בעיניך את-הדבר*); oder das Subjekt ist ein allgemeiner, aus dem Kontext zu ergänzender Begriff Gen. 21,12; 48,17. — 2. Für denselben Ausdruck des Missfälligen Jon. 4,1 וירע אל-יונה רעה גדולה; und dieselbe Verstärkung durch רעה גדולה Neh. 2,10, nur dass hier die Person mit ל beigefügt; dagegen 13,8 וירע לי מאד. — 3. Mit dem Subjekte לבב I Sam. 1,8; oder פנים Eccl. 7,3; Neh. 2,3 von trauriger Gemütsstimmung. — 4. II Sam. 20,6 scheint für ירע mit persönlichem Subjekte „er wird schlimm sein für uns" nach LXX Hiph. beabsichtigt „er wird uns Übles anthuen". — **Hiph'il** Schaden anrichten, vom Tiere Jes. 65,25.

Unter den drei Konjugationen ist im theologischen Sprachgebrauch Hiph'il am häufigsten und in der ältesten Schriftperiode zu belegen. Das Verbum ist natürlich von רעע „zerbrechen" zu trennen und daher auch die Bedeutungsfolge „zerbrechen — schädlich, verderblich — schlecht, böse sein" zu verwerfen. Wohl aber dürfte es mit רוע Hiph. „Lärm machen" nahe verwandt sein.

רצה von רָצָה **Kal** I. Subjekt ist Gott. 1. Wohlgefallen haben. a) An einer Person. α) Akkusativ derselben: In dem Segenswunsche II Sam. 24,23 יי אלהיך ירצך, an das vielleicht im ursprünglichen Texte ein ויברכך sich geknüpft; Jahwe sagt vom Knechte Gottes

---

*) Vgl. Kautzsch, § 117,1. Anm. 7.

Jes. 42,1 בחירי רצתה נפשי; das götzendienerische Volk hat Jahwes Liebe verscherzt Jer. 14,10 לא רצם ויהוה; mögen sie auch Opfer bringen Hos. 8,13 לא רצם יהוה; die Heilsthaten Jahwes in der Vorzeit haben den Grund Ps. 44,4 כי רציתם; 147,11 את-יראיו יהוה רוצה. — β) ב der Person: 149,4 יהוה בעמו רוצה. — b) An einer Sache. α) Akkusativ derselben: Jer. 14,12 רצם איננו ובמנחה עלה; Ps. 51,18 תרצה לא עולה; Prov. 16,7 דרכי-איש; I Chr. 29,17 בישרים. — β) ב derselben: Mi. 6,7 באלפי אלים; Hag. 1,8 בו, dem Tempel; Ps. 147,10 בשוקי האיש לא. — 2. Zu Gnaden annehmen. a) Akkusativ der Person. α) Allein. Das zur Erkenntnis und Reue gelangte Volk Ez. 20,40 ארצם; 43,27 הרצאתי אתכם; der Mann betet zu Gott Hi. 33,26 ויראהו. — β) Mit einem näheren Umstande: Ez. 20,41 אתכם ארצה בריח ניחח. — b) Akkusativ der Sache. α) Allein: Am. 5,22 ומנחתיכם עולות; in der auf Levis Opferberuf bezüglichen Bitte Deut. 33,11 ידיו תרצה ופעל; Ps. 85,2 ארצך; 119,108 פי נדבות. — β) Mit einem näheren Umstande: Mal. 1,10 מידכם לא-ארצה מנחה. 13 מידכם אותה הארצה. — c) Absolut = Gnaden erweisen: Ps. 77,8. — 3. Belieben, beschliessen. a) Infinitiv mit ל, etwas zu thuen: Ps. 40,14 להצילני יהוה רצה; I Chr. 28,4 בי רצה אבי ובבני להמליך. — b) Mit sachlichem Akkusativ, etwas gutheissen: Eccl. 9,7 את מעשיך. — II. Subjekt ist der Mensch. 1. Freude an etwas haben, liebend an etwas hangen. a) Akkusativ der Sache, von der Sehnsucht nach der heiligen Stätte: Ps. 102,15 את-אבניה עבדיך רצו. — b) Mit ב: I Chr. 29,3 אלהי בבית. — 2. Gefallen haben. a) Mit sachlichem Akkusativ, im sittlich schlechten Sinne: Ps. 62,5 כזב. — b) Mit ב, in der zweifelhaften Stelle 49,14 בפיהם ירצו ואחריהם. — c) Mit עם, Gefallen haben an der Freundschaft mit jemandem, sowohl von guter Hi. 34,9 עם-אלהים, als sittlich schlechter Vereinigung Ps. 50,18*). — III. Besonders zu erwähnen ist der Gebrauch des

---

*) Das Verbum רעה mit folgendem Akkusativ, Jes. 44,20 אפר; Hos. 12,2 רוח, beidemale in dem Sinne nach Nichtigem trachten, Prov. 15,14 אולת auf Narrheit bedacht sein, Narrheit treiben, hat natürlich nichts mit רעה „weiden" zu thuen, sondern es ist das aramäische רעא = hebr. רצה. Letzteres hat nicht nur Kirsch-Bernstein in seinem syrischen Glossar, sondern auch Merx in der Chrestom. targ. übersehen, indem er unter רעא bringt: 1. Parit, gubernavit. 2. Gratum, acceptum habuit. Delitzsch geht noch weiter, er bemerkt zu Prov. 15,14: רעה weiden bed. auch im allg. auf etwas bedacht sein, Umgang mit jem. pflegen", zwängt also mit diesen zweien noch ein drittes Verbum zusammen, das denominierte רעה „Umgang haben". Dass רעא „Wohlgefallen haben" ganz verschieden ist von רעה „weiden", erhellt schon daraus, dass ersteres ל״י, letzteres dagegen ל״ה ist. Aus diesen Gründen

Verbums dort, wo es den Sinn „etwas bezahlen" annimmt. So mit dem Subjekte הָאָרֶץ Lev. 26, 34. 43; II Chr. 36, 21 אֶת־שַׁבְּתֹתֶיהָ; das Subjekt ist Israel Lev. 26, 41. 43 אֶת־עֲוֹנָם*). — **Niph'al** 1. Gegenstand des göttlichen Wohlgefallens werden oder sein, wofür häufig היה לְרָצוֹן. a) Das Opfer. α) Mit לְ, zu Gunsten des Darbringers: Lev. 1, 4 כִּי יֵרָצֶה das Brandopfer; 22, 25 לֹא יֵרָצוּ לָכֶם, woran ein Mangel haftet. — β) Mit durch לְ eingeführtem Dativ des Gebrauches: 22, 23 ein Rind oder Schaf mit zu langen oder zu kurzen Gliedern לְנֵדֶר לֹא יֵרָצֶה; V. 27 ein Tier vom achten Tage der Geburt an יֵרָצֶה לְקָרְבַּן אִשֶּׁה לַיהוָה. γ) Absolut vom Heilsopfer 19, 7. — b) Der Opfernde: 7, 18 הַמַּקְרִיב אֹתוֹ לֹא יֵרָצֶה. — 2. Abgezahlt, abgetragen werden: Jes. 40, 2 כִּי נִרְצָה עֲוֹנָהּ. — **Hiph'il** eigentl. wohl 'ה bereiten mit etwas, auf das Schuldverhältnis übertragen = etwas vergüten, bezahlen. Lev. 26, 34 das Land wird abtragen אֶת־שַׁבְּתֹתֶיהָ**).

Ausserhalb des theologischen Sprachgebrauches: **Kal** jemandem gewogen, günstig sein, mit Akk. der Person Gen. 33, 10; Mal. 1, 8; II Chr. 10, 7; ihn lieb haben Prov. 3, 12; etwas lieb haben Hi. 14, 6. Das passive Particip Deut. 33, 24 רְצוּי אֶחָיו; Esth. 10, 3 רָצוּי לְרֹב אֶחָיו. — **Hithpa'el** Gunst sich erwerben, I Sam. 29, 4 בַּמֶּה יִתְרַצֶּה זֶה אֶל־אֲדֹנָיו.

Die ältere Konjugation im theol. Sprachgebrauch ist Kal. Die Grundbedeutung „an etwas haften" scheint mir nicht so gesichert, als es im allgemeinen hingestellt wird, und der ständige Hinweis auf die Konstruktion mit בְּ sollte ganz unterlassen werden, da sie nur in späten Stellen zu finden ist und als Ausnahme zu gelten hat gegenüber der häufigen Akkusativkonstruktion.

IV. Kal — Niph'al — Hithpa'el.

הדר von הָדַר **Kal** Ehre erweisen. 1. In unverdienter, widerrechtlicher Weise, daher = bevorzugen. Es folgt der Akkusativ דַּל

kann ich auch die von Friedr. Delitzsch, Proleg. 168, Anm. 2 gegebene Bedeutungsentwicklung nicht annehmen, die von רעה „fest ins Auge fassen" ausgehend zum Begriffe „weiden" kommt, dann seine Augen auf etwas gerichtet halten mit Wohlgefallen, daher „Gefallen an etwas finden".

*) Dillmann, Exod. und Lev. 625, versucht die Schwierigkeiten, die Kal mit dieser Bedeutung bietet, zu lösen. Mehr Wahrscheinlichkeit aber hat es, was Stade-Siegfried, Hebr. W., zu begründen suchen, dass an allen diesen Stellen Hiph. zu punktieren sei.

**) Hi. 20, 10 בָּנָיו יְרַצּוּ דַלִּים wird vielfach als die einzige Pielform von רצה angesehen. Es liegt aber doch eher רצץ zu Grunde. Hoffmann: „Seine Kinder werden geschunden als Arme."

Ex. 23, 3*); גדול פני‎ Lev. 19, 15. — 2. Erweisung verdienter Achtung: Lev. 19, 32 זקן פני‎. — **Niph'al** geehrt werden, Thr. 5, 12 זקנים פני‎. — **Hithpa'el** ה'‎ an sich zur Schau tragen, sich prahlen, Prov. 25, 6 לפני־המלך‎.

Ausserhalb des theologischen Sprachgebrauches: **Kal** schmücken, nur Jes. 63, 1 בלבושי הדור‎.

Das Denominativ, das, soweit das seltene Vorkommen einen Schluss gestattet, zunächst im Kal gebildet ist, kennt auch der Aramäer: הדר‎ Pa'el. Zur Eruierung des sinnlichen Etymons mag die Berufung auf Jes. 45, 2 ausgeschlossen sein, weil הדורים‎ mit Rücksicht auf LXX vielleicht doch Textfehler ist; wohl aber wird man eine nahe Verwandtschaft mit אדר‎, das auf „weit sein" zurückzuführen ist, annehmen können.

מכר‎ von מכר‎ **Kal** eigentl. verkaufen. 1. Von Gott ausgesagt ein gewöhnliches Bild für das Preisgeben des Volkes oder des Landes von seiten Gottes an die Feinde. a) Personen preisgeben. Es folgt Akkusativ derselben. α) Allein: Deut. 32, 30 כי־צורם מכרם‎ (parall. הסגירם ויי‎). β) Dazu ביד‎ des Feindes: Jud. 2, 14; 3, 8; 4, 2. 9; 10, 7; I Sam. 12, 9; Jo. 4, 8. — γ) ב‎ des Wertes: Ps. 44, 13 בלא־הון עמך־תמכר‎. δ) ל‎ des Feindes: Jes. 50, 1 מי מנושי אשר־מכרתי אתכם לו‎. — b) Das Land: Ez. 30, 12 ביד־רשים את־הארץ‎. — 2. Von Menschen: Etwas verkaufen = gering achten, Prov. 23, 23 אמת קנה ואל־תמכר‎**). — **Niph'al** eigentl. verkauft werden, vom Preisgeben an eine fremde Gewalt: Jes. 50, 1 בעונתיכם‎; 52, 3 חנם נמכרתם ולא בכסף תגאלו‎. — **Hithpa'el** nur in der Phrase הרע לעשות התמכר‎ I Reg. 21, 20. 25; II Reg. 17, 17.

Ausserhalb des theologischen Sprachgebrauches: **Kal** 1. Personen verkaufen. a) Zum Zwecke der Verheiratung: Gen. 31, 15 מכרנו כי‎. — b) Als Sklaven. α) Akkusativ allein: Ex. 21, 16; Deut. 24, 7; Neh. 5, 8. β) Dazu ל‎ des Produktes: Ex. 21, 7 את־בתו לאמה‎. γ) ל‎ der Person, welcher man verkauft: Gen. 37, 27; Ex. 21, 8; Jo. 4, 6. 8. δ) ב‎ des Preises: Deut. 21, 14; Jo. 4, 3; Am. 2, 6. ε) ל‎ der Person und ב‎ des Preises: Gen. 37, 28. ζ) Eine Ortsbestimmung: 45, 4 מצרימה‎. 5 הנה‎; 37, 36 אל־מצרים‎; Jo. 4, 7 שמה‎. — 2. Sachliche Objekte. a) Akkusativ derselben. α) Allein: Gen. 25, 31; 47, 20. 22; Ex. 21, 35. 37; Lev. 25, 29; II Reg. 4, 7; Prov. 31, 24; Ruth

---

*) Statt דל‎ ist גדול‎ zu lesen; vgl. Kautzsch, Textkr. Erl.: Siegfried-Stade, Hebr. Wb. unter הדר‎.

**) Nah. 3, 4 gehört nicht hieher; vgl. Steiner z. St.

4, 3.   β) Dazu ל der Person: Gen. 25, 33; Lev. 25, 14. 16; 27, 20; Deut. 14, 21.   γ) Eine Zeitbestimmung: Neh. 10, 32 בְּשַׁבָּת בַּיּוֹם. — δ) ל der Person und Zeitbestimmung: 13, 16 'ו בְּשַׁבָּת בָּם. — b) Mit partitivem מִן: Lev. 25, 25; Ez. 48, 14. — c) ל der Person. α) Allein: Lev. 25, 27.   β) Dazu eine nähere Bestimmung: 25, 15 בְּמִסְפַּר שָׁנִים הַתְּבוּאֹת. — d) Absolut: Neh. 13, 15. — 3. Das Particip מֹכֵר = Verkäufer: Jes. 24, 2; Ez. 7, 12. 13; mit Suffix Sach. 11, 5 וּמֹכְרֵיהֶן; Neh. 13, 20 מֹכְרֵי כָל־מִמְכָּר. — **Niph'al** 1. Sich als Sklave verkaufen. a) Mit ל, jemandem: Lev. 25, 39. 47. 50; Deut. 15, 12; Jer. 34, 14. — b) Absolut: Lev. 25, 48. — 2. Verkauft werden. a) Personen. α) Mit ל, jemandem: Neh. 5, 8 *(bis)*.   β) ב des Wertes: Ex. 22, 2. — γ) Sonstige nähere Bestimmungen: Die Israeliten sollen nicht verkauft werden Lev. 25, 42 מִמְכֶּרֶת עָבֶד; Josef wurde verkauft Ps. 105, 17 לְעָבֶד; die Juden Esth. 7, 4 לַעֲבָדִים וְלִשְׁפָחוֹת.   δ) Absolut: Esth. 7, 4. — b) Tiere und leblose Objekte. α) Mit ב des Wertes: Lev. 27, 27.   β) Mit einer näheren Bestimmung: Grund und Boden darf nicht verkauft werden Lev. 25, 23 לִצְמִתֻת.   γ) Absolut: 25, 34; 27, 28. — **Hithpa'el** verkauft werden: Deut. 28, 68 שָׁם לְאֹיְבֶיךָ לַעֲבָדִים.

Den denominativen Charakter von מכר hat bereits Dietrich angenommen, der das Subst. מֶכֶר von dem Verbum כרה herleitete.

יָעַץ von עֵצָה **Kal** 1. Die ע handhaben. Diese allgemeine Bedeutung noch Jes. 9, 5 פֶּלֶא יוֹעֵץ, Amtsname des Messias = Herrscher, Regent. — 2. Einen Ratschluss fassen. a) Von den auf die Regierung der Welt und die Geschicke der Völker sich beziehenden Entschliessungen Gottes. α) יָעַץ עֵצָה. α') Dazu על der Person: Jes. 19, 17 עָלָיו יוֹעֵץ הוּא צְבָאוֹת יְיָ עֲצַת; in passiver Konstruktion 14, 26 עַל־כָּל־הַגּוֹיִם הַיְּעוּצָה הָעֵצָה.   β') אֶל derselben: Jer. 49, 20. — β) Mit einem sonstigen sachlichen Akkusativ. α') Allein: Jes. 23, 9 יְיָ יָעָץ; 14, 24 יָעַצְתִּי כַּאֲשֶׁר; derselbe ist ein Infinitiv II Chr. 25, 16 לְהַשְׁחִית אֱלֹהִים יָעַץ.   β') Dazu על der Person: Jes. 19, 12 מַה־יָּעַץ יְיָ צְבָאוֹת עַל־מִצְרָיִם; und in der auf Jahwe Bezug nehmenden Frage 23, 8 זֹאת יָעַץ מִי.   γ) Absolut: 14, 27. — b) Von Menschen fast nur im schlechten Sinne betreffend die gegen die Heilsratschlüsse Gottes und gegen seine Getreuen gerichteten Unternehmungen. α) יָעַץ עֵצָה. α') עֻצוּ עֵצָה Jes. 8, 10, wo der Imperativ doch wohl nach Analogie der יְעָצוּ gemeint sein wird, also עֲצוּ*).   β') Dazu על der Person, wider jemanden: Jer. 49, 30. — β) Mit einem sonstigen sachlichen

---

*) Siegfried-Stade, Hebr. Wb. u. d. W.

Akkusativ. α') Allein: Jes. 32,7 זמות. 8 זמות־נדיבות; Mi. 6,5 מה־יעץ
בלק; Nah. 1,11 (Part.) יעץ בליעל; derselbe ist ein Infinitiv Ps. 62,5
להדיח. — β') Dazu על der Person, wider jemanden: Jes. 7,5 יעץ עליך
רעה. — γ') ל, für jemanden: Hab. 2,10 יעצת בשת לביתך. γ) In Participialkonstruktion: Prov. 12,20 יעצי שלום (Gegs. חרשי־רע). — 3. Einen Rat geben betreffs der Zukunft, von der Eröffnung derselben durch den Seher. a) Doppelter Akkusativ: Num. 24,14 איעצך אשר יעשה. — b) Absolut: יועץ = Orakelspender, Jes. 3,3; 41,28. — 4. Einen Rat geben = belehren. a) Subjekt ist Gott: Ps. 16,7 יי *) אשר יעצני. — b) Menschen. α) Im guten Sinne: Hi. 26,3 מה־יעצת ללא חכמה.
β) Im schlechten Sinne: II Chr. 22,3 יעצתו להרשיע. — **Niph'al** sich beratschlagen. Gottlose wider den Frommen Ps. 71,10 נועצו יחדו; wider Jahwe 83,6 נועצו לב. — **Hithpa'el** sich unter einander beratschlagen: Ps. 83,4 יתיעצו על־צפוניך.

Ausserhalb des theologischen Sprachgebrauches:
Kal Rat geben, raten. a) עצה יעץ. α) Allein: II Sam. 16,23; 17,7. —
β) Dazu Akkusativ der Person: I Reg. 1,12; 12,8.13; II Chr. 10,8. —
b) Akkusativ der Person. α) Allein: Ex. 18,19; Jer. 38,15. β) Dazu eine nähere Bestimmung: II Sam. 17,15 יעץ כזאת וכזאת. — c) על der Person, gegen jemanden: 17,21 כה יעץ עליכם. — d) Ein sachlicher Akkusativ: 17,11 ein Objektssatz. 15 וכזאת וכזאת. — e) Absolut. α) Der Imper. עצו mit abgeworfenem ersten Radikal Jud. 19,30.
β) Das Particip = Rat als Amtstitel: II Sam. 15,12; Jes. 1,26; 19,11; Mi. 4,9; Hi. 3,14; 12,17; Esr. 4,5; 7,28; 8,25; I Chr. 27,32.33; II Chr. 22,4; 25,16; Berater: Prov. 11,14; 15,22; 24,6; I Chr. 26,14. —
Niph'al 1. Sich beraten. a) Mit את I Reg. 12,6.8; Jes. 40,14; II Chr. 10,6.8. — b) Mit עם I Chr. 13,1. — c) Mit יחדו Jes. 45,21; Neh. 6,7. — d) Absolut: Prov. 13,10 (Part.), wenn nicht vielmehr hier die tolerative Bedeutung vorliegt. — 2. Infolge einer Beratschlagung:
a) Verabredung treffen. α) Mit אל II Reg. 6,8; II Chr. 20,21.
β) Mit עם 32,3. γ) Infinitiv mit ל 30,2.23. — b) Beschliessen, raten: I Reg. 12,6.9; II Chr. 10,6.9. — 3. Mit sich selbst zu Rate gehen: I Reg. 12,28; sich etwas überlegen II Chr. 25,17.

Kal zeigt sich in altem Sprachgebrauche. Ich halte יעץ nahe verwandt mit יצק und demgemäss wäre die sinnliche Grundbedeutung „fest machen, fest setzen, bestimmen".

---

*) Ps. 32,8 איעצה עליך עיני liegt eine Ableitung von יעץ nicht vor.

V. Kal — Pi'el — Hiph'il.

חכם von חָכָם **Kal** 1. Weise sein in religiös-sittlicher Beziehung. a) Mit *dat. comm.*: Prov. 9, 12 אִם חָכַמְתָּ חָכַמְתָּ לָּךְ. — b) Mit einer Zeitbestimmung: 19, 20 בְּאַחֲרִיתֶךָ. — c) Absolut: Deut. 32, 29; Prov. 9, 12 (Gegens. לוץ); 20, 1; 27, 11; Hi. 32, 9. — 2. Weise werden. Absolut: Prov. 6, 6; 8, 33; 9, 9; 13, 20; 21, 11; 23, 15. 19. — **Pi'el** jemanden weise machen. a) Subjekt ist Gott: Hi. 35, 11 מְחַכְּמֵנוּ (parall. מַלְּפֵנוּ). — b) Subjekt sind seine Gebote: Ps. 119, 98 מֵאֹיְבַי תְּחַכְּמֵנִי מִצְוֹתֶךָ. — **Hiph'il** weise machen: Ps. 19, 8 עֵדוּת יְיָ נֶאֱמָנָה מַחְכִּימַת פֶּתִי.

Ausserhalb des theologischen Sprachgebrauches: **Kal** 1. Weise sein, vom umfassenden Wissen und intellektuellen Scharfsinne. a) Mit komparat. מִן: I Reg. 5, 11. — b) Mit Akkusativ der Beziehung: Eccl. 2, 19 שֶׁחָכַמְתִּי, bezüglich deren ich weise gewesen. — c) חֲכַם לֵב Sach. 9, 2. — 2. Weise werden. Absolut: Eccl. 2, 15; 7, 23. — **Pi'el** jemanden weise machen, Akkusativ der Person: Ps. 105, 22. — **Pu'al** nur das Particip. a) Von praktischer Geschicklichkeit = geübt: Ps. 58, 6. — b) Von der dem Tiere angeborenen Schlauheit: Prov. 30, 24. — **Hithpa'el** 1. Sich listig benehmen, mit לְ, gegen jemanden: Ex. 1, 10. — 2. Den Philosophen spielen: Eccl. 7, 16.

כעס von כָּעַס **Kal** Unmut, Verdriesslichkeit hegen. 1. Subjekt ist Gott: Ez. 16, 42 וְלֹא אֶכְעַס עוֹד. — 2. Von Menschen ausgesagt nur im schlechten Sinne: Ps. 112, 10 רָשָׁע יִרְאֶה וְכָעָס; der Reiche infolge der Habgier Eccl. 5, 16 וְכָעַס הַרְבֵּה; daher 7, 9 כַּעַס ein Charakteristikum des Thoren bildet. — **Pi'el** zum Zorne reizen den Herrn: Deut. 32, 21 כִּעֲסוּנִי בְּהַבְלֵיהֶם (parall. קִנְאוּנִי בְלֹא־אֵל). — **Hiph'il** 'ה bereiten. 1. Subjekt ist Jahwe. a) Verdruss bereiten: Deut. 32, 21 הֵם אַכְעִיסֵם בְּלֹא־עָם (parall. אַקְנִיאֵם בְּלֹא־עָם). — b) Kümmernis, Furcht und Trauer bereiten: Ez. 32, 9 וְהִכְעַסְתִּי לֵב עַמִּים רַבִּים. — 2. Subjekt ist Israel, welches seinem Gotte 'ה bereitet durch Götzendienst und Abgötterei. a) Akkusativ der Person. α) Allein: Deut. 4, 25 וְהִכְעַסְתּוֹ; חֶרֶס בְּעֵינֵי יְיָ־אֱלֹהֶיךָ לְהַכְעִיסוֹ; 9, 18; II Reg. 17, 17; II Chr. 33, 6 לְהַכְעִיסוֹ; חֶרַע בְּעֵינֵי יְיָ לְהַכְעִיס; Jud. 2, 12 וַיֵּלְכוּ אַחֲרֵי אֱלֹהִים אֲחֵרִים... וַיַּכְעִסוּ אֶת־יְיָ; I Reg. 14, 9 וַתִּלֵךְ וַתַּעֲשֶׂה לְךָ אֱלֹהִים אֲחֵרִים... לְהַכְעִיסֵנִי; 15 עַל אֲשֶׁר עָשׂוּ אֶת־אֲשֵׁרֵיהֶם מַכְעִסִים אֶת־יְיָ; 16, 33 וַיּוֹסֶף אַחְאָב לַעֲשׂוֹת לְהַכְעִיס אֶת־יְיָ; II Reg. 17, 11 וַיַּעֲשׂוּ דְּבָרִים רָעִים לְהַכְעִיס אֶת־יְיָ; 21, 15 יַעַן אֲשֶׁר עָשׂוּ אֶת־הָרַע בְּעֵינַי וַיִּהְיוּ מַכְעִסִים אֹתִי; Jer. 7, 18 לַעֲשׂוֹת כַּוָּנִים לִמְלֶכֶת הַשָּׁמַיִם וְהַסֵּךְ נְסָכִים לֵאלֹהִים אֲחֵרִים לְמַעַן הַכְעִסֵנִי; 19 הַאֹתִי הֵם מַכְעִסִים;

32, 29 הבעיסני למען אחרים לאלהים מסבים יהסבו לבעל .. קטרי. 32; 44, 3 אשר; Ez. 8, 17 להבעיסני וישבו; 16, 26 להבעיסני אדהזנך ותרבי; להבעיסני עשי; II Chr. 28, 25 אבתי אלהי אדרים יבעיסי אחרים לאלהים לקטר. β) Dazu den Akkusativ seines Nomens: I Reg. 15, 30 אדיי הבעים אשר במעסו; II Reg. 23, 26 במעש אשר הבעיסי כל־ד. γ) Ein Infinitiv mit ל: Jer. 11, 17 לבעל לקטר להבעיסני לחם בעשי אשר ..'בידי רעת בגלל. δ) ב des Mittels. α') Deut. 31, 29 ידיי במעשה להבעיסי; I Reg. 16, 7 ידיו במעשי להבעיסי; II Reg. 22, 17 ידיהם במעשה הבעיסני למען; Jer. 25, 6 ידיכם במעשה; 32, 30 ידיהם במעשה אתי הכעיסים אך; ולא־הבעיסני אתי במעשה ידיהם II Chr. 34, 25 ידיהם מעשי בכל הבעיסני למען; Deut. 32, 16 יכעיסהו בתועבת (parall. בזרים יקנאהו); I Reg. 16, 2 בחטאתם להבעיסני. 13. 26 אדרי הבעים בהבליהם אלהי רש'; Jer. 8, 19 בהבלי בכר מדוע הכעיסוני בפסליהם; Ps. 78, 58 ובפסיליהם יקניאהו (parall. ויבעיסוהו בבמותם). — β') Jer. 25, 7 הכעיסני למען במעשה ידיכם לקטר 44, 8; במעשה ידיכם לרע לכם להכעיסני. — ε) Sonst eine nähere Bestimmung: I Reg. 22, 54 אשר־עשה ככל אביו אלהי רש' אדרי; Jes. 65, 3 תמיד אתי הכעיסים על־פני. — b) Bloss Akkusativ seines Nomens: I Reg. 21, 22 הכעס אשר אל־הכעס. — c) Adverbialer Akkusativ: Hos. 12, 15 תמרורים אפרים הכעים. — d) Bloss ב des Mittels: Ps. 106, 29 במעלליהם ויכעיסו. — e) Absolut: II Reg. 21, 6 הרע לעשות; 23, 19 להכעים ... אשר עשי .... הבמות אשר־בל־בתי.

Ausserhalb des theologischen Sprachgebrauches: **Kal** unmutig, verdriesslich sein. a) אל der Person, über jemanden: II Chr. 16, 10. — b) Absolut: Neh. 3, 33. — **Pi'el** jemanden verdriesslich machen: I Sam. 1, 6 כעס גם־תרעתה וכעסתה. — **Hiph'il** jemanden kränken. a) Akkusativ der Person: I Sam. 1, 7. — b) נגד derselben Neh. 3, 37.

Kal gehört durchweg später Schriftperiode an; Hiph. ist früher.

רגל von רגל **Kal** als Verleumder herumlaufen: Ps. 15, 3 בל־לשנו (parall. לא־עשה). — **Pi'el** verleumden: II Sam. 19, 28 בעבדך אל־אדני. — **Tiph'el** leiten, von göttlicher Führung: Hos. 11, 3 תרגלתי לאפרים.

Ausserhalb des theologischen Sprachgebrauches: **Pi'el** die Füsse gebrauchen. 1. Herumlaufen, um zu spionieren, auskundschaften. a) Akkusativ des Landes oder der Stadt: Gen. 42, 30 (Part.); Num. 21, 32; Deut. 1, 24; Jos. 6, 22 (Part.). 25; 7, 2 *(bis)*; 14, 7; Jud. 18, 2. 14. 17; II Sam. 10, 3; I Chr. 19, 3. — b) מרגל = Spion: Gen. 42, 9. 11. 14. 16. 31. 34; Jos. 2, 1; 6, 23; I Sam. 26, 4. — 2. Herumlaufen; daher das Particip = Bote II Sam. 15, 10.

VI. Kal — Piʻel — Puʻal.

לָמַד von יָלְמַד ? **Kal** 1. Lernen, von der Aneignung der Kenntnis sittlicher Forderungen, religiöser Satzungen und Übungen, jedoch so, dass damit auch der Begriff der praktischen Durchführung derselben sich verbindet. a) Akkusativ der Sache: Deut. 5, 1 אֵת nämlich החקים ואת־המשפטים; אֶת־הַחֻקִּים; Jes. 1, 17 הֵיטֵב: 26, 9. 10 צֶדֶק; 29, 24 לֶקַח; Jer. 12, 16 את־דרכי עמי אֶל־לִמֵּד; Ps. 106, 35 מַעֲשֵׂיהֶם näml. der Heiden; 119, 7 צִדְקֶךָ מִשְׁפְּטֵי. 71 חֻקֶּיךָ. 73 מִצְוֹתֶיךָ; Prov. 30, 3 חָכְמָה. — b) Ein Infinitiv mit לְ: Deut. 4, 10; 14, 23; 17, 19; 31, 13 לְיִרְאָה אֶת־; 18, 9 לַעֲשׂוֹת כְּתוֹעֲבֹת הַגּוֹיִם. — c) Ein Objektssatz: 31, 12 יִלְמְדוּ וְיָרְאוּ אֶת־. — 2. Sich gewöhnen: Jer. 10, 2 אֶל־דֶּרֶךְ הַגּוֹיִם. — **Piʻel** 1. Unterricht erteilen, lehren. a) Akkusativ der Person. α) Allein: Deut. 4, 10 יְלַמְּדוּן אֶת־בְּנֵיהֶם; Jer. 32, 33 לַמֵּד אֹתָם הַשְׁכֵּם וְלַמֵּד; Ps. 25, 5 וְלַמְּדֵנִי*). β) Dazu ein Akkusativ als Lehrgegenstand. α') Ein Nomen: Deut. 4, 1 אֶת־חֻקִּים וּמִשְׁפָּטִים. 5, 14 אֶל־הַחֻקִּים וְאֶל־הַמִּשְׁפָּטִים אֲשֶׁר אָנֹכִי מְלַמֵּד אֶתְכֶם לַעֲשׂוֹת; 5, 28 אֲשֶׁר תְּלַמְּדֵם; את כל־המצוה והחקים והמשפטים אֲשֶׁר; diese letzteren Objekte gehören auch 6, 1 zu לְלַמֵּד אֶתְכֶם; 11, 19 אֶת־בְּנֵיכֶם näml. דְּבָרַי; Ps. 119, 12. 26. 68 לַמְּדֵנִי חֻקֶּיךָ. 64. 124 לַמְּדֵנִי. 135 חֻקֶּיךָ. 171 תְּלַמְּדֵנִי חֻקֶּיךָ; יְלַמְּדוּנִי. 108 חֻקֶּיךָ; 132, 12 אֲלַמְּדֵם זוּ; יְשָׁרִים; Jes. 40, 11 יְלַמְּדֵהוּ דַעַת; Ps. 94, 10 הַמְלַמֵּד אָדָם דָּעַת; 119, 66 טוּב טַעַם וָדַעַת לַמְּדֵנִי; Eccl. 12, 9 דַּעַת אֶת־הָעָם; Ps. 25, 4 אֹרְחוֹתֶיךָ. 9 דַּרְכּוֹ; 51, 15 דְּרָכֶיךָ פֹּשְׁעִים; 34, 12 יִרְאַת יהוה אֲלַמֶּדְכֶם; Jer. 2, 33 אֶת־דְּרָכַיִךְ לִמַּדְתְּ אֶת־הָרָעוֹת; 9, 13 לִמְּדוּם אֲשֶׁר הַבְּעָלִים. β') Ein Infinitiv mit לְ: Deut. 20, 18 לַעֲשׂוֹת כְּכֹל תּוֹעֲבֹתָם; Jes. 48, 17 מְלַמֶּדְךָ לְהוֹעִיל אֲנִי יהוה אֱלֹהֶיךָ; Jer. 12, 16 לְהִשָּׁבֵעַ בְּבַעַל לִמְּדוּ אֶת־עַמִּי; Ps. 143, 10 לַמְּדֵנִי לַעֲשׂוֹת רְצוֹנֶךָ. γ') Ein Objektssatz: Jer. 31, 34 אִישׁ אֶת־רֵעֵהוּ .. לֵאמֹר; Ps. 25, 5 לַמְּדֵנִי בַאֲמִתֶּךָ אֱלֹהֵי יִשְׁעִי. γ) Der Lehrgegenstand eingeführt mit Präpositionen. α') Mit בְּ: Jes. 40, 14 בְּאֹרַח מִשְׁפָּט. β') Mit מִן: Ps. 94, 12 מִתּוֹרָתְךָ. δ) Eine nähere Bestimmung der Zeit: Ps. 71, 17 לִמַּדְתַּנִי מִנְּעוּרָי. — b) לְ der Person, wozu ein sachlicher Akkusativ tritt: Hi. 21, 22 הַלְאֵל יְלַמֶּד־דָּעַת. — c) Akkusativ der Sache und בְּ des Ortes: Esr. 7, 10 חֹק וּמִשְׁפָּט בְּיִשְׂרָאֵל. — d) Bloss בְּ des Ortes: II Chr. 17, 7 בְּעָרֵי יְהוּדָה. 9 בִּיהוּדָה. — e) Absolut: Ps. 60, 1; בְּלַמְּדוֹ 119, 99; Prov. 5, 13. — 2. Jemanden an etwas gewöhnen. a) Doppelter Akkusativ: Jer. 9, 4 לְשׁוֹנָם דַּבֶּר־שֶׁקֶר. — b) Zum persönlichen Akkusativ עַל: 13, 21 אֹתָם עָלַיִךְ לִמַּדְתְּ. — **Puʻal** geübt sein, von einem durch äussere Gewöhnung angelernten Gebote im

---

*) Cant. 8, 2 תְּלַמְּדֵנִי gibt keinen rechten Sinn und dürfte verderbt sein.

Gegensatz zu dem aus innerer Überzeugung vollzogenen: Jes. 29, 13 מצות אנשים מלמדה.

Ausserhalb des theologischen Sprachgebrauches: Kal lernen, gewisse Fertigkeiten sich aneignen. 1. Von Menschen. a) Ein sachliches Akkusativobjekt: Jes. 2, 4; Mi. 4, 3 מלחמה. — b) Das Particip: 1 Chr. 5, 18 למודי מלחמה. — 2. Von Tieren: Ez. 19, 3. 6 למד טרף. — **Pi'el** einüben, einschulen in äusserer Fertigkeit. a) Doppelter Akkusativ der Person und des Lehrgegenstandes: Deut. 31, 19. 22 vom Einüben eines Liedes; Jud. 3, 2 מלחמה; II Sam. 1, 18, wo das Klagelied das sachl. Objekt bildet und קשת zu streichen ist*); Jer. 9, 19 נהי; Dan. 1, 4 ספר ולשון כשדים. — b) Dem Akkusativ das Lehrziel, der Krieg, mit ל beigegeben: II Sam. 22, 35; Ps. 18, 35; 144, 1. — **Pu'al** 1. Geübt sein, von Menschen. Im Krieg Cant. 3, 8; im Gesang I Chr. 25, 7. — 2. Gezähmt, abgerichtet sein, vom Tiere: Hos. 10, 11; Jer. 31, 18.

Schwally Z.A.W. XI, 170 bemerkt: „In מלמד Ochsenstecken blickt die Grundbedeutung der Wurzel „*stimulare*" noch durch. למד bedeutet danach ursprünglich „mit dem מלמד anstacheln" (vgl. Hos. 10, 11 עגלה מלמדה), womit aber nicht gesagt sein soll, dass es von מלמד denominiert sei." Auch oben wurde durch ein Fragezeichen dem Bedenken bezüglich des denominativen Charakters Ausdruck gegeben, wenngleich ich gestehen muss, dass gerade die mir richtig erscheinende Etymologie, welche Schwally gibt, mir eher für als gegen den denominativen Ursprung spricht.

ספר von סֵפֶר **Kal** 1. Aufzeichnen, buchen als Mittel zur Erinnerung, daher = eingedenk sein; von Gott ausgesagt Ps. 56, 9 נדי ספרתה. — 2. Zählen, von Jahwe gebraucht. a) כל־צעדי Hi. 14, 16; 31, 4. — b) בכתב עמים Ps. 87, 6. — 3. ספר. a) Der Gesetzesschriftsteller, Gesetzesüberlieferer: Esr. 7, 6. 11; Neh. 8, 1. 4. 9. 13; 12, 26. 36. — b) Der Gesetzeskundige, Schriftgelehrte: Neh. 13, 13; I Chr. 2, 55; 24, 6; 27, 32; II Chr. 34, 13. — **Pi'el** 1. Lobpreisend erzählen, fast durchweg nur mit Bezug auf die Wunder und Grossthaten Jahwes. a) ל der Person. α) Dazu ein sachlicher Akkusativ: Jud. 6, 13 כל־נפלאתיו אשר ספרו־לנו אבותינו; Ps. 78, 3 ואבתינו ספרו־לנו, wozu der Akkusativ זאת, die Grossthaten Jahwes, gehört; V. 4 לדור אחרון מספרים תהלות. β) Ein Objektssatz: 44, 2 אבותינו ספרו־לנו פעל פעלת. γ) Der auf die Grossthaten Jahwes bezügliche Akkusativ ist zu dem

---

*) Vgl. Wellhausen, Der Text der Bb. Sam. 151.

Dativ לִבְנֵיהֶם 78,6 zu ergänzen. — b) בְּאֵת der Person und Objektssatz: Ex. 10,2 'בְּאָזְנֵי בִּנְךָ .. אֵת אֲשֶׁר הִתְעַלַּלְתִּי בְּמִ. — c) Ein sachlicher Akkusativ. α) Allein: Jes. 43,21 תְּהִלָּתִי; Ps. 9,2 כָּל־נִפְלְאוֹתֶיךָ. 15 כֹּל תְּהִלָּתֶךָ; 19,2 מַעֲשֵׂה יָדָיו 'מ; 26,7 כָּל־נִפְלְאוֹתֶיךָ; 73,28 כָּל־מַלְאֲכוֹתֶיךָ; 75,2 נִפְלְאוֹתֶיךָ; 79,13 תְּהִלָּתֶךָ; 118,17 מַעֲשֵׂי יָהּ; 145,6 גְדוּלֹּתֶיךָ; auch ein blosser Objektssatz 48,14 כִּי זֶה אֱלֹהִים אֱלֹהֵינוּ; 66,16 אֲשֶׁר עָשָׂה לְנַפְשִׁי. β) Dazu ein näherer Umstand. Des Ortes: Jer. 51,10 בְצִיּוֹן אֶת־מַעֲשֵׂה יְיָ אֱלֹהֵינוּ; Ps. 96,3; I Chr. 16,24 בַגּוֹיִם כְּבוֹדוֹ; der Art und Weise: Ps. 107,22 בְּרִנָּה מַעֲשָׂיו. — 2. Lobpreisend verkünden. a) לְ der Person und sachlicher Akkusativ: Ps. 22,23 שִׁמְךָ לְאֶחָי. — b) Sachlicher Akkusativ und ein näherer Umstand: Ex. 9,16 שְׁמִי בְכָל־הָאָרֶץ; Ps. 102,22 בְּצִיּוֹן שֵׁם יְיָ; 71,15 צִדְקָתֶךָ כָּל־הַיּוֹם תְּשׁוּעָתֶךָ; 119,13 בִּשְׂפָתַי .. כָּל מִשְׁפְּטֵי־פִיךָ. — 3. Feierlich Kunde geben. a) Hi. 28,27 וַיְסַפְּרָהּ, nämlich die Weisheit. — b) Von einem Beschlusse: Ps. 2,7 אֲסַפְּרָה אֶל חֹק. — 4. Erzählen. a) Im bösen Sinne, mit Spott: Ps. 59,13 וּבְאָלָה וּבְכַחַשׁ יְסַפֵּרוּ; 64,6 יְסַפְּרוּ לִטְמוֹן מוֹקְשִׁים; 69,27 אֶל־מַכְאוֹב חֲלָלֶיךָ יְסַפֵּרוּ. — b) Im Gebete erzählen: 119,26 דְּרָכַי סִפַּרְתִּי. — c) Von der religiöse Wahrheiten betreffenden Erkenntnisvermittlung: Ez. 12,16 וִיסַפְּרוּ אֶת־כָּל־תּוֹעֲבוֹתֵיהֶם בַּגּוֹיִם, damit die Heiden nicht irre werden an Jahwes Macht; Hi. 12,8 לְךָ דְגֵי הַיָּם; 15,17 אֲסַפֵּרָה חֲזִיתִי וַאֲסַפְּרָה. — Pu'al 1. Erzählt werden: Ps. 22,31 יְסֻפַּר לַאדֹנָי. — 2. Verkündiget werden: 88,12 הַיְסֻפַּר בַּקֶּבֶר חַסְדֶּךָ.

Ausserhalb des theologischen Sprachgebrauches: Kal 1. Aufzeichnen, buchen zum Zwecke der Zählung. a) Persönlicher Akkusativ. α) Allein: II Sam. 24,10 אֶת־הָעָם; II Chr. 2,16 (bis) וַיִּסְפֹּר .. הַגֵּרִים אֲשֶׁר בְּאֶרֶץ 'י. β) יָד .. מִן יִשְׂרָאֵל אֵין לְהִסָּפֵר I Chr. 21,2. — b) Sachlicher Akkusativ: Getreide, Gen. 41,49; Häuser in Jerusalem Jes. 22,10; Türme 33,18; Ps. 48,13. — 2. Zählen. a) Persönlicher Akkusativ: II Chr. 2,1. — b) Sachlicher Akkusativ. α) Allein: Die Sterne Gen. 15,5 (bis); Wochen Deut. 16,9; Geld Jes. 33,18; die Gedanken Gottes Ps. 139,18; Monate Hi. 39,2. β) Dazu לְ zur Einführung des dat. comm. Lev. 15,13.28; 25,8; Deut. 16,9; Ez. 44,26; dazu noch den Termin, von wo ab zu zählen, mit מִן Lev. 23,15. γ) לְ der Person, jemandem etwas zuzählen: Esr. 1,8. δ) Zu dem sachlichen Akkusativ עַד des Termines, bis zu welchem zu zählen ist: Lev. 23,16. — 3. סֹפֵר. a) Der Schreiber, der Schriftkundige: II Reg. 12,11; 25,19; Jer. 36,26.32; 52,25; II Chr. 24,11; 'ס מָהִיר Ps. 45,2; 'ס עֵט Jer. 8,8; 'סֵפֶר ס Jer. 36,23; 'ס קֶסֶת Ez. 9,2.3*). —

---

*) Jud. 5,14 ist der Text kaum richtig überliefert.

b) Titel des Kanzlers: II Sam. 8, 17; 20, 25; I Reg. 4, 3; II Reg. 22, 3. 8. 9. 10. 12; 19, 2; Jes. 36, 3; 37, 2; Jer. 36, 10. 12. 20. 21; 37, 15. 20; I Chr. 18, 16; II Chr. 34, 15. 18. 20. — **Niph'al** gezählt werden. a) Menschen. α) Die Nachkommenschaft כל יספר מרב Gen. 16, 10; 32, 13; I Reg. 3, 8. β) Die Leviten: I Chr. 23, 3 מבן שלשים שנה ומעלה.
γ) Absolut: Hos. 2, 1. — b) Schafe und Rinder zum Opfern: I Reg. 8, 5; II Chr. 5, 6 כרב ... לא יספרו. — c) Das Heer des Himmels, absolut: Jer. 33, 22. — **Pi'el** 1. Verzeichnen. a) Zählen: Ps. 22, 18 אספר כל עצמותי. — b) Herzählen: Ps. 40, 6 deiner Wunder und Pläne sind zu viele מספר; 50, 16 חקי; abzählen Hi. 38, 37 die Wolken mit Weisheit. — 2. Erzählen. a) ל der Person. α) Allein: Gen. 40, 8; Num. 13, 27. β) Dazu ein sachlicher Akkusativ: Gen. 24, 66; 29, 13 כל הדברים; 37, 9; 40, 9; 41, 8. 12; Jud. 7, 13; Jer. 23, 27, an allen Stellen חלם Sgl. oder Pl. Objekt; Jos. 2, 23 את כל המצאות אתם; I Sam. 11, 5 את דברי; I Reg. 13, 11 (bis) die Thaten und Worte des Gottesmannes; II Reg. 8, 4. 6 (das Objekt zu ergänzen) die Thaten des Elisa; Esth. 5, 11 den grossen Reichtum; 6, 13 alle Begegnisse.
γ) Ein Objektssatz: Ex. 18, 8 לחתנו את כל אשר עשה ה׳; II Reg. 8, 5 את אשר החיה את המת. δ) בל der Sache: Jo. 1, 3 לבניכם ספרו. — b) אל der Person, der sachliche Akkusativ zu ergänzen: Gen. 37, 10. — c) Akkusativ der Sache: Jer. 23, 28. 32 Träume. — 3. Allgemein reden, vielleicht Ps. 73, 15. — **Pu'al** 1. Erzählt werden, mit ל der Person: Jes. 52, 15; absolut Hab. 1, 5. — 2. Gemeldet werden: Hi. 37, 20 כי לו, ihm, dass ich reden will*).

Nach Barth stellt sich zu ספר „zählen" im Arab. سمبر „Mass und Zahl einer Sache bestimmen"; mit jenem wäre äusserlich zusammengefallen ספר „schreiben", ספר „Buch", welchem im Arab. das aus südlichen Idiomen übernommene زبور entsprechen soll**). Diese letztere Gleichstellung scheint mir zu gewagt; auch sonst sehe ich keinen Grund ein, warum ספר in zwei Stämme gespalten werden sollte. Vgl. noch besonders Gesenius Hwb.[12] u. d. W.

VII. Kal — Pi'el — Hoph'al.

שׁיר von שִׁיר, שִׁירָה***) **Kal** 1. Ein Lied singen. a) Das Verbum nimmt sein Stammnomen als Akkusativobjekt zu sich. α) Hinzu-

---

*) Hoffmann: הִסְפִּיר (Kaufmannsausdruck) „wird er jemand (eine Schuld darum) anrechnen, weil ich es empfehle".

**) Etymol. St. 25 ff.

***) Vgl. Nöldeke, Z.D.M.G. 37, 537.

kommt noch ל Gottes, dem das Lied gilt. Abgesehen von der erzählenden Notiz Ex. 15, 1 לײ הוּאת אדהשׁירה אז ישיר־משׁה יביא ישׁ׳, in der Verbindung שׁירו לײ שׁיר חדשׁ Jes. 42, 10; Ps. 96, 1; 98, 1; 149, 1; שׁירו־לײ שׁיר חדשׁ 33, 3; 144, 9. אלהים שׁיר חדשׁ אשׁירה לך β) כל des Ortes: 137, 4 בצר אדמת על אדישׁירי־אתנ אנך. — b) Das nicht sicher zu deutende Objekt: 7, 1 שׁגיון לדוד אשׁר־שׁר לײ כל־דברי־כושׁי. — 2. Singen. a) ל Gottes, dem das Lied gilt. In der Aufforderung שׁירו לײ Ex. 15, 21; Jer. 20, 13; Ps. 96, 1. 2; I Chr. 16, 23; שׁירו לאלהים Ps. 68, 5. 33; שׁירו־לײ 105, 2; I Chr. 16, 9; oder in der Selbstaufforderung אשׁירה לײ Ex. 15, 1; Jud. 5, 3; Ps. 13, 6; 104, 33; אשׁירה ואזמרה לײ 27, 6. — b) Der Gegenstand, der das Substrat des kultischen Lobgesanges bildet. α) Im Akkusativ: 21, 14 נשׁירה ונזמרה גבורתך; 59, 17 אשׁיר עזך; 89, 2 חסדי יי אשׁירה עולם; 101, 1 חסד־ומשׁפט אשׁירה; 106, 12 ישׁירו תהלתו. β) Mit ב: 138, 5 וישׁירו בדרכי יי. — c) Die Person, der man zusingt. α) Mit ל: Die heidnischen Sieger verlangen von den Exulanten Ps. 137, 3 שׁירו לנו משׁיר ציון. β) Mit על: Der wiederbegnadigte Sünder in seinem Jubel über Gottes Erbarmen Hi. 33, 27 ישׁר על־אנשׁים*). — d) Absolut in der erzählenden Notiz: Jud. 5, 1 ותשׁר ד׳; ferner אשׁירה Ps. 57, 8; 108, 2; אשׁירה 65, 14; das Particip שׁרים Ez. 40, 44, wo es wohl Schreibfehler für שׁרים; Ps. 68, 26; 87, 7; השׁרים יחדיו II Chr. 35, 25. — **Polel** ausser Hi. 36, 24 פעלו אשׁר שׁררו אנשׁים**) nur das Particip zur Bezeichnung der im kultischen Dienste stehenden Sänger Esr. 2, 41. 70; 7, 7; 10, 24; Neh. 7, 1. 44. 73; 10, 40; 11, 22. 23; 12, 28. 29. 42. 45. 46. 47; 13, 5. 10; I Chr. 6, 18; 9, 33; 15, 16. 19. 27 *(bis)*; II Chr. 5, 12. 13; 20, 21; 23, 13; 29, 28; 35, 15. — **Hoph'al** nur Jes. 26, 1, wo ein religiöses Sieges- und Loblied angeführt wird, das gesungen werden wird im Lande Juda.

Ausserhalb des theologischen Sprachgebrauches: **Kal** singen. a) In der auf das Absingen des Brunnenliedes bezüglichen Notiz: Num. 21, 17 אז ישׁיר ... אדהשׁירה. — b) Mit Präpositionen. α) ל der Beziehung: Jes. 5, 1 im Liede über den Weinberg. β) על, jemandem zusingen: Prov. 25, 20. — c) Absolut: I Sam. 18, 6 (לשׂחק Keth.)***) vom Freudengesang zu Ehren des heimkehrenden, siegreichen Feldherrn; das Particip שׁרים ושׁרות II Sam. 19, 36; Eccl. 2, 8. — **Polel** ausser Zeph. 2, 14 קול ישׁורר †) nur noch das Particip משׁררים ומשׁררות Esr. 2, 65; Neh. 7, 67.

---

*) Von Nöldeke a. a. O. übersehen.
**) Nöldeke hält שׁררו für nicht recht sicher.
***) Vgl. Kautzsch, Textkr. Erl. z. St.
†) Schwally: „Eine Stimme singt oder *vox cantantis* (Hier.) ist unmög-

Dass der theolog. Sprachgebrauch zunächst im Kal denominiert, ist klar. Die Etymologie bietet aber Schwierigkeiten, da innerhalb des Semitischen ein Anhaltspunkt sich nicht findet. Fleischers Erklärung (bei Delitzsch, Psalmen⁴, 272) mit Vergleichung von سَيْر „Streif, Riemen" ist gar zu gekünstelt. Nöldeke a. a. O. wirft die Vermutung hin, ob שׁיר nicht ein sehr altes Lehnwort, etwa aus Ägypten, sei?

VIII. Kal — Hiph'il — Hithpa'el.

בוֹשׁ von בּוֹשׁ Kal 1. Zu Schanden, beschämt werden, Wirkung auf das religiös-sittliche Bewusstsein. a) בּ des Gegenstandes, von dem eigentlich diese Wirkung auf das religiös-sittliche Bewustsein ausgeht: Jes. 1, 29 מאלים (parall. חפר); 20, 5 מכוש (neben חתת); Jer. 2, 36 *(bis)* ממצרים bzhw. מאשׁור; das Volk Jahwes 12, 13 בתבאתיהם; das gegen alle Mahnungen taube Volk 22, 22 בכל רעתך תבשי וכלמת; Moab bzhw. Israel 48, 13 *(bis)* מכמוש bzhw. מבית אל; von Heidenvölkern auch Ez. 32, 30, wo מגבורתם בושים trotz der Accente zusammengehört; das götzendienerische Israel Hos. 4, 19 מזבחתם*); 10, 6 מעצתו, die darauf hinausgeht, mit Assyrien sich einzulassen**); die Heidenvölker Mi. 7, 16 מכל גבורתם beim Anblick der Wunderthaten Jahwes. — b) Mit dem Akkusativ seines Nomens: Jes. 42, 17 יבשׁו בשׁת הבטחים בפסל. — c) Absolut. α) Von denen, über die das Strafgericht Gottes ergeht, dessen unausweichliche Folge die Vereitlung der auf irdische oder der falschen Götter Macht gebauten Hoffnungen und Pläne ist: II Reg. 19, 26 (neben חתת); Jes. 19, 9; 37, 27 (neben חתת); 41, 11 (neben ויכלמו); 44, 9. 11 *(bis)*; 45, 16 (neben נכלמו). 24; 65, 13; 66, 5; Jer. 9, 18; 14, 3 (neben הכלמו). 4; 15, 9 (neben חפרה); 17, 13. 18 (neben יחתו); 20, 11; 49, 23; 50, 12 (parall. חפר); 51, 51; Mi. 3, 7 (parall. חפר); Ps. 6, 11 *(bis)*; 25, 3; 31, 18; 35, 4 (neben יכלמו; parall. יסגו אחור יחפרו). 26 (neben יחפר; parall. ילבשׁו־בשׁת וכלמה); 40, 15 und gleichlautend 70, 3 (neben יחפר; parall. יסגו אחור יכלמו); 71, 13 (parall. יעטו חרפה וכלמה). 24; 83, 18 (neben יבהלו; parall. יחפרו); 86, 17; 97, 7;

---

lich; an jene Stätte der Verwüstung passt kein Gesang, eher Geschrei und Gekrächze ... An Stelle von ישׁירה wird der Name eines Vogels erwartet." Z.A.W. X, 195. Nach Wellhausen, Skizzen und Vorarb. V ist statt קיר zu lesen כוס „die Eule wird im Fenster singen".

*) Vorzuziehen ist nach LXX במזבחתם; vgl. Wellhausen, Skizzen und Vorarb. V, 110.

**) Besser mit Wellhausen a. a. O. V, 122 zu lesen מעצבי.

109, 23; 119, 78; 129, 5 (neben רֵעוּ אָחִיו). β) Von den Frommen, die auf Gott harren und treu zu ihm stehen, ist häufig die Verheissung, oder die in Glaubenszuversicht ausgesprochene Hoffnung, dass sie nicht zu Schanden werden: Jes. 29, 22; 45, 17 (neben וְאַל־ תִּכָּלֵם); 49, 23; 50, 7; 54, 4 (neben וְאַל־תִּכָּלְמִי); Jer. 17, 18; Jo. 2, 26. 27; Ps. 22, 6 (parall. נִכְלָמוּ); 25, 2. 3. 20; 31, 2. 18; 37, 19; 69, 7 (parall. וְאַל־יִכָּלְמוּ); 71, 1; 119, 6. 46. 80; 127, 5. — γ) Von leblosen Wesen: Jes. 24, 23 הַחַמָּה וּבוֹשָׁה הַלְּבָנָה וְחָפְרָה; ebenso infolge des göttlichen Strafgerichtes wird das Land Babels zu Schanden werden Jer. 51, 47*). — 2. Scham empfinden, sich schämen, Eindruck auf das religiös-sittliche Gefühl. a) מִן der Ursache: Ez. 36, 32 בּוֹשׁוּ וְהִכָּלְמוּ מִדַּרְכֵיכֶם; Zeph. 3, 11 בֹּשׁ מִכֹּל עֲלִילֹתַיִךְ. — b) Mit einem untergeordneten Infinitiv: Esr. 9, 6 בֹּשְׁתִּי וְנִכְלַמְתִּי לְהָרִים . . פָּנַי אֵלֶיךָ. — c) Absolut. α) בּוֹשִׁים Jer. 6, 15; 8, 12. — β) Jes. 23, 4 בּוֹשִׁי צִידוֹן; 26, 11 יֵחָזוּ וְיֵבֹשׁוּ לְאַרְצִישׁ; Jer. 31, 19 בֹּשְׁתִּי וְגַם־נִכְלַמְתִּי; in dem Zuruf an Moab 48, 39 בּוֹשׁ; an das ungetreue Jerusalem Ez. 16, 52 בּוֹשִׁי וּשְׂאִי כְלִמָּתֵךְ. 63 לְמַעַן תִּזְכְּרִי וָבֹשְׁתְּ. —

Hiph'il I. הוֹבִישׁ, nur Formen des Perfektums zu belegen. 1. Eine Schandfigur machen, zu Schanden werden. a) Personen. α) מִן des Gegenstandes: Jer. 10, 14; 51, 17 הֹבִישׁ כָּל־צוֹרֵף מִפֶּסֶל. β) Mit Objektssatz: 6, 15 הֹבִישׁוּ; 8, 12 הֹבִשׁוּ, an beiden Stellen folgt כִּי־תוֹעֵבָה עָשׂוּ. γ) Absolut: 2, 26 כְּבֹשֶׁת גַּנָּב כִּי יִמָּצֵא; 8, 9 הֹבִישׁוּ חֲכָמִים חַתּוּ וַיִּלָּכֵדוּ; 48, 20 הֹבִישׁ מוֹאָב כִּי חַתָּה; 50, 2 הֹבִישׁ בֵּל; Jo. 1, 11 הֹבִישׁוּ אִכָּרִים. — b) Unbelebtes. α) Mit מִן in prägnanter Konstruktion: Jo. 1, 12 הוֹבִישׁ שָׂשׂוֹן מִן־בְּנֵי אָדָם, dagegen sind die übrigen V. 10. 12. 17 vorkommenden Perfekta wohl richtiger zu יָבֵשׁ „trocken werden" Hiph. „Trockenheit erzeugen" zu ziehen**). β) Absolut. Besonders von Ländern und Städten infolge des göttlichen Strafgerichtes: Jer. 46, 24 הֹבִישָׁה בַת־מִצְרַיִם; 48, 1 (bis) הֹבִישָׁה, neben כִּלְבַּשׁ בֹּשָׁה bzw. חַתָּה; 50, 2 הֹבִישָׁה עֲצַבֶּיהָ חַתּוּ גִלּוּלֶיהָ; Sach. 9, 5 וְהֹבִישׁ מִבְטֶחָהּ. — 2. Schande, Schandbares treiben: Hos. 2, 7 הוֹבִישָׁה (parall. זָנְתָה). — II. הֵבִישׁ und die zugehörigen Formen. 1. Zu einer Schandfigur machen, zu Schanden machen. a) Akkusativ der Person, von Jahwe ausgesagt: Ps. 44, 8 הֲבִישׁוֹתָ מְשַׂנְאֵינוּ (parall. הוֹשַׁעְתָּנוּ); 53, 6 הֱבִשֹׁתָה mit zu ergänzendem Akkusativ; in dem Gebete 119, 31. 116 אַל־תְּבִישֵׁנִי. — b) Akkusativ der Sache: 14, 6 תָּבִישׁוּ. — 2. Schandbares treiben, schändlich handeln, nur Particip: Prov. 10, 5;

---

*) Nicht hieher gehört Hos. 13, 15 יֵבוֹשׁ מְקוֹרוֹ (parall. וְיֶחֱרַב מַעְיָנוֹ), da יָבֵשׁ „trocken werden" gemeint ist; die Überlieferung hat beide Verba zusammengeworfen.

**) Aber Jes. 30, 5 Qere mit Recht הֹבִישׁ für Keth. הִבְאִישׁ.

14,35; 17,2 (stets Gegensatz מַשְׂכִּיל); 19,26 neben מַחְפִּיר; 12,4 מְבִישָׁה (Gegensatz אֵשֶׁת חַיִל). — 3. Schande bereiten: 29,15 אִמּוֹ מֵבִישׁ. — **Hithpolel** Scham vor einander empfinden, Folge der Sünde: Gen. 2,25.

Ausserhalb des theologischen Sprachgebrauches: **Kal** 1. Zu Schanden werden: a) עַד־בּוֹשׁ Jud. 3,25; defektiv geschrieben II Reg. 2,17; 8,11. — b) Von Karawanen, die vertrauensvoll nach dem Wadi ausschauen: Hi. 6,20. — 2. Scham empfinden, sich schämen: Hi. 19,3 לֹא־תֵבֹשׁוּ תַּהְכְּרוּ־לִי; Esr. 8,22 בֹּשְׁתִּי לִשְׁאוֹל. — **Polel** zögern, säumen, Infinitiv mit לְ: Ex. 32,1; Jud. 5,28. — **Hiph'il** Schimpf bereiten, beschimpfen II Sam. 19,6 אֶת־פְּנֵי כָל־עֲבָדֶיךָ.

Zur Eruierung der Grundbedeutung ist nicht بهت (Fried. Delitzsch, Prol. 191), auch nicht بات (Delitzsch zu Ps. 6,11), sondern بهت heranzuziehen. Vgl. Nöldeke Z.D.M.G. 40,157, aber auch de Lagarde, Übersicht 26. Goldziher, Der Mythos 237, zieht mit Unrecht das Wort in die Wurzelgruppe bâḍ, wovon abjaḍ „weiss". Was das Hiph. הוֹבִישׁ anbelangt, so ist es zu erklären durch den im Hebr. verhältnismässig häufig beobachteten Umschlag eines mitten- in ein vornvokalisches Verbum. (Vgl. Böttcher II, 557; Barth Z.D.M.G. 41,616.) Der Stamm יבשׁ „trocken werden" ist ausgeschlossen und eine Identifizierung dieser beiden abzulehnen, die König im Hist.-krit. Lehrgebäude mit der Bedeutungsentwicklung „vertrocknen, des Blutes verlustig gehen, erblassen, absterben" verteidigt.

לוּץ von לֵץ **Kal** ein Spötter sein, spotten; Prov. 9,12 לַצְתָּ im Gegs. חָכַמְתָּ. — **Hiph'il** als ein Spötter handeln, verspotten. a) Akkusativ der Person: Ps. 119,51 זֵדִים הֱלִיצֻנִי עַד־מְאֹד; Prov. 14,9 אֱוִלִים יָלִיץ אָשָׁם, wo gewöhnlich אָשָׁם als Subjekt angenommen, wahrscheinlicher aber wohl der Text verderbt ist. — b) Akkusativ der Sache, vom nichtsnutzigen Zeugen, der verspottet: 19,28 מִשְׁפָּט. — c) Absolut, von Gott ausgesagt: 3,34 אִם־לַלֵּצִים הוּא יָלִיץ; vgl. aber Nowack z. St.*). — **Hithpolel** nur absolut Jes. 28,22, sich als Spötter des warnenden Propheten benehmen.

Über die Begriffsbestimmung des לֵץ vgl. Hupfeld zu Ps. 1,1; Delitzsch, Spruchbuch S. 33; über den sinnlichen Grundbegriff ebenda S. 47.

---

*) Die noch hieher gehörige Stelle Hi. 16,20 מְלִיצַי רֵעָי „meine Freunde spotten meiner" liest Hoffmann: מְלִיצִי רֹעִי „mein Dolmetscher ist mein Hirte".

IX. Kal — Pi‘el — Hithpa‘el.

חיל Nebenform zu יחל. **Kal** harren, warten: Mi. 1, 12 כי־חלה לטוב יושבת מרות, Gegensatz: Böses von Jahwe fährt herab. — **Polel** harren: Hi. 35, 14 ותחולל לו, auf Gott. — **Hithpolel** harren: Ps. 37, 7 התחולל לו, auf Gott.

Ausserhalb des theologischen Sprachgebrauches: **Kal** warten: Gen. 8, 10 ויחל עוד שבעת ימים; Jud. 3, 25 ויחילו עד־בוש.

Über die Etymologie vgl. zu יחל.

נכל von נֵכֶל **Kal** betrügerisch handeln, nur im Particip Mal. 1, 14 von dem, der ein den gesetzlichen Anforderungen nicht entsprechendes Tier zum Opfer darbringt. — **Pi‘el** Arglist ausüben gegen jemand: Num. 25, 18 בנכליהם אשר־נכלו לכם, von Midian wider Israel. — **Hithpa‘el** unter einander einen arglistigen Anschlag gegen jemand machen: Gen. 37, 18 ויתנכלו אתו להמיתו; Arglist üben Ps. 105, 25 להתנכל בעבדיו (parall. לשנא עמו).

Ein im Aramäischen sehr gebräuchliches und wohl von dort erst herübergenommenes Denominativ; die Wurzel vielleicht = stossen, schlagen.

X. Niph‘al — Pi‘el — Hiph‘il.

בהל von בֶּהָלָה **Niph‘al** 1. Von panischem, durch Gott gewirktem Schrecken ergriffen sein. a) Bestürzt sein. α) Absoluter Gebrauch. Von den Feinden Gottes infolge der Grossthaten Jahwes Ex. 15, 15; von den Menschen beim Herannahen des Gerichtsheeres Gottes Jes. 13, 8; Jer. 51, 32; beim Hereinbrechen des Gottesgerichtes über Tyrus Ez. 26, 18 ונבהלו האיים; von der Wirkung auf die Feinde Gottes beim Anblick der hl. Stadt Ps. 48, 6; von der vernichtenden Wirkung auf die Sünder infolge der Entziehung der göttlichen Gnade und Fürsorge 6, 3 נבהלו עצמי ׀ נבהלה נפשי; 30, 8. β) Mit privativem מן: Infolge des über Babel ergehenden Gerichtes Jahwes Jes. 21, 3 נבהלתי מראות. — b) Fassungslos, in seiner Lebenskraft gebrochen sein; im sittlichen Sinne von dem fassungs- und haltlosen Zustande des vom Unglück betroffenen Hi. 4, 5; oder mit den Rätseln des Leidens sich beschäftigenden Dulders 21, 6; 23, 15. — 2. Durch von Gott gewirkten Schrecken verscheucht, verjagt werden. Von den Feinden Gottes in der Verbindung יבשו ויבהלו Ps. 6, 11; 83, 18; von der Gemeinde Gottes 90, 7; daher geradezu dem Untergang zugeführt werden 104, 29 (parall. יגועון), welch letztere Bedeutung die Auffassung des substantivierten בֶּהָלָה Zeph. 1, 18 als Untergang für berechtigt darstellt. — **Pi'el** בּ bewirken, jemanden damit treffen, ihn in Schrecken setzen: Ps. 2,₅ יבהלמו‎; 83,₁₆ בסערך‎ תבהלם‎, Subjekt ist an beiden Stellen Gott; ebenso, wenigstens indirekt als Urheber des פחד‎ Hi. 22,₁₀ פראים פחד ויבהלך‎. — **Hiph'il** בּ bewirken, in Schrecken setzen: Hi. 23,₁₆ ושדי הבהילני‎.

Ausserhalb des theologischen Sprachgebrauches: **Niph'al** 1. In Bestürzung geraten: Jud. 20,₄₁; I Sam. 28,₂₁; II Sam. 4,₁. — 2. Kraftlos zusammensinken: Ez. 7,₂₇ ידי עם־הארץ תבהלנה‎. — 3. Überhastet, übereilt handeln. a) Mit לְ, überhastet nach etwas trachten: Prov. 28,₂₂ להון‎. — b) Mit בן‎ und ergänzendem Verbalbegriffe, in der Warnung Eccl. 8,₃ אל־תבהל מפניו תלך‎. — **Pi'el** 1. Jemanden in Schrecken setzen: Dan. 11,₄₄ יבהלהו שמעית‎; Esr. 4,₄ (Keth. מבלהים‎) nach dem Qere מבהלים אותם לבנות‎; II Chr. 32,₁₈ לבהלם‎. — 2. Eilig handeln. a) בל־פיך‎ Eccl. 5,₁, mit dem Munde voreilig sein. — b) Infinitiv mit לְ: 7,₉ לכעוס‎; Esth. 2,₉ לה תמרוקיה‎. — 3. Zum schnellen Handeln jemanden antreiben: II Chr. 35,₂₁. — **Pu'al** nur das Particip: Prov. 20,₂₁ נחלה מבהלת‎ ein hastig erworbenes Erbe; Esth. 8,₁₄ מבהלים‎ überstürzt, eilend. — **Hiph'il** eilig handeln; es folgt Inf. mit לְ: Esth. 6,₁₄ להביא‎; sogar auch Akkusativ der Person: II Chr. 26,₂₀ ויבהלוהו‎, sie schafften ihn schleunigst fort.

Der theologische Sprachgebrauch entscheidet für die Priorität des Niph'al. Die etymologische Frage hat Fleischer bei Delitzsch, Jes.³ S. 667, besprochen und, indem er בהל‎ zu بهج‎ stellt, die Grundbedeutung „loslassen, fahren lassen" gewonnen. Ich glaube jedoch, das arabische Seitenstück zu unserem Verbum kann vielmehr nur بهل‎ sein.

סכל‎ von סָכָל‎ **Niph'al** sich als ס‎ benehmen; im religiös-sittlichen Sinne von jener geistigen Verkehrtheit, die sich in der Nichtbeachtung der göttlichen Gebote manifestiert: I Sam. 13,₁₃ נסכלת לא שמרת את־מצות‎; II Sam. 24,₁₀; I Chr. 21,₈ נסכלתי מאד‎; oder die, statt bei Gott Hilfe zu suchen, von Menschen Rettung erwartet: II Chr. 16,₉ נסכלת על־זאת‎. — **Pi'el** machen, dass etwas thöricht erscheint, vereiteln. Subjekt ist Gott: II Sam. 15,₃₁ סכל־נא את־עצת‎ אחיתפל‎; Jes. 44,₂₅ ודעתם יסכל‎. — **Hiph'il** als ein ס‎ handeln, absolut im ethischen Sinne: I Sam. 26,₂₁.

Ausserhalb des theologischen Sprachgebrauches: **Hiph'il** ohne Überlegung und Einsicht handeln, absolut: Gen. 31,₂₈.

Das Denominativ, das im Aram. sehr häufig, wird zur Wurzel

סך (סבך) gezogen, welcher die Bedeutung des Flechtens zukommt*); das sinnliche Etymon wäre dann „verflechten, verwirren". Vgl. jedoch Merx, *Chrestom. targ.* unter סבל.

שחת von שָׁחַת **Niph'al** verdorben sein im ethischen Sinne. a) Gen. 6, 11 הארץ לפני אלהים. — b) Absolut: 6, 12 הארץ Subjekt; Ez. 20, 44 ובעלילותיכם הנשחתים. — **Pi'el** 1. Verderben, vernichten im physischen Sinne; Terminus für den Vollzug des göttlichen Strafgerichtes. a) Subjekt ist Gott. α) Persönlicher Akkusativ: Gen. 6, 17; 9, 15 כל־בשר; Ez. 5, 16 לשחתכם; 20, 17 משחיתם; Hos. 11, 9 אפרים; 13, 9 שחתך ישראל**). β) Sachlicher Akkusativ: Gen. 13, 10 לפני שחת יי את־סדם ואת־ע'; 19, 29 בשחת אלהים את־ערי הככר; Ez. 22, 30 לבלתי שחתה nämlich הארץ; 43, 3 לשחת את־העיר; Thr. 2, 5 מבצריו. 6 מעדו. — b) Subjekt ist ein Organ Gottes. α) Sachlicher Akkusativ: Gen. 9, 11; Ez. 30, 11 הארץ לשחת; Gen. 19, 13; II Sam. 24, 16 לשחתה nämlich die Stadt bzw. Jerusalem; Jer. 48, 18 מבצריך; Ez. 26, 1 את־חומת. β) Absolut: Jer. 5, 10. — 2. Verderben, vernichten, von sündhaften Vorgängen auf rein geistigem Gebiete. Es folgt sachliches Akkusativobjekt. a) Allein: Am. 1, 11 רחמיו; Mal. 2, 8 ברית הלוי. — b) Dazu Angabe des Grundes: Ez. 28, 17 על־יפעתך חכמתך. — 3. Sittlich schlecht handeln, Schlechtes treiben. a) Mit ל, gegen Gott: Deut. 32, 5 שחת לו לא בניו מומם***). — b) Absolut: Ex. 32, 7; Deut. 9, 12 כי שחת עמך; ob hieher auch Hos. 9, 9 העמיקו שחתו gehöre, ist zweifelhaft†). — **Hiph'il** I. Terminus für den Vollzug des göttlichen Strafgerichtes. 1. Verderben, vernichten. a) Subjekt ist Gott. α) Akkusativ der Person. α') Allein: Gen. 6, 13 והנני משחיתם את־הארץ††); Deut. 4, 31 ולא ישחיתך; 9, 26 אל־תשחת עמך; 10, 10 לא־אבה יי השחיתך; II Reg. 13, 23 השחיתם; Jer. 13, 14 ולא ארחם מהשחיתם; 15, 6 ואשחיתך; Ez. 9, 8 ידודי עליך את־; (Part.) את כל־שארית ישראל; II Chr. 12, 7 לא אשחיתם; 25, 16 ייעץ אלהים להשחיתך; 35, 21 אל־תשחיתך. β') Dazu Angabe des Grundes: II Reg. 8, 19 לא־אבה יי להשחית את־יהודה למען דוד; II Chr. 21, 7 את־בית ד' למען הברית. γ') Sonst eine nähere Bestimmung: II Chr. 12, 12 לבלה לא להשחית, der persönliche Akkusativ ist zu ergänzen. β) Sachlicher Akkusativ. α') Allein:

---

*) Fränkel. Die aram. Fremdwörter im Arab. 90.
**) Vgl. Kautzsch, Textkr. Erl. z. St.
***) Der Text ist verdorben; vgl. Dillmann z. St.
†) Wellhausen, Skizzen und Vorarb. V, 120. wird recht haben, wenn er liest: שַׁחֲתוּ == sie haben ihm eine tiefe Grube gemacht.
††) Vgl. Kautzsch, Textkr. Erl. z. St.

Gen. 18, 28 der Akkusativ der Stadt ist zu ergänzen; 19, 14 מַשְׁחִתִים משחיתי א׳ ד׳; Jer. 51, 11 לְהַשְׁחִיתָהּ näml. Babel; Thr. 2, 8 הִשְׁחִית י׳ לְהַשְׁחִית חוֹמַת בַּת־צִיּוֹן; Jes. 65, 8 לְבִלְתִּי הַשְׁחִית הַכֹּל. β') Dazu ein näherer Umstand: Gen. 18, 28 בַּחֲמִשָּׁה אֶת־כָּל־הָעִיר; Jer. 13, 9 אַשְׁחִית אֶת־גְּאוֹן מַדָה; 51, 20 בְּךָ מַמְלָכוֹת. — b) Subjekt ist ein Organ Gottes. α) Akkusativ der Person: Ps. 78, 45 וַיַּשְׁחִיתֵם. β) Akkusativ der Sache: Gen. 19, 13 אֲנַחְנוּ אֶת־הַמָּקוֹם הַזֶּה מַשְׁחִתִים; II Reg. 18, 25 (bis); Jes. 36, 10 (bis) לְהַשְׁחִיתָהּ näml. הַמָּקוֹם, bzw. וְהַשְׁחִיתָהּ näml. הָאָרֶץ; Jer. 36, 29 אֶת־הָאָרֶץ; I Chr. 21, 15 לְהַשְׁחִיתָהּ näml. Jerusalem. γ) Absolut: Jer. 15, 3; I Chr. 21, 15. — 2. Zerstörungswerk ausüben. a) Subjekt ist Gott. α) Mit Angabe des Grundes: Gen. 18, 31. 32 לֹא אַשְׁחִית בַּעֲבוּר. β) Absolut: Ps. 78, 38; 106, 23. — b) Subjekt ist ein Organ Gottes. α) Mit einem näheren Umstande: I Chr. 21, 12 מַלְאַךְ י׳ מַשְׁחִית בְּכָל־גְּבוּל יִשְׂרָאֵל. β) Absolut: הַמַּלְאָךְ הַמַּשְׁחִית II Sam. 24, 16; I Chr. 21, 15. — II. Terminus für sittlich-qualifiziertes Handeln. 1. Etwas verderben. Es folgt ein Akkusativobjekt. a) Allein: Gen. 6, 12 אֶת־דַּרְכּוֹ עַל־הָאָרֶץ; Zeph. 3, 7 כֹּל עֲלִילוֹתָם; Ps. 14, 1 הִשְׁחִיתוּ עֲלִילָה; 53, 2 הִשְׁחִיתוּ וְהִתְעִיבוּ עָוֶל. — b) Dazu komparatives מִן: Ez. 23, 11 וַתַּשְׁחֵת עַגְבָתָהּ. — 2. Sittlich schlecht handeln. a) Mit näheren Bestimmungen: Jud. 2, 19 אַחֲרֵי אֱלֹהִים אֲחֵרִים מֵאֲבוֹתָם; Ez. 16, 47 בָּהֵן תִּשְׁחִיתִי. — b) Absolut: Deut. 31, 29 הַשְׁחֵת תַּשְׁחִיתוּן; 4, 16. 25 vom Götzendienste; Jes. 1, 4 בָּנִים מַשְׁחִיתִים; Jer. 6, 28 הֵמָּה מַשְׁחִיתִים; II Chr. 26, 16 גָּבַהּ לִבּוֹ עַד־לְהַשְׁחִית; 27, 2 עוֹד הָעָם מַשְׁחִיתִים.

Ausserhalb des theologischen Sprachgebrauches: **Niph'al** 1. Verheert sein: Ex. 8, 20 תִּשָּׁחֵת הָאָרֶץ מִפְּנֵי הֶעָרֹב. — 2. Verdorben sein: Jer. 13, 7 der Gürtel durch Fäulnis; 18, 4 das Gefäss unter der Hand des Töpfers. — **Pi'el** 1. Verderben bereiten, zu Grunde richten. a) Akkusativobjekt. α) Menschen: II Sam. 1, 14 לְשַׁחֵת אֶת־מְשִׁיחַ י׳; II Reg. 19, 12 הַגּוֹיִם. β) Sachliche Objekte: Ex. 21, 26 וְשִׁחֲתָהּ, näml. das Auge; Jos. 22, 33 אֶת־הָאָרֶץ; Jud. 6, 5 לְשַׁחֲתָהּ näml. הָאָרֶץ; Jes. 14, 20 אַרְצְךָ; einen Weinberg Jer. 12, 10; Weinranken Nah. 2, 3. — b) לְ des Objektes. α) Menschen: Num. 32, 15 לְשַׁחֲתוֹ לְכָל־הָעָם הַזֶּה. β) Sachliches Objekt: I Sam. 23, 10 לְשַׁחֵת לָעִיר בַּעֲבוּרִי. — c) Prägnant: Gen. 38, 9 וְשִׁחֵת אַרְצָה. — d) Absolut: II Sam. 14, 11. — 2. Etwas umsonst aufwenden, verschwenden: Prov. 23, 8 דְּבָרֶיךָ. — **Hiph'il** 1. Verderben bereiten, vernichten. a) Akkusativ der Person. α) Allein: I Sam. 26, 9. 15; Jes. 37, 12; 51, 13*). β) Dazu eine Zeitbestimmung:

---

*) Nach LXX ist zu lesen לְהַשְׁחִיתֶךָ.

Jud. 20, 35. γ) Eine Ortsbestimmung: 20, 42 משחית איש בכרם; II Chr. 21, 23 עמם הכה ארדכל־השרים. δ) Zeit- und Ortsbestimmung: Jud. 20, 21 בני ישראל ארצה .. ביום ההוא. 25 איש אלה .. מיד ישראל ארצה. — b) Sachliche Akkusativobjekte. α) Allein: Einen Baum Deut. 20, 19. 20; Jer. 11, 19; ein Land I Sam. 6, 5 (Part.); II Sam. 11, 1; Dan. 11, 17; I Chr. 20, 1; die ganze Erde Jer. 51, 25; Gebäude 6, 5; II Chr. 34, 11; Stadt und Heiligtum Dan. 9, 26; Trauben Jes. 65, 8; die Frucht des Landes Mal. 3, 11; kostbare Geräte II Chr. 36, 19. β) Dazu eine nähere Bestimmung: Jud. 6, 4 ארדיבול הארץ עד־בואך עזה. — 2. In allgemeinerer Bedeutung. a) Akkusativ der Person, jemanden schädigen. α) Allein: Prov. 6, 32 משחית נ'; Dan. 8, 24 ישחית. 25 ישחית. β) Dazu = des Mittels: Prov. 11, 9 בפה חנף ישחת רעהו. — b) Sachlicher Akkusativ: Lev. 19, 27 לא תשחית את פאת זקנך; Ruth 4, 6 אשחית־לי. — 3. Zerstörungswerk ausüben. a) Es folgt ein Infinitiv mit ל: II Sam. 20, 15 משחיתים להפיל החמה. — b) Irgend eine nähere Bestimmung: Jes. 11, 9; 65, 25 לא־ישחיתו בכל־הר קדשי von Tieren; Jer. 49, 9 השחיתו דים; Dan. 8, 24 והשחית ונפלאות. — c) Absolut: II Sam. 20, 20; vom Tiere Jer. 2, 30 'כאריה משחית*). — **Hoph'al** nur das Particip vom physisch irgendwie Verdorbenen: Mal. 1, 14 von einem erbärmlichen Opfertiere; Prov. 25, 26 von einem unbrauchbar gemachten Brunnen.

Das originale Verbum ist שוח; davon ist שחת „Versenkung, Falle, Grube" gebildet.

תעב von תועבה. **Niph'al** nur das Particip Hi. 15, 16 = verabscheuungswürdig als Folge der Sünden, in Verbindung mit נאלח. — **Pi'el** 1. Deklarativ: für 'ת erachten. a) Von Gott ausgesagt. α) Persönliche Objekte: Ps. 5, 7 תתעב יהוה אישׁ־דמים; 106, 40 את נחלתו ויתעב. β) Sachliche Objekte: Am. 6, 8 מתאב אנכי את גאון יעקב (neben שנאתי), das Particip also mit erweichtem Guttural. — b) Von Menschen ausgesagt. α) Persönliche Objekte: Deut. 23, 8 (bis) לא־תתעב אדמי bzw. מצרי; Hi. 19, 19 תעבוני כל־מתי סודי; 30, 10 תעבוני, wo der natürliche Widerwille gegen die entsetzliche Krankheit Hiobs, zugleich aber auch der sittliche Abscheu vor den vermeintlichen Frevelthaten dieses Mannes zum Ausdruck gebracht wird; von sittlich verkehrtem Widerwillen Am. 5, 10 שנאו בשער מוכיח דבר תמים יתעבו (neben שנאו). β) Sachliche Objekte: Deut. 7, 26 תעב תתעבנו שקץ תשקצנו והיה näml. zur Abgötterei verwendetes Metall; Mi. 3, 9 המתעבים משפט; Ps. 119, 163 שקר שנאתי ואתעבה. — 2. Effektiv: zu 'ת machen, Ez. 16, 25

---

*) Der Sinn der Überschrift אל־תשחת Ps. 57. 58. 59. 75 ist dunkel.

א־פרים durch geistige Hurerei; Hi. 9, 31 תעבוני שלמותי, wo Delitzsch mit Unrecht die kausative Bedeutung leugnet*). — **Hiph'il** zu '־ machen. a) Mit sachlichem Akkusativ: Ez. 16, 52 בתאבך אשר־התעבת; Ps. 14, 1 עלילה; 53, 2 עול. — b) Infinitiv mit ל: I Reg. 21, 26 להתעב אחרי הגלולים.

Ausserhalb des theologischen Sprachgebrauches: **Niph'al** nur das Particip Jes. 14, 19 von dem welken, ekelhaft gewordenen נצר. — **Pi'el** verabscheuen: Ps. 107, 18 תתעב.

Die sprachgebräuchlich älteste Konjugation ist Pi'el. Für die Bedeutungsentwicklung ist wichtig der Gebrauch des Verbums zur Bezeichnung des Abscheues und Widerwillens, der jemanden beim Anblick einer ekelhaften Sache, namentlich einer Speise, ergreift. Das Arab. hat عاف, Imperf. *i*, eine Speise widerlich finden. Da ein mittenvokalischer Stamm leicht in einen vornvokalischen umschlägt, hält Barth, Nominalbildung II, 305, ferner Etym. St. 11. 28, es für ausgemacht, dass dem obigen arab. Stamme תעב (Thr. 2, 1) entspricht, wovon dann תועבה nicht getrennt werden könne. Ich habe dabei aber das Bedenken, dass תועבה auf einen Stamm יעף hinweist.

XI. Niph'al — Hiph'il — Hithpa'el.

סתר von סתר **Niph'al** 1. Sich verbergen, in der Bitte an Jahwe, seinen Zorn nicht länger währen zu lassen: Ps. 89, 47 עד־מה יי תסתר לנצח. — 2. Verborgen sein. a) Vor Jahwe. α) דרכי נסתרה Jes. 40, 27, vom Nichtbeachten und absichtlichen Übersehen Gottes; im Gebetsrufe an ihn Ps. 38, 10 אנחתי ממך לא־נסתרה. β) נסתרו מלפני Jer. 16, 17, mit dem Subjekte כל־דרכיהם. γ) נסתרו מעיני Jes. 65, 16, mit dem Subjekte הצרות, die früheren Drangsale, die Gott nicht mehr in den Sinn kommen; Hos. 13, 14, Subjekt נחם. — b) Das Particip: Deut. 29, 28 הנסתרת ליי, das in der Zukunft Verborgene ist Jahwes; Ps. 19, 13 נסתרות, unbewusste Sünden. — 3. Sich bergen, bildlich Jes. 28, 15 בשקר, neben שמנו כזב סתרנו. — 4. Geborgen werden: Zeph. 2, 3 בים אף יי. — **Hiph'il** 1. Verbergen, Subjekt nur Gott. a) Mit dem Akkusativ פנים, das Antlitz Gottes im guten Sinne, daher ein Verbergen desselben Symbol der Ungnade und der Entziehung der göttlichen Hilfe. α) ה' פניך Ps. 30, 8; 44, 25; 104, 29; Hi. 13, 24; 34, 29; פנו Ps. 10, 11. β) Dazu noch מן der Person, vor welcher das

---

*) Vgl. Hoffmann z. St.

göttliche Gnadenantlitz verborgen wird: Deut. 31, 17; 32, 20; Jes. 8, 17 (Part.); 64, 6; Ez. 39, 23. 24. 29; Ps. 22, 25; 88, 15; Gebetsformel אל־תסתר פניך ממני 27, 9 (parall. אל־תט באף עבדך); 143, 7; מעבדך 69, 18. γ) Ausser בן der Person noch nähere Umstände. α') Deut. 31, 18 פני הסתיר הסתיר אסתיר פני ביום ההוא על כל־הרעה; Jer. 33, 5 כל על הזאת הרעה מעירם כל־רעתם. β') Jes. 54, 8 בשצף קצף, in einer Aufwallung von Zorn hab' ich mein Angesicht רגע, einen Augenblick, vor dir verborgen; Mi. 3, 4, Jahwe wird sein Antlitz vor ihnen verbergen בעת ההיא; Ps. 13, 2 עד־אנה willst du dein Antlitz vor mir verbergen? (parall. עד־אנה תשית עצות בנפשי); 102, 3 ביום צר־לי. — b) Mit dem Akkusativ פנים, das Antlitz Gottes im bösen Sinne, das Richterantlitz; so nur Ps. 51, 11 הסתר פניך מחטאי. — c) Mit einem anderen, sachlichen Akkusativ: Ps. 119, 19 in der Bitte um die Gnade der Belehrung, אל־תסתר ממני מצותיך; Prov. 25, 2, es ist Gottes Ruhm, הסתר דבר. — d) Mit persönlichem Akkusativ, vom wunderbaren Schutze Jahwes, der macht, dass seine Schützlinge nicht gefunden werden: Jer. 36, 26. — e) Das Verbum mit ausgelassenem Akkusativ פני, der notwendig zu ergänzen ist Jes. 57, 17, vom zürnenden Verhüllen des Antlitzes Gottes. — 2. Gesichtsverbergung bewirken: Jes. 59, 2 וחטאותיכם הסתירו פנים מכם, wo פנים das Gnadenantlitz Gottes. — 3. Bergen, schützen; Subjekt nur Gott. a) Mit persönlichem Akkusativ: Hi. 14, 13. — b) Dazu ב des Ortes: Jes. 49, 2 באשפתו (parall. בצל ידו החביאני); Ps. 27, 5 בסתר אהלי. — c) מן des Übels: 64, 3 מסוד מרעים. — d) 17, 8 בצל כנפיך תסתירני מפני רשעים. — e) 31, 21 תסתירם בסתר פניך מרכסי איש (parall. הצפנם בסכה מריב לשנות). — **Hithpa'el** nur das Particip: Jes. 45, 15 אל מ׳, ein verborgener Gott.

Ausserhalb des theologischen Sprachgebrauches: Niph'al 1. Sich verbergen. a) מפני, vor jemandem: Gen. 4, 14; Deut. 7, 20. — b) ב des Ortes: I Sam. 20, 5. 24; I Reg. 17, 3; Am. 9, 3. — c) שם I Sam. 20, 19. — d) Absolut: Jer. 36, 19; Prov. 22, 3; 27, 12. — 2. Verborgen sein. a) Mit מן, vor jemandem: Gen. 31, 49; Hi. 28, 21. b) Absolut: Hi. 3, 23 גבר אשר־דרכו נ׳, ein Mann, der nicht aus und nicht ein weiss; im prägn. Sinne unentdeckt bleiben, Num. 5, 13 vom hurerischen Weibe. — 3. Sich bergen: Jer. 23, 24 במסתרים; mit מן, vor dem Feinde Ps. 55, 13; mit שם Hi. 34, 22. — **Pi'el** verbergen: Jes. 16, 3 נדחים. — **Pu'al** nur das Particip Prov. 27, 5 אהבה מ׳, geheim gehaltene Liebe. — **Hiph'il** 1. Verbergen. a) Sachlicher Akkusativ. α) פנים, von Mose, um Gott nicht zu sehen Ex. 3, 6; dazu מן der Sache, vom Knechte Jahwes, der sein Antlitz nicht verbirgt Jes. 50, 6 מבלמי פני*). β) בכל מבטי Hi. 3, 10. — b) Persönlicher Akkusativ, jemanden verbergen: II Reg. 11, 2; II Chr. 22, 11 ותסתרהו מפני. — 2. Eine Absicht, einen Plan in seinem Inneren geheim halten: 1 Sam. 20, 2 יגלה את־אזני; Jes. 29, 15**). — **Hithpa'el** sich verbergen: Jes. 29, 14 von der Klugheit; mit ב des Ortes, wo 1 Sam. 26, 1 (Part.); dazu noch עם der Person, 23, 19 (Part.); letzteres allein Ps. 54, 2 (Part.).

Das originale Verbum ist im Arab. ستر decken, bedecken; davon sitr Decke, Hülle, Schleier. Im Hebräischen, das am frühesten im Hiph'il denominierte, fällt die ungemein häufige Verbindung mit dem Objekte פנים auf, was auf den nächsten Gebrauch des Denominativums als „verschleiern" schliessen lässt.

XII. Pi'el — Pu'al — Hiph'il.

בכר von בכור **Pi'el** als Erstgeborenen behandeln, die Rechte des Erstgeborenen verleihen. Mit Akkusativ der Person: Deut. 21, 16. — **Pu'al** als Erstling geboren werden: Lev. 27, 26 אשר יבכר לה׳. — **Hiph'il** eine Erstgeburt hervorbringen, nur das Particip Jer. 4, 31.

Ausserhalb des theologischen Sprachgebrauches: **Pi'el** neue Früchte tragen: Ez. 47, 12.

שרש von שרש **Pi'el** eigentl. auswurzeln. a) Eine Person. Subjekt ist Gott: Ps. 52, 7 ושרשך מארץ חיים. — b) Ein sachliches Objekt. Die Sündenstrafe des Ehebrechers: Hi. 31, 12 ובכל־תבואתי תשרש. — **Pu'al** entwurzelt werden. In dem Fluche, den Hiob für den Fall, als er gesündiget, auf sich selbst herabruft: 31, 8 וצאצאי ישרשו. — **Hiph'il** Wurzel schlagen. a) Jes. 27, 6 ישרש יעקב הבא. — b) Hi. 5, 3 ראיתי אויל משריש.

Ausserhalb des theologischen Sprachgebrauches: **Po'el** Wurzel schlagen; nur übertragen von hochgestellten Personen: Jes. 40, 24 בארץ גזעם שרש. — **Po'al** in demselben Sinne und derselben Bedeutung: Jer. 12, 2 absolut. — **Hiph'il** Wurzel schlagen, vom Weinstocke: Ps. 80, 10 ותשרש שרשיה.

XIII. Pi'el — Pu'al — Hithpa'el.

הלל von תהלה **Pi'el** 1. Kultischer Terminus: Lob anstimmen zu Ehren der Gottheit. 1. Zu Ehren des Gottes Israels. a) Akkusativ-

---

*) Jes. 53, 3 ist מסתר ein Substantiv.
**) Sollte nicht richtiger לִסְתֹּר zu lesen sein?

objekt. α) Die Person Gottes selbst. α') Allein. α") אֲהַלֶּל־ Jes. 62, 9; Jer. 20, 13; Ps. 117, 1; 146, 1; Neh. 5, 13; — Ps. 22, 27.   β") הַלְלוּ־יָהּ 105, 45; 106, 1.48; 111, 1; 112, 1; 113, 1.9; 115, 18; 116, 19; 117, 2; 135, 1.21; 146, 1.10; 147, 1.20; 148, 1.11; 149, 1.9; 150, 1.6; הַלְלוּיָהּ ohne Mappik nur 104, 35; הַלְלוּ־יָהּ 135, 3.   γ") הַלְלוּיָהּ 102, 19; יָהּ הַלְלוּ 150, 6; הַלְלוּ־יָהּ 115, 17.   δ") הַלְלִי אֱלֹהַיִךְ צִיּוֹן 147, 12.   ε") Mit einem auf die Person Gottes bezüglichen Suffix: אֲהַלֶּלְךָ Jes. 38, 18; אֲהַלְלֶנּוּ Ps. 119, 175; אֲהַלֶּלְךָ 35, 18; אֲהַלְלֶךָ 84, 5; תְּהִלָּתוֹ 69, 35; תְּהִלָּתִי 22, 24; 148, 2 (bis). 3 (bis). 4.   β') Mit einer näheren Bestimmung. α") Des Ortes: Jes. 64, 10 אֲשֶׁר הִלְלוּךָ אֲבֹתֵינוּ בֵּית קָדְשֵׁנוּ; Ps. 22, 23 בְּתוֹךְ קָהָל אֲהַלְלֶךָּ; 107, 32 וִיהַלְלוּהוּ בִּמְקוֹם זְקֵנִים; 109, 30 בְּתוֹךְ רַבִּים אֲ׳; 148, 1 (bis) מִן־הַשָּׁמַיִם bzw. בַּמְּרוֹמִים הַלְלוּהוּ. 7 מִן־הָאָרֶץ אֲ׳; 150, 1 (bis) הַלְלוּ־אֵל בְּקָדְשׁוֹ הַלְלוּהוּ בִּרְקִיעַ עֻזּוֹ.   β") Der Zeit: 119, 164 שֶׁבַע בַּיּוֹם הִלַּלְתִּיךָ; 146, 2 בְּחַיַּי אֲהַלְלָה ה'.   γ") Sonstige nähere Umstände: הַלְלוּהוּ 150, 2 (bis) בִּגְבוּרֹתָיו, bzw. כְּרֹב גֻּדְלוֹ. 3 (bis) בְּתֵקַע שׁוֹפָר bzw. בְּנֵבֶל וְכִנּוֹר. 4 (bis) בְּתֹף וּמָחוֹל bzw. בְּמִנִּים. 5 (bis) בְצִלְצְלֵי־שָׁמַע bzw. בְּצִלְצְלֵי תְרוּעָה; Esr. 3, 10 עַל־יְדֵי דָוִיד אֲ׳.   β) ה' אָמַרְתִּי. α') Allein: Jo. 2, 26; Ps. 113, 1; 135, 1; 148, 5.13; שֵׁבֶט 74, 21.   β') Mit einer näheren Bestimmung: 145, 2 וַאֲהַלְלָה לְשִׁמְךָ עַד; 149, 3 יְהַלְלוּ שְׁמוֹ. γ) שִׁבְעָה בִשְׁאוֹל שׁ' 69, 31.   δ) יְהַלְלוּ אֶת־אֱלֹהַי 56, 5 דְּבָרוֹ. 11 דְּבַר; in demselben V. 11 אֲהַלֵּל דָּבָר בֵּ׳. — b) לְ des Objektes. α) Die Person Gottes selbst. α') Allein: I Chr. 16, 4 לְהַזְכִּיר וּלְהוֹדוֹת וּלְהַלֵּל לַה׳. 37 ... יֵאָמְנוּ לַהַלֵּל אָמֵן; 22, 30 לְהוֹדוֹת לַה׳; 25, 3 לְהוֹדוֹת וּלְהַלֵּל לַה׳; II Chr. 5, 13 לְהַלֵּל לַה׳.   β') Dazu ein näherer Umstand: Esr. 3, 11 בְּהַלֵּל וּבְהוֹדוֹת לַה׳; I Chr. 23, 5 מְהַלְלִים לַה׳ בַּכֵּלִים; II Chr. 20, 19 לְהַלֵּל לַה' בְּקוֹל גָּדוֹל; 29, 30 בְּדִבְרֵי דָוִיד וְאָסָף; 30, 21 מְהַלְלִים לַה' יוֹם בְּיוֹם.   β) Andere Objekte: I Chr. 29, 13 מְהַלְלִים לְשֵׁם תִּפְאַרְתֶּךָ כִּי בְּיָדְךָ אֲ׳; II Chr. 20, 21 מְהַלְלִים לְהַדְרַת־קֹדֶשׁ לַה׳. — c) בְּ des Objektes: Ps. 44, 9 בֵּאלֹהִים הִלַּלְנוּ כָל־הַיּוֹם. — d) Bloss mit einem näheren Umstande: 10, 3 הִלֵּל רָשָׁע עַל־תַּאֲוַת נַפְשׁוֹ; 63, 6 שִׂפְתֵי רְנָנוֹת יְהַלֶּל־פִּי; II Chr. 7, 6 בְּהַלֵּל דָּוִיד בְּיָדָם; 31, 2 — מְשָׁרְתִים בְּשַׁעֲרֵי מַחֲנוֹת ה׳. — e) Absolut: Jer. 31, 7; Ps. 113, 1; 135, 1; Esr. 3, 11; Neh. 12, 24; II Chr. 5, 13; 8, 14; 23, 13. — 2. Lob anstimmen zu Ehren heidnischer Götter: Als die Philister den überwältigten Simson erblickten, Jud. 16, 24 וַיְהַלְלוּ אֶת־אֱלֹהֵיהֶם. — II. Rühmen. 1. Im sittlich guten Sinne: Prov. 31, 28 בַּעְלָהּ וַיְהַלְלָהּ 31 יְהַלְלוּהָ בַשְּׁעָרִים מַעֲשֶׂיהָ. — 2. Im schlechten Sinne: 28, 4 עֹזְבֵי תוֹרָה יְהַלְלוּ רָשָׁע. — **Pu'al** vom kultischen Lobsingen. Nur das Particip = preiswürdig. a) Die Person Gottes selbst: II Sam. 22, 4; Ps. 18, 4 מְהֻלָּל אֶקְרָא ה׳; ferner in der ständigen Formel 48, 2; 96, 4; 145, 3:

I Chr. 16, 25 בְּאֹד יְהַלָּל ד' גָּדוֹל. — b) Ps. 113, 3 עַד־מְבוֹאוֹ מְמִזְרַח־שֶׁמֶשׁ ד' שֵׁם מְהֻלָּל. — **Hithpaʿel** 1. Kultischer Terminus: sich rühmen. a) Mit Bezug auf Jahwe. α) Mit בְּ. α') Jes. 45, 25 בד' יִצְדְּקוּ וְיִתְהַלְלוּ; Jer. 4, 2 וּבוֹ יִתְהַלָּלוּ; Ps. 34, 3 תִּתְהַלֵּל נַפְשִׁי בד'; Jes. 41, 16 בִּקְדוֹשׁ יִשְׂרָאֵל. β') בְּשֵׁם קָדְשׁוֹ Ps. 105, 3; I Chr. 16, 10. γ') בְּזֹאת nämlich יָדֹעַ אוֹתִי Jer. 9, 23 יִתְהַלֵּל הַמִּתְהַלֵּל. β) Mit עַל: Ps. 106, 5 בְּנַחֲלָתֶךָ. γ) Mit Objektssatz: 63, 12 כִּי יִסָּכֵר פִּי דוֹבְרֵי־שָׁקֶר. δ) Absolut: 64, 11. — b) Mit Bezug auf Götzen: 97, 7 הַמִּתְהַלְלִים בָּאֱלִילִים. — 2. Sich rühmen im verwerflichen Sinne, prahlen. a) בְּ des Rühmensgrundes: Jer. 9, 22 אַל יִתְהַלֵּל הַגִּבּוֹר בִּגְבוּרָתוֹ, bzw. עָשִׁיר וגו'; Ps. 49, 7 יִתְהַלָּלוּ בְרֹב; 52, 3 בְּרָעָה; Prov. 25, 14 (Part.) כְמִתְהַלֵּל; 27, 1 בְּיוֹם מָחָר. — b) Absolut: I Reg. 20, 11; Prov. 20, 14. — 3. Gepriesen werden, vom gottesfürchtigen Weibe: Prov. 31, 30.

Ausserhalb des theologischen Sprachgebrauches: **Piʿel** rühmen, mit folgendem Akkusativ der Person: Gen. 12, 15; II Sam. 14, 25; Prov. 27, 2; Cant. 6, 9; II Chr. 23, 12 (Part.). — **Puʿal** gefeiert werden: die Jungfrau durch Hochzeitslieder Ps. 78, 63; der Mann Prov. 12, 8 לְפִי שִׂכְלוֹ; endlich mit dem Subjekte הַיָּקָר Ez. 26, 17.

Der profane Gebrauch des Denominativums zieht sich im Piʿel, wenn auch immer vereinzelt auftretend, doch durch das ganze A. T. hindurch. Bildet dies nicht schon an sich eine Instanz gegen die Verbindung des Tahlil mit dem Neumonde, die Lagarde verteidigte, und die einen ausschliesslich kultischen Charakter des Tahlil bedingen würde? Weitere Beweise dagegen Wellhausen, Skizzen und Vorarb. III, 107 ff., wo auch die etymolog. Frage ausführlicher behandelt wird.

כִּפֶּר von כפר **Piʿel** 1. Ritueller Terminus: Die Sühngebräuche vollziehen, Sühnung schaffen. Subjekt ist der Priester. 1. Objekt ist der Mensch. Die Einführung desselben geschieht mit: a) עַל. α) Allein: Ex. 30, 15. 16; Lev. 17, 11 לְכַפֵּר עַל־נַפְשֹׁתֵיכֶם; Num. 15, 28 עַל־הַנֶּפֶשׁ הַשֹּׁגֶגֶת; Lev. 16, 33 הַקָּהָל וְעַל־כָּל־עַם; Num. 8, 12 עַל־הַלְוִיִּם; 8, 19; 25, 13; עַל־בְּנֵי יִשְׂרָאֵל; 15, 25 עַל־כָּל־עֲדַת בְּנֵי יִשְׂרָאֵל; 17, 12 עַל־הָעָם; Neh. 10, 31: I Chr. 6, 34 עַל־יִשְׂרָאֵל; II Chr. 29, 24 עַל־כָּל־יִשְׂרָאֵל; Lev. 4, 31; 14, 20 עָלָיו הַכֹּהֵן; 12, 7. 8 עָלֶיהָ; 16, 30 לְכַפֵּר עֲלֵיכֶם; 4, 20; Num. 8, 21; 17, 11 לְכַפֵּר עֲלֵיהֶם; besonders beliebt die Verbindung כִּפֶּר עָלָיו Lev. 1, 4; 8, 15; 14, 21; Num. 15, 28; עָלֶיהָ Lev. 8, 34; Num. 28, 22. 30; 29, 5; עֲלֵיהֶם Ez. 45, 15. β) Die nähere Bestimmung כִּפֶּר עַל tritt zu עַל der Person: לִפְנֵי ד' הַכֹּהֵן וְכִפֶּר Lev. 5, 26; 14, 18 עָלָיו; 31 עַל הַמִּטַּהֵר; 14, 29 עֲלֵיהֶם; 10, 17 Num. 31, 50 לְכַפֵּר עַל־נַפְשֹׁתֵינוּ. γ) בְּ des Mittels:

Lev. 5, 16 באשם האיל עליו; Num. 5, 8 עליו בו יכפר אשר־האשם איל הכפרים.
δ) מן der Verschuldung: Lev. 4, 26; 5, 6. 10 מחטאתו עליו; 16, 34 מכל־חטאתם
'וג מבל־חטאתם; Num. 6, 11 עליו מאשר חטא על־הנפש; Lev. 14, 19 מטמאתו
כמבואר. ε) על der Verschuldung: על הכהן עליו וכפר Lev. 4, 35; 5, 13
על־חטאתו. 18 על שגגתו. ζ) יכפר עליו הכהן לפני יי במזבח 15, 15. שליח
במזבח כבמבואר 30. η) על־חטאתו יי לפני האשם באיל הכהן עליו וכפר 19, 22.
b) בעד: Lev. 9, 7 בעדו יבעדך העם בעד; 16, 24 העם בעד יבעדו בעדו. 6. 11. 17
בעדו; 9, 7 בעד; Ez. 45, 17 בעד בית־וג'. — 2. Das Objekt sind Dinge.
Die Einführung geschieht mit: a) על. α) Allein: Ex. 29, 36 בעדך
עליו, näml. המזבח. 37 על־המזבח; 30, 10 על־קרניו*); Lev. 16, 18 עליו
näml. המזבח; 14, 53 על־הבית. β) Dazu instrumentales מן Ex. 30, 10
מדם חטאת הכפרים. γ) מן der Ursache Lev. 16, 16 מטמאת על־הקדש
'וג בני. — b) Im Akkusativ: 16, 20 את־המזבח ואת־אהל את־הקדש.
33 את־מקדש הקדש ואת־אהל מועד ואת־המזבח; Ez. 43, 20 בפרתי את
näml. המזבח. 26 את־המזבח; 45, 20 את־הבית. — 3. Das Mittel der כ
allein ist eingeführt mit ב Lev. 7, 7 בו, näml. אשם; 17, 11 בנפש. —
4. Der Ort allein wird eingeführt mit ב 6, 23; 16, 17. 27 בקדש; mit
על 16, 10**). — 5. Absolut: 16, 32. — II. Im allgemein-religiösen
Sprachgebrauch. 1. Vergeben. Subjekt ist Gott. a) Die Person,
der er vergibt, folgt: α) Mit ל Deut. 21, 8; dazu noch ל der Sache:
Ez. 16, 63 לכל־אשר עשית בכפרי־לך. β) Mit בעד II Chr. 30, 18***). —
b) Die Schuld, die er vergibt: α) Akkusativ Ps. 65, 4 פשעינו; 78, 38;
Dan. 9, 24 עון. β) על Jer. 18, 23 וחטאתם על־עונם; Ps. 79, 9 על־חטאתינו. —
2. Vergebung auswirken בעד חטאתכם Ex. 32, 30, Subjekt ist Mose. —
3. Entsündigen, Subjekt ist Gott Deut. 32, 43 אדמתו עמו יכפר. —
Pu'al 1. Im liturgischen Sprachgebrauch: es wird Sühne vollzogen,
mit ב der Sache Ex. 29, 33; überdies noch doppeltes ל Num. 35, 33,
dem Lande, לארץ, wird nicht Sühne geschaffen für das Blut, לדם, das
in ihm vergossen ward, ausser durch das Blut, בדם, dessen, der es
vergossen. — 2. Im allgemein-religiösen Sprachgebrauch: vergeben
werden. Das Subjekt, von welchem כ ausgeht, ist Gott, das Objekt
החטא Jes. 6, 7; עון 22, 14; 27, 9; Prov. 16, 6. — **Hithpa'el** ausschliesslich im allgemein-religiösen Sprachgebrauch „als gedeckt" angesehen

---

*) Über die Bedeutung des על wenigstens im ersten Halbverse vgl.
Dillmann z. St.

**) Vgl. Benzinger, Das Gesetz über den grossen Versöhnungstag Z.A.W.
1889, S. 84, Fussnote.

***) Kautzsch. § 130, S. 408, Fussnote 2.

werden. Das betroffene Objekt ist die Schuld, das Subjekt Gott: I Sam. 3, 14 nicht wird vergeben werden עֲוֹן בֵּית־עֵלִי בְּזֶבַח וּבְמִנְחָה.

Ausserhalb des theologischen Sprachgebrauches: **Pi'el** durch ein פָּנִים behandeln d. i. begütigen, besänftigen. Mit Akkusativ des Beleidigten und בְּ des Mittels: Gen. 32, 21 אֲכַפְּרָה פָנָיו; bloss mit בְּ des Mittels II Sam. 21, 3, womit, בַּמָּה, soll ich David begütigen; bloss mit Akkusativobjekt Jes. 47, 11, wo das Suffix sich auf היה Unfall, Prov. 16, 14, wo es sich auf חֲמַת־מֶלֶךְ bezieht.

Über die sinnliche Grundbedeutung vgl. Dillmann zu Lev. 4, 20; Riehm, Alttestamentliche Theologie S. 130 ff.

XIV. Pi'el — Hiph'il — Hoph'al.

קִטֵּר von קָטַר **Pi'el** in Rauch aufgehen lassen, allgemeine Bezeichnung für das Verbrennen jeglicher Opfergabe. I. Mit Beziehung auf den Jahwekult: Am. 4, 5 מֵחָמֵץ תּוֹדָה; und der absolute Infinitiv neben dem allerdings als Hiph. punktierten Verbum I Sam. 2, 16 קַטֵּר יְקַטִּרוּן הַחֵלֶב. — II. Mit Beziehung auf den ungesetzlichen und abgöttischen Kult. 1. In Rauch aufgehen lassen, Opfer verbrennen. a) לְ der Gottheit. α) Allein: לֵאלֹהִים אֲחֵרִים II Reg. 22, 17; Jer. 1, 16; 44, 3. 5. 15; II Chr. 28, 25; 34, 25 (Q°re; dagegen K°th. וַיַּקְטִירוּ); לַבַּעַל II Reg. 23, 5 (Part.; ausser Baal sind Sonne, Mond, die Tierkreisbilder und das ganze Heer des Himmels genannt); Jer. 7, 9; 11, 13. 17; לַבַּעַל הַמְקַטְּרִים 44, 17. 18. 19 (Part.). 25; לַבֹּשֶׁת 18, 13; לְהַבְלֵי־שָׁוְא Hos. 11, 2 (parall. לָהֶם) לְחֶרְמוֹ Hab. 1, 16 (derselbe Parall.); die Präposition mit dem bezüglichen Suffix: II Reg. 18, 4 dem יְקַטְּרוּן; Jer. 11, 12 (Part.); II Chr. 25, 14 den אֱלֹהִים. β) Dazu בְּ des Ortes: Jer. 19, 4 בִּי näml. הַמָּקוֹם הַזֶּה; 44, 8 בְּאֶרֶץ־מִצְרַיִם, an beiden Stellen לֵאלֹהִים אֲחֵרִים. γ) עַל des Ortes: 19, 13 בְּכֹל גַּגּוֹת הַשָּׁמַיִם; 32, 29 לַבַּעַל, an beiden Stellen עַל־גַּגּוֹתֵיהֶם.

b) Mit sachlichem Akkusativ: 44, 21 הַקִּטֵּר אֲשֶׁר. — c) בְּ des Ortes: II Reg. 17, 11 שָׁם בְּכָל־בָּמוֹת; 23, 5 בַּבָּמוֹת. — d) עַל des Ortes: Jes. 65, 3 (Part.) עַל־הַלְּבֵנִים. 7 עַל־הֶהָרִים; Hos. 4, 13 עַל־הֶהָרִים. — e) Absolut: II Reg. 23, 8; Jer. 44, 23. — 2. Räucherwerk anzünden, also lediglich Verbrennen aromatischer Substanzen, in der ständigen Formel מְקַטְּרִים בַּבָּמוֹת I Reg. 22, 44; II Reg. 12, 4; 14, 4; 15, 4. 35; oder die Verba finita in dieser Verbindung 16, 4; II Chr. 28, 4; das substantivierte Particip 30, 14. — **Hiph'il** I. Mit Bezug auf den legitimen Jahwekultus. 1. In Opferrauch verwandeln, aufgehen lassen die Opferstücke im Feuer des Altares. a) Akkusativ der Sache. α) Allein: Lev. 8, 20 אֶת־הָרֹאשׁ וְאֶת־הַנְּתָחִים וְאֶת־הַפָּדֶר; I Sam. 2, 15 קֹדֶם

הַחֵלֶב בְּיוֹם יַקְטִירֶנּוּ: II Reg. 16, 13 וְהִקְטַרְתִּי־אֶת־חֶלְבְּךָ־אֶת־; Jer. 33, 18 (Part.) מִנְחָה 'כ. β) Dazu לְ der Gottheit: Ex. 30, 20 אִשֶּׁה לַיי. γ) Die Zweckbestimmung לְרֵיחַ נִיחֹחַ לַיי, Lev. 17, 6 הַחֵלֶב. — b) Zwei Akkusative mit verschiedenen näheren Bestimmungen. α) In Rauch aufgehen lassen als אִשֶּׁה לַיי, Lev. 2, 11 מִמֶּנּוּ, etwas davon; V. 16 אֶת־אַזְכָּרָתָהּ. β) Num. 18, 17 לְ': לְרֵיחַ אִשֶּׁה.. אֶת־חֶלְבָּם. — c) Auf dem Altare etwas in Rauch aufgehen lassen. α) הַמִּזְבֵּחָה. α') Ein sachlicher Akkusativ: Ex. 29, 18 אֶת־כָּל־הָאַיִל; Lev. 1, 17 אֹתוֹ, das Geflügel-Brandopfer; 4, 26 יַקְטִיר הַמִּזְבֵּחָה; 7, 31 הַמִּזְבֵּחָה; 8, 21 אֶת־כָּל־הָאַיִל; 9, 10 הַמִּזְבֵּחָה. 20 הַחֲלָבִים; 16, 25 אֶת חֵלֶב הַחַטָּאת; derselbe ist aus dem Kontexte zu ergänzen Ex. 29, 13; Lev. 1, 13. 15; 4, 19; 8, 16; Num. 5, 26. β') Dazu כָּל des Ortes: Lev. 4, 35; 5, 12 עַל אִשֵּׁי יי; 8, 28; 9, 14 כָּל־הָעֹלָה. γ') Mehrere nähere Bestimmungen: Ex. 29, 25 כָל־הַגְּזֵלָה לְרֵיחַ נִיחֹחַ לִפְנֵי יי; Lev. 4, 31 לְ': לְרֵיחַ. δ') Zwei Akkusative mit mehren näheren Bestimmungen. Etwas darbringen als אִשֶּׁה לַיי 7, 5; אִשֶּׁה רֵיחַ־נִיחֹחַ לַיי 3, 11; לֶחֶם אִשֶּׁה לְרֵיחַ נִיחֹחַ 3, 16; לֶחֶם אִשֶּׁה 1, 9; 2, 2. 9; 3, 5. β) הַמִּזְבֵּחָה: Lev. 6, 8 לַיי 'אַזְכָּרָתָהּ ': רֵיחַ. — γ) עַל־הַמִּזְבֵּחַ: 9, 13. 17, an beiden Stellen ist der sachliche Akkusativ zu ergänzen; 4, 10 כַּאֲשֶׁר יוּרָם; 6, 5 עֹלָה הַחֵלֶב הַשְּׁלָמִים; II Reg. 16, 15 כֹּל הַמִּזְבֵּחַ הַגָּדוֹל. — 'd) Bloss כָּל des Ortes: II Chr. 32, 12 מִזְבֵּחַ, näml. מִזְבֵּחַ אֶחָד. — 2. Als Rauchopfer verbrennen, räuchern. a) Akkusativ der Sache. α) Allein: Ex. 30, 7. 8, an beiden Stellen קְטֹרֶת, näml. קְטֹרֶת סַמִּים bzhw. תָּמִיד 'פ; sonst der blosse Akkusativ קְ' I Sam. 2, 28; II Chr. 29, 7. β) סַמִּים 'קְ': עַל Ex. 30, 7; 40, 27. — γ) קְטֹרֶת לִפְנֵי יי Num. 17, 5; לִפְנֵי קָדְשֵׁי II Chr. 2, 3. — b) Bloss לַיי Gottes, abgesehen von dem völlig verstümmelten Vers I Reg. 9, 25, noch I Chr. 23, 13; II Chr. 2, 5. — c) לְ Gottes: 26, 18. — d) כָּל des Ortes: 26, 16 עַל־מִזְבַּח הַקְּטֹרֶת. — e) Absolut: 26, 18. 19; 29, 11 (Part.). — 3. In beiden Bedeutungen zugleich: I Chr. 6, 34 (Part.) מַקְטִירִים עַל־מִזְבַּח הָעֹלָה וְעַל־; II Chr. 13, 11 (Part.) וּקְטֹרֶת־סַמִּים.. לְרֵיחַ לַיי. — II. Mit Bezug auf ungesetzlichen und götzendienerischen Kult. 1. Räuchern im weiteren Sinne, vom Verbrennen der verschiedenen Opferarten. a) לְ Gottes: Jer. 48, 35 (Part.) לַאֱלֹהָיו; Hos. 2, 15 לָהֶם näml. הַבְּעָלִים. — b) כָּל des Ortes: I Reg. 13, 2 (Part.). — c) בְּ des Ortes: II Chr. 28, 3. — d) Absolut: I Reg. 12, 33; 13, 1. — 2. Rauchopfer darbringen. a) לְ Gottes: I Reg. 11, 8 מַקְטִירוֹת וּמְזַבְּחוֹת לֵאלֹהֵיהֶן. — b) בְּ des Ortes: 3, 3 בַּבָּמוֹת הִיא מִזְבַּח יְקַטֵּר. — **Hoph'al** in Rauch verwandelt, verbrannt werden: Lev. 6, 15 כָּלִיל תָּקְטָר; Mal. 1, 11 מֻקְטָר Rauchopfer.

Ausserhalb des theologischen Sprachgebrauches: Pu'al in der Aussage über die Braut Cant. 3, 6 מְקֻטֶּרֶת מֹר וּלְבוֹנָה.

XV. Pi'el — Hiph'il — Hithpa'el.

חִטֵּא von חָטָא Pi'el 1. Im kultischen Sprachgebrauche. a) Entsündigen. α) Personen: Akkusativ des durch einen Toten unrein Gewordenen: Num. 19, 19 וְחִטְּאוֹ בַּיּוֹם הַשְּׁבִיעִי.   β) Gegenstände. α') Akkusativ: Lev. 8, 15; Ez. 43, 22 אֶת־הַמִּזְבֵּחַ. V. 20 אוֹתוֹ, nämlich den Altar; Lev. 14, 49 אֶת־הַבַּיִת; Ez. 45, 18 אֶת־הַמִּקְדָּשׁ.   β') Dazu noch ב des Mittels: Lev. 14, 52 וְחִטֵּא אֶת־הַבַּיִת בְּדַם הַצִּפּוֹר; Ez. 43, 22, wo zu ergänzen באשר חטאו בפר der Akkusativ „Altar" zu ergänzen ist.   γ') עַל des zu entsündigenden Gegenstandes: Ex. 29, 36 עַל־הַמִּזְבֵּחַ.   δ') Absolut: Ez. 43, 23. — b) Die Ceremonie des Besprengens selbst, die das Entsündigen zur Folge hat: II Chr. 29, 24 וַיַּחַטְּאוּ אֶת־דָּמָם הַמִּזְבֵּחָה. — 2. Von sittlichem Fehl entsündigen, im Gebete unter Anwendung des Bildes der rituellen Entsündigung Ps. 51, 9 תְּחַטְּאֵנִי בְאֵזוֹב. — **Hiph'il** Sünde, Verschuldung bereiten, was Straffälligkeit in sich schliesst. Das Verbot, dass der Mann die von ihm Entlassene wieder annehme, wird begründet Deut. 24, 4 וְלֹא תַחֲטִיא אֶת־הָאָרֶץ; der Mund des Gelobenden bringt durch Übereilung Sünde Eccl. 5, 5 אֶת־בְּשָׂרֶךָ. Ob mit Delitzsch hieher zu ziehen sei Jes. 29, 21, insofern wir מַחֲטִיאֵי אָדָם בְּדָבָר erklären um eines Wortes willen zum חֹטֵא machen, d. h. ihn dafür erklären, ist mindestens zweifelhaft. — **Hithpa'el** nur im levitischen Sinne. 1. Reflexiv. a) Sich entsündigen. α) ב des Mittels: von dem durch Todesgemeinschaft Unreinen Num. 19, 12.   β) Absolut: von den zu weihenden Leviten 8, 21; von durch Leichen Verunreinigten 19, 12. 13. 20; 31, 19. — b) Für sich entsündigen, mit Akkusativ der durch Todesgemeinschaft verunreinigten Sache 31, 20. — 2. Entsündiget werden: 31, 23 יִתְחַטָּא.

Die sinnliche Grundbedeutung im Hebr. noch erhalten; der Stamm bedeutet „fehlgehen" im natürlichen Sinne.

D. In vier Konjugationen.

1. Kal — Niph'al — Pi'el — Pu'al.

גָּנַב von einem vorauszusetzenden גֶּנֶב (جَنَبَ). **Kal** von sündhafter Aneignung fremden Eigentumes, stehlen. a) Sachlicher Akkusativ. Den Teraphim Gen. 31, 19. 30. 32; ein Rind oder Schaf Ex. 21, 37; die Gebeine Sauls II Sam. 21, 12; das Genügen Ob. 5. — b) Persönlicher Akkusativ: Ex. 21, 16 (Part.) גנב איש; Deut. 24, 7 (Part.) גנב נפש. — c) Absolut: Ex. 20, 15; Lev. 19, 11; Deut. 5, 17; Jos. 7, 11; Hos. 4, 2; Prov. 6, 30; 30, 9; das aktive Particip Sach. 5, 3; das passive Gen. 30, 33; 31, 39 (bis); Prov. 9, 17. — **Niph'al** gestohlen werden, ein Stück Vieh: Ex. 22, 11 יגנב מבית האיש. — **Pi'el** stehlen, von den Propheten: Jer. 23, 30 מגנבי דברי איש מאת רעהו. — **Pu'al** gestohlen werden. a) Von Dingen, Geld: Ex. 22, 6. — b) Geraubt werden, von Personen: Gen. 40, 15 גנב גנבתי מארץ העברים.

Ausserhalb des theologischen Sprachgebrauches: **Kal** 1. Auf die Seite schaffen, mit dem Nebenbegriff des Heimlichen und Eiligen. a) Eine Person entführen: II Sam. 19, 42; heimlich wegschaffen: II Reg. 11, 2; II Chr. 22, 11; eilig fortraffen: Hi. 27, 20. — b) Ein Ding: 21, 18 גנבתו סופה. — 2. Im übertragenen Sinne, überlisten: Gen. 31, 20. 26 גנב את־לב; V. 27 גנבת אתי. — **Pi'el** überlisten: II Sam. 15, 6 ויגנב אבשלום את־לב. — **Pu'al** heimlich wohin gebracht werden: Hi. 4, 12 אלי דבר יגנב. — **Hithpa'el** sich seitwärts drücken: II Sam. 19, 4.

Als älteste Konjugation kann wohl Kal bezeichnet werden. Dass ein Zusammenhang mit syr. גנב und dem oben angeführten arab. Nomen besteht, zeigt deutlich noch der aussertheolog. Sprachgebrauch.

פתה von פתה **Kal** sich bethören lassen. Subjekt ist לב Deut. 11, 16; לב Hi. 31, 27, an beiden Stellen mit Bezugnahme auf die Albernheit des Götzendienstes; dagegen das Particip 5, 2 (parall. אויל) von dem überhaupt sittlicher Verirrung Zugänglichen. Ob Prov. 20, 19 פתה שפתיו der in Bezug auf seine Lippen Thörichte = thörichter Schwätzer, oder der seine Lippen öffnet (Kautzsch: „Plaudermaul"), ist streitig. — **Niph'al** sich zum פ machen, sich bethören lassen. Der Prophet lässt sich bethören durch Jahwe Jer. 20, 7; mit stärkerem Hervortreten der ethischen Seite des Begriffes ausgesagt vom Herzen Hi. 31, 9 נפתה לבי על־אשה. — **Pi'el** 1. Bethören. a) Gott ist mittelbar oder unmittelbar Subjekt. α) Akkusativ der Person, welche auf Veranlassung Gottes bethört wird zu einer Verderben bringenden Handlung I Reg. 22, 20. 21; II Chr. 18, 19. 20; Jahwe selbst bethört den Propheten zu einem wirkungslosen Orakel Jer. 20, 7; Ez. 14, 9. β) Ohne Objekt: die auf Gottes Veranlassung unternommene Bethörung vollführen I Reg. 22, 22; II Chr. 18, 21. — b) Subjekt sind Menschen. Es folgt ב des Mittels: Ps. 78, 36 ויפתוהו בפיהם (parall. יכזבו־לו) von Israel, das seinem Gott die Reue nur äusserlich bekennt, ohne dass das Herz davon weiss; während hier die Handlung eine beabsichtigte, ist Prov. 24, 28 הפתית בשפתיו wohl nur an eine Bethörung durch unüberlegtes, eilfertiges Zeugnis zu denken. — 2. Verführen, Ex. 22, 15 איש בתולה; verlocken Prov. 1, 10 אם־יפתוך; der gewaltthätige Mann verlockt 16, 29 רעהו (parall. בדרך לא־טוב). Ob Hos. 2, 16 אנכי מפתיה von Jahwe, der Israel lockt, zu verstehen ist, möchte ich bezweifeln. Es müsste das sonst stets *sensu malo* gebrauchte Verbum s. *bono* genommen werden; daher Steiner מַרְעִיתָהּ vermutet, während Buhl*) die Konjektur מפתחה aufstellt. — **Pu'al** 1. Bethört werden, der Prophet, ein zu seinem Verderben auszunützendes Wort zu sprechen Jer. 20, 10; ferner Ez. 14, 9, dem Götzendiener Auskunft zu geben. — 2. Überredet, überzeugt werden, der Richter Prov. 25, 15; ob die Fassung *sensu bono*, ungewiss.

Ausserhalb des theologischen Sprachgebrauches: **Kal** nur Hos. 7, 11 יונה פתה, eine einfältige Taube. — **Pi'el** jemanden beschwatzen, vom Herauslocken eines Geheimnisses: Jud. 14, 15; 16, 5; II Sam. 3, 25.

Es wird angenommen werden können, dass bei der Denominierung vom Pi'el auszugehen sei. Die sinnliche Grundbedeutung „offen sein, öffnen" ist sicher. Selbst innerhalb des Hebr. zeigt dies noch wahrscheinlich Prov. 20, 19 und wohl auch 24, 28, wo Hiph. zu punktieren sein wird.

קבר von קֶבֶר **Kal** 1. Jemanden begraben. a) Akkusativ der Person allein: Gen. 23, 6. 11. 15; 35, 29; 50, 5. 6. 7. 14 *(bis)*; II Sam. 2, 4. 5; I Reg. 2, 31; 13, 29. 31; 14, 13. 18; II Reg. 9, 34. 35; 13, 20. 21; Ez. 39, 12; II Chr. 22, 9. — b) Dazu מלפני der Person, von jemandem hinweg: Gen. 23, 4. 8. — c) Der Ort, an dem man jemanden begräbt, beigefügt mit ב. α) Gen. 23, 6 בְּמִבְחַר קְבָרֵינוּ; 47, 30 בקברתם; Jud. 16, 31 בקבר א׳, mit beigefügter näherer Ortsbestimmung בין 'צ ובין א׳; II Sam. 2, 32 בקבר אביו; 4, 12 בקבר־אבנר; 21, 14 בקבר ק׳ אבי; I Reg. 13, 31 בקבר; II Reg. 23, 30 בקברתו; II Chr. 16, 14 בקברתיו; 24, 25 בקברות המלכים. β) בעיר דוד I Reg. 15, 8; II Chr. 9, 31; 13, 23; 24, 25; 27, 9. γ) Sonstige, mit ב eingeführte Ortsbestimmungen: Gen. 47, 29 במצרים; 50, 13 במערת שדה המכפלה; Deut. 34, 6 בגי בארץ מואב; Jos. 24, 30 בגבול נחלתו; 32 בשדה בחלקת. 33 בגבעת פ׳; Jud. 2, 9 בגבול נחלתו; I Sam. 25, 1 בביתו ברמה; 28, 3 ברמה ובעירו; II Sam. 3, 32 בחברון; I Reg. 22, 37;

*) Z.A.W. V. 179 ff.

II Reg. 10, 35; 13, 9 בששרם; II Chr. 28, 27 בעיר בירושלם; 32, 33 במשכבו קברו בנדיד. — d) Der Ort beigefügt mit אל: Gen. 23, 19 אל־מערת השדה המכפלה; 25, 9 אל־מערת המכפלה; Ez. 39, 15 אל־גיא המון. — e) Mit תחת des Ortes: I Sam. 31, 13 תחת־האשל; I Chr. 10, 12 תחת האלה. — f) Mit שמה Gen. 23, 13; 49, 31 (ter); 50, 5; mit עם Gen. 48, 7; Num. 11, 34; Ez. 39, 11. — g) Zum Akkusativ der Person בּ der Zeit: Deut. 21, 23 ביום ההוא קברנו קבר. — 2. Jemanden bei den Vätern begraben. a) עם־אבתיו את II Reg. 9, 28; 12, 22; 15, 7, stets mit der Ortsbestimmung בעיר דוד; II Chr. 25, 28 בעיר יהודה; 26, 23 בשדה הקבורה; 24, 16 עם־המלכים בעיר־דויד. — b) אל־אבתי אל־תמערת Gen. 49, 29. — 3. An einem Orte begraben werden, bloss בּ desselben: I Reg. 13, 31 קבר בי, das Suffix bezieht sich auf קבר: Jer. 7, 32; 19, 11 בתפת. — 4. Absolut: Jer. 19, 11; Ez. 39, 13; קבר אין II Reg. 9, 10; Ps. 79, 3; das passive Particip Eccl. 8, 10. — **Niph'al** begraben werden. 1. Mit einem inneren Akkusativ: Jer. 22, 19 קבורת חמור. — 2. Bei seinen Vätern. a) עם־אבתיו בעיר דוד I Reg. 14, 31; 15, 24; 22, 51; II Reg. 8, 24; 14, 20; 15, 38; 16, 20; II Chr. 21, 1. — b) בששרים עם מלכי ישראל II Reg. 13, 13; 14, 16. — 3. An einem Orte begraben werden. a) Mit בּ. (α) קבר אבי Jud. 8, 32; II Sam. 17, 23. — β) Anderweitige Ortsangaben: Gen. 35, 19 בדרך אפרתה; Jud. 10, 2 בשמיר; 5 בקמון; 12, 7 בערי גלעד. 10 בבית לחם. 12 באילון בארץ זבולן. 15 בפרעתון; I Reg. 2, 10; II Chr. 12, 16 בעיר דוד; I Reg. 2, 34 בביתו במדבר; 16, 6 בתרצה. 28 בשמרון; II Reg. 21, 18 בגן־ביתו. — b) תחת des Ortes: Gen. 35, 8 תחת האלון, mit näherer Ortsbezeichnung מתחת לבית־אל. — c) עם Num. 20, 1; Deut. 10, 6; Ruth 1, 17. — 4. Mit Angabe eines Umstandes. a) Der Zeit: Gen. 15, 15 בשיבה טובה. — b) Der Ursache: Hi. 27, 15 במות. — 5. Absolut, nicht begraben werden: Jer. 8, 2; 16, 4. 6; 25, 33. — **Pi'el** begraben. 1. Akkusativ der Person: Num. 33, 4 (Part.) מקברים; I Reg. 11, 15 את־החללים; Hos. 9, 6 מף תקברם; Ez. 39, 14 (Part.) את־העברים. — 2. Das Particip = Totengräber: Jer. 14, 16; Ez. 39, 15. — **Pu'al** begraben werden: שמה Gen. 25, 10.

Ein gemein semitisches Denominativ, das zunächst im Kal den ältesten und häufigsten Sprachgebrauch zeigt. Die sinnliche Grundbedeutung wohl „graben".

II. Kal — Niph'al — Pi'el — Hiph'il.

כזב von כָּזָב. **Kal** lügen, nur das Particip Ps. 116, 11 כל־האדם כזב. — **Niph'al** als einer erfunden werden, der eine Lüge begeht, nur Prov. 30, 6 von dem, der dem Worte Gottes etwas zusetzt. —

Pi'el eine Lüge begehen. 1. Von Gott ausgesagt. a) ל der Person. In dem Schwure, dem eigenen Worte nicht untreu werden zu wollen: Ps. 89, 36 אם־לדוד אכזב. — b) Absolut: Num. 23, 19 לא איש אל ויכזב. — 2. Von Menschen. a) ל der Person, jemandem vorlügen. α) Allein: Ez. 13, 19 בכזב לעמי. β) Dazu ב des Mittels: Ps. 78, 36 ובלשונם יכזבו־לו. — b) ב der Person: II Reg. 4, 16 אל־תכזב בשפחתך. — c) בפני, jemandem ins Gesicht hinein lügen: Hi. 6, 28. — d) Bloss mit sachlichem Akkusativ: Mi. 2, 11 כזב אשקר*). — e) Absolut: Jes. 57, 11; Prov. 14, 5; Hi. 34, 6**). — 3. Von Dingen = trügen. Die göttliche Offenbarung Hab. 2, 3 ולא יכזב. — **Hiph'il** als einen erklären, der Lügen begeht; Akkusativ der Person: Hi. 24, 25.

Ausserhalb des theologischen Sprachgebrauches: **Niph'al** getäuscht werden in der Hoffnung: Hi. 41, 1 הן־תחלתו נכזבה. — **Pi'el** täuschen; das Wasser die Erwartung des Wanderers: Jes. 58, 11.

Nicht nur am häufigsten, sondern auch in zweifellos älteren Stellen als die anderen Konjugationen, kommt Pi'el vor. Welches sinnliche Etymon diesem auch im Arab. und Aram. (Peal selten, dagegen Pa. häufig) einheimischen Denominativ zu Grunde liege, kann aus dem vorliegenden Sprachgebrauch nicht mehr entnommen werden.

נחת von נחת: **Kal** 1. Herniederfahren, Terminus für das Hereinbrechen eines göttlichen Strafgerichtes. Juda, in freventlichem Glauben, gegen jede Gefahr gesichert zu sein, spricht Jer. 21, 13 מי־יחת עלינו; von Gottes strafender Hand Ps. 38, 3 ותנחת עלי ידך. — 2. Mit dem blossen Akkusativ שאול Hi. 21, 13 vom Hinabsteigen in die Scheol. — 3. Eindruck machen, eig. eindringen in jemanden, infolgedessen Nutzen in sittlicher Beziehung bringen Prov. 17, 10 תחת גערה. — **Niph'al** sich herablassen, herniederfahren, von Gottes Zornespfeilen, die herniederfahren Ps. 38, 3 נחתו. — **Pi'el** niederschwemmen durch Regen, mit dem Akkusativ תמגגנה Ps. 65, 11, von Gott ausgesagt bei übrigens unsicherem Texte. — **Hiph'il** herniederfahren lassen: Jo. 4, 11 הנחת ײ גבוריך***).

Ausserhalb des theologischen Sprachgebrauches: **Pi'el** niederdrücken den Bogen: II Sam. 22, 35; Ps. 18, 35.

---

*) Der Syrer las jedoch שקר וכזב; vgl. Ryssel, Untersuchungen über die Textgestalt und die Echtheit des B. Micha, 57 ff.
**) Dagegen Hoffmann: „Mein Recht sollte ich Lügen strafen?"
***) Zu der hier gebrauchten Form vgl. Holzinger Z.A.W. IX, 96.

Das dem Aramäischen entlehnte, ausschliesslich poetischem Sprachgebrauch eigene Verbum, das durch alle Konjugationen als späthebräisch sich ausweist, geht durch Vermittlung des Nomens מְאֵרָה auf das originale Verbum ארר zurück.

III. Kal — Niph‘al — Pi‘el — Hoph‘al.

אָרַר — **Kal** verfluchen. 1. Mit Bezug auf Lebewesen. a) Akkusativ der Person. α) Allein: Gen. 12, 3 אָאֹר מְקַלֶּלְךָ (Gegs. וַאֲבָרְכָה); Ex. 22, 27 לֹא תָאֹר בְּעַמְּךָ נָשִׂיא; Num. 22, 6 אָרוּר יֻאָר וַאֲשֶׁר תְּאָרֵר. 12 לֹא תָאֹר אֶת־הָעָם; Jud. 5, 23 אֹרוּ יֹשְׁבֶיהָ ... אֹרוּ מֵרוֹז. β) Dazu ein *dativus commodi*: אָרָה־לִּי Num. 22, 6 הִנֵּה אֲרָרְתִּים; 23, 7 לְכָה יַעֲקֹב. — b) Das aktive Particip: אֹרְרֶיךָ Gen. 27, 29; Num. 24, 9 (Gegs. מְבָרְכֶיךָ). — c) Das passive Particip: α) ~ לִפְנֵי Jos. 6, 26 אָרוּר; I Sam. 26, 19 אֲרוּרִים. β) Absolut: Gen. 3, 14; 4, 11; 9, 25; 27, 29; Num. 24, 9; Deut. 27, 15—26; 28, 16. 18. 19; Jud. 21, 18; I Sam. 14, 24. 28; Jer. 11, 3; 17, 5; 20, 15; 48, 10 (bis); Mal. 1, 14 אָרוּר; II Reg. 9, 34 הָאֲרוּרָה; Jos. 9, 23; Ps. 119, 21 אֲרוּרִים. — 2. Mit Bezug auf Lebloses. a) Akkusativ des Objektes: Mal. 2, 2 אֲרוֹתִי עַד בִּרְכוֹתֵיכֶם אֵרוֹתִיהָ*). — b) Das aktive Particip: Hi. 3, 8 אֹרְרֵי־יוֹם. — c) Das passive Particip: אֲרוּרָה Gen. 49, 7 אָף; Deut. 28, 17 אָרוּר טַנְאֲךָ; Jer. 20, 14 יוֹם (parall. אֲלֶיהָ־בִרְכַּת; אֲרוּרָה); Gen. 3, 17 הָאֲדָמָה. — **Niph‘al** nur das Particip: Mal. 3, 9 נֵאָרִים. — **Pi‘el** 1. Verfluchen: Gen. 5, 29 מִן־הָאֲדָמָה אֲשֶׁר אֵרְרָהּ יי. — 2. Fluch bringen: Num. 5, 18. 19. 22. 24. 27 הַמַּיִם הַמְאָרְרִים. — **Hoph‘al** verflucht werden: Num. 22, 6.

Kal hat den ältesten Sprachgebrauch für sich; dazu wird wohl auch die unter Hophal registrierte Form יֻאָר gerechnet werden müssen**). Die Etymologie ist dunkel. Dass es, wie Delitzsch meint, ein Schallwort wäre, ist nicht wahrscheinlich; אָרַר ist eine kultische Handlung. Darum dürfte wohl ein Zusammenhang mit Urim bestehen***).

IV. Kal — Niph‘al — Hiph‘il — Hithpa‘el.

מוּט von מוט **Kal** 1. Vom sittlichen Wanken: Prov. 25, 26 צַדִּיק מָט לִפְנֵי רָשָׁע. — 2. Im Bilde. a) Nicht wanken = festen Bestand haben: Jes. 54, 10 וּגְבָעוֹת תְּמוּטֶנָה לֹא תָמוּשׁ. — b) Die Naturrevolutionen

---

*) Die beiden letzten Worte sind vielleicht כִּי אָרוֹר (inf. abs.) zu lesen; Wellhausen, Skizzen und Vorarb. V. 197.

**) Böttcher, Ausführl. Lehrb. II. 104.

***) Schwally Z.A.W. XI, 172.

als Bild der stärksten Erschütterungen: das Wanken der Hügel Jes. 54, 10; der Berge Ps. 46, 3; Königreiche 46, 7; der Erde Jes. 24, 19; Ps. 60, 4. — c) Vom Umsturz des Glückes. α) Persönliches Subjekt: 55, 23 לָאָרֶץ מוּט לַצַּדִּיק. — β) Das Wanken des Fusses: Deut. 32, 35 רֶגֶל תָּמוּט; לְעֵת Ps. 38, 17 בְּמוֹט רַגְלִי; 94, 18 מָטָה רַגְלִי; 66, 9 רַגְלֵנוּ לַמּוֹט וְלֹא־נָתַן; 121, 3 רַגְלֶךָ לַמּוֹט אַל־יִתֵּן. — **Niph'al** 1. Wanken im sittlichen Sinne: Ps. 17, 5 בַּל־נָמוֹטוּ פְעָמָי. — 2. Im Bilde. a) Die Naturrevolutionen als Bild der stärksten Erschütterungen. α) Mit einer näheren Bestimmung: Ps. 104, 5 בַּל־תִּמּוֹט עוֹלָם וָעֶד. β) Absolut: 93, 1; 96, 10; I Chr. 16, 30 תִּמּוֹט בַּל תֵּבֵל; Ps. 82, 5 יִמּוֹטוּ כָּל־מוֹסְדֵי אָרֶץ; der Berg Zion 125, 1 לֹא יִמּוֹט. — b) Vom Umsturz des Glückes. α) ≈ des Mittels: 21, 8 וּבְחֶסֶד עֶלְיוֹן בַּל־יִמּוֹט. β) Sonst eine nähere Bestimmung: 30, 7 בַּל־אֶמּוֹט לְעוֹלָם; 112, 6 לְעוֹלָם לֹא־יִמּוֹט; Prov. 10, 30 צַדִּיק לְעוֹלָם בַּל־יִמּוֹט. — γ) Absolut: Ps. 10, 6; 13, 5; 16, 8; 46, 6; 62, 3. 7; Prov. 12, 3. — **Hiph'il** nur Ps. 55, 4 יָמִיטוּ עָלַי אָוֶן in der Beschreibung der Gottlosen. — **Hithpolel** nur Jes. 24, 19 הִתְמוֹטְטָה אָרֶץ.

Ausserhalb des theologischen Sprachgebrauches: **Kal** wanken, von der Hand, die zu schwach ist, sich zu halten: Lev. 25, 35 וּמָטָה יָדוֹ עִמָּךְ; mit persönlichem Subjekte, Prov. 24, 11 יְמוּטִים לַהֶרֶג. — **Niph'al** ins Wanken geraten, wackeln. Vom Götzenbilde Jes. 40, 20; 41, 7; in der Beschreibung des Krokodiles von den Wampen seines Leibes Hi. 41, 15.

Die Bedeutungsentwicklung des Stammes מוט bei Delitzsch, Proleg. 184, Anm.

V. Kal — Niph'al — Pi'el — Hithpa'el.

אָזַר von אָזַר **Kal** sich gürten, nur 1 Sam. 2, 4 וְנִכְשָׁלִים אָזְרוּ חָיִל. — **Niph'al** nur das Particip Ps. 65, 7 נֶאְזָר בִּגְבוּרָה von Gott ausgesagt. — **Pi'el** jemanden umgürten. 1. Von Jahwe ausgesagt. a) Jahwe stattet mit den notwendigen körperlichen Eigenschaften aus. α) Doppelter Akkusativ: Ps. 18, 33 הָאֵל הַמְאַזְּרֵנִי חָיִל. β) Dazu eine nähere Bestimmung, näml. חַיִל לַמִּלְחָמָה: II Sam. 22, 40 וַתְּאַזְּרֵנִי; Ps. 18, 40 וַתְּאַזְּרֵנִי. — b) Mit geistigen Eigenschaften und Gütern. α) Akkusativ der Person in der Anrede an Cyrus, der von Jahwe gegürtet, d. h. wohl mehr, als bloss zum Kampfe rüstig gemacht wird: Jes. 45, 5 אֲאַזֶּרְךָ וְלֹא יְדַעְתָּנִי. β) Doppelter Akkusativ: Ps. 30, 12 וַתְּאַזְּרֵנִי שִׂמְחָה. — 2. Von den Feinden Jahwes in der zweifelhaften Stelle Jes. 50, 11 מְאַזְּרֵי זִיקוֹת, wo wohl מְבַעֲרֵי der Pesch. richtige Lesart sein wird. — **Hithpa'el** sich gürten. 1. Von Jahwe: Ps. 93, 1 שׁ יהוה‎. — 2. Von der Zurüstung der gegen das Volk Gottes Anstürmenden: Jes. 8, 9 *(bis)*.

Ausserhalb des theologischen Sprachgebrauches: **Kal** begürten. a) Die Lenden: Jer. 1, 17 במתניך‎; Hi. 38, 3; 40, 7 חלציך‎. — b) Jemanden. Das Gewand: Hi. 30, 18 יאזרני‎. — c) Das passive Particip: II Reg. 1, 8.

Das Stammwort zu אזר‎ ist wohl nicht אזר‎, sondern זזר‎, und זר‎ die Bedeckung der Schamgegend. Vgl. de Lagarde, Übersicht 177.

VI. Kal — Pi'el — Pu'al — Hithpa'el.

טהר‎ von טהר‎ **Kal** rein sein oder werden. 1. Ritueller Ausdruck. a) Von Menschen gebraucht. α) Mit מן‎ des Flusses, von dem einer rein wird: Lev. 12, 7; 15, 13. 28.   β) Absolut: rein werden von der durch Ausfluss aus den Geschlechtsteilen bewirkten Unreinigkeit 12, 8; 15, 13. 28; die Nachkommen Aarons bezüglich Aussatz und Fluss 22, 4; von der durch Essen von Aas oder Zerrissenem bewirkten Unreinigkeit 17, 15; von der Unreinigkeit des Aussatzes 13, 6. 34; 14, 8. 9. 20; II Reg. 5, 10. 12. 13. 14; des Todes Num. 19, 12 *(bis).* 19; 31, 24; zusammenfassend von der durch alle Möglichkeiten bewirkten Unreinigkeit bezüglich der Nachkommen Aarons Lev. 22, 7. — b) Von Gegenständen, Gefässe 11, 32; ein aussätziges Kleid 13, 58; ein solches Haus 14, 53; die durch eine Leiche verunreinigten Geräte Num. 31, 23. — 2. Im sittlichen Sinne. a) Rein werden von Sündenschuld. α) Mit מן‎: Lev. 16, 30 מכל חטאתיכם לפני יהוה‎; Ez. 24, 13 מטמאתך‎; Prov. 20, 9 מחטאתי‎.   β) Absolut: Jer. 13, 27; Ez. 24, 13; 36, 25; Ps. 51, 9. — b) Rein sein, als rein gelten; vor Gott Hi. 4, 17 אם־מעשהו יטהר־גבר‎. — **Pi'el** 1. Im rituellen Gebrauche. a) Dem Reinigungsverfahren unterziehen, reinigen. α) Menschen. Den Aussätzigen Lev. 14, 7; die Leviten beim Einweihungsakte Num. 8, 6. 7. 15; das Volk Neh. 12, 30; der den kultischen Akt vollziehende Priester heisst Lev. 14, 11 הכהן המטהר‎.   β) Sachen. Den Altar Ez. 43, 26; das Land 39, 12. 14. 16; die Thore Neh. 12, 30; in der spez. Bedeutung „etwas Verunreinigtes wieder weihen", wie die Schatzkammer Neh. 13, 9; den Tempel II Chr. 29, 15. 16. 18. — b) Reinigend von etwas befreien. α) Mit מן‎: Juda und Jerusalem II Chr. 34, 3 מן־הבמות האשׁרים והפסלים והמסכות‎.   β) Nur Akkusativ: 34, 5 Juda und Jerusalem. 8 ולטהר את־הארץ ואת־הבית‎. — c) Für levitisch rein erklären. a) Personen: Lev. 13, 6. 13. 17. 23. 28. 34. 37.   β) Sachen: 13, 59; 14, 48. —

2. Reinigen von kultischer Schuld und Unreinheit. α) Mit מִן: Ez. 36,25 אֶתְכֶם מִכֹּל טֻמְאוֹתֵיכֶם וּמִכָּל גִּלּוּלֵיכֶם אֲטַהֵר אֶתְכֶם; 33 מִכֹּל עֲוֹנוֹתֵיהֶם; Neh. 13,30 וְטִהַרְתִּים מִכָּל נֵכָר. β) Bloss Akkusativ der Person: Lev. 16,30; Num. 8,21. — 3. Läutern im ethischen Sinne. a) Mit מִן: Jer. 33,8 וְטִהַרְתִּים מִכָּל עֲוֹנָם; Ps. 51,4 מֵחַטָּאתִי טַהֲרֵנִי. β) Bloss Akkusativ der Person: Ez. 24,13; 37,23; Mal. 3,3. — **Puʻal** kultisch gereinigt sein, vom Lande Ez. 22,24 (Part.)*). — **Hithpaʻel** 1. Im rituellen Sinne. a) Sich reinigen: Gen. 35,2; Num. 8,7; Esr. 6,20; Neh. 12,30; 13,22; II Chr. 30,18; von Vornahme der Lustrationen in Gartenkulten Jes. 66,17. — b) Sich reinigen lassen, Lev. 14,4.7. 8. 11. 14. 17. 18. 19. 25. 28. 29. 31. — 2. Sich von einer Schuld reinigen: Jos. 22,17 מִמֶּנּוּ, näml. der Verschuldung in betreff des Peor.

Ausserhalb des theologischen Sprachgebrauches: **Piʻel** etwas reinigen: Mal. 3,3 וְטִהַר אֹתָם; ein daherfahrender Wind reinigt den Ätherhimmel Hi. 37,21.

Über den sinnlichen Grundbegriff vgl. Ryssel, Die Synonyma des Wahren und Guten 43 f.

הָלַל von הָלֵל **Kal** ein Thor, ein Frevler sein: Ps. 75,5 אַל־תָּהֹלּוּ (parall. אַל־תָּרִימוּ קֶרֶן). — **Poʻel** zum Thoren machen, bethören. a) Subjekt ist Gott. In der Schilderung seines Waltens mit folgendem Akkusativ: Jes. 44,25 יְהוֹלֵל; Hi. 12,17 שֹׁפְטִים יְהוֹלֵל. — b) Eccl. 7,7 הָעֹשֶׁק יְהוֹלֵל חָכָם. — **Poʻal** eigentlich unsinnig gemacht: Ps. 102,9 מְהוֹלָלַי, die gegen mich rasen. — **Hithpoʻel** sich wie ein הֹלֵל gebärden. a) Beim hereinbrechenden Strafgericht Gottes die Völker Jer. 25,16 וְהִתְהֹלָלוּ מִפְּנֵי. — b) Prägnant: 50,38 בָּאֵימִים יִתְהֹלָלוּ, sinnlos trotzen sie auf die Götzen (Ges. H.W.B.¹²). — c) Absolut: 51,7.

Ausserhalb des theologischen Sprachgebrauches: **Poʻal** Eccl. 2,2 zum Lachen sprach ich מְהוֹלָל, es ist toll! — **Hithpoʻel** 1. Sich wahnsinnig stellen: von David 1 Sam. 21,14. — 2. Übertragen auf die dahinrasenden Wagen: Jer. 46,9; Nah. 2,5.

Das H.W.B. von Gesenius¹² nimmt für dieses Denominativ einen eigenen Stamm an, verschieden von הָלַל „leuchten" und הָלַל „jubeln". Ich glaube unseren obigen von diesem letzteren Stamme nicht trennen zu sollen. Wellhausen, Skizzen und Vorarb. III, 107 ff., hat gut nachgewiesen, dass das Tahlil auf einen Stamm הלל zurückgehe, dessen Grundbedeutung das „Durchbrechen, Losbrechen, Aus-

---

*) Wahrscheinlich doch ein Schreibfehler; vgl. Kautzsch, Textkr. Erl. z. St.

brechen" sei. Warum soll von dieser Grundbedeutung nicht auch הִלֵּל abgeleitet werden können?

VII. Kal — Pi‘el — Hiph‘il — Hoph‘al.

מוּת von מָוֶת ? **Kal** sterben. I. Der Tod ist die Folge einer Sünde oder Schuld, daher Strafe Gottes. 1. Mit Angabe der die Ursache des Todes darstellenden Schuld. a) Eingeführt mit בְּ: Lev. 15, 31 בטמאם; 22, 9 בו ימתו näml. הטא; Num. 27, 3; II Chr. 25, 4 בחטאו; Jer. 31, 30; Ez. 3, 18. 19; 18, 18; 33, 8. 9 בעונו; 18, 17 בעון אביו. 26 במעלו; 33, 13 בו. 18 בהם näml. בעול; 3, 20 בחטאתו; I Chr. 10, 13 במעלו; Ez. 18, 24 בם näml. בחטאתו .. במעלו. — b) Mit לְ: Gen. 20, 3 הנך מת על-האשה; Num. 17, 14 על-דבר-קרח; Ez. 18, 26 עליהם; II Chr. 25, 4 (bis) על-בנים bzhw. על-אבות. — 2. Mit Angabe des durch בְּ eingeführten Mittels, durch welches der Tod bewirkt wird: Ex. 16, 3 במתנו בידי יהוה; Num. 17, 14; 25, 9 המתים במגפה; Jos. 10, 11 באבני הברד; 20, 9 גאל הדם; Jer. 11, 21 בידנו. 22; 34, 4; Ez. 7, 15; Am. 7, 11; 9, 10 בחרב; Jer. 11, 22; Ez. 6, 12 ברעב; Jer. 44, 12 בחרב וברעב; 21, 6; Ez. 5, 12; 6, 12; 33, 27 בדבר; Jer. 21, 9; 27, 13; 38, 2; 42, 17. 22 בחרב ברעב ובדבר; Prov. 5, 23 באין מוסר; II Chr. 21, 19 בתחלאים רעים. — 3. Mit näherer Bestimmung des Ortes. a) לפני Gottes: Lev. 10, 2; Num. 3, 4 לפני יי; 14, 37 במגפה לפני יי; I Chr. 13, 10 לפני אלהים שם. — b) בְּ des Ortes: Ex. 11, 5 בארץ; Deut. 4, 22; Jer. 16, 6 בארץ הזאת בל-בכור; Deut. 32, 50 בהר; Ez. 17, 16 בתוך-בבל; Am. 2, 2 בשאון. — c) כן desselben: Deut. 2, 16 מקרב העם; II Sam. 24, 15 מדן ועד-באר שבע. — d) על desselben: Am. 7, 17 על-אדמה טמאה. — e) Mit שָׁם: Num. 14, 35; II Sam. 6, 7; Jer. 20, 6; 22, 12. 26; 42, 16; Ez. 12, 13 שמה Jes. 22, 18. — 4. Mit näherer Bestimmung der Zeit. a) Eingeführt mit בְּ: Num. 4, 19 בגשתם את-קדש הקדשים; 26, 61 בהקריבם אש זרה; I Sam. 2, 34 ביום אחד; Jer. 28, 17 בשנה ההיא; Ez. 24, 18 בערב. — b) Im Akkusativ: Jer. 28, 16 השנה אתה מת. — 5. Sonstige Zusätze. a) Deut. 34, 5 על-פי יי; II Reg. 1, 17 כדבר יי. — b) Eines Todes sterben: Jer. 16, 4 ממותי תחלאים ימתו. Ez. 28, 8 ממותי חלל בלב ימים. 10 מותי ערלים תמות ביד זרים. — c) Kinderlos sterben müssen: Lev. 20, 20 ערירים ימתו. — 6. Absolut. a) מות ימות, bzhw. zweite oder erste Person: Gen. 2, 17; 3, 4; 20, 7; Num. 26, 65; Jud. 13, 22; I Sam. 14, 39. 44; II Sam. 12, 14; II Reg. 1, 4. 6. 16; 8, 10; Jer. 26, 8; Ez. 3, 18; 33, 8. 14. — b) Verschiedene ständige Formeln bei Geboten bzhw. Verboten. α) יוּמָת Deut. 13, 11; 19, 12; 21, 21; I Reg. 1, 52; יוּמָתוּ Deut. 22, 21; וָמֵת Ex. 28, 43; Num. 4, 15. 20; Deut. 17, 5; 22, 21; יוּמְתוּ 5, 22. β) מֵת 17, 12; 18, 20; 22, 25;

24, 7: וַיִּגְוַע 22, 22.   γ) בְּגֹוַע Gen. 3, 3; Lev. 10, 7; בִּגְוַע Ex. 20, 19.   δ) יָמוּת וְלֹא 28, 35; Lev. 16, 2. 13; יָמוּת לֹא Ez. 33, 15; יָבֹא אֲבִיב Deut. 18, 16; יָמֻתוּ וְלֹא Ex. 30, 20. 21; Num. 17, 25; 18, 3; יָמוּתוּ וְלֹא Lev. 8, 35; 10, 6. 9; Num. 18, 32.   ε) לָמוּת Ex. 21, 14; Num. 18, 22; 35, 30. 31. —
c) Sonstiger absoluter Gebrauch: Gen. 7, 22; Ex. 9, 19; Lev. 16, 1; Num. 15, 36; 17, 28; 21, 6; 26, 11; Deut. 5, 22; Jos. 10, 11; Jud. 6, 23. 30; 9, 54. 55; I Sam. 2, 33; 4, 11. 17. 18. 19; 5, 12; 12, 19; 14, 43. 45 *(bis)*; 15, 35; 25, 38; II Sam. 12, 13; I Reg. 21, 10. 13. 14. 15; II Reg. 1, 17; Ez. 3, 20; 13, 19; 18, 4. 20. 28. 31; 33, 11; Hos. 13, 1; Am. 6, 9; Ps. 82, 7; Prov. 15, 10; II Chr. 13, 20. Das Particip Ex. 12, 33; II Reg. 20, 1; Jes. 38, 1. —
7. Von Tieren, die durch Gottes mächtiges Wort dahinsterben. a) ב des Mittels: Jes. 50, 2 בַּצָּמָא die Fische. — b) Absolut: Ex. 7, 18. 21; 8, 9; 9, 4. 6 *(bis)*. 7; übertragen vom Gewissenswurm Jes. 66, 24. — II. Sterben, insofern der Tod nicht unmittelbar unter dem Gesichtspunkt einer göttlichen Strafe, sondern vielmehr einer allerdings auch gottgeordneten Naturnotwendigkeit betrachtet wird. 1. Mit Angabe des Mittels, durch das jemand stirbt. a) Eingeführt mit ב: Num. 35, 17. 23 בָּהּ וַיָּמָת näml. בְּאֶבֶן יָד bzwh. אֶבֶן בְּכֶל 18 בִּכְלִי־יָדוֹ ב־אֲשֶׁר־יָמוּת; Jud. 15, 18 בַּצָּמָא; II Reg. 13, 14 בּוֹ יָמוּת אֲשֶׁר חָלְיוֹ; Prov. 10, 21 בַּחֲסַר־לֵב; II Chr. 32, 11 בְּרָעָב וּבְצָמָא. — b) Mit מִן: Jer. 38, 9 מִפְּנֵי הָרָעָב. — 2. Mit näherer Bestimmung des Ortes. a) Vor, in der Nähe, Gegenwart einer Person. α) Gen. 47, 15 נֶגְדֶּךָ וְלָמָּה נָמוּת.
β) 47, 19 לְעֵינֶיךָ נָמוּת לָמָּה.   γ) Num. 6, 9 עָלָיו מֵת יָמוּת בִּי־יָמוּת. — b) Mit ב des Ortes. α) Allein: Gen. 11, 32; 23, 2; 46, 12; Ex. 14, 11. 12; Num. 14, 2 *(bis)*; 19, 14; 20, 28; 21, 5; 26, 19; 27, 3; Deut. 20, 5. 6. 7; 32, 50; Jos. 5, 4; I Sam. 25, 37; II Sam. 4, 1; 11, 21; 19, 11; I Reg. 14, 11 *(bis)*; 16, 4 *(bis)*; 21, 24 *(bis)*; Ruth 1, 17 *(bis)*.   β) Dazu eine weitere Ortsbestimmung: II Sam. 19, 38 אָבִי וְאִמִּי קֶבֶר עִם בְּעִירִי. — c) Mit תַּחַת: Ex. 21, 20 יָדוֹ תַּחַת וּמֵת; II Sam. 2, 23 תַּחְתָּיו וַיָּמָת. — d) Mit עִם: Jud. 16, 30; I Sam. 31, 5; Eccl. 2, 16. — e) Mit מִן: Hi. 3, 11 לֹא מֵרֶחֶם אָמוּת. — f) Mit Ortsadverbium: שָׁם Num. 20, 1. 4. 26; 33, 38; Deut. 10, 6; 34, 5; Jud. 1, 7; II Sam. 10, 18; II Reg. 7, 4; 9, 27; 23, 34; Jer. 37, 20; 38, 26; פֹּה I Reg. 2, 30. — 3. Mit näherer Bestimmung der Zeit. a) Vor jemandem, früher als dieser sterben. α) Gen. 11, 28 תֶּרַח אָבִיו פְּנֵי עַל ה' וַיָּמָת.   β) I Chr. 24, 2 אֲבִיהֶם לִפְנֵי. — b) Die Zeitbestimmung eingeführt mit ב. So Gen. 25, 8; Jud. 8, 32; I Chr. 29, 28 בְּשֵׂיבָה טוֹבָה; Num. 33, 38; II Chr. 16, 13 'וגו בִּשְׁנַת; I Reg. 22, 35 בָּעֶרֶב; Hi. 36, 14 בַּנֹּעַר; Eccl. 7, 17 בְּלֹא עִתֶּךָ. — c) Mit לְ: II Chr. 18, 34 לְעֵת בֹּא הַשֶּׁמֶשׁ. — d) Im adverbiellen Akkusativ: Gen. 46, 30 הַפַּעַם;

I Reg. 3, 19 לָמוּת; Jes. 22, 13 מוּת; Hi. 34, 20 יָמֻתוּ; Eccl. 4, 2 שֶׁכְּבָר מֵתוּ. — 4. Sonstige Zusätze. a) Wegen jemandes sterben müssen: Gen. 26, 9 בְּגִלְלָהּ אֲמַרְתִּי. — b) Jemandem zu Leid sterben: 48, 7 עָלַי מֵתָה. — c) An jemandes Stelle sterben: Jos. 2, 14 לָמוּת תַּחְתֵּיכֶם נַפְשֵׁנוּ; II Sam. 19, 1 מִי־יִתֵּן מוּתִי אֲנִי תַחְתֶּיךָ. — d) Eines Todes sterben: Num. 16, 29 אִם כְּמוֹת כָּל־הָאָדָם יְמֻתוּן אֵלֶּה; 23, 10 תָּמֹת נַפְשִׁי מוֹת יְשָׁרִים; II Sam. 3, 33 הַכְּמוֹת נָבָל יָמוּת אַבְנֵר. — e) Sterbend der Grube verfallen: Jes. 51, 14 לַשַּׁחַת יָמוּת. — f) In dem und dem Zustande sterben: Jer. 34, 5 בְּשָׁלוֹם; Hi. 21, 23 בְּעֶצֶם תֻּמּוֹ. 25 מֵת בְּנֶפֶשׁ מָרָה. — g) Mit בְּ des Preises: II Sam. 3, 27 בְּדַם עֲשָׂהאֵל. — h) Wie Mücken dahinsterben: Jes. 51, 6 כְּמוֹ־כֵן יְמוּתוּן. — i) Kinderlos sterben: I Chr. 2, 30. 32 וַיָּמָת בְּלֹא בָנִים. — 5. Absolut. a) מוּת יָמוּת I Sam. 22, 16; I Reg. 2, 37. 42; Jer. 26, 5. 8: מוֹת תָּמוּת II Sam. 14, 14. — b) Das einfache Verbum. α) Das Perfekt: Gen. 19, 19; 35, 18; 42, 38; 44, 9. 20. 22. 31; 50, 15; Ex. 4, 19; 21, 12. 28; 22, 1; Deut. 19, 5. 11; 25, 5; Jos. 1, 2; 24, 33; Jud. 4, 1; 8, 33; I Sam. 17, 51; 25, 39; 26, 10; 28, 3; 31, 5. 7; II Sam. 1, 4. 5; 2, 7. 31; 4, 10; 11, 15. 21. 24. 26; 12, 18 *(bis).* 19 *(ter).* 21. 23; 13, 32. 33 *(bis).* 39; 18, 20; I Reg. 11, 1. 21; 14, 12; 17, 12; 21, 15. 16; II Reg. 4, 1; 7, 3. 4 *(bis)*: 11, 1; Ez. 11, 13; I Chr. 10, 5. 6. 7; II Chr. 22, 10.   β) Das Imperfektum: Gen. 27, 4; 38, 11; 42, 2. 20; 43, 8; 45, 28; 47, 19; Ex. 10, 28; 21, 18; Num. 19, 13; 27, 8; 35, 12. 17; Deut. 24, 3; 33, 6; I Sam. 20, 2. 14; II Sam. 18, 3; 19, 24; II Reg. 18, 32; Jes. 22, 11; 51, 12; 59, 5; 65, 20; Jer. 38, 10. 24; Hab. 1, 12; Sach. 11, 9; Ps. 41, 6; 49, 11; 118, 17; Prov. 23, 13; 30, 7; Hi. 4, 21; 14, 10; Eccl. 9, 5. וַיָּמָת Gen. 5, 5. 8. 11. 14. 17. 20. 27. 31; 9, 29; 25, 17; 35, 29; 36, 33–39; 50, 26; Ex. 1, 6; 2, 23; Num. 35, 16. 17. 20. 21. 23; Jos. 24, 29; Jud. 2, 8. 21; 3, 11; 4, 21; 6, 30; 8, 32; 9, 54; 10, 2. 5; 12, 7. 10. 12. 15; I Sam. 25, 1; 31, 6; II Sam. 1, 15; 2, 23; 10, 1; 11, 17; 12, 18; 14, 5; 17, 23; 20, 10; I Reg. 2, 25. 46; 12, 18; 16, 18. 22; 22, 37; II Reg. 4, 20; 7, 17. 20; 8, 15; 12, 22; 13, 20. 24; Hi. 42, 17; Ruth 1, 3; I Chr. 1, 44. 51; 10, 5. 6; 19, 1; 23, 22; II Chr. 10, 18; 24, 15. 25; 35, 24; יָמֻתוּ Gen. 35, 8. 19; 38, 12; Jud. 20, 5; I Chr. 2, 19; וַיָּמוּתוּ Jud. 9, 49; II Sam. 1, 4; 11, 24; Hi. 1, 19; Ruth 1, 5.   γ) Der Imperativ: Hi. 2, 9.   δ) Der Infinitiv. Einzelne Redensarten: Es geht zum Sterben, Gen. 47, 29; I Reg. 2, 1 לָמוּת אָנֹכִי הוֹלֵךְ; Deut. 31, 14 קָרְבוּ יָמֶיךָ לָמוּת; Gen. 25, 32 אָנֹכִי הוֹלֵךְ לָמוּת: zum Tode krank sein, II Reg. 20, 1; Jes. 38, 1 חָלָה .. לָמוּת; II Chr. 32, 24 חָלָה עַד־לָמוּת: sich den Tod wünschen, I Reg. 19, 4; Jon. 4, 8 וַיִּשְׁאַל אֶת־נַפְשׁוֹ לָמוּת: sonst noch Jud. 5, 18 חֵרֵף נַפְשׁוֹ לָמוּת; 16, 16 וַתִּקְצַר נַפְשׁוֹ לָמוּת: Eccl. 3, 2 עֵת לָמוּת. Mit Suffixen, I Sam. 4, 20 כְּמוּתָהּ; II Sam. 20, 3 בְּיוֹם מֻתָן. — c) Das

Particip. α) Als reines Particip: מֵת Gen. 48,21; 50,5.24; Jud. 3,25; 4,22; I Reg. 3,21; 14,17; II Reg. 4,32; Sach. 11,9: in der Bedeutung ein Sterbender Num. 6,9: ähnlich wohl auch Ez. 18,32: בֵּיתָהּ Gen. 30,1.   β) Als Adjektiv = tot. מֵת Ex. 14,30; Deut. 25,6; I Reg. 3,20.22 (bis).23 (bis); II Reg. 23,30; Eccl. 9,4; מֵתִים II Sam. 19,7; II Reg. 19,35; Jes. 37,36.   γ) Als Substantiv = Leiche, Toter. מֵת Gen. 23,3.4.6.8.11.13.15; Ex. 12,30; Num. 12,12; 19,11.13.16.18; Deut. 14,1; 25,5; 26,14; II Sam. 14,2; II Reg. 8,5; Jer. 16,7; 22,10; Ez. 44,25; Ps. 31,13; Ruth 4,5 (bis).10 (bis); נֶפֶשׁ מֵת Lev. 21,11; Num. 6,6; מֵתִים Num. 17,13; Deut. 18,11; Jud. 16,30; Jes. 8,19; 26,14.19; 59,10; Ez. 24,17; Ps. 88,6.11; 115,17; Ruth 1,8; 2,20; Eccl. 4,2; 9,3.5; מֵתֵי מִלְחָמָה Jes. 22,2; מֵתֵי עוֹלָם Ps. 143,3; Thr. 3,6. δ) הַמֵּתִים = die Götzen, Ps. 106,28. — 7. Vom Tiere ausgesagt. a) Absolut: Gen. 33,13; Ex. 21,35; 22,9.13; Lev. 11,39. — b) Das Particip. α) מֵת, das tote Tier, Ex. 21,34.35.36.   β) כֶּלֶב מֵת I Sam. 24,15; הַכֶּלֶב הַמֵּת II Sam. 9,8; 16,9. — 8. Vom Baume: Hi. 14,10 וּבְעָפָר יָמוּת גִּזְעוֹ. — 9. Im Bilde, vom Aussterben der Weisheit Hi. 12,2. — **Polel** den Tod geben oder bringen, töten. 1. Strafe der Schuld und Sünde: Ps. 34,22 תְּמוֹתֵת רָשָׁע רָעָה. — 2. Ausserhalb dieses Zusammenhanges. a) Akkusativ der Person. α) Allein: Jud. 9,54; II Sam. 1,9 וּמֹתְתֵנִי; I Sam. 17,51 וַיְמֹתְתֵהוּ; II Sam. 1,10 וַאֲמֹתְתֵהוּ; 16 מֵתַי אֲדֹנֶיךָ. β) Dazu eine nähere Bestimmung: Jer. 20,17 מֵרֶחֶם מוֹתְתִי. — b) Der persönl. Akkusativ ist zu ergänzen: I Sam. 14,13 מְמוֹתֵת אַחֲרָיו; Ps. 109,16 לְמוֹתֵת. — **Hiph'il** den Tod bringen, töten. I. Strafweise, wobei Jahwe häufig Subjekt ist. 1. Menschen. a) Akkusativ der Person. α) Allein: Gen. 38,7.10; Ex. 4,24; Lev. 20,4; Num. 14,15; 35,19; Deut. 13,10; 17,7; Jos. 10,26; 11,17; Jud. 13,23; I Sam. 2,25; 5,10.11; I Reg. 13,24; 17,18.20; 19,17 (bis); Jes. 65,15; Hos. 9,16; Prov. 19,18; I Chr. 2,3; 10,14.   β) Dazu בּ des Mittels: I Reg. 2,8 בֶּחָרֶב; Jes. 11,4 בְּרוּחַ שְׂפָתָיו; 14,30 בָּרָעָב; Hos. 2,5 בַצָּמָא.   γ) בּ des Ortes: Deut. 9,28.   δ) בּ des Preises: II Sam. 14,7 בְּנֶפֶשׁ אָחִיו.   ε) Andere nähere Bestimmungen: Gen. 18,25 עִם צַדִּיק רָשָׁע; Num. 35,19.21 der Blutrücher הוּא יְמִיתֶנּוּ בְּפִגְעוֹ; I Sam. 15,3 וַהֲמִתֶּם; I Reg. 13,26 וַיְמִיתֵהוּ כַּדָּבָר. — b) Absolut: Deut. 32,39 אֲנִי אָמִית וַאֲחַיֶּה; I Sam. 2,6 יְהוָה מֵמִית וּמְחַיֶּה; II Reg. 5,7; Hi. 9,23; endlich מֵמִית = Todesengel 33,22*). — 2. Andere Lebewesen: Ps. 105,29 הֵמִית דְּגָתָם, näml. Jahwe. — II. Ausser-

---

*) Vgl. dagegen Hoffmann z. St.

halb dieses Zusammenhanges mit Sünde und Schuld. 1. Menschen. a) Akkusativ der Person: Gen. 37, 18; 42, 37; Ex. 1, 16; 21, 29; Jud. 20, 13; I Sam. 11, 12; 17, 50; 19, 1. 2. 15. 17; 20, 8. 33; 22, 17; 28, 9; 30, 2; II Sam. 3, 37; 4, 7; 8, 2; 13, 28. 32; 14, 6. 32; 18, 15; 20, 19*); 21, 1. 17; I Reg. 2, 34; 11, 40; 18, 9; II Reg. 7, 4; 14, 6; 15, 10. 14. 25. 30; 16, 9; 17, 26; Jer. 26, 15 (Part.). 21. 24; 38, 16. 25; 41, 2. 4. 8; 43, 3; Ez. 13, 19; Ps. 37, 32; 59, 1; Prov. 21, 25; Hi. 5, 2; Esth. 4, 11; I Chr. 19, 18; II Chr. 22, 9. 11; 25, 4; יהוה לא ימיתו Jud. 15, 13; המית אלהים I Reg. 3, 26; המית לא ימיתהו 27; Jer. 26, 19 ההמת המיתהו; 38, 15 הלא המית תמיתני. β) Dazu ב des Mittels: בחרב Ex. 16, 3; בצמא 17, 3; בחרב I Reg. 1, 51; II Reg. 11, 15. 20; II Chr. 23, 21. γ) ב des Ortes: Num. 16, 13; II Sam. 3, 30; 21, 4; II Reg. 21, 23; 23, 29; 25, 21; Jer. 41, 8; 52, 27; II Chr. 33, 24. δ) Akkusativ des Ortes: II Chr. 23, 14 בית. ε) ב der Zeit: Jud. 16, 30 (bis); I Sam. 19, 11; 22, 18; I Reg. 2, 26; 15, 28; 16, 10. ζ) Sonstige nähere Bestimmungen: I Sam. 19, 5 חנם; II Reg. 14, 19; II Chr. 23, 15; 25, 27 שם. — 2. Andere Lebewesen: I Sam. 17, 35 den Löwen. — **Hoph'al** dem Tode preisgegeben werden. 1. Strafweise, wegen Sünde und Schuld. a) ב des Vergehens: Deut. 24, 16; II Reg. 14, 6 איש בחטאו. — b) על der Person: Deut. 24, 16 (bis); II Reg. 14, 6 (bis) nicht sollen mit dem Tode bestraft werden אבות על בנים und nicht die Söhne samt den Vätern. — c) ב des Ortes: II Sam. 19, 23. — d) לבדקמן וישראל II Chr. 15, 13. — e) Andere nähere Bestimmungen: על פי 'ע Deut. 17, 6 (bis); חרב את II Sam. 19, 22. — f) Absolut. α) מות יומת Ex. 19, 12; 21, 12. 15. 16. 17; 22, 18; 31, 14. 15; Lev. 20, 2. 9. 10—13. 15. 16. 27; 24, 16. 17; 27, 29; Num. 15, 35; 35, 16. 17. 21. 31; Jud. 21, 5; Ez. 18, 13. β) יומת Deut. 21, 22; יומתו bzhw. יומתו Ex. 21, 29; 35, 2; Lev. 19, 20; 24, 16. 21; Num. 1, 51; 3, 10. 38; 18, 7; Deut. 13, 6; Jos. 1, 18; Jud. 6, 31; Prov. 19, 16 (Keth). — 2. Ausserhalb dieses Zusammenhanges mit Schuld und Strafe. a) Mit persönlichem Akkusativ: Jer. 38, 4 ימת נא את האיש. — b) ב des Mittels: II Chr. 23, 14 בחרב. — c) ב der Zeit: I Sam. 11, 13; II Sam. 21, 9. — d) Adverbielle Bestimmungen: I Sam. 19, 11 מחר אתה מומת; I Reg. 2, 24 היום; II Reg. 11, 15 מת יומת 16 שם. — e) Absolut. α) מות יומת Gen. 26, 11. β) הומת II Reg. 11, 2; יומת I Sam. 19, 6; 20, 32; II Reg. 11, 8; II Chr. 23, 7; הומתו II Reg. 11, 2; המומתים II Chr. 22, 11.

Die Denominierung hat im Kal begonnen. In der schwierigen

*) Vgl. Thenius z. St.

Frage der Etymologie ist es wohl die überwiegende Ansicht, dass die Wurzel גדד vorliege, welcher, wie den verwandten גד und גדה, die sinnliche Bedeutung „dehnen, strecken" zukomme. Dem gegenüber kommt aber doch wohl in Betracht, was Wetzstein bei Delitzsch Psalmen⁴ über die Antiphrasis im Semitischen im allgemeinen und über גדל im speziellen S. 887 sagt.

VIII. Kal — Pi‘el — Hiph‘il — Hithpa‘el.

גָּדַל von גדל **Kal** 1. 'g sein. a) Jahwe. α) Von Jahwes Person im Sinne von mächtig sein: II Sam. 7,₂₂ על־כן ג׳ ה׳ אלהים כי־אין כמוך; Ps. 104,₁ ה׳ אלהי גדלת מאד; oder als gross erkannt und gepriesen, daher hoch gelobt sein, 35,₂₇; 40,₁₇ יגדל ה׳; 70,₅ יגדל אלהים. β) Der Name Jahwes == berühmt sein: II Sam. 7,₂₆; I Chr. 17,₂₄ ויגדל שמך עד־עולם לאמר. — γ) Seine Werke: Ps. 92,₆ מה־גדלו מעשיך ה׳. — b) Der messianische König: Mi. 5,₃ יגדל עד־אפסי־ארץ. — c) Schuld und Sünde: Thr. 4,₆ ויגדל עון בת־עמי מחטאת סדם; Esr. 9,₆ כי עונתינו רבו למעלה ראש ואשמתנו גדלה עד לשמים. — 2. Sich als 'g erweisen: Num. 14,₁₇ יגדל־נא כח אדני, die Kraft des Herrn aber erweist sich gross dadurch, dass er seinem Volke verzeiht und seinen Heilsplan der Verwirklichung zuführt. — 3. Sich überheben: Sach. 12,₇ ותפארת ישבי ירושלם על־יהודה. — **Pi‘el** 1. Subjekt ist Gott. a) 'g machen durch die That. α) Mit Akkusativ. α') Der Person. Gott macht den Josua 'g, verherrlichet ihn, indem er ihn als göttlichen Sendboten bekräftigen will, Jos. 3,₇ אחל גדלך בעיני כל־ישראל; an jenem Tage 4,₁₄ גדל ה׳ את־יהושע בעיני כל־ישראל; I Chr. 29,₂₅ ויגדל ה׳ את־שלמה למעלה לעיני כל־ישראל; II Chr. 1,₁ ויגדלהו למעלה. β') Der Sache: Gen. 12,₂ ואגדלה שמך; mit komparativem מן, I Reg. 1,₃₇.₄₇ ויגדל את־כסאו. γ) Mit ל der Sache: I Chr. 29,₁₂ לגדל ולחזק לכל. — b) Für 'g erachten: Hi. 7,₁₇ מה־אנוש כי תגדלנו. — 2. Subjekt ist der Mensch. 'g machen, kultischer Ausdruck für den Lobpreis Gottes. a) Akkusativ desselben: Ps. 69,₃₁ אגדלנו בתודה (parall. הלל). — b) Mit ל: 34,₁ ונרוממה שמו יחדו. — **Hiph‘il** 1. Subjekt ist Jahwe. a) Etwas 'g machen, in hohem Masse verleihen, geben. α) Ein Nomen im Akkusativ: I Sam. 12,₂₄ את־אשר־הגדל; II Sam. 22,₅₁; Ps. 18,₅₁ מגדיל ישועות מלכו (Keth.); Jes. 9,₂ הגדלת השמחה; 42,₂₁ יגדיל תורה; Ps. 138,₂ כי־הגדלת על־כל־שמך אמרתך. β) Ein Infinitiv mit ל, nur in der Verbindung הגדיל לעשות Jo. 2,₂₁; Ps. 126,₂.₃. — b) Etwas 'g machen d. h. in hohem Masse bethätigen, zeigen: Jes. 28,₂₉ הפליא עצה הגדיל תושיה „er hegt wunderbaren Plan, einen hohen Verstand" (Kautzsch). — 2. Subjekt sind Menschen. a) Etwas gross machen.

α) Auf sittlich gutes Thuen bezogen, mit dem Akk. חסרך Gen. 19, 19. — β) Auf sittlich verwerfliches Thuen. α') Ob. 12 אל־תגדל פיך ביום צרה, eine, den Übergang von der rein sinnlichen Anschauung darstellende Gebrauchsweise. β') לבשית 'ה Jo. 2, 20. γ') Bloss mit ב: Dan. 8, 25 בדי־בלבבו יגדיל. — b) Grossthuen, sittlich verwerfliche Bethätigung der Kraft, die sich versündiget. α) Die ursprüngliche, sinnliche Anschauung zeigt noch in der Rede Jahwes an Israel Ez. 35, 13 ותגדילו עלי בפיכם. β) Bloss על zur Bezeichnung der feindlichen Richtung: Jer. 48, 26. 42 עלי־; Zeph. 2, 10 על־עם; vom Grossthuen des Feindes wider den leidenden Gerechten Ps. 35, 26; 38, 17; 55, 13 עלי; der Freunde wider Hiob Hi. 19, 5 אם־אמנם עלי־תגדילו. γ) Absolut: Thr. 1, 9 איב הגדיל. — **Hithpaʻel** 1. Sich als 'ג erweisen, von Jahwe Ez. 38, 23 (parall. התקדש). — 2. Sich als 'ג hinstellen, in frevelhaftem Übermute sich benehmen: Dan. 11, 36 על־כל־אל. 37 על־כל.

Ausserhalb des theologischen Sprachgebrauches: **Kal** 1. Gross werden. a) Von Lebewesen. α) An Leiblichkeit = heranwachsen. Von Kindern: Gen. 21, 8. 20; 25, 27; 38, 11. 14; Ex. 2, 10. 11; Jud. 11, 2; 13, 24; I Sam. 2, 26; 3, 19; I Reg. 12, 8. 10; II Reg. 4, 18; Ez. 16, 7; Hi. 31, 18; Ruth 1, 13; II Chr. 10, 8. 10. Vom Tiere: II Sam. 12, 3. β) An Gütern = reich werden: Gen. 24, 35; 26, 13 *(ter)*; I Reg. 10, 23; Jer. 5, 27; Eccl. 2, 9; II Chr. 9, 22. γ) Allgemein mächtig werden: Gen. 48, 19; II Chr. 17, 12. — b) Mit dinglichem Subjekte: die Klage Gen. 19, 13; die Totenklage Sach. 12, 11; das Horn Dan. 8, 9. 10; der Schmerz Hi. 2, 13. — 2. Gross sein, in dignitativem Sinne: von Personen, Gen. 41, 40; von Dingen, I Sam. 26, 24. — **Piʻel** 1. Grossziehen jemanden oder etwas, mit folgendem Akkusativ. a) Kinder: II Reg. 10, 6 (Part.); Jes. 1, 2; 23, 4; 49, 21; 51, 18; Hos. 9, 12; Jünglinge: Dan. 1, 5. - - b) Pflanzen: Jes. 44, 14; Jon. 4, 10; Ez. 31, 4; das Haar: Num. 6, 5. — 2. Zu einem 'ג machen. a) Akkusativ der Person: Esth. 3, 1. — b) Mit doppeltem Akkusativ: Esth. 5, 11; 10, 2. — **Puʻal** gross, hoch gezogen, von Pflanzen: Ps. 144, 12 (Part.). — **Hiphʻil** 1. Gross machen: Ez. 24, 9 den Holzstoss; Am. 8, 5 das Gewicht; Eccl. 1, 6 die Weisheit; 2, 4 Bauwerke; I Chr. 22, 5 ein Haus. Ob I Sam. 20, 41 עד־דוד הגדיל die herkömmliche Deutung „bis David es (das Weinen) gross gemacht" zu halten ist, ist sehr zu bezweifeln. — 2. גדל, Grösse im natürlichen Sinne gewinnen, gross werden: Dan. 8, 4. 8. 11. — **Hithpaʻel** grossthuen, sich prahlen: Jes. 10, 15 die Säge wider (על) den, der sie zieht.

Die Priorität einer Konjugation lässt sich mit Sicherheit nicht behaupten.

Die sinnliche Grundbedeutung ist doch wohl „drehen": vgl. Fränkel, Die aram. Fremdwörter, 224. 229. 237.

צדק von צַדִּיק*) **Kal** 1. Von Personen ausgesagt. a) Ein 'צ sein: der Begriff des Rechthabens im juridischen Sinne durchdringt sich mit dem des Gerechtseins, Gerechtdastehens. α) Mit irgend einer näheren Bestimmung. In der Aussage über Gott Ps. 51, 6 למען תצדק בדברך (parall. תזכה בשפטך); über Menschen Hi. 25, 4, wie sollte der Mensch gerecht sein עם־אל. β) Absolut: 9, 15. 20; 13, 18; 15, 14 (parall. זכה); 40, 8. — b) Der Begriff der ethischen Rechtbeschaffenheit herrscht ausschliesslich. α) Das Verbum mit einem näheren Umstande: Die Nachkommen Israels Jes. 45, 25 בי׳ יצדקו; die Schwestern Ez. 16, 52, wo, wie aus צדקה ממך ersichtlich, von relativer Rechtbeschaffenheit die Rede ist; Ps. 143, 2, nicht ist gerecht לפניך כל־חי; mit komparativem מן: Hi. 4, 17 האנוש מאלוה יצדק. β) Absolut: Jes. 43, 26; Hi. 22, 3 (parall. כי־תתם דרכיך); 34, 5; 35, 7 (Gegens. V. 6 אכזב). — 2. Mit sachlichem Subjekte, als Denominativ von צדקה: Ps. 19, 10, die Entscheide Jahwes sind Wahrheit, צדקו יחדו, was, wie Kautzsch dargethan, eine Umsetzung des Nominalsatzes משפטי י״י צדקה ist. — **Pi'el** 1. Für einen 'צ d. h. einen solchen erklären, der mit seinen Behauptungen recht hat, der aber deshalb auch gerecht dasteht, so dass der juridische und der ethische Begriff vereint zum Ausdruck kommen: Hi. 33, 32 צדקך. — 2. Als 'צ im ausschliesslich ethischen Sinne darstellen: Jer. 3, 11, Israel stellt als gerecht dar נפשה יהודה בגדה; als im relativen Sinne 'צ stelltest du dar Ez. 16, 51 את־אחיתיך בכל־תועבתיך; du musst nun die Schmach tragen V. 52 בצדקתך אחיותך; weil Job sich Gott gegenüber als 'צ dünkt und darstellt, entbrannte der Zorn des Elihu Hi. 32, 2 על־צדקו נפשו מאלהים. — **Hiph'il** 1. Als einen 'צ erklären. a) Als einen solchen hinstellen, der das Recht auf seiner Seite hat, wobei das ethische Werturteil eingeschlossen ist. Subjekt ist Gott: I Reg. 8, 32 neben להרשיע רשע. — b) Durch diese Erklärung jemandem zum Rechte verhelfen; sittliche, gegenüber Armen und Unterdrückten zu befolgende Forderung Gottes: Ps. 82, 3 עני ורש הצדיקו (parall. שפטו־דל ורש). — c) Den Begriff des Rechtfertigens einschliessend: Jes. 50, 8 מצדיקי. — 2. Jemanden 'צ machen, ihm zu ethischer Rechtbeschaffen-

---

*) Vgl. Kautzsch, Über die Derivate des Stammes צדק. Tübingen 1881.

heit verhelfen: Jes. 53, 11, der Gerechte, mein Knecht, יַצְדִּיק לָרַבִּים, wird Gerechtigkeit schaffen den vielen; dagegen Dan. 12, 3 מַצְדִּיקֵי הָרַבִּים, ein Gerechtmachen durch Belehrung, Warnung, Beispiel. — **Hithpa'el** sich rechtfertigen Gen. 44, 16 in hauptsächlich juridischem, aber den ethischen einschliessendem Sinn.

Ausserhalb des theologischen Sprachgebrauches: **Kal** 'צ d. h. ein solcher sein, der das Recht auf seiner Seite hat. a) Bei juristischer Beurteilung von Thatsachen und Handlungen: Gen. 38, 26 צָדְקָה מִמֶּנִּי, sie ist mir gegenüber im Recht. — b) Recht haben mit einer Aussage oder Behauptung. *a*) Mit Präposition: Hi. 9, 2 כִּי־אֵל. β) Adverbieller Akkusativ: 33, 12 זֹאת לֹא־צָדַקְתָּ, hierin hast du nicht recht. γ) Absolut: Jes. 43, 9; Hi. 10, 15; 11, 2. — **Niph'al** nur Dan. 8, 14 וְנִצְדַּק קֹדֶשׁ, in den rechten Stand gesetzt werden. Vgl. Kautzsch a. a. O. 14 ff. — **Hiph'il** für einen 'צ erklären: a) Für einen solchen, der juristisch das Recht auf seiner Seite hat, mit dem Akkusativ der Person: Ex. 23, 7 לֹא אַצְדִּיק רָשָׁע; Deut. 25, 1 וְהִצְדִּיקוּ אֶת־הַצַּדִּיק; in Participialkonstruktion Jes. 5, 23 מַצְדִּיקֵי רָשָׁע; Prov. 17, 15 מַצְדִּיק רָשָׁע וּמַרְשִׁיעַ צַדִּיק. — b) Für einen solchen, der mit seiner Behauptung recht behält: Hi. 27, 5.

Das Resultat, das sich aus der Beobachtung des Sprachgebrauches ergibt, Kautzsch a. a. O. S. 15. ff. 53 ff. Betreffs des Etymons wird ebenda S. 53 ff. dargethan, dass nur die Berechtigung besteht, bei dem Begriffe des „Sichdeckens mit einer Norm" stehen zu bleiben. Trotzdem versucht Delitzsch, Psalmen⁴ S. 69, Anm., die Grundbedeutung „fest, hart, straff sein" mit neuerlicher Berufung auf صلق رمح zu verteidigen, was Kautzsch bereits durch den Hinweis gegenstandslos gemacht, dass, wie die weiche, süsse Dattel, der rechte, richtige Hunger, so auch die Lanze das Prädikat deswegen führe, weil es eine Lanze ist, die der Norm entspricht.

IX. Kal — Pi'el — Hoph'al — Hithpa'el.

חָנַן von חַן **Kal** 1. Von Gott ausgesagt. a) Huld, Freundlichkeit erweisen. *a*) Akkusativ der Person, der gegenüber diese Erweisung Gottes sich manifestiert durch irdischen, wie immer gearteten Segen und Gedeihen im allgemeinen: Gen. 33, 11 אֲשֶׁר־חָנַנִי אֱלֹהִים; 43, 29 אֱלֹהִים יָחְנְךָ; Num. 6, 25 Jahwe lasse sein Angesicht über dir leuchten וִיחֻנֶּךָּ; daher auch im Wunsche um den göttlichen Segen Ps. 67, 2 אֱלֹהִים יְחָנֵּנוּ יְבָרְכֵנוּ. β) Doppelter Akkusativ = jemandem aus

Gnade etwas schenken: Gen. 33, 5 הילדים אשר חנן אלהים את־עבדך; aber auch Ps. 119, 29 ותורתך חנני. — b) Gnädig sein, von Gottes erbarmender Liebe. Dieselbe wird den äusserlich Bedrängten, besonders dem Volke Gottes nach überstandener Strafe zu teil. α) Mit folgendem Akkusativ: David gibt sich der Hoffnung hin II Sam. 12, 22 ויחנני יי יחי הילד; als Israel bedrängt wurde von Aram II Reg. 13, 23 ויחן יי אתם וירחמם; dem Volke ohne Einsicht Jes. 27, 11 לא יחננו (parall. לא־ירחמנו); die Rettung von Assur ist gemeint, bezüglich deren Jahwe harrend zuwartet 30, 18 לחננכם (parall. לרחמכם); das Volk auf Zion infolge seines Schreiens 30, 19 חנון יחנך; an die Aufforderung, das Böse zu hassen, das Rechte zu üben ist die Verheissung geknüpft Am. 5, 15 אולי יחנן ... יהוה צבאות; in der Aufforderung an die Priester Mal. 1, 9 חלו־נא פני־אל ויחננו; in der Bitte nicht zu begnadigen Ps. 59, 6 אל־תחן כל־בגדי און; von der Begnadigung Zions 102, 14 כי־עת לחננה; unsere Augen schauen auf Jahwe 123, 2 שיחננו; daher in bedrängter Lage der Hilferuf חנני 4, 2; 6, 3; 25, 16; 26, 11; 27, 7; 30, 11 (parall. חנני יי); 31, 10; 41, 11; 56, 2; 57, 2; 86, 3. 16; חננו 9, 14; חננו Jes. 33, 2; Ps. 123, 3 (bis). Fraglich, ob hieher zu rechnen ist Hi. 33, 24*). β) Absolut: nur Ps. 77, 10. — c) Von der sündenvergebenden und heiligenden Gnade Gottes: Ex. 33, 19 וחנתי את־אשר אחן (vgl. 34, 6); der Hilferuf חנני, Ps. 41, 5 näher bestimmt durch רפאה נפשי; 51, 3 im Parall. mit מחה פשעי; weiterhin ist er gebraucht 119, 58. 132 in der Bitte um Huld und Gnade für den Heilsbeflissenen. — 2. Von Menschen ausgesagt. a) Erbarmen zeigen gegen jemanden, Akkusativ der Person: Deut. 7, 2 לא תחנם, näml. Besiegte; 28, 50 אשר לא יחן; Thr. 4, 16 לא חננו; זקנים**); gegen einen vom Unglück Betroffenen, Hi. 19, 21 (bis). — b) חנן der Wohlthäter. α) Prov. 14, 31 'ח אביון (Gegens. עשק ר'); 19, 17 ח' דל; 28, 8 ח' דלים. β) Absolut: In der Schilderung des Gerechten Ps. 37, 21. 26; 109, 12, wo der Dativ לכי־לחננו wohl zu יהי gehören muss (vgl. das parall. אל־יהי־משך חסד); 112, 5. — **Po'el** Mitleid haben. a) Prov. 14, 21 מחנן עניים. — b) Die Knechte Gottes in Babylon bezüglich Jerusalems: Ps. 102, 15 ואת־עפרה יחננו. — **Hoph'al** Erbarmen, Gnade finden. a) Jes. 26, 10 יחן רשע. — b) Der Gottlose: Prov. 21, 10 לא־יחן בעיניו רעהו. — **Hithpa'el** zu Gott um Gnade flehen. a) אל Gottes. α) Allein: I Reg. 8, 33; Ps. 30, 9; 142, 2;

---

*) Hoffmann: „Er (der Engel) fleht ihm (Gott) mit den Worten an."
** Vgl. jedoch Kautzsch, Textkr. Erl. z. St.

Hi. 8, 5. β) Dazu ein mit לֵאמֹר eingeführter Objektssatz: Deut. 3, 23; I Reg. 8, 17; II Chr. 6, 37. — b) לֵב Gottes. α) Allein: II Chr. 6, 24. β) Dazu ein Akkusativ: I Reg. 8, 59 דְּבַר אֵלֶּה; 9, 3 תְּחִנָּתְךָ. — c) ל desselben: Hos. 12, 5, wo לוֹ auf den מַלְאָךְ geht; Hi. 9, 15*).

Ausserhalb des theologischen Sprachgebrauches: **Kal** jemandem etwas schenken: Jud. 21, 22 חָנוּ אוֹתָם. — **Pi'el** angenehm, lieblich machen: Prov. 26, 25 קוֹלוֹ. — **Hithpa'el** Huld bei jemandem erflehen. a) אֶל der Person: Gen. 42, 21; II Reg. 1, 13. — b) ל derselben: Hi. 19, 16; Esth. 4, 8; 8, 3.

Die Denominierung ist am frühesten im Kal nachweisbar. Unter Hoph'al sind zwei Stellen angeführt; doch spricht viel dafür, dass wir es in beiden Fällen mit einem passiven Imperfekt Kal zu thuen haben**). Bezüglich der Etymologie ist die gerade in den ältesten Stellen und auch sonst noch vorkommende Bedeutung der Zuneigung zu berücksichtigen, welche sich durch positive Mitteilung von Gütern jeglicher Art manifestiert. Das Arab., welches übrigens ebenso wie das Aram. das Denominativ besitzt, führt durch حنان sowie durch das nächstverwandte حنى auf die sinnliche Grundbedeutung „neigen, beugen".

X. Kal — Pu'al — Hiph'il — Hoph'al.

שׁלם von שָׁלֵם **Kal** 1. Frieden haben, infolge der Befreundung mit Gott Hi. 22, 21 הַסְכֶּן־נָא עִמּוֹ וּשְׁלָם. — 2. Im Friedensstande mit jem. sich befinden: Ps. 7, 5 שׁוֹלְמִי. — **Pu'al** vielleicht Jes. 42, 19 das Particip = der Befreundete, nach anderen = der Gottergebene. — **Hiph'il** bewirken, dass jemand Frieden macht, sich aussöhnt: Prov. 16, 7 גַּם־אוֹיְבָיו יַשְׁלִם אִתּוֹ, Subjekt ist Gott. — **Hoph'al** in Friedensverhältnis gesetzt sein: Hi. 5, 23 וְחַיַּת הַשָּׂדֶה הָשְׁלְמָה־לָּךְ.

Ausserhalb des theologischen Sprachgebrauches: **Kal** das passive Particip II Sam. 20, 19 שְׁלֻמֵי אֱמוּנֵי יִשְׂרָאֵל***). — **Hiph'il** Frieden machen mit jemand. Gegensatz des Kriegszustandes. a) עִם der Person: Deut. 20, 12; I Reg. 22, 45; I Chr. 19, 19. — b) אֵת derselben: Jos. 10, 1. 4; II Sam. 10, 19. — c) אֶל derselben Jos. 11, 19.

Das sinnliche Etymon zeigt Kal, das in der Bedeutung „ganz sein" noch vorkommt; vgl. auch dazu die Synon. כָּלָה, תַּם, גָּמַר. Über die Bedeutung „ganz sein" hinauszugehen und mit Delitzsch

---

*) Hoffmann liest בְּשַׁוְּעִי „sobald ich um mein Recht flehte".
**) Böttcher II, 104.
***) Vgl. Wellhausen, Der Text der Bb. Sam. z. St. und Einleitung S. 15.

ein noch ursprünglicheres „*extractum esse*" zu statuieren, ist unnötig und übrigens auch unbeweisbar. Die Bedeutung „ganz sein" hat auch das Syrische noch erhalten, während das Arab. den Begriff mehr negativ wendet „unversehrt, rein, frei sein". Die IV. Form ist wohl auch denominativ von سلم „in ein Friedensverhältnis treten".

XI. Niph'al — Pi'el — Pu'al — Hiph'il.

הלל von הל **Niph'al** 1. Sich 'ח machen, sich entweihen. Vom Priester in der übrigens verstümmelten Stelle Lev. 21, 4; von der Tochter des Priesters V. 9 בת להחל כי. — 2. Entweiht werden. a) Ein Heiligtum: Ez. 7, 24 מקדשיהם; 25, 3 in dem Orakel gegen Ammon, weil du riefest האח אל־מקדשי כי בחל. — b) Jahwes Name: Jes. 48, 11 שמי יחל איך, wozu aber mit LXX שמי zu ergänzen; Ez. 20, 9 הגוים לעיני לבלתי שמי למען; Jahwe selbst 22, 26 בתוכם ואחל. — c) In der Drohrede wider Jerusalem 22, 16 בך לעיני בך ונחלת, wo בך wohl sicher zu streichen*). — **Pi'el** I. Entweihen. 1. Profan machen. a) Sachlicher Akkusativ. α) Den Sabbat durch Arbeit: Ex. 31, 14 מחלליה; Jes. 56, 2. 6 מחללו שבת שמר; Ez. 20, 16. 21. 24; 22, 8; 23, 38 שבתותי; Neh. 13, 17 השבת יום מחללים. 18 השבת־את. β) שם קדשי. α') Lev. 20, 3 durch Übergabe eines Mitgliedes des hl. Volkes an Molech; 22, 2 durch Nichtberücksichtigung der Vorschrift über die Heilighaltung der Abgaben Israels; V. 32 durch die eine Verkennung der Herrscherstellung Jahwes involvierende Übertretung der Gebote; Am. 2, 7 indem Vater und Sohn zu einer Hure gehen. β') Mit ב des Mittels: Ez. 20, 39 בגלוליכם ובמתנתיכם; 36, 20 בבאם אל. γ') Mit ב des Ortes: 36, 21. 22 בגוים אשר ח' שם קדשי. γ) את־אלהי, Lev. 18, 21 durch Übergabe eines Israeliten an Molech; 19, 12 durch falsches Schwören; 21, 6 אלהיהם שם profanieren die Priester, indem sie bestimmte Forderungen der Reinerhaltung nicht beobachten. δ) את־בריתי, Jer. 34, 16 das Volk durch seine den hl. Willen Jahwes nicht anerkennende Handlungsweise; Ez. 36, 23 בתוכם 'ה אשר חללתם את־שמי; Mal. 1, 12 מחללים אתו באמרכם שלחן 'ה מגאל הוא, wo אתו sich auf שם bezieht. ε) קדש: Lev. 19, 8 את־קדש ה', wer den Rest des Schelamimopfers noch am dritten Tage ißt; 22, 9 יחללהו näml. קדש, wer die Anordnung betreffs der hl. Abgaben nicht befolgt; die Priester bzw. die Leviten sollen nicht entweihen V. 15;

---

*) Smend und Cornill lesen überdies יחללני, wo dann Jahwe Subjekt wäre.

Num. 18,₃₂ אשראל בני מקדשי־את; wenn dagegen die Priester entweihen Ez. 22,₂₆ קדשי, so ist das Objekt in unbestimmter Allgemeinheit; fast gleichlautend, nur Singularobjekt Zeph. 3,₄ מחללי קדש (hier wie dort neben תורה חמסו): Juda hat entweiht Mal. 2,₁₁ — קדש durch Ehen mit heidnischen Weibern.   γ) במקדש: Lev. 21,₁₂ את לא אלהיו profaniert der Hohepriester, wenn er durch eine Leiche verunreinigt ist; V. ₂₃ את־מקדשי, näml. die hl. Geräte der mit einem Leibesgebrechen behafteten Priester; Ez. 23,₃₉ לחללו näml. מקדשי profaniert Israel durch Götzendienst; Jahwe selbst 24,₂₁ את־מקדשי durch Übergabe an die Feinde; der Cherub 28,₁₈ 'ה מקדלך בעול חלל מרב עוניך; die Feinde Dan. 11,₃₁ המקדש מעוז durch Abschaffung des Kultus.   ₁) Vereinzelte Objekte: Jer. 16,₁₈ בנבלת שקציהם נחלתי־את; Ez. 44,₇ לחללו את־ביתי durch Götzendienst. — b) Persönlicher Akkusativ. α) Den Jahwe: Ez. 13,₁₉ אתי אלשכס בשעלי שעורים לחלל אתי.
β) Menschen: Jahwe selbst profaniert Jes. 43,₂₈ שרי קדש durch ihres Heiligkeitscharakters unwürdige Behandlung; 47,₆ נחלתי, das heilige Volk durch Auslieferung an die Heiden; Thr. 2,₂ ממלכה ושריה. — c) Prägnante Konstruktion. α) Subjekt ist Jahwe: Ez. 28,₁₆ ואחללך מהר אלהים; Ps. 89,₄₀ du verabscheuest die Zusicherung an deinen Knecht, hast entweiht נזרו לארץ.   β) Menschen: 74,₇ לארץ חללו משכן שמך. — 2. Eine Sache in profanen Gebrauch nehmen, wie Steine, die durch Behauung mit Eisen für den Altar unbrauchbar werden, Ex. 20,₂₅; einen Weinberg Deut. 20,₆ *(bis)*; 28,₃₀; Götzenbilder Ez. 7,₂₁; ohne Objekt Jer. 31,₅. — II. Schänden, entehren. 1. Subjekt ist Jahwe: Jes. 23,₉ להחל גאון כל־צבי. — 2. Menschen. a) Eine Tochter durch Prostitution: Lev. 19,₂₉ את־בתך להזנותה; das Lager des Vaters I Chr. 5,₁: in demselben Sinne, aber ohne Objekt Gen. 49,₄. — b) Eroberte Städte sind geschändet, daher in der Drohrede an Zion Ez. 7,₂₂ *(bis)* וחללו את־צפוני und Räuber sollen in dasselbe eindringen וחללוה; wider Tyrus 28,₇ וחללו יפעתך. — c) Den Bund = ihn brechen, Mal. 2,₁₀; Ps. 55,₂₁; 89,₃₅; das Gesetz Gottes = es nicht befolgen 89,₃₂ חקתי (parall. מצותי לא ישמרו). — **Pu'al** nur das Particip = entweiht: Ez. 36,₂₃ שמי הגדול המחלל. — **Hiph'il** zum חל etwas machen, wie das eigene Wort durch Wortbrüchigkeit Num. 30,₃; את־שבת־קדשי Ez. 39,₇.

Als sprachgebräuchlich häufigste, wie auch als älteste Konjugation erweist sich mit Sicherheit Pi'el. Die Bedeutungsentwicklung selbst ist hier klar; denn חל als Gegensatz zu קדש ist das Gewöhnliche, das, was jedermann zugänglich ist, also offen steht.

In der muslimischen Theologie ist ḥalâl = gesetzlich erlaubt der Gegensatz zu ḥarâm = heilig, verwehrt. חלל ist also „lösen, loslassen". Vgl. Näheres bei Fränkel, Die aram. Fremdw. S. 3; Baudissin, Studien II S. 24 ff.

XII. Niph'al — Pi'el — Hiph'il — Hithpa'el.

פלא von פלא Niph'al 1. So sein, dass es die physische oder moralische Kraft jemandes übersteigt. a) Von Gott in eine negative Antwort erheischenden Fragen oder in negativen Aussagen: Gen. 18,14 היפלא מיהוה דבר; Jer. 32,17 לא־יפלא ממך כל־דבר. 27 אלא ממני יפלא כל־דבר. — b) Von Menschen, mit מן der Person: so heisst es von dem Gebote, das der Herr dem Volke giebt, Deut. 30,11 לא נפלאת היא ממך. — 2. Wunderbar sein. a) בעיני der Person: von der Verwirklichung der erhaltenen Verheissungen Sach. 8,6 (bis), mag es in jenen Tagen wunderbar erscheinen בעיני שארית העם הזה בימים ההם נם־בעיני יפלא; von der durch das Walten Jahwes herbeigeführten Wendung in der Geschichte Israels Ps. 118,23 היא נפלאת בעינינו. — b) Mit מן der Person, für jemand zu wunderbar sein: Prov. 30,18 שלשה המה נפלאו ממני; Hi. 42,3 נפלאות ממני, Dinge, die für mich zu wunderbar sind. — 3. נפלאות sind: a) die ausserordentlichen, über die Grenzen des Natürlichen hinausliegenden Erweise göttlicher Macht, mit denen Gott für sein Volk gewirkt, also die Wunder der Geschichte, Ex. 3,20; 34,10; Jos. 3,5; Jud. 6,13; Jer. 21,2; Mi. 7,15; Ps. 9,2; 26,7; 40,6; 71,17; 72,18; 75,2; 78,4.11.32; 86,10; 96,3; 98,1; 105,2.5; 106,7.22; 107,8.15.21.24.31; 111,4; 136,4; 145,5; Neh. 9,17; 1 Chr. 16,9.12.24. Aber auch die von Gott gewirkten, dem Menschen unerklärlichen Vorgänge in der Natur, die Wunder der Schöpfung, Ps. 139,14; Hi. 5,9; 37,14*). Endlich all das Übernatürliche, in das Gebiet des Glaubens Gehörende, was die Thora Gottes enthält Ps. 119,18.27. — b) In der Aussage von Menschen sind ': die über seine Kräfte hinausgehenden Pläne und Entwürfe Ps. 131,1. — c) Als Adverbium: Hi. 37,5 ירעם אל בקולו נפלאות auf wunderbare Weise; Dan. 8,24 ונפלאות ישחית, er richtet ungeheuerliches Unglück an; 11,36 ועל אל אלים ידבר נפלאות, er redet lästerlich. — **Pi'el** nur לפלא Lev. 22,21; Num. 15,3.8, kulttechnischer Ausdruck zur Be-

---

*) Wohl auch V. 17, wo נפלאות von Budde, Beiträge zur Kritik des Buches Hiob 125, mit Recht als Schreibfehler erklärt wird, hervorgerufen durch das vorhergehende בפלאים und nicht erst darnach umgebildet.

zeichnung der Abtragung eines Gelübdes. — **Hiph'il** 1. Kulttechnischer Ausdruck. a) Wie Pi'el mit dem Objekte נדר: Lev. 27, 2. — b) Weihen, wohl ursprünglich eine Besonderung machen, synonym mit קדש: nur Num. 6, 2 להפלא נדר: — 2. Allgemein religiöser Ausdruck, zum 'פ machen, in der Aussage von Gottes wunderbarem Handeln. a) Akkusativ der Sache: Deut. 28, 59 את־מכתך, die Plagen zu ausserordentlichen machen; Jes. 28, 29 עצה, Ps. 31, 22 חסד, wunderbaren Rat, Gnade bethätigen. — b) את der Person: Jes. 29, 14 להפליא את־העם־הזה, ein gegen alle menschliche Erwartung und Erfahrung sich vollziehendes Handeln Gottes am Volke. — c) Im Infinitiv mit ל zur näheren Bestimmung des Hauptverbums: Jo. 2, 26 עשה עמכם להפליא; und umgekehrt: Jud. 13, 19 מפלא לעשות; II Chr. 26, 15 להפלא להעזר. — **Hithpa'el** die Wundermacht beweisen, mit ב an jemandem: Hi. 10, 16, Subjekt Gott.

Ausserhalb des theologischen Sprachgebrauches: **Niph'al** 1. Zu schwierig sein. a) מן der Person: Deut. 17, 8 vom Rechtshandel, der dem Richter zu schwierig vorkommt. — b) בעיני desjenigen, dem unter den obwaltenden Umständen ein Unternehmen zu schwierig erscheint: II Sam. 13, 2. — 2. Ausserordentlich sein: I, 26 נפלאתה אהבתך לי מן. — **Hiph'il** der absolute Infinitiv zum Adverbium erstarrt II Chr. 2, 8.

Die sinnliche Grundbedeutung bestimmt richtig Baudissin, Studien II, 27, dahin, dass פלא ursprünglich das „Ausgesonderte" ist. Die Wurzel פל hat jedenfalls die Grundbedeutung „spalten, trennen"; vgl. arab. *falaǧa, falaḥa, falaḳa*. Vermutungsweise verbindet Barth, Etym. St. 6, פלא mit فال „Omen", was immerhin möglich ist. Ist aber die Grundbedeutung „trennen", so ist es nicht notwendig, mit Barth ein zweites, von unserem obigen Denominativ verschiedenes Verbum anzunehmen, das in der Kultsprache im Pi. und Hiph. in der Bedeutung „weihen" beziehungsweise „ein Gelübde abtragen" oben belegt wurde. Das Getrennte, aus der Masse des Gewöhnlichen Gesonderte ist einerseits das Aussergewöhnliche, andererseits das für Gott Bestimmte, Geweihte.

E. In fünf Konjugationen.

I. Kal — Niph'al — Pi'el — Pu'al — Hithpa'el.

ברך von ברכה **Kal** ausser dem Inf. abs., der Jos. 24, 10 neben dem Verbum fin. im Pi'el sich findet, nur das passive Particip gebräuchlich. 1. Von Gott: gepriesen. Gen. 9, 26; 14, 20; 24, 27; Ex. 18, 10; Deut. 33, 20; 1 Sam. 25, 32. 39; II Sam. 18, 28; 22, 47; I Reg. 1, 48; 5, 21; 8, 15. 56; 10, 9; Ez. 3, 12; Zach. 11, 5; Ps. 18, 47; 28, 6; 31, 22; 41, 14; 66, 20; 68, 20. 36; 72, 18. 19; 89, 53; 106, 48; 119, 12; 124, 6; 135, 21; 144, 1; Ruth 4, 14; Esr. 7, 27; I Chr. 16, 36; 29, 10; II Chr. 2, 11; 6, 4; 9, 8. — 2. Von Menschen: gesegnet. a) ברוך Gen. 27, 29. 33; Num. 22, 12; 24, 9; Deut. 7, 14; 28, 3 *(bis)*. 4. 6 *(bis)*; 33, 24; I Sam. 25, 33 *(bis)*; 26, 25; I Reg. 2, 45; Jes. 19, 25; Jer. 17, 7; 20, 14; Ps. 118, 26; Ruth 2, 19. — b) ברוך Gen. 24, 31; 26, 29; ברוכי Jes. 65, 23. — c) ברוך לי Jud. 17, 2; I Sam. 15, 13; 23, 21; II Sam. 2, 5; Ps. 115, 15; Ruth 2, 20; 3, 10. — d) ברוך לאל עליון Gen. 14, 19. — 3. Von Dingen: gesegnet Deut. 28, 5; Prov. 5, 18. — **Niph'al** sich segnen mit jemandem, mit ב der Person, wobei nach Gen. 48, 20 die Segensformel zu bilden ist: Gen. 12, 3; 28, 14 בך כל משפחת האדמה; 18, 18 בו כל גויי הארץ. — **Pi'el** im allgemeinen eine ברכה sprechen. I. Segnen. 1. Subjekt ist Gott. a) Die Wirkungskraft des göttlichen Segens manifestiert sich in zahlreicher Nachkommenschaft, dann weiterhin in der Vermittlung irdischer Wohlhabenheit im allgemeinen. α) Akkusativ der Person. α') Allein: Gen. 1, 28; 5, 2; 9, 1; 12, 2. 3; 17, 16 *(bis)*. 20; 22, 17 ברך אברכך; 24, 35; 25, 11; 26, 3. 12. 24; 28, 3; 30, 27. 30; 32, 27. 30; 35, 9; 48, 3. 16; Ex. 20, 24; Num. 6, 24. 27; Deut. 1, 11; 7, 13 *(bis)*; 14, 24; 15, 6; 26, 15; II Sam. 6, 11. 12; 7, 29; Jes. 51, 2; 61, 9; Ps. 5, 13 תברך צדיק (parall. רצון תעטרנו); 28, 9 את־נחלתך (neben הושיעה את־עמך); 45, 3; 67, 2. 7. 8; 107, 38; 115, 12 *(ter)*. 13; 147, 13; I Chr. 4, 10 ברך תברכני; 13, 14; 17, 27; 26, 5; II Chr. 31, 10.   β') Dazu ein sachlicher Akkusativ: Gen. 49, 25 ויברכך ברכת שמים מעל; Deut. 12, 7; 15, 14 אשר, womit dich Jahwe, dein Gott, gesegnet hat; Jes. 19, 25 אשר .. ברכה לאמר ברכי; statt des sachlichen Akk. ein Objektssatz mit לאמר Gen. 1, 22.   γ') Ein näherer, den Segensumfang erläuternder Umstand: Gen. 24, 1 den Abraham בכל; Deut. 2, 7; 14, 29; 24, 19 בכל מעשה ידך; 15, 18 בכל אשר תעשה; 16, 15 בכל תבואתך ובכל מעשה ידיך; 23, 21 בכל משלח ידך; 15, 10 בכל מעשיך בכל הדבר הזה. - δ') ב des Ortes: 15, 4 ברך יברכך בארץ; 28, 8; 30, 16 ebenfalls בארץ.   ε') מן des Ortes: Ps. 128, 5; 134, 3 מציון.   ζ') ב des Segensinhaltes: Ps. 29, 11 את־עמו בשלום*). — η') באשר יברכך יי אלהיך Deut. 16, 10; ברכני ברכה Jos. 17, 14. — β) Akkusativ der Sache: Gen. 2, 3 את־יום השביעי; Ex. 20, 11

---

*) Aber nicht Gen. 24, 1, wie Delitzsch, Psalmen⁴ und Neuer Kommentar über die Genesis z. St. meint. Vgl. Kautzsch-Socin, Genesis z. St.

השבת את־ריע; Gen. 27, 27 שדה; 39, 5 בגלל יוסף .. את־בית; Ex. 23, 25
את־לחמך יא־ברכתיך; Deut. 28, 12 ידך את כל־מעשה; 33, 11 חילו; Jer. 31, 23
הקדש הר ויהי־צדק; Ps. 65, 11 צמחה; 132, 15 אבידה צידה; Prov. 3, 33 נוה
צדיקים; Hi. 1, 10 ידיו מעשה; 42, 12 מראשתו את־אחרית; der Akkusativ
ist zu ergänzen I Chr. 17, 27. γ) Bloss adverbielle Bestimmung:
Hag. 2, 19 הזה היום־מן. δ) Absolut: Num. 23, 20; Ps. 109, 28. —
b) Grussformel: Ruth 2, 4 יברכך יי. — 2. Subjekt der Mensch. a) Der
Elternsegen. α) Akkusativ der Person: Gen. 27, 4. 25 בשר וברכך;
19. 31 ברכתני. 23. 27. 30. 33. 34. 38; 28, 1. 6 (bis); 48, 9. 15; 49, 28 (bis).
β) Dazu ein sachlicher Akkusativ: Gen. 27, 41 אבי ברכו אשר הברכה. —
γ) Zum persönl. Akkusativ: לפני יי לפני ברכתי 27, 7. δ) לפני מותי
27, 10; 48, 20 בך ההוא ביום לאמר. — b) Priestersegen; Subjekt Mose,
Aaron, die Priester. α) Akkusativ der Person. α') Allein: Ex. 39, 43;
Lev. 9, 22. 23; Num. 6, 23; II Chr. 30, 27. β') Dazu der Akkusativ:
ברכה Deut. 33, 1. β) = Gottes: Jahwe sonderte den Stamm Levi
aus, dass er die Lade trage, vor Jahwe als sein ständiger Diener
stehe und Deut. 10, 8 בשמו לברך; 21, 5 יי בשם; Aaron und seine
Söhne wurden ausgesondert, damit sie Jahwe dienten I Chr. 23, 13
עד־עולם בשמו ולברך. — c) Subjekt sind Propheten und andere Gottes-
männer. α) Akkusativ der Person. α') Allein: Num. 22, 6; 23, 25
תברכנו לא בך; 24, 1; Deut. 27, 12; Jos. 8, 33; 14, 13; 22, 6. 7; 24, 10
אתכם ברוך ויברך; I Sam. 2, 20; II Chr. 6, 3. β') אדניהו בשם יי
II Sam. 6, 18; I Chr. 16, 2. γ') לאמר גדול קול יש בל־קהל את I Reg.
8, 55. β) Sachlicher Akkusativ: I Sam. 9, 13. γ) ברך ברך Num.
23, 11; 24, 10. δ) Absolut 23, 20. — d) Subjekt sind Menschen
überhaupt, die in Bethätigung ihrer freundlichen oder dankbaren
Gesinnung gegen einen anderen diesen segnen. α) Akkusativ der
Person. α') Allein: Gen. 12, 3; 27, 29; Num. 24, 9 מברכיך; Gen. 14, 19;
Ex. 12, 32; Deut. 24, 13; II Sam. 14, 22; 21, 3; I Reg. 1, 47; 8, 66;
Ps. 72, 15; 118, 26; Prov. 30, 11; Hi. 31, 20. - β') Dazu noch = Gottes:
Ps. 129, 8 אתכם בשם יי. β) ל der Person: Neh. 11, 2 לכל היה
האנשים. γ) = Gottes und mit לאמר eingeführter Objektssatz: Gen.
48, 20; die Stelle erläutert auch, in welchem Sinne ברך überhaupt
zu fassen ist. Besteht dort ישראל יברך בך darin, dass man ישמך
כאלהים sprechen wird, so ist in den Stellen, in denen jemand mit
dem Namen Jahwes segnet, dieses soviel, als eine mit den Worten
בשם יי gebildete Segensformel sprechen. δ) Mit einem näheren
Umstande: Ps. 62, 5 בפיו (Gegens. יקללו בקרבם)*). — II. Jemanden

---

*) Ps. 49, 19 ist der Text ganz verdorben, der Sinn nicht mehr erkennbar.

segnend. 1. Begrüssen. a) Akkusativ der Person: Gen. 47, 7. 10; I Sam. 13, 10; 25, 14; II Sam. 6, 20; I Reg. 8, 14; II Reg. 4, 29 (bis); 10, 15; I Chr. 16, 43. — b) Dazu ein näherer Umstand: Prov. 27, 14 רֵעֵהוּ בְּקוֹל גָּדוֹל בַּבֹּקֶר הַשְׁכֵּם. — 2. Beglückwünschen: II Sam. 8, 10; I Chr. 18, 10 לְבָרֲכוֹ עַל אֲשֶׁר לֹחֶם. — 3. Verabschieden: Akk. der Person: Gen. 24, 60; 32, 1; II Sam. 13, 25; 19, 40. — III. Benedeien, vom Menschen, wie von der leblosen Schöpfung ausgesagt. 1. Gott den Herrn. a) Akkusativ Gottes. α) Allein: Jos. 22, 33; Jud. 5, 2. 9; 13, 21; Ps. 16, 7; 66, 8 (parall. הִשְׁמִיעוּ קוֹל תְּהִלָּתוֹ); 103, 1. 2. 20. 21. 22 (bis); 104, 1. 35; 134, 1. 2; 135, 19 (bis). 20 (bis); 145, 10; Neh. 8, 6; I Chr. 29, 20; II Chr. 20, 26; 31, 8; mit dem Akkusativ שֵׁם Ps. 96, 2; 100, 4; שְׁמֶךָ 145, 1; שֵׁם קָדְשׁוֹ 21; שֵׁם כְּבוֹדֶךָ Neh. 9, 5.   β) Dazu den Grund des Benedeiens in Gestalt eines Objektssatzes: Gen. 24, 48 . . אֲדֹנִי אַבְרָהָם אֲשֶׁר הִנְחַנִי בְּדֶרֶךְ אֲשֶׁר.   γ) כִּי des Grundes: Deut. 8, 10 אֱלֹהֶיךָ עַל־הָאָרֶץ הַטֹּבָה.   δ) Ein Umstand des Ortes: Ps. 26, 12 בְּמַקְהֵלִים; 68, 27 בְּמַקְהֵלוֹת; I Chr. 29, 10 לְעֵינֵי כָל־הַקָּהָל.   ε) Ein Umstand der Zeit: Ps. 34, 2 בְּכָל־עֵת; 63, 5 בְחַיָּי (parall. בְּשִׁמְךָ אֶשָּׂא כַפָּי); 145, 2 בְּכָל־יוֹם (parall. יָד לְעוֹלָם וָעֶד); 115, 18 (וַאֲנַחְנוּ נְבָרֵךְ יָהּ); מֵעַתָּה וְעַד־עוֹלָם; Neh. 9, 5 מִן־הָעוֹלָם עַד־הָעוֹלָם. — b) לְ Gottes: I Chr. 29, 20. — 2. Götzen: Jes. 66, 3 מְבָרֵךְ אָוֶן. — IV. Euphemismus für „fluchen, lästern". Ein solcher liegt nach einigen vor Ps. 10, 3 בֵּרֵךְ נִאֵץ יְהֹוָה; richtiger aber wohl die Auffassung von Kautzsch: „Denn der Gottlose lobsingt (Jahwe und thut dabei), was ihn gelüstet; und der Habgierige preist (und) lästert (zugleich) Jahwe". Sicher dagegen liegt Euphem. vor: a) Mit Akkusativ: אֱלֹהִים I Reg. 21, 10. 13; Hi. 2, 9. — b) Dazu eine nähere Bestimmung: 1, 5 בִּלְבָבָם; 11 עַל־פָּנֶיךָ; 2, 5 אֶל־פָּנֶיךָ*). — **Pu'al** 1. Gesegnet sein. a) Menschen: Num. 22, 6 (Particip); Jud. 5, 24 (bis); Ps. 37, 22 (Part.); 112, 2; 128, 4; Prov. 22, 9. — b) Sachliche Subjekte: Deut. 33, 13 מְבֹרֶכֶת יְיָ אַרְצוֹ; II Sam. 7, 29 מְבֹרֶכֶת בֵּית־עַבְדְּךָ יְבֹרַךְ; Prov. 20, 21; I Chr. 17, 27 (Part.). — 2. Gepriesen sein, in der Doxologie יְהִי שֵׁם יְיָ מְבֹרָךְ Ps. 113, 2; Hi. 1, 21. — **Hithpa'el** 1. Sich segnen. a) Mit בְּ desjenigen, der zur Bildung der Segensformel genannt wird. α) Gottes: Jes. 65, 16 בֵּאלֹהֵי אָמֵן; Jer. 4, 2 בּוֹ גוֹיִם. β) Menschen: Gen. 22, 18; 26, 4 בְזַרְעֲךָ כֹּל גּוֹיֵי הָאָרֶץ; Ps. 72, 17 בוֹ כָל־גּוֹיִם. — b) בְּ des Ortes: Jes. 65, 16 בָּאָרֶץ הַמִּתְבָּרֵךְ. — 2. Sich glücklich schätzen: Deut. 29, 18 בִּלְבָבוֹ לֵאמֹר שָׁלוֹם יִהְיֶה־לִּי.

Während Kal nur im Part. gebräuchlich, Niph. und Hithpa. in ihrem Vorkommen auf wenig Stellen sich beschränken, zeigt

---

*) Vgl. Wetzstein, Exkurs über אִשָּׁה bei Delitzsch, Psalmen⁴.

Pi'el schon sehr früh häufige Verwendung und muss als im Sprachgebrauch älteste Konjugation bezeichnet werden. Wie der Araber seine Denominativa رَغَمَ, رَحَّبَ, سَلَّمَ bildet im Sinne von „er hat gesagt السلام عليكم u. s. w.", so ist בֵּרֵךְ = eine Segensformel mit בְּרָכָה 'פ gebrauchen. Ist nun der Inhalt der בְּרָכָה in den ältesten Stellen durchgehends zahlreiche Nachkommenschaft und reiche Güterfülle, so weist schon dies darauf hin, dass der sinnliche Grundbegriff auf „ausbreiten, erweitern" zurückgeht. Thatsächlich ist von hier aus der Teich בְּרֵכָה genannt. Dazu kommt im Hebr. die Analogie, dass die Begriffe des Glückes, Wohlseins durch Worte, denen die sinnliche Bedeutung der Weite (רחב, רוח, ישׁע und die Gegensätze צר, צרה) zu Grunde liegt, wiedergegeben werden. Die Erklärung von Friedr. Delitzsch, Proleg. 46, dass der Stamm בֵּרֵךְ „von der Bedeutung des Schreitens, Tretens zu der des Vorwärtskommens, Gelingenhabens, wovon dann die Worte für Segen, segnen, sich entwickelt", muss demnach als verfehlt bezeichnet werden*); nicht minder aber auch die Erklärung Nestles, der „die Knie beugen" als Grundbedeutung statuiert**).

דָּבַר von דִּבֶּר **Kal** ausgenommen den Infinitiv Ps. 51, 6 nur das Particip. 1. Subjekt ist Jahwe. a) Von seinem offenbarenden, der Manifestation seines Willens geltenden Reden. α) אֶל der Person. α') Allein: Gen. 16, 13. β') Dazu sachlicher Akkusativ: Ex. 6, 29 הקריאה אשר אנכי דבר אליך; Jon. 3, 2 את כל־אשר אנכי דבר אליך. β) Der blosse Akkusativ: Jes. 45, 19 אני ה' דבר צדק. — b) Vom verheissenden Reden: Jer. 32, 42 את־כל־הטובה אשר אנכי דבר עליהם. — c) Vom richterlichen Sprechen Gottes: Ps. 51, 6 למען תצדק בדברך. — 2. Subjekt ist das im Auftrage Gottes redende Organ desselben, ein Engel, der Prophet. a) אֶל der Person: Jer. 38, 20 לאשר אני דבר אליך; Dan. 10, 11 בדברים אשר אנכי דבר אליך. — b) באזני 'פ: Deut. 5, 1 את־החקים... אשר אנכי דבר באזניכם; Jer. 28, 7 הדבר הזה אשר אנכי דבר באזניך; ואת־המשפטים אשר... — c) ל der Person: Sach. 1, 9. 13. 14; 2, 2. 7; 4, 1. 4. 5; 5, 5. 10; 6, 4 המלאך הדבר בי. — d) באשר אדני ה' Num. 32, 27. — 3. Subjekt ist der Mensch. a) Reden im guten Sinne. Es folgt ein sachliches Objekt. α) Allein: Num. 27, 7; 36, 5 כן; Jes. 33, 15 מישׁרים; Am. 5, 10 תמים; Prov. 16, 13 ישׁרים; Ps. 28, 3; Esth. 10, 3 דבר שׁלום. β) Dazu

---

*) Vgl. Fleischer, Kleinere Schriften I. 1. S. 74 ff. und die dort verzeichneten Erklärungen, welche Beidâwî zu Sur. 25, 1 gibt.

**) Marginalien und Materialien, S. 78.

eine nähere Bestimmung: Ps. 15,₂ דבר בלבבו אמת. — b) Im schlechten Sinne. Es folgt sachliches Objekt. α) Allein: Mi. 7,₃ הרע דבר; Ps. 101,₇ שקרים דבר; 63,₁₂ דברי־שקר; 5,₇; 58,₄ זב דברי. — β) Dazu אל der Person: Jer. 40,₁₆ אל־ישמעאל .. שקר. γ) על, wider jemanden: Ps. 31,₁₉ על־צדיק עתק דבר; 109,₂₀ רע על־נפשי. — Niph'al 1. Von religiöser, auf gegenseitige Ermahnung und Stärkung des Glaubens abzielender Unterredung: Mi. 3,₁₆ אז נדברו יראי י׳ איש אל־רעהו. — 2. Im schlechten Sinne sich bereden: Wider Gott Mal. 3,₁₃ נדברו עליך; wider den Propheten Ez. 33,₃₀ הנדברים בך; wider den Eiferer für Gott und seine Satzungen Ps. 119,₂₃ נדברו בי. — Pi'el A. Subjekt ist Gott. I. Reden im Sinne von offenbaren, seiner Willensmeinung Ausdruck verleihen. 1. Mit dem Objekte דבר bzw. דברים. a) Allein: Deut. 18,₂₁.₂₂ כי ידבר אשר לא־דברו י׳; Jes. 24,₃ כי י׳ דבר את־הדבר הזה als Schluss eines Orakels; 38,₇ אשר דבר י׳; Jer. 34,₅ כי־אני דברתי אתה; Ez. 12,₂₅ אדבר את אשר אדבר דבר. ₂₈ אשר אדבר דבר יעשה; I Reg. 22,₃₈ כדבר י׳ אשר דבר. — b) Dazu ein Objektssatz: Ex. 20,₁ את כל־הדברים האלה לאמר. — c) אל der Person, zu jemandem. α) Bloss dieses: 1 Sam. 3,₁₇ מה הדבר אשר דבר י׳ אליך; I Reg. 6,₁₂ דברי אשר דברתי אל־דוד אביך; Jer. 19,₂ את־הדברים אשר־אדבר אליך; 30,₂ את כל־הדברים אשר־דברתי אליך; 36,₄ כל־דברי י׳ אשר־דבר אליו; Ez. 3,₁₀ את־כל־דברי אשר אדבר אליך; Hi. 42,₇ את־הדברים האלה אל־איוב; II Reg. 10,₁₇ כדבר י׳ אשר דבר אל־אליהו. β) Hinzu ein Objektssatz: II Reg. 15,₁₂ היא דבר־י׳ אשר דבר אל־יהוא לאמר. γ) ביד des Propheten: I Reg. 12,₁₅; II Chr. 10,₁₅ אליה .. ביד אחיה י׳ אשר אדברי; I Reg. 16,₁₂ כדבר י׳ אשר דבר אל־בעשא ביד יהוא הנביא. δ) על in Bezug auf, betreffs jem.: Jos. 14,₆ הדבר אשר־דבר י׳ אל־משה איש האלהים על אדותי; II Reg. 10,₁₀ מדבר י׳ אשר־דבר י׳ על־בית אחאב..; Jer. 36,₂ את כל־הדברים אשר דברתי אליך על־ישראל י׳. ε) ל des Bezuges: 46,₁₃ הדבר אשר דבר י׳ אל־. ζ) Sonst ein näherer Umstand: Deut. 5,₁₉ את־הדברים האלה; 10,₄ את עשרת הדברים אשר דבר .. בהר מתוך האש ביום הקהל י׳; Jos. 14,₁₀ באו י׳ כי אדבר הזה את־הדבר דבר כאשר; Jes. 16,₁₃ זה הדבר אשר דבר י׳ אל־מואב מאז. — d) כל zu jemandem: Jer. 10,₁ את־הדבר אשר דבר י׳ עליכם. — e) את zu jemandem: II Sam. 7,₇; I Chr. 17,₆ הדבר דברתי את־אחד ... לאמר. — f) ל zu jemandem: I Reg. 13,₂₆ י׳ אשר דבר לו. — g) עם mit jemandem: Deut. 9,₁₀ ככל הדברים אשר דבר י׳ .. עמכם בהר מתוך האש ביום הקהל. — h) ביד durch jemanden. α) Bloss dieses: Jer. 37,₂ אשר דבר י׳ ביד ירמיהו; sonst nur I Reg. 14,₁₈; 15,₂₉; 16,₃₁; 17,₁₆; II Reg. 14,₂₅; 24,₂ כדבר.

Verba denominativa in fünf Konjugationen.

דבר יי היא אשר יי ה 'פ. β) Dazu ein Objektssatz: 9,36 אשר דבר ביד פ'
הדבר אשר ד' רי אל־בבל. γ) אל in betreff: Jer. 50,1 ביד עבדו .. לאמר
אל־ארץ '3 ביד יי־י'. — i) על, in betreff jemandes: I Reg. 2,4 אדבר
אצ' ד' יי בלי לאמר; der Objektssatz ohne Einführung: II Reg. 19,21;
Jes. 37,22. — 2. Mit Präpositionen. a) Zu jemandem reden. α) אל
der Person. α') Allein: Gen. 18,33; Ex. 4,10; 6,2.13; Num. 7,89;
11,25; Deut. 1,43; Jer. 9,11; 14,14; 23,21; II Chr. 33,10. β') Hinzukommt ein sachlicher Akkusativ. α") Num. 15,22 .. את כל־המצות האלה
אל־משה; 32,31 את אשר ד' יי אל־עבדיך; Deut. 5,24 בל־אשר אליך ..
28 את אשר אני מדבר אליך את כל־המצוה החקים והמשפטים; Ez. 2,8 את;
Ps. 85,9 שלים אל־עמו. β") Dazu noch דבר: Lev. 10,11 את בל־החקים
אשר ד' יי אליהם ביד־משה. γ") Ausser dem sachlichen Akkusativ
noch eine Zeitbestimmung: I Sam. 15,16 אשר דבר יי אלי הלילה.
γ') Ein Objektssatz eingeführt mit לאמר. α") Gen. 8,15 וידבר אלהים
אל־נח לא; Ex. 6,10.29; 13,1; 14,1; 16,11; 25,1; 30,11.17.22; 31,1;
40,1; Lev. 4,1; 5,14.20; 6,1.12.17; 7,22.28; 8,1; 12,1; 14,1; 17,1;
18,1; 19,1; 20,1; 21,16; 22,1.17.26; 23,1.9.23.26.33; 24,1.13; 27,1;
Num. 1,48; 3,5.11.44; 4,21; 5,1.5.11; 6,1.22; 8,1.5.23; 9,9; 10,1; 13,1;
15,1.17; 16,23; 17,1.9.16; 18,25; 20,7; 25,10.16; 26,52; 28,1; 31,1;
34,1.16; 35,9 וידבר יי אל־משה לא'; Lev. 10,8 אל־אהרן; 11,1; 13,1;
15,1; Num. 2,1; 4,1.17; 14,26; 16,20; 19,1 אל־משה ואל־אהרן; Deut.
2,17 אלי; Jos. 20,1 אל־יהושע; Jes. 7,10 ויוסף יי דבר אל־אחז לאמר; 8,5
אלי עוד; I Chr. 21,9 אל־גד חזה דויד. β") Dazu noch eine Ortsbestimmung: Lev. 1,1 אליו מאהל מועד; 25,1 אל־משה בהר סיני; Num.
3,14 אל־משה במדבר סיני; 33,50; 35,1 אל־משה בערבת מואב על־ירדן;
Deut. 1,6 אלינו בחרב. — γ") Eine Zeitbestimmung: 32,48 אל־משה
בעצם היום הזה. δ") Ort und Zeitbestimmung: Num. 1,1 אל־משה
במדבר־סיני .. בשנה השנית; 9,1 אל־משה במדבר סיני באחד לחדש.
δ') Ein Objektssatz ohne Einführung: Num. 18,8 וידבר יי אל־אהרן
ואני. ε') Eine Ortsbestimmung: Ex. 6,28 אל־משה בארץ מצ';
29,42 שם אליך; Deut. 4,12 אליכם מתוך האש; 15 אשר דבר יי אליכם;
Ps. 99,7 בעמוד ענן אליהם. — ζ') Eine Zeitbestimmung: Lev. 16,1
אליו אחרי מת; Jer. 36,2 אליך .. מיום היות חזה היום הזה. η') Sonstige
nähere Bestimmungen: Ex. 33,11 אל־משה פנים אל־פנים; Ps. 2,5 אלימו
באפו. — ϑ') Mit באשר. α") Num. 22,8 כאשר ידבר יי אלי; Ez. 2,2
כאשר דבר אלי. β") I Reg. 5,19 כאשר דבר יי אל־דויד אבי לאמר.
β) על der Person. α') Allein: Hos. 12,11 ודברתי על־הנביאים. β') Dazu ein
näherer Umstand: Ez. 36,5 .. באש קנאתי על־שארית הגוים. γ') ל der
Person. α') Allein: Gen. 24,7. β') Dazu ein Objektssatz mit לאמר:

I Reg. 21, 23; direkt untergeordnet II Sam. 23, 3. γ') בְּיַד durch jemanden: Num. 17, 5 בַּאֲשֶׁר דִּ' דִּי בְּיַד־מֹשֶׁה לּוֹ. δ') Sonst ein näherer Umstand: Ps. 89, 20 בֶּחָזוֹן לַחֲסִידֶיךָ. — b) Mit jemandem reden. α) אֶת der Person. α') Allein. α'') Deut. 5, 21 אֶת־הָאָדָם; Jer. 7, 22 אֶת־אֲבוֹתֵיכֶם. β'') אֶתִּי Gen. 17, 22. γ'') אִתְּךָ I Reg. 22, 24; Ez. 3, 22. 27; אֹתָךְ Ez. 2, 1; II Chr. 18, 23; אֹתְךָ Ez. 3, 24. β') Hinzukommt ein sachlicher Akkusativ. α'') Gen. 17, 3 אִתֹּי אֱלֹהִים לֵאמֹר. β'') Überdies noch לְ des Bezuges: Ez. 44, 5 אֶת בְּלֵאשֶׁר אֲנִי מְדַבֵּר אֹתְךָ לְכָל־חֻקּוֹת יְהוָֹה. γ') Eine Ortsbestimmung: Num. 3, 1 בְּמָקוֹם אֲשֶׁר־דִּ' אֶת־מֹשֶׁה בְּהַר סִינָי; Gen. 35, 13. 14 אִתּוֹ. 15 אִתּוֹ שָׁם; Ex. 31, 18 אִתּוֹ בְּהַר סִינָי; 25, 22 אִתְּךָ מֵעַל הַכַּפֹּרֶת. δ') Sonst eine nähere Bestimmung: I Reg. 8, 15; II Chr. 6, 4 אֶת בְּפִי דִּוִד. β) עִם der Person. α') Allein: Ex. 19, 9; 20, 19; 33, 9; Num. 22, 19; Jud. 6, 17 (Part.). β') Dazu ein sachlicher Akkusativ: Jos. 24, 27 אֶת בְּלֵאשֶׁר דִּ' רִי. γ') Eine Ortsbestimmung: Ex. 20, 22 מִן־הַשָּׁמַיִם; Neh. 9, 13 בִּשְׁמֵיהֶם; Num. 11, 17; Hos. 12, 5 עִמָּנוּ. δ') Mehre nähere Bestimmungen: Deut. 5, 4 פָּנִים בְּפָנִים .. עִמָּכֶם בָּהָר מִתּוֹךְ הָאֵשׁ. γ) בְּ der Person. α') Allein: Num. 12, 2 (bis); II Sam. 23, 2; Hos. 1, 2. β') Dazu ein näherer Umstand: Num. 12, 6 בַּחֲלוֹם; in Gestalt eines Zustandssätzchens 12, 8 פֶּה אֶל־פֶּה. — c) Durch jemanden. α) בְּיַד der Person. α') Dazu sachlicher Akkusativ: II Reg. 10, 10 אֲשֶׁר־דִּ' בְּיַד עַבְדּוֹ אֵלִיָּהוּ. β') Ein Objektssatz mit לֵאמֹר: II Reg. 21, 10; Jes. 20, 2. γ') בַּאֲשֶׁר דִּ' דִּי בְּיַד פְּ' Num. 27, 23; I Sam. 28, 17; II Reg. 17, 23. β) עַל der Person: I Reg. 22, 28; II Chr. 18, 27. — d) Wider jemanden: I Sam. 3, 12 אֶת בְּלֵאשֶׁר דִּ' אֶל־בֵּית. — 3. Von jemandem oder etwas reden. Es folgt der Akkusativ. a) Von Personen: Ez. 38, 17 הַאַתָּה־הוּא אֲשֶׁר־דִּבַּרְתִּי בְּיָמִים קַדְמוֹנִים בְּיַד עֲבָדַי. — b) Von Dingen. α) Der Akkusativ allein: 39, 8 הִיא הַיּוֹם אֲשֶׁר דִּבַּרְתִּי. β) Dazu eine Zeitbestimmung: Jos. 14, 12 אֶת־הַדָּבָר הַזֶּה אֲשֶׁר־דִּבֶּר דִּ' בַּיּוֹם הַהוּא. γ) אֶל der Person und ein Objektssatz: I Reg. 13, 22 בְּמָקוֹם אֲשֶׁר דִּבֶּר אֵלֶיךָ אֶל־הָאֵל. δ) Mehre nähere Bestimmungen: Jos. 20, 2 אֶת־עָרֵי הַמִּקְלָט אֲשֶׁר־דִּבַּרְתִּי אֲלֵיכֶם בְּיַד־מֹשֶׁה. — 4. Reden. a) Sachlicher Akkusativ. α) Allein. α') Ein Nomen: Num. 23, 17; 24, 13; Jer. 23, 35. 37; Ps. 85, 9. β') Ein Objektssatz. Ohne Einführung: I Reg. 13, 3; Jes. 1, 2; 52, 6 (Part.); Jer. 23, 17; mit לֵאמֹר Jes. 16, 14. γ') Das sachliche Objekt ist dem Sinne nach zu ergänzen. In der ständigen Formel אֲנִי דִּבַּרְתִּי: Num. 14, 35; Ez. 5, 15. 17; 17, 21. 24; 21, 22. 37; 22, 14; 23, 34; 24, 14; 26, 5. 14; 28, 10; 30, 12; 34, 24; 36, 36; 37, 14; כִּי דִּ' רִי I Reg. 14, 11; Jes. 21, 17; 22, 25; 25, 8; Jo. 4, 8; Ob. 1, 18; כִּי דִּבֶּר רִי Jes. 1, 20; 40, 5; 58, 14; כִּי רִי צְבָאוֹת דִּבֶּר Mi. 4, 4; אֲנִי אֲנִי דִּבַּרְתִּי רִי

Jes. 48,15.   β) Ein zweiter Akkusativ dazu in Gestalt eines Objektssatzes mit לאמר: Lev. 10,3.   γ) Ein näherer Umstand, wobei jedoch das allgemeine Objekt aus dem Kontext zu ergänzen ist: 1 Reg. 8,24; II Chr. 6,15 בפיך וידבר; Ez. 5,13 בקנאתי דברתי יי בראני. — b) Bloss irgend ein näherer Umstand: Deut. 4,33; 5,23 האש־מתוך דבר אלהים; Jes. 45,19; 48,16 בסתר לא; Ez. 36,6 ובחמתי בקנאתי; 38,19 בעברתי בקנאתי; Hi. 33,14 ובשתים ידבר־אל באחת; Ps. 62,12 אחת. — c) באשר דבר יי Gen. 24,51 דברתי באשר; Jud. 6,36.37. — d) Absolut: I Sam. 3,9.10; II Sam. 7,29; Jes. 65,12; 66,4; Jer. 5,13; 13,15; Ez. 1,28 (Part.); 10,5; 13,7; 22,28; Am. 3,8; Ps. 50,1; Hi. 11,5. — II. Gebieten, befehlen. 1. Mit dem Objekte דבר bzw. דברים. a) Allein: Ex. 24,3 'אשר־הדברים־כל נעשה יי. — b) Dazu אל der Person: 4,30 משה־אל יי אשר־דבר כל־הדברים; Num. 22,20 אליך אשר־אדבר־את. — 2. Mit Präpositionen. a) אל der Person. α) Dazu ein sachlicher Akkusativ: Jos. 11,23 אשר כל 'ה משה־אל יי.   β) Ein Objektssatz ohne Einführung: Ex. 32,7; 33,1 לך משה־אל יי וידבר.   γ) 'פ־אל 'ד יי באשר Num. 5,4; Jos. 4,8; Deut. 2,1; אלהי Gen. 12,4; Jud. 6,27; אלהם יי Hi. 42,9. — b) עם der Person. Dazu ein Objektssatz ohne Einführung: Jer. 42,19. — c) את der Person. α) Dazu ein sachlicher Akkusativ: Ex. 34,32 אתי 'ד יי כל־אשר את.   β) אתי אלהים באשר Gen. 17,23. — d) ל der Person. α) Dazu ein sachlicher Akkusativ: Ex. 32,34 זה אתהכם אשר־דברתי אל.   β) לך אברך אלהי 'ד יי באשר Deut. 1,21; 'ד לך באשר 26,18. — 3. Gebieten. α) Mit sachlichem Akkusativ: אשר Ex. 16,23; I Sam. 16,4; Jer. 19,5; אשר בל Ex. 9,8; 23,22; 24,7; Num. 23,26. — b) יי דבר באשר Deut. 31,3; דבר באשר 26,19. — III. Voraussagen. 1. Mit Präpositionen. a) אל der Person: Ex. 9,12 משה־אל יי 'ד אשר. — b) ביד der Person: 9,35 ביד־משה יי 'ד באשר. — 2. Voraussagen. a) Sachlicher Akkusativ: Gen. 21,2 אשר־ לביצחק אתי. — b) יי דבר באשר Ex. 7,13.22; 8,15. — IV. Verheissen. 1. Mit dem Objekte דבר bzw. דברים. a) Allein: I Reg. 8,20; II Chr. 6,10 'ד אשר ויקם יי; II Reg. 20,9 'ד אשר־הדבר יי יעשה. — b) Dazu אל der Person: Jos. 21,43; 23,15 אל 'אשר־דבר יי הטוב הדבר. — c) על der Person: Jos. 23,14 עליכם אלהיכם יי 'ד אשר הטובים הדברים; II Sam. 7,25; I Chr. 17,23 על־עבדך־דברת אשר הדבר. — d) אל und על der Person: Jer. 33,14 יהודה־בית ואל אלי־בית דברתי אשר הטוב את־הדבר יהודה. — e) ל der Person: I Reg. 8,26 (Keth.); II Chr. 6,17 אשר דברך לעבדך 'ד. — f) ביד der Person: I Reg. 8,56 משה ביד 'ד אשר הטוב דברו לעבדך 'ד. — 2. Mit Präpositionen. a) אל der Person. α) Dazu ein sachlicher Akkusativ: II Sam. 7,28 הזאת אל־עבדך־הטובה. β) Ein

Objektssatz ohne Einführung: Ex. 32, 13 אמרת אלהם הרבה. γ) Sonst eine nähere Bestimmung: II Sam. 7, 19 אל־בית־עבדך למרחוק. δ) כאשר ד' אלהיט Jos. 1, 3. — b) על der Person. α) Dazu ein sachlicher Akkusativ: Gen. 18, 19 את אשר־ד' עליו; Num. 10, 29 ידבר־טוב על־יש'; I Sam. 25, 30 את־הטובה עליך; I Chr. 17, 26 על־עבדך הטובה הזאת. β) In Gestalt eines Infinitives: Jer. 18, 9 על־גוי ועל־ממלכה לבנות. γ) Sonst ein näherer Umstand: I Chr. 17, 17 על־בית־עבדך למרחוק. δ) כאשר ד' על־דוד אביך לאמר I Reg. 9, 5. — c) ל der Person. α) Dazu ein sachlicher Akkusativ: Gen. 28, 15; I Reg. 8, 24. 25; II Chr. 6, 15. 16 את אשר; Deut. 9, 28 הארץ. β) כאשר דבר יי אלהי אבתיך לך Deut. 6, 3; 27, 3; כאשר ד' יי אלהיך לך 10, 9; כאשר ד' יי לך 9, 3; כאשר דבר לי 18, 2; Jos. 13, 14; I Reg. 5, 26; לך Deut. 12, 20; 15, 6; 29, 12; להם Jos. 13, 33; 22, 4; לכם Deut. 1, 11; 11, 25; Jos. 23, 10. — d) ביד der Person: I Reg. 8, 53 כאשר ד' ביד משה. — e) על der Person: in betreff' jemandes verheissen: I Chr. 22, 11 כאשר ד' עליך; II Chr. 23, 3 כאשר ד' יי על־בני דוד. — 3. Verheissen. a) Mit einem sachlichen Akkusativ. α) I Reg. 8, 56 בכל אשר ד'; Jes. 63, 1, wo in אני מדבר בצדקה das ב gestrichen werden muss. - β) Ein Objektssatz ohne Einführung: Ps. 60, 8; 108, 8 אלהים דבר בקדשו אעלזה*). γ) Der Akkusativ ist zu ergänzen: Num. 23, 19 ההוא דבר ולא יקימנה; Jes. 46, 11 אף־דברתי אף־אביאנה. δ) כאשר דבר Deut. 6, 19; Jos. 14, 10. 12; I Reg. 8, 20; II Chr. 6, 10; כאשר דבר Gen. 21, 1; Ex. 12, 25; כאשר דברת II Sam. 7, 25; I Chr. 17, 23. — b) Zum sachlichen Akkusativ ein Infinitiv: Deut. 19, 8 הארץ אשר דבר לתת לאבתיך. — V. Drohen. 1. Mit dem Objekte דבר bzhw. דברים. Dazu על der Person: I Reg. 2, 27 את דברי יי אשר ד' על־בית עלי; II Reg. 10, 10 כדבר יי אשר־ד' על־בית אחאב: Am. 3, 1 את־הדבר הזה אשר ד' יי עליכם; Jer. 25, 13 את־כל־דברי אשר־ד' עליה; Dan. 9, 12 את־דבריו אשר־ד' עלינו ועל־שפטינו. — 2. Mit Präpositionen. a) אל der Person. α) Dazu ein sachlicher Akkusativ. α') Ein Nomen: Jer. 36, 31 את כל־הרעה אשר־ד' אליהם; 40, 2 את־הרעה הזאת אל־המקום הזה; 36, 7 את־הרעה אשר־ד' יי אל־העם הזה; 51, 12 את אשר־ד' אל־ישבי בבל. β') Ein Infinitiv: 51, 62 אל־המקום הזה להכריתו. β) כאשר ד' יי אל־הגוי 27, 13. — b) על der Person. α) Allein: 18, 8 הגוי .. אשר דברתי עליו. β) Dazu kommt ein sachlicher Akkusativ. α') Bloss dieser. α") Ein Nomen: I Reg. 22, 23; II Chr. 18, 22 רעה; Jer. 19, 15; 35, 17 כל הרעה אשר דברתי על; 26, 13. 19 את הרעה אשר דבר יי על. β") Ein Infinitiv: 18, 7 על־גוי ועל־ממלכה לנתוש יגו'. β') Neben dem sach-

---

*) Vgl. Kautzsch z. St.

lichen Akkusativ noch ein Infinitiv: II Reg. 22, 19 אשר דברת על־המקום הזה .. להיות לשמה. γ') Eine Angabe des Grundes: Jer. 11, 17 דבר עליהם .. בגלל רעת בית י׳; 16, 10 עליך רעה בגלל רעת הגדלה הזאת. — c) = der Person, jemandem: 31, 20 כי־דברי בו. — 3. Drohen. a) Sachlicher Akkusativ. α) אשר 32, 24. β) Ein Infinitiv: II Reg. 14, 27 לבלתי לחם את־רעה הזאת; Ez. 6, 10 להביא אתהם־רעה ישראל. γ) Der Akkusativ ist zu ergänzen: Jer. 4, 28. — b) Ausser dem sachlichen Akkusativ noch ein Infinitiv: Ex. 32, 14 הרעה אשר ד' לעשות לעמו; Jon. 3, 10 הרעה אשר ד' לעשות להם. — c) באשר רבר יי Jud. 2, 15; II Reg. 24, 13; ד' באשר Jer. 40, 3. — VI. Mahnend reden. 1. Liebevoll mahnend: Hos. 2, 16 ודברתי על־לבה. — 2. Warnend. a) אל der Person: Jer. 22, 21; 35, 17. — b) Dazu der absolute Infinitiv: 7, 13; 35, 14 ואדבר אליכם השכם ודבר. — c) Absolut: Ps. 50, 7. — VII. Als Richter sprechen. 1. Jemanden zur Rechenschaft ziehen: Jer. 1, 16 ודברתי משפטי אותם על־כל־רעתם. — 2. Strafgericht halten: 4, 12 ונכאני אדבר משפטים אותם. — B. Subjekt sind die Götter. 1. Reden, im Sinne von wahrsagen: Sach. 10, 2 התרפים דברו־אין. — 2. Reden = einen Rechtsspruch thuen: Ps. 58, 2 האלם צדק תדברון. — C. Subjekt ist ein Organ Gottes, das in seinem Auftrage als Verkünder seines Willens, als Vermittler der Offenbarung an die Menschen redet. I. Reden als Vermittler des Willens Gottes an die Menschen. 1. Mit dem Objekte דבר bzhw. דברים. a) Allein: Num. 22, 35 הדבר אשר אדבר אתך תרבר; 38 הדבר אשר ישים אלהים בפי אתו אדבר; II Reg. 20, 19; Jes. 39, 8 דבר־יי אשר דברת; Jer. 22, 1 ודברת שם את־הדבר הזה; 23, 28 אשר דברי אתי ידבר דברי אמת; Ez. 14, 9 הנביא כי־ישפתה ידבר דבר; Ex. 4, 30; Num. 16, 31 את כל־הדברים; II Reg. 1, 17 כדבר ד' אשר דבר אליהו*). — - b) Dazu אל der Person, zu jemandem. α) Bloss dieses: Ex. 19, 6 אלה הדברים אשר תדבר אל־בני י׳; Num. 11, 24 וידבר את דברי יי אל־העם; 14, 39 את־הדברים האלה אל־כל־בני י׳; 22, 35 אשר־אדבר אליך תדבר; Deut. 31, 1; 32, 45 את־הדברים האלה אל־כל־ישר׳; Jud. 2, 4 את־הדברים האלה אל־כל־בני י׳; I Reg. 13, 11 הדברים אשר ד' אל־המלך; II Reg. 1, 7 את־הדברים האלה אלינו; Jer. 7, 27 את־כל־הדברים אל־הם; 43, 1 את־כל־הדברים; Ez. 2, 7 את־דברי אליהם; 11, 25 את־כל־דברי יי אשר הגלני; I Sam. 9, 21 אלי כדבר הזה; II Sam. 7, 17; I Chr. 17, 15 ככל הדברים האלה ככל החזיון הזה בן ד' ר' נתן אל־דוד; Jer. 34, 8 אליהם בדברים האלה. β) Hinzukommt ein Objektssatz: 38, 1 הדבר אשר ד' ד' ד'; 45, 1 הדברים אשר ד' י' מדבר אל־כל־היהודים לאמר; 27, 12 ככל־הדברים האלה לאמר אל־ברוך. γ') Eine nähere Be-

---

*) II Reg. 7, 17 ist כאשר verschrieben aus כדבר.

stimmung: Deut. 1, 1 אלה הדברים אשר ד' 'ב אל־כל־ישראל בעבר הירדן; בבדבר: Jer. 34, 6 בדברים האלה בירושלם את. — c) על der Person, zu jemandem: 26, 2 על־כל־ערי יהודה את בל־הדברים. — d) אל und על, zu jemandem. α) 11, 2 את־דברי הברית הזאת ודברים אל־איש יהודה ויל־ישבי '־*). β) Es folgt ein Objektssatz: 25, 2 הדבר .. על־כל־עם יהודה ואל ביושב־'ד לאב'. — e) עם der Person: ידברו עמי Dan. 10, 11 את־הדבר; חזה. 15 האלה הדברים. — f) בשם '־, im Namen Jahwes. α) Bloss dieses: Deut. 18, 19 דברי אשר ידבר בשמי. 20 לדבר דבר בשמי; Jer. 29, 23 וידברו דבר בשמי שקר, wo das nachhinkende שקר sich deutlich als Glosse zu erkennen gibt; I Chr. 21, 19 בדבר־גד אשר דבר בשם יד. — β) Dazu noch אל der Person: Jer. 44, 16 הדבר אשר־דברת אלינו בשם יד. — g) באזני 'ב: Deut. 31, 28 האלה הדברים את באזניהם. 30 באזני כל־קהל ישראל את־דברי השירה הזאת; Jer. 26, 15 באזניכם את בל־הדברים האלה. — h) Sonst eine nähere Bestimmung: Deut. 18, 22 בזדון דברו; Jer. 26, 7 מדבר את־ הדברים האלה בבית יד. — 2. Mit Präpositionen. a) Zu jemandem reden. α) אל. α') Allein. α") Ex. 4, 15 ודברת אליו; 7, 1 בדברם אל־פרעה; 34, 31 משה אליהם; Lev. 24, 23; Num. 17, 17 יש' אל־בני; 20, 8 אל־הסלע; Deut. 20, 2 הכהן ודבר אליהם; Jer. 26, 2 אשר צויתיך לדבר אליהם. 8 אל־בל־העם; Ez. 3, 1 אל־בית יש'; II Chr. 25, 16 בדברו אליו. β") Das Schema דבר אמר .. אל אל יאמרה: Lev. 1, 2; 18, 2; 23, 2. 10; 25, 2; 27, 2; Num. 5, 12; 6, 2; 15, 2. 18. 38; 33, 51; 35, 10 דבר אל־בני ישראל ואמרת אליהם; Lev. 19, 2 אל־כל־עדת בני־ישראל; Ez. 20, 27 אל־בית יש'; 33, 2 אל־בני־עמך; Num. 8, 2 אל־אהרן; Lev. 17, 2; 22, 18 יש' אל בל־בני ואל־אהרן; 15, 2 אל־הלוים הדבר יאמרת; Num. 18, 26 ואמרת אליהם; Ez. 3, 11 ודברת אליהם ואמרת אליהם. β') Dazu ein sachlicher Akkusativ: Ex. 6, 29 אל־פרעה דבר אני כל־אשר את .. ; 34, 34 אל־בני ישראל את אשר יצוה; Lev. 23, 41 את־משה יד אל־בני ישראל; Deut. 1, 3 אל־בני יד אשר צוה את בל '; 4, 45 אלה העדת ההקים והמשפטים אשר דבר ד' 'ב אל־בני יד ציוה יד; 5, 24 ידבר אשר את כל־אלהים; 18, 18 אליהם את בל־אשר אצונו; Jos. 5, 14 אדני מדבר 'ה; I Sam. 10, 25 אל־הםעם את משפט המלכה; Jer. 1, 17 אלהם את בל־אשר אנכי אצוך. γ') Ein Infinitiv mit ל: Ex. 6, 27 הם המדברים אל־פרעה ... להוציא־ה; Num. 9, 4 אל־בני יש' לעשית הפסח. δ') Ein absoluter Infinitiv: Jer. 25, 3 דבר אבכם אליכם ואדברה. ε') Ein Objektssatz. α") Eingeführt mit לאמר: Lev. 4, 2; 7, 23. 29; 12, 2; 23, 24. 34; Num. 9, 10; Jos. 20, 2 דבר אל־בני ישראל לאמר; Ex. 16, 12 אליהם; Num. 16, 24 אל־העדה; Lev. 21, 17 אל־אהרן; 6, 18; Num. 6, 23 אל־אהרן ואל־; Sach. 2, 8 הלז אל־הנער; Ex. 12, 3 דברו אל־כל־עדת יש' לאמר;

---

*) Vgl. Graf z. St.

Lev. 11,₂ אל־בני יש׳; 24,₁₅; Num. 27,₈ תדבר יש׳ אל־בני; 31,₃ וידבר אל־ראשי; 30,₂ אל־הטרה. 26 אל־קרח ואל־כל־עדתי; 16,₅ משה אל־חטב לאבר; 20,₅ ודברו משה והכהנים הלוים אל־כל־יש׳; Deut. 27,₉ חסכת לבני ישראל; I Reg. 21,₁₉ *(bis)* אליו תדבר; 1 Chr. 21,₁₀ אל־דוד; השברים אל־חטב לא; II Reg. 8,₁ דבר אל־האשה; Jer. 27,₁₆ ואל־הכהנים ואל־כל־חטב הזה דברתי; Sach. 6,₈ וידבר אלי; II Reg. 7,₁₈ כדבר איש האלהים אל־חטלך. — β'') Ohne Einführung: Ex. 9,₁; Num. 5,₆; II Sam. 24,₁₂; II Reg. 1,₃ *(bis)*. ₁₀. ₁₂. ₁₅. ₁₆; Ez. 12,₂₃; 37,₁₉. ₂₁; 40,₄. ₄₅; 41,₂₂. γ') Der Akkusativ ist zu ergänzen: Ex. 7,₂; Lev. 21,₂₄; Num. 17,₂₁. ι') ל, für jemanden: Ex. 4,₁₆ ידבר־הוא לך אל־חטב. ϑ') ב des Mittels: Ez. 3,₄ ודברת בדברי אליהם; I Reg. 13,₁₈ מלאך דבר אלי בדבר יי. — ι') Im Namen Gottes zu jem. reden. α'') בשם יי־אלהיו: Jer. 26,₁₆; Dan. 9,₆; II Chr. 33,₁₈ (Part.). β'') Dazu noch ein sachlicher Akkusativ: I Reg. 22,₁₆; II Chr. 18,₁₅ אלי תקראבי בשם יי. $\varkappa'$) Sonstige nähere Bestimmungen: Ez. 24,₁₈ וידברתי בבקר אל־חטב; Ex. 6,₉ בן אל־בני יש׳; I Reg. 14,₅ בזה יבוה תדבר אליה. — β) על der Person: Jer. 6,₁₀ על־מי ארברה.
γ) ל der Person: Jes. 30,₁₀ דברו־לנו חלקות. — b) Mit jemandem. α) את der Person. α') Ez. 20,₃ ה־זקני יש׳ ואבדרת אליהם. β') Ex. 34,₃₃ ויכל מ׳ מדבר אתם. γ') Jer. 5,₅ ואדברה אותם; 35,₂ ודברת אותם; Ez. 14,₄ דברי־אתם ואמרת אליהם*). β) עם derselben: Ex. 20,₁₉ דבר־אתה עמנו; Dan. 8,₁₈; 10,₁₉ בדברו עמי; 9,₂₂ וידבר עמי. — c) Über jemanden, על der Person. α) Dazu ein sachlicher Akkusativ: Neh. 6,₁₂ הנבואה דבר עלי. — β) Ein Infinitiv mit ל: I Reg. 14,₂ היא־דבר עלי למלך**). — d) Im Namen Jahwes reden. α) בשם יי Deut. 18,₂₂; בשמך Ex. 5,₂₃; בשמי Jer. 20,₉. β) Dazu ein sachlicher Akkusativ: Sach. 13,₃ שקר דברת בשם ד׳. — e) Im Namen fremder Götter: Deut. 18,₂₀ בשם אלהים אחרים. — f) באזני פ׳, dazu ein Objektssatz: Ex. 11,₂ דבר־נא באזני העם וישאלו. — 3. Reden. a) Mit sachlichem Akkusativ. α) Ein Nomen: Ex. 7,₂; Jer. 1,₇ את כל־אשר אצוך; 26,₈ את כל־אשר־צוה יי; Num. 24,₁₃; I Reg. 22,₁₄; II Chr. 18,₁₃ אדבר, näml. was Jahwe eingibt; Ex. 4,₁₂; I Sam. 9,₆ אשר; I Reg. 22,₁₃; II Chr. 18,₁₂ טוב; Num. 22,₃₈ מאימה. Die falschen Propheten: Jer. 23,₁₆ דברי לבם חזון; Ez. 13,₈ דברכם שוא; Sach. 10,₂ השוא דברו. β) Ein Infinitiv: Ez. 3,₁₈; 33,₈ בדברך להזהיר רשע. — b) Mit einem Adverbium: Num. 23,₅. ₁₆ כה תדבר; Jer. 9,₂₁ כה דבר. — c) Absolut: Ex. 12,₃₁; Num. 23,₁₂; Deut. 18,₂₀; I Sam. 15,₁₆; Jer. 1,₆; 20,₈;

---

*) Num. 26,₃ ist der Text nicht mehr verständlich.
**) Vgl. Klostermann z. St.

Ez. 24, 27; 29, 3; Dan. 8, 13 (Part.); 10, 19. — II. Befehlen. 1. Mit dem Objekte דָבָר: Jos. 4, 10 לְדַבֵּר אֶל־הָעָם ... כְּכֹל־הַדָּבָר אֲשֶׁר־צִוָּה יְיָ. — 2. Mit Präpositionen. a) אֶל jemandem. α) Dazu ein Objektssatz, eingeführt mit לֵאמֹר: Ex. 30, 31; 31, 13; Lev. 9, 3 אֶל־בְּנֵי יִשְׂרָאֵל׳. β) Direkt untergeordnet: Lev. 10, 12. γ) Das Verbum des Objektssatzes lehnt sich in der Form des Jussiv mit וְ an den vorhergehenden Imperativ: Ex. 6, 11 דַבֵּר אֶל־פ׳ ... וִישַׁלַּח; ferner nach dem Imperativ דַבֵּר אֶל־בְּנֵי יִשְׂרָאֵל: Ex. 14, 2 וְיָשֻׁבוּ. 15 וְיִסָּעוּ; 25, 2; Num. 19, 2 וְיִקְחוּ; Lev. 16, 2: 22, 2 דַבֵּר אֶל־אַהֲרֹן אָחִיךָ וְאַל־יָבֹא: דַבֵּר אֶל־אַהֲרֹן וְאֶל־בָּנָיו וְיִנָּזְרוּ; in Anlehnung an einen vorhergehenden Jussiv Ex. 28, 3 וְדִבַּרְתָּ אֶל־כָּל־חַכְמֵי־לֵב ... וְעָשׂוּ. δ) Der Akkusativ ist zu ergänzen: Ex. 16, 10 בְּדַבֵּר אַהֲרֹן אֶל־כָּל־עֲדַת בְּנֵי־יִשְׂרָאֵל׳. ε) Jos. 4, 12 בַּאֲשֶׁר דִּ׳ ה׳ אֲלֵיהֶם מֹשֶׁה. — b) לְ, jemandem: Sach. 9, 10 וְדִבֶּר שָׁלוֹם לַגּוֹיִם. — 3. Befehlen: כַּאֲשֶׁר דִּבֶּר ה׳ מֹשֶׁה׳ Lev. 10, 5; Num. 17, 12; Jud. 1, 20. — III. Verheissen. Es folgt אֶל der Person. a) Zwei Akkusative: Deut. 13, 3 הָאוֹת וְהַמּוֹפֵת אֲשֶׁר־דִּבֶּר אֵלֶיךָ לֵאמֹר. — b) II Reg. 4, 17 אֲשֶׁר דִּבֶּר אֵלֶיהָ אֱלִישָׁע. — IV. Zu Jahwe reden. 1. Vom Offenbarungsverkehr zwischen Gott und Mose: לְדַבֵּר אִתּוֹ Ex. 34, 34. 35; Num. 7, 89; בְּדַבְּרוֹ אִתּוֹ Ex. 34, 29. — 2. Vom mittlerischen Verkehr zwischen Gott und Prophet. a) Die Person Gottes ist genannt. α) אֶל derselben. α') Allein: Gen. 18, 27. 31 לְדַבֵּר אֶל־אֲדֹנָי. 29 אֵלָיו. β') Dazu ein Objektssatz: Num. 27, 15 מֹשֶׁה אֶל־ה׳ לֵאמֹר. γ') בְּ des Mittels: Deut. 3, 26 דַבֵּר אֵלַי עוֹד בַּדָּבָר הַזֶּה. β) לִפְנֵי Gottes: Ex. 6, 12 מֹשֶׁה לִפְנֵי ה׳ לֵאמֹר. — b) Die Person, für die der Prophet fürbittend eintritt, mit בַּעַד: Jer. 18, 20 זָכְרִי עָמְדִי לְפָנֶיךָ לְדַבֵּר עֲלֵיהֶם טוֹבָה. — c) Absolut: Gen. 18, 30; Ex. 19, 19. — 3. Jahwe zur Rede setzen, eine Rechtsverhandlung mit ihm halten: Jer. 12, 1 מִשְׁפָּטִים אֲדַבֵּר אוֹתָךְ. — D. Subjekt ist der Mensch. I. Reden; im sündhaften Sinne. 1. Mit dem Objekte דָבָר. a) דִּבֶּר דָּבָר Geschwätz vollführen: Jes. 58, 13; ähnlich Hos. 10, 4 דַּבְּרוּ דְבָרִים, wo wohl der Infinitiv zu lesen sein wird; Jer. 5, 14 יַעַן דַּבֶּרְכֶם אֶת־הַדָּבָר הַזֶּה. — b) Jes. 8, 10 דַּבְּרוּ דָבָר parall. mit עֻצוּ עֵצָה, wider Gottes Volk einen Plan fassen. — 2. Mit Präpositionen. a) Zu jemandem: Jud. 16, 10 דִּבַּרְתָּ אֵלַי. — b) Mit jemandem: Ps. 12, 3 שָׁוְא .. אִישׁ אֶת־רֵעֵהוּ; 109, 2 דִּבְּרוּ אִתִּי לְשׁוֹן שָׁקֶר. c) Über jemanden. α) בְּ Gottes: Hos. 7, 13 דִּבְּרוּ עָלַי. β) אֶל Gottes: Hi. 42, 7. 8 לֹא דִבַּרְתֶּם אֵלַי נְכוֹנָה. - γ) אֶל und עַל: II Chr. 32, 19 וַיְדַבְּרוּ אֶל־אֱלֹהֵי יְרוּשָׁלִָם כְּעַל אֱלֹהֵי עַמֵּי הָאָרֶץ. — d) Wider jemanden. α) Mit אֶל. Nur אֶל־ה׳; dazu ein Akkusativ: Jes. 32, 6 דִּבֶּר תּוֹעָה; Jer. 28, 16 סָרָה. β) עַל α') Allein: II Chr. 32, 16 עַבְדָיו דִּבְּרוּ עַל־ה׳ הָאֱלֹהִים וְעַל יְחִזְקִיָּהוּ. β') Dazu ein Akkusativ: Deut. 13, 6; Jer. 29, 32 סָרָה דִבֶּר עַל־ה׳; Dan. 11, 36 עַל אֵל

בִּפְלָאִי ‎אֵלָיו יְדַבֵּר.   γ) ב der Person. α') Allein: Num. 21, 7 דִּבַּרְנוּ
בְיָדְךָ ‎; 12, 8 בְּמֹשֶׁה דִבַּרְתִּי; Ps. 78, 19 בֵּאלֹהִים; 50, 20 בְּאָחִיךָ (parall.
בְּבֶן־אִמְּךָ תִתֶּן־דֹּפִי); Hi. 19, 18 בִּי, wider Hiob die eigenen Kinder.
β') Dazu ein Objektssatz ohne Einführung: Num. 21, 5 בֵּאלֹהִים וּבְמֹשֶׁה
לָמָּה וגו׳.   γ') Eine Angabe des Grundes: 12, 1 בִּמְשֶׁה עַל־אֹדוֹת הָאִשָּׁה. —
c) Vor Jahwe laut, murrend reden: Num. 14, 28 כַּאֲשֶׁר דִּבַּרְתֶּם בְּאָזְנָי. —
3. Reden. a) Mit sachlichem Akkusativ. α) Allein: Jes. 59, 3; Jer. 9, 4;
Mi. 6, 12 שֶׁקֶר; Jes. 59, 4; Ps. 41, 7; 144, 8. 11 שָׁוְא; Jer. 9, 7; Ps. 34, 14
מִרְמָה; Hi. 13, 7 רְמִיָּה; Jes. 32, 6 נְבָלָה; 58, 9 אָוֶן; Prov. 2, 12; 23, 33
תַּהְפֻּכוֹת; Hi. 27, 4 עַוְלָה; Jes. 59, 13 עשֶׁק וְסָרָה; Ps. 12, 4 (Part.) גְדֹלוֹת;
38, 13 הַוּוֹת; 94, 4 עָתָק; Prov. 24, 2 עָמָל; Hi. 2, 10 כְּדַבֵּר אַחַת הַנְּבָלוֹת;
Jer. 8, 6 לוֹא־כֵן; 9, 4 יְאַמְּתוּ לֹא יְדַבֵּרוּ; Ps. 35, 20 לֹא שָׁלוֹם.   β) Dazu ein
dat. comm.: Hi. 13, 7 הַלְאֵל תְּדַבְּרוּ עַוְלָה.   γ) Sonst ein näherer Um-
stand: Ps. 12, 3 שָׁוְא יְדַבְּרוּ אִישׁ אֶת־רֵעֵהוּ שְׂפַת חֲלָקוֹת בְּלֵב וָלֵב; 73, 8 יְדַבְּרוּ בְמָרוֹם; 75, 6 בְּצַוָּאר עָתָק;
Dan. 11, 27 וְעַל־שֻׁלְחָן אֶחָד כָּזָב יְדַבֵּרוּ. — b) Mit einem näheren Um-
stande: Ps. 17, 10 בְגֵאוּת; 73, 8 בְרָע; Hi. 34, 35 לְאֹ־בְהַשְׂכֵּל. — c) Absolut:
Ps. 41, 7. — 2. Vom sittlich guten Reden. a) Mit Präpositionen.
α) Mit jemandem etwas: Jer. 9, 7 שָׁלוֹם אֶת־רֵעֵהוּ; Sach. 8, 16 אֱמֶת אִישׁ
אֶת־רֵעֵהוּ.   β) Wegen jemandes: Ps. 122, 8 לְמַעַן אַחַי וְרֵעָי אֲדַבְּרָה־נָּא
שָׁלוֹם בָּךְ. — b) Sachlicher Akkusativ: Jes. 32, 4 צָחוֹת; Zeph. 3, 13
וְלֹא־יְדַבְּרוּ כָזָב; Ps. 52, 5 צֶדֶק; 37, 30 מִשְׁפָּט; 49, 4 חָכְמוֹת; Prov. 8, 6
נְגִידִים; 23, 16 מֵישָׁרִים. — II. Reden: 1. Lobpreisend. a) Mit Präpositionen. α) אֶל Gottes: II Sam. 7, 20 מַה־יּוֹסִיף דָּוִד עוֹד לְדַבֵּר אֵלֶיךָ.
β) לְ Gottes: II Sam. 22, 1; Ps. 18, 1 הַזֹּאת אֶת־דִּבְרֵי הַשִּׁירָה לִי.
γ) בְּ, von etwas: 119, 46 בְעֵדֹתֶיךָ נֶגֶד מְלָכִים.   b) Mit Akkusativ.
α) Allein: Jud. 5, 12 שִׁיר; Jes. 38, 15 מָה־אֲדַבֵּר; Ps. 145, 11 גְּבוּרָתְךָ;
21 תְּהִלַּת יְיָ; derselbe ist zu ergänzen 40, 6.   β) Dazu eine nähere
Bestimmung: 66, 14 דִּבְּרוּ־פִי בַצַּר־לִי .. נָדַרְתִּי. — c) Absolut: Deut. 32, 1. —
2. Betend. a) הָיָה אֶת־הַדָּבָר Ex. 33, 17. — b) Mit Präposition: Jos.
10, 12 לִפְנֵי בְנֵי יִשְׂרָאֵל.   c) Betend reden. α) Ein sachliches Objekt.
α') Allein: Deut. 18, 17 הֵיטִיבוּ אֲשֶׁר דִּבֵּרוּ.   β') Dazu eine nähere Bestimmung: 23, 24 נְדָבָה אֲשֶׁר דִּבַּרְתָּ בְּפִיךָ.   β) Mit verschiedenen adverbiellen Bestimmungen: Jud. 6, 39 אַךְ הַפַּעַם; I Sam. 1, 13 עַל־לִבָּהּ.
16 מֵרֹב שִׂיחִי וְכַעְסִי דִּבַּרְתִּי עַד־הֵנָּה; Ps. 39, 4 בִלְשׁוֹנִי; Dan. 9, 21 בַּתְּפִלָּה. —
γ) Absolut: Jes. 65, 24 (Part.); Ps. 116, 10; Dan. 9, 20 (Part.). —
3. Klagend: Hi. 7, 11 בְּצַר־רוּחִי; 10, 1 בְּמַר נַפְשִׁי. — III. Tröstend, von
religiöser Tröstung: Jes. 40, 2 עַל־לֵב יְרוּשָׁלִָם. — IV. Belehrend. a) Von
etwas, mit בְּ: Deut. 11, 19 בָּם näml. הַדְּבָרִים הָאֵלֶּה. — b) Über etwas,
mit עַל: I Reg. 5, 13 (bis). — c) בְכֹל בְּאָזְנֵי Prov. 23, 9. — d) Absolut:

Hi. 32, 7 ידברו ירים (parall. חכמה ידעים שנים ירב). — **Pu'al** nur von den Heilsverheissungen Jahwes an die Stadt Gottes: Ps. 87, 3 נכבדות מדבר בך. — **Hithpa'el** 1. Reden, vom Offenbarungsverkehre Gottes mit Mose: Num. 7, 89 הקול מדבר אליו מעל הכפרת. — 2. Sich unterreden: vom Offenbarungsverkehre Jahwes mit dem Propheten: Ez. 2, 2 ואשמע את מדבר אלי: 43, 6 ואשמע מדבר אלי מהבית.

Ausserhalb des theologischen Sprachgebrauches: **Kal** reden. a) אל der Person: Hi. 2, 13 ואין דבר אליו דבר. — b) Das passive Particip: Prov. 25, 11 דבר דבר על־אפניו. — **Pi'el** I. Reden. 1. Mit dem Objekte דבר bzhw. דברים. a) Allein: Gen. 24, 33; Deut. 1, 14; Jos. 22, 30; Jud. 8, 3; I Sam. 17, 31; 20, 23; II Sam. 19, 30; I Reg. 2, 23; II Reg. 6, 12; 18, 27; Jes. 36, 12; Eccl. 7, 21; מדבר יסף אשר ד׳ Gen. 44, 2; מדבר הזה II Sam. 17, 6; הדברים האלה Gen. 44, 7; I Sam. 17, 23; 18, 24. — b) Dazu אל der Person. α) Bloss dieses: Gen. 44, 6; 45, 27 *(bis)*; Num. 22, 7; Deut. 5, 25; I Sam. 24, 17; 28, 21; II Sam. 11, 19; 14, 12. 15; I Reg. 21, 4; Esr. 8, 17; כדבר הזה Gen. 32, 20; II Sam. 14, 3; האלה ככל־הדברים I Sam. 25, 9.   β) Dazu ein Objektssatz mit לאמר: Gen. 39, 17. 19; Ex. 14, 12; ohne Einführung Gen. 41, 28. — c) ב׳ באזני: Gen. 20, 8; 44, 18; Jos. 20, 4; Jud. 9, 3; I Sam. 11, 4; 18, 23. — 2. Mit Präpositionen. a) Zu jemandem reden. α) אל der Person. α') Allein: Gen. 19, 14; 27, 5; 42, 24; 43, 19; 45, 12 (Part.); 50, 17; Deut. 5, 25; 20, 8. 9; 25, 8; Jud. 13, 11; 21, 13; I Sam. 14, 19; 17, 28; 18, 1; 25, 17; II Sam. 13, 13; 14, 10 (Part.); 20, 16; I Reg. 21, 6; II Reg. 5, 13; 22, 14. — β') Dazu kommt ein sachlicher Akkusativ. α") Ein Nomen: I Reg. 10, 2; Jer. 38, 25. — β") Ein Infinitiv mit ל: I Sam. 19, 1. — γ") Ein Objektssatz mit לאמר: Gen. 23, 3; 27, 6; 34, 20; 42, 14; 50, 4; Ex. 7, 9; Num. 23, 26; 24, 12; Jos. 9, 22; 21, 2; Jud. 9, 1; I Sam. 18, 22; 25, 40; II Sam. 19, 12; I Reg. 12, 3. 7. 9. 10 *(bis)*. 14; 13, 27; 21, 2; 22, 13; II Reg. 8, 4 (Part.); Jer. 38, 8; II Chr. 10, 3. 7. 9. 10 *(bis)*. 14; 18, 12.   δ") Eingeführt mit כי: I Reg. 21, 6. ε") Ohne Einführung: Gen. 41, 17; Lev. 10, 19; I Reg. 13, 7. 12; 21, 5; II Reg. 1, 7. 9. 13.   ζ") Der Akkusativ ist zu ergänzen: II Sam. 14, 15.   γ') על, um einer Person willen: I Reg. 2, 18 עליך אל־המלך. — δ') ל, für eine Person: II Reg. 4, 13 לך אל־המלך.   ε') אל ד׳ כה Gen. 24, 30; I Reg. 12, 10; כזאת Jud. 8, 8; II Chr. 34, 22.   ζ') אל ד׳ באשר Gen. 27, 19; Ex. 1, 17; 33, 11; Jer. 39, 12. - β) ל der Person. α') Allein: Jud. 14, 7.   β') Dazu ein sachlicher Akkusativ. α") Ein Nomen: Gen. 49, 28.   β") Die direkte Rede ohne Einführung: Ez. 32, 21. γ') על, wegen jemandes: I Reg. 2, 19 לדבר־לי על־אדניהו.   δ') כאשר ד׳

להם Jos. 9, 21. — b) Mit jemandem. α) את der Person. α') Allein: Gen. 34, 6; 45, 15; Jer. 38, 25; Ps. 127, 5; Dan. 1, 19.   β') Dazu ein Objektssatz, eingeführt mit לאמר: Gen. 23, 8; 34, 8; 41, 9; Jos. 17, 14; 22, 15; Ez. 33, 30; II Chr. 10, 10; ohne Einführung Jos. 22, 21. γ') Ein näherer Umstand: II Sam. 3, 27 אתו בשלי.   β) עם der Person. α') Allein: Gen. 29, 9; I Sam. 17, 23; I Reg. 1, 11. 22; II Reg. 6, 33; Esth. 6, 14, durchweg in Zustandssätzchen nach dem Schema ידיו מדבר עמו: ausserdem nur I Sam. 9, 25*); Dan. 10, 17.   β') Dazu ein sachlicher Akkusativ: II Chr. 9, 1. — c) Vor jemandem reden, לפני der Person: Num. 36, 1; Esth. 8, 3. — d) באזני 'פ. α) Allein: I Sam. 25, 24; II Sam. 3, 19.   β) Dazu ein sachlicher Akkusativ. α') II Sam. 3, 19 את בל־אשר־טוב בעיני יש׳.   β') Ein Objektssatz mit לאמר: Gen. 23, 13; 50, 4; ohne Einführung Jud. 9, 2. — 3. Von jemandem oder etwas reden. a) Von jemandem: I Sam. 19, 3 בי אל־אבי. — b) Von etwas. α) Akkusativ der Sache: Gen. 19, 21. β) Dazu eine nähere Bestimmung: 23, 16 אשר דבר באזני ׳ע. הכסף — 4. Freundlich reden. a) Mit dem Objekte דבר: I Reg. 12, 7; II Chr. 10, 7 אליהם דברים טובים. — b) Mit Präpositionen. α) Zu jemandem. α') אל, dazu sachlicher Akkusativ: Jer. 12, 6 טובות; Hi. 40, 27 רכות. β') את, dazu sachlicher Akkusativ: II Reg. 25, 28; Jer. 52, 32 טבות. β) Von jemandem: I Sam. 19, 4 בדוד טוב אל־שאול.   γ) Für jemanden: Esth. 7, 9 טוב על־המלך. — c) Mit persönlichem Akkusativ: Gen. 37, 4 דברו לשלם. — 5. Unfreundlich, im Bösen reden. a) אל der Person: Gen. 24, 50 אליך רע או־טוב. — b) את derselben, dazu das Objekt קשות Gen. 42, 7. 30. — c) עם derselben: 31, 24. 29 מטוב עד־רע; II Sam. 13, 22 למרע עד־טוב. — 6. Eine Sprache reden. a) Mit Präpositionen. α) אל der Person. α') II Reg. 18, 26; Jes. 36, 11 ארמית; 36, 11 יהודית.   β') 28, 11 בלעגי שפה ובלשון אחרת ידבר אל־העם הזה.   β) עם der Person: II Reg. 18, 26 העם באזני יהודית.   γ) ל der Person: Dan. 2, 4 למלך ארמית. — b) Ohne Nennung der Person, zu der man redet: Jes. 19, 18 (Part.) שפת כנען; Neh. 13, 24 (bis) אשדודית bzw. יהודית. Von der richtigen Aussprache eines Wortes: Jud. 12, 6 ולא יכין לדבר כן**). — 7. Reden. a) Mit sachlichem Akkusativ. α) Allein. α') Derselbe ist nominaler Natur: Gen. 44, 16; Deut. 5, 25; Jud. 7, 11; I Sam. 20, 26; II Sam. 14, 19; Jer. 5, 15; Hos. 13, 1; Prov. 18, 23; Esth. 6, 10. — β') Ein Objektssatz ohne Einführung: Jud. 20, 3;

---

*) Vgl. Wellhausen, Der Text der Bb. Sam. 72.
**) Esth. 1, 22 עמו כלשנו ומדבר ist Schreibfehler; vgl. Ryssel z. St.

I Sam. 4, 20; I Reg. 20, 11; II Reg. 1, 9; Jes. 40, 27; Hi. 34, 33.
γ) Er ist dem Sinne nach zu ergänzen: I Reg. 13, 25; Eccl. 1, 8.
β) Zum sachlichen Akkusativ die direkte Rede, eingeführt mit לֵאמֹר:
II Sam. 20, 18; Jer. 33, 24; בֶּאֱמֹר ד׳ לֵאמֹר I Reg. 12, 12; II Chr. 10, 12. —
b) Mit einem näheren Umstande. α) Bei sich reden: Gen. 24, 15 אֶל־לִבִּי;
Eccl. 1, 16 עִם־לִבִּי; 2, 15 בְּלִבִּי. β) Von Mund zu Mund: Jer. 32, 4 פֶּה־
עִם־פִּי; 34, 3 פִּיהוּ אֶת־פִּיךָ. γ) Mit dem Munde: 44, 25 בְּפִיכֶם לֵאמֹר.
δ) Vom Boden her: Jes. 29, 4 מֵאֶרֶץ. ε) Mit verschiedenen Adverbien: Gen. 18, 32 אַךְ־הַפַּעַם; Ex. 10, 29 כֵּן; I Reg. 2, 30 כֹּה; II Reg. 5, 1
בְּזֹאת וּבְזֹאת. — c) ד׳ בֶּאֱמֹר Gen. 18, 5; Ex. 12, 32; Num. 23, 2; I Reg.
2, 31. 38; Esth. 6, 10. — d) Absolut: Gen. 24, 15. 33; 34, 13; Ex. 4, 11;
Jud. 9, 37; 15, 17; 19, 30; II Sam. 2, 27; 13, 36; 14, 12. 18; 17, 6; I Reg.
1, 42; 2, 14. 16; II Reg. 2, 11; 18, 28; Jer. 3, 5; 10, 5; Ps. 77, 5; 115, 5;
120, 7; 135, 16; Hi. 1, 16. 17. 18 (Part.); 16, 4. 6; 18, 2; 21, 3 (bis); 32, 16. 20;
33, 2. 31. 32; 37, 20; 40, 5; 42, 4; Cant. 5, 6; Eccl. 3, 7; Dan. 10, 16 *). —
II. Zureden. 1. Von der Obrigkeit gegenüber den Untergebenen.
Bloss אֶל der Person: Deut. 20, 8. 9; 25, 8. — 2. Vom freundschaftlichen Zureden. a) ד׳ לְלֵב פ׳ Gen. 34, 3; 50, 21; Jud. 19, 3; II Sam.
19, 8; Ruth 2, 13; II Chr. 30, 22; 32, 6. — b) Bloss אֶל der Person:
Gen. 39, 10; II Sam. 12, 18; Ruth 1, 18. — III. Werben: I Sam. 25, 39
בְּאֲבִיגַיִל לְקַחְתָּהּ לוֹ לְאִשָּׁה. — IV. Forensischer Terminus. 1. Streiten:
I Reg. 3, 22 לִפְנֵי הַמֶּלֶךְ. — 2. Bei der Gerichtsverhandlung. a) Eine
Sache verfechten: Hi. 9, 35; 13, 3. 13. — b) Entgegnen nach ver-
nommenem Rechtsbeweise: Jes. 41, 1; Hi. 13, 22; vielleicht auch Prov.
21, 28. — c) Sein Recht beweisen: מִשְׁפָּט ד׳ Jes. 32, 7. — 3. Eine
richterliche Entscheidung fällen. a) II Sam. 14, 13 יְדַבֵּר הַמֶּלֶךְ הַדָּבָר
הַזֶּה כְּאָשֵׁם**). — b) II Reg. 25, 6 אִתּוֹ מִשְׁפָּט; Jer. 39, 5; 52, 9 אִתּוֹ
מִשְׁפָּטִים. — Pu'al nur Cant. 8, 8 בַּיּוֹם שֶׁיְּדֻבַּר־בָּהּ, wenn man um sie wirbt.

Die Denominierung geschah am frühesten im Pi'el. Ob die
Grundbedeutung in دبر „hinten sein", syrisch דְּבַר „vorwärts treiben,
führen, leiten" vorliegt, und demnach zu erklären sei „die Worte
hinter einander treiben, ordnen" (Buhl im H.W.B.¹²), möchte ich
bezweifeln. Es ist dieser Stamm دبر von unserem דבר wohl als
verschieden zu trennen, und für letzteren scheint mir in דְּבוֹרָה
„Biene" als der Summenden ein Hinweis auf die Grundbedeutung
zu liegen.

---

*) Offenbar Schreibfehler ist II Chr. 22, 10; vgl. II Reg. 11, 1.

**) Vgl. Wellhausen, Der Text der Bb. Sam. 192.

II. Kal — Niph'al — Pi'el — Hiph'il — Hithpa'el.

בין von בִּין. **Kal** 1. Geistig wahrnehmen. a) Von Gottes Allwissenheit: Ps. 139,2 בַּנְתָּה לְרֵעִי מֵרָחוֹק. — b) Von Menschen, nur das Particip Jer. 19,7 בנים*), Einsichtige, von denjenigen, die von Gott absehend auf ihre Klugheit bauen. — 2. Aufmerken. a) Von religiöser Sammlung und Betrachtung: Deut. 32,7 בִּינוּ שְׁנוֹת דֹּר וָדֹר. — b) Einer Sache eine durch die That sich manifestierende Beachtung schenken. a) Akkusativobjekt: Ps. 5,2 בִּינָה הֲגִיגִי; 50,22 בִּינוּ נָא; ראו. β) Absolut: 94,8 בִּינוּ. — **Niph'al** sich verständigen lassen, ein Verständiger sein. Das Verbum fin. nur Jes. 10,13 נְבֻנוֹתִי, wodurch Assurs König sich einer von Gott absehenden, selbst sich genügenden Klugheit rühmt. — 2. Das Particip. a) Im guten Sinne: Bezeichnung desjenigen, der die rechte Lebensweisheit besitzt, welche in der Befolgung der Gebote Gottes, der Einsicht, dass nur bei Jahwe Segen und Heil, sich zeigt. Wenn die anderen Völker von den Satzungen und Rechten hören, werden sie ausrufen Deut. 4,6 עַם חָכָם וְנָבוֹן; dem Salomo gewährt auf sein Gebet der Herr I Reg. 3,12 לֵב חָכָם וְנָבוֹן; das Volk, das Jahwe nicht kennt, heisst Jer. 4,22 סְכָלִים הֵמָּה וְלֹא נְבוֹנִים; in der Mahnung Hos. 14,10 (parall. חכם); daher Bezeichnung einer ganzen Menschenklasse, die definiert ist Prov. 16,21 לַחֲכַם־לֵב יִקָּרֵא; es steht darum im Parall. mit חכם 1,5; 17,28; 18,15; im Gegensatz zum פתי 14,6; 19,25; zum כסיל 14,33; 15,14; zum חֲסַר־לֵב 10,13. — b) Im schlechten Sinne von denen, die einer nicht aus Gott und Gottes Wort geschöpften Klugheit sich rühmen. Jes. 5,21 נְבוֹנִים נֶגֶד פְּנֵיהֶם (parall. חֲכָמִים בְּעֵינֵיהֶם); 29,14 וּבִינַת נְבוֹנָיו תִּסְתַּתָּר. — c) Der Zauberkundige: Jes. 3,3 וּנְבוֹן לָחַשׁ in einem Paar genannt mit חֲכַם חֲרָשִׁים. — **Polel** nur Deut. 32,10 יְבוֹנְנֵהוּ, von Gottes Fürsorge für sein Volk. — **Hiph'il** 1. Einsicht bethätigen. 1. Unterscheiden. a) In der Bitte Salomos um ein Herz I Reg. 3,9 לְהָבִין בֵּין־טוֹב לְרָע. — b) Mit Akkusativ: Ps. 19,13 שְׁגִיאוֹת מִי־יָבִין; das Treiben der Frevler 94,7 לֹא יִרְאֶה־יָּהּ וְלֹא יָבִין. — 2. Verstehen, begreifen, nicht bloss von der Verstandesthätigkeit an sich, sondern mit Rücksicht auf die das religiös-sittliche Gebiet betreffende Erkenntnis. a) Akkusativ der Sache: Jes. 40,21 הֲלֹא תָבִינוּ מוֹסְדוֹת הָאָרֶץ; Jer. 9,11 מִי־הָאִישׁ הֶחָכָם וְיָבֵן אֶת־זֹאת, wo das allgemeine

---

*) Schwally, Z.A.W. VIII, 201: „Da in dieser Bedeutung nicht בֵּן, sondern nur בנים gebräuchlich ist, so wird entweder so zu emendieren oder wahrscheinlicher בנים für den Plural von בֵּן zu halten sein."

Objekt auf den im Ungehorsam des Volkes liegenden Grund der Verwüstung des Landes zurückgeht; Hos. 14, 10 אלה מי יבן חכם כי; nämlich wohl alle im Vorhergehenden entwickelten Wahrheiten; Mi. 4, 12 עצתו הבינו ולא (parall. מחשבות ידעו לא); der Thor Ps. 92, 7 את זאת יבין לא, näml. die Unerforschlichkeit der Gerichte Gottes; als Zweck der Sprüche gilt es, Prov. 1, 2 בינה אמרי להבין; in genauerer Inhaltsangabe V. 6 ומליצה משל להבין: Frucht des Weisheitsstrebens 2, 5 יי יראת תבין אז. 9 ישפט צדק; die Einladung der Weisheit 8, 5 לב הבינו וכסילים ערמה פתאים הבינו; von Gott sind des Mannes Schritte bestimmt 20, 24 דרכו יבין מה ואדם; Böse 28, 5 משפט יבינו לא; 29, 7 דעת יבין לא; dagegen die Jahwe suchen, 28, 5 כל יבינו; in der Rechtfertigung über den Ausbruch des Schmerzgefühles Hi. 6, 30 להבין לא חכי; nicht auf rein profanes Wissen bezieht sich die Frage 15, 9 הוא עמנו ולא תבין .. מה; den Weg zur Weisheit 28, 23 דרכה הבין אלהים; nicht die Greise 32, 9 משפט יבינו (parall. יחכמו): zu Gottes Wundern, die kein Mensch versteht, gehört 36, 29 מפרשי אם יבין; ähnlich 38, 20 ביתו נתיבות תבין*); Gott I Chr. 28, 9 מחשבות וכל יבין. —
b) Infinitiv mit ל: I Reg. 3, 11 משפט לשמע הבין; in der Schilderung der neuen Zeit vom Verstande der Unbesonnenen Jes. 32, 4 יבין לדעת. — c) Ein Objektssatz: 43, 10 הוא אני כי ותבינו. — d) Das pronominale Akkusativobjekt ist ausgelassen. Der Götzendiener 44, 18 יבינו ולא ידעו לא; Gott, der die Herzen wägt, Prov. 24, 12 יבין הלא; Hiob gesteht Hi. 42, 3 אבין ולא הגדתי. — e) ב der Sache: Dan. 1, 17. — f) Absolut: Jes. 6, 9 תבינו ואל שמוע שמעו. 10 יבין ולבבו; Hos. 4, 14 יבין לא עם; in der Mahnung, in der Bethätigung der Lebensgesinnung nicht zu sein wie das Tier Ps. 32, 9 הבין אין; dem Viehe gleich wird der Mensch 49, 21 יבין ולא בקר; die ungerechten Richter 82, 5 יבינו ולא ידעו לא; Dan. 10, 12 להבין אל לבך נתת; nicht die Gottlosen, wohl aber die משכילים 12, 10 (bis) יבינו. —
f) Das Particip. α) Verständig bezüglich der Gesinnung: Prov. 8, 9 (parall. דעת מצאי); 17, 10. 24 (Gegens. כסיל); 28, 2. 7. 11.   β) Kundig. α') Im schlechten Sinne: Dan. 8, 23 חידות 'מ.   β') Im guten Sinne: Esr. 8, 16 מבינים wahrscheinlich als Lehrer auftretende Priester.
γ) Sachverständig bezüglich kultischer Funktionen. α') Mit ב: II Chr. 34, 12 בכלי שיר. — β') Absolut: Sachverständig bezüglich des Tragens der hl. Lade und der Geräte I Chr. 15, 22; bezüglich des kultischen Gesanges, 25, 7. 8. — 3. Achten, wahrnehmen mit einem

---

*) Hoffmann: תְּבִינֵהוּ = תָּבִין.

gewissen Affekte. a) Auf die Götter achten: Dan. 11, 37 *(bis)* אל־אלה־ אביו bzhw. על־כל־אלוה־. — b) Eine Sache. α) Akkusativ derselben, welche Gegenstand der religiösen Reflexion ist: Jes. 57, 1 באין מבין (parall. בלי־לב שם), das pronominale Objekt ist ausgelassen. β) ל derselben: Deut. 32, 29 יבינו לאחריתם, wenn Israel im wahren Sinne weise wäre; der Kluge, um nicht einen Fehltritt zu begehen, Prov. 14, 15 יבין לאשרו. γ) אל derselben: Die Frevler Ps. 28, 5 לא יבינו אל־פעלת ייָ; Jahwe dagegen 33, 15 המבין אל־כל־מעשיהם. — II. Einsicht verschaffen, klug machen, belehren. a) Akkusativ der Person. α) Allein: Jes. 40, 14 יבינהו in der Schilderung von Jahwes Weisheit; im Gebete um Einsicht von Gott Ps. 119, 34. 73. 125. 144. 169 הבינני; das Thor deiner Worte V. 130 מבין פתיים; Hi. 32, 8 ושדי תבינם; die Leviten Neh. 8, 9 המבינים את־העם. β) Dazu ein zweiter Akkusativ der Sache: Jes. 28, 9 יבין שמועה ואת־מי; Ps. 119, 27 דרך־פקודיך הבינני; der Engel, der zu Daniel kam, Dan. 10, 14 להבינך את אשר־ יקרה. γ) ל der Sache: Neh. 8, 7 מבינים את־העם לתורה. — b) ל der Person. α) Allein: Dan. 11, 33 ומשכילי עם יבינו לרבים; von den Leviten, welche unterwiesen II Chr. 35, 3 (Qere, Part.) המבינים לכל־ישראל. β) Dazu ein sachlicher Akkusativ: Hi. 6, 24 ומה־שגיתי הבינו לי (parall. הורוני); in dem Befehle an Gabriel Dan. 8, 16 הבן להלז את־המראה. — c) Akkusativ der Sache: Jes. 28, 19 הבין שמועה vom Verständlichmachen der an Israel ergehenden Straflektion. — d) ב der Sache: II Chr. 26, 5 המבין בראת האלהים*). — **Hithpolel** 1. Auf etwas oder jemanden achten, vom Überlegen und Erwägen religiöser Wahrheiten und Erfahrungssätze. a) Akkusativ der Sache. α) Jes. 43, 18 תתבוננו; Ps. 107, 43 ויתבוננו חסדי; 119, 95 אתבונן עדתיך; Hi. 37, 14 התבונן נפלאות אל. β) Derselbe ist zu ergänzen: 23, 15. — b) Mit Präpositionen. α) אל der Person: Jes. 14, 16 אליך יתבוננו, den gestürzten Tyrannen Babels. — β) ב derselben: Hi. 30, 20 ותתבנן בי von Gottes starrem Hinblicken auf Hiob als Gegensatz der Erhörung seiner Bitten. — γ) על der Sache: Ps. 37, 10 והתבוננת על־מקומו, des Frevlers Wohnstätte. δ) עד derselben: Hi. 38, 18 התבננת עד־רחבי־ארץ. — e) Absolut: Jes. 1, 3 in der Klage über das ungetreue Volk; Jer. 2, 10; 9, 16 in der Ermahnung zur Reflexion. — 2. Gewahr werden, klar erkennen. a) Akkusativ der Sache: Hi. 26, 14 עם־גבורתו מי יתבונן, Gottes Macht, die in seiner Weltregierung sich manifestiert. — b) ב derselben. α) Dazu ein inneres Objekt: Jer. 23, 20 באחרית הימים תתבוננו בה בינה, nämlich dass der Zorn Jahwes nicht

---

*) Dan. 9, 22 יבין ist Schreibfehler; vgl. Kautzsch, Textkr. Erl. z. St.

abl#sst, bis er das Strafgericht ausgeführt. — *β*) Ohne dieses innere Objekt, sonst gleichlautend mit obiger Stelle 30, 24. — 3. Verständig sein oder werden. a) Mit komparativem מן: Ps. 119, 100 מזקנים. — b) מן des Ausgangspunktes: 119, 104 מפקודיך.

Ausserhalb des theologischen Sprachgebrauches: Kal 1. Auf etwas achten, die Geistesthätigkeit darauf richten. a) Akkusativ der Sache: Dan. 9, 2 בספרים בינתי. — b) ב derselben: 9, 23 בין בדבר. — 2. Sich etwas merken: 10, 1 ובינה לדבר. — Niph'al nur das Particip. 1. Klug, erfahren: Gen. 41, 33. 39 נבון 'כ; Deut. 1, 13 וידעים נבנים; Eccl. 9, 11 נבנים neben חכמים und יודעים. — 2. In Genitivverbindung: I Sam. 16, 18 נבון דבר 'כ, des Wortes mächtig. — Hiph'il 1. Eine Unterscheidung machen, äusserlich unterscheiden. a) Durch das Gesicht. *α*) Mit Akkusativ: Prov. 7, 7 אבינה בבנים נער (parall. ואראֿ). *β*) Mit ל: Hi. 9, 11 (parall. לאֿ אראה); 23, 8 an beiden Stellen ולאֿ־אבין*). — b) Durch das Gehör: Prov. 29, 19 der Sklave יבין ואין מענה. — c) Allgemein gewahr werden. *α*) Eine Person, ל derselben: Hi. 14, 21 לאֿ־יבין, der Tote seine hinterbliebenen Kinder. *β*) Eine Sache, Akkusativ derselben: 23, 5 אבינה מה־יאמר לי. — 2. Unterscheiden, erkennen, von der durch äusseren Sinneseindruck vermittelten Erkenntnis, dem Schlusse, der aus einer Reihe äusserer Vorgänge gezogen wird. So erkannte Eli aus dem wiederholten Rufe I Sam. 3, 8 כי יי קראֿ; David aus dem Flüstern der Höflinge II Sam. 12, 19 כי מת הילד. — 3. Begreifen, verstehen, von reiner Verstandesthätigkeit. a) Akkusativ der Sache. *α*) Prov. 14, 8 חכמת ערום הבין דרכו. *β*) Neh. 8, 2 כל מבין לשמע. *γ*) Das allgemeine Objekt „es" ist zu ergänzen: Jes. 29, 16 לא הבין; Dan. 8, 27 ואין מבין; 12, 8 ולא אבין; Neh. 8, 3 המבינים diejenigen von den Kindern, die es verstehen konnten; 10, 29 כל יודע מבין. — b) ל der Sache: Hi. 13, 1 ותבן לה mein Ohr hat es gehört. — c) ב der Sache: Dan. 9, 23 ובין בדבר; Neh. 8, 8 מבינים במקרא. — d) Das Particip in Genitivverbindung: Dan. 1, 4 מביני מדע. — 4. Aufmerksamkeit bethätigen, aufmerken. a) Auf eine Person. *α*) Akkusativ derselben: Prov. 23, 1 בין תבין אתֿ אשר לפניך. *β*) על derselben: Dan. 11, 30 ושב וזעם על ברית קדש. *γ*) ב derselben: Esr. 8, 15 ואבינה בעם 'וכ. — b) Auf eine Sache. Mit ב derselben: Dan. 10, 11 הבן בדברים; Neh. 8, 12 להבין בדברים; 13, 7 ואבינה ברעה. — c) Absolut: Die Hirten Jes. 56, 11 לא ידעו הבין; Dan. 8, 5 (Part.). 17. — 5. Einsicht bethätigen, vernünftig

---

* Ps. 58, 10 ist der Text ganz unverständlich.

sein oder handeln: Hi. 18,2 בינו, nehmet Verstand an!; II Chr. 11,23 ויבן, er handelte klug; das Particip I Chr. 27,32 איש מבין. — **Hithpolel** eig. eine Unterscheidung für sich machen. 1. Durch das Gesicht, mit den Augen mustern, genau betrachten. a) Eine Person. α) אל derselben I Reg. 3,21. β) על derselben: Hi. 31,1. b) Eine Sache, Akkusativ derselben: Jes. 52,15 אשר לא־ספר להם ראו. — 2. Durch das Gehör, hinhorchen auf jemanden, mit עד Hi. 32,12. — 3. Allgemein gewahr werden, bemerken, 11,11*).

Während das Verbum in den spätesten Produkten der biblischen Litteratur eine sehr häufige Verwendung findet, ist es in den ältesten selten und auch da niemals im Kal; denn die Form יבין können wir doch wohl in jedem Falle mit Recht für das Imperf. Hiph ansehen**).

Die allgemeine semitische Wurzel בין hat die sinnliche Grundbedeutung „scheiden, trennen", wie noch بين, يمين zeigt. Das Syr. kennt wie das Hebr. nur denominierte Formen: übrigens ist auch im Arab. ابان „klar sein, einleuchten" ein Denominativ.

III. Kal — Niph'al — Pi'el — Hoph'al — Hithpa'el.

נקם von נקם Kal Rache nehmen. 1. Subjekt ist Gott. a) Jemanden rächen: I Sam. 24,13 ונקמני יי ממך. — b) Etwas: Deut. 32,13 נקם ינקם דמי עבדיו. — c) Verschiedene nähere Bestimmungen. α) Nah. 1,2 (Part.) נקם יי לצריו. β) על des Grundes: Ps. 99,8 (Part.) אל נשא היית להם ונקם על עלילותם. — d) נקם לנקם Ez. 24,8. — e) Absolut: יי נקם Nah. 1,2 (bis). — 2. Subjekt sind Menschen. a) An jemandem: Jos. 10,13 עד יקם גוי איביו. — b) Für jemanden an einem anderen Rache nehmen: Num. 31,2 נקם נקמת בני ישראל מאת***). — c) Absolut: Lev. 19,18. — 3. Dingliches Subjekt: Das auf Jahwes Geheiss über Israel kommende Schwert Lev. 26,25 חרב נקמת נקם ברית. — **Niph'al** 1. Sich rächen. a) Gott. Stets מן der Feinde. α) Allein: Jes. 1,24 אנקמה; Jer. 46,10 ונקמה. β) Dazu dat. comm., jemandem zur Rache an einem anderen verhelfen: 15,15 והנקם לי. — b) Menschen. α) ב der Person, an jemandem: Jud. 15,7; I Sam. 18,25; Jer. 50,15; Ez. 25,12†). β) מן der Person, an jemandem.

---

*) Vgl. Hoffmann z. St.
**) Z.D.M.G. 37,532.
***) Ez. 25,12 ist nach Siegfried-Stade statt נקם נקמה zu lesen נקמה.
†) Siegfried-Stade lesen: נקם נקמתי.

α') Allein: I Sam. 14, 24; Esth. 8, 13. — β') Dazu eine nähere Bestimmung: Jud. 16, 28 ואנקמה נקם־אחת משתי עיני מפלשתים. — γ') וינקמו קם בשאט נפש Ez. 25, 15. — 2. Passivisch: Ex. 21, 20 נקם ינקם, es muss bestraft werden. — **Pi'el** rächen, nur Gott Subjekt: II Reg. 9, 7 דמי עבדי .. מיד איזבל; Jer. 51, 36 את־נקמתך. — **Hoph'al** gerächt werden: Gen. 4, 15 שבעתים יקם; שבעתים יקם־קין כל־הרג שבעים ושבעה 24. der Thäter, wenn der von ihm Getroffene noch einen oder zwei Tage leben bleibt, Ex. 21, 21 לא יקם. — **Hithpa'el** sich rachgierig erweisen. a) Jahwe: Jer. 5, 9. 29; 9, 8 בגוי אשר־כזה לא תתנקם נפשי. — b) Das Particip als Bezeichnung der Feinde der Gemeinde: Ps. 8, 3; 44, 17.

Die sinnliche Grundbedeutung ist zweifelhaft; gewöhnlich nimmt man „schlagen" an, aber ohne es nachweisen zu können.

IV. Kal — Pi'el — Hiph'il — Hoph'al — Hithpa'el.

נחל von נחלה **Kal** 1. In Besitz, als Eigentum nehmen. a) Subjekt ist Gott. α) Akkusativ der Person: Ex. 34, 9 verzeihe uns unsere Missethaten ונחלתנו. — β) Mit zwei Akkusativen: Sach. 2, 16 את־יהודה חלקו. — γ) Mit ב nach Analogie der Verba des Herrschens: Ps. 82, 8 בכל־הגוים. — b) Menschen; Terminus für die Bezitznahme Kanaans. α) Mit Akkusativ: Ex. 23, 30 את־הארץ. — β) Ohne Objekt: 32, 13 ונחלי לישלך. — 2. Erbbesitz haben oder empfangen, u. z. ist נחלה der bei der Verteilung des Landes auf die Stämme und einzelnen Glieder entfallende Erbbesitz. a) נחלה ב. α) Allein: Num. 35, 8 כפי נחלתו אשר ינחל. — β) Dazu יש בני בתוך 18, 23. 24; בתוך בניו Jos. 17, 6. γ) בארץ: Deut. 19, 14; der Akkusativ נחלתו ist wohl zu ergänzen Jos. 14, 1 בארץ כנען 'ואלה אשר־נחלו בני־ישראל. — b) Mit dem Akkusativ: des Landes Ez. 47, 14 איש כאחיו אותה näml. הארץ; der Städte, Ps. 69, 37 זרע עבדיו ינחלוה näml. ערי יהודה. — c) Mit verschiedenen näheren Bestimmungen. α) Die zum Erbbesitz Berechtigten sollen ihn haben: Num. 26, 55 למטות אבתם. β) 32, 19 כי באה נחלתנו אליהם מעבר לירדן: לא ננחל אתם מעבר לירדן והלאה. — γ) Aaron soll keinen Erbbesitz haben: 18, 20 בארצם; die Simeoniten erhielten Erbbesitz: Jos. 19, 9 בתוך נחלתם. δ) Absolut: 16, 4. — 3. Als Erbbesitz austeilen*). a) Mit sachlichem Akkusativ: Num. 34, 18; Jos. 19, 49 לנחל את־הארץ. — b) Dazu ל der Person: Num. 34, 17 האנשים אשר־ינחלו לכם את־הארץ. —

---

*) Es ist aber doch wohl an diesen sub 3. verzeichneten Stellen Pi'el zu lesen. Vgl. Dillmann z. St.; Kautzsch, Textkr. Erl. z. St.

4. Etwas zu eigen empfangen: Wer Zuflucht nimmt zu Jahwe, Jes. 57, 13 יִנְחַל־אָרֶץ; die Völker der Erde werden herzukommen und sprechen Jer. 16, 19 אַךְ־שֶׁקֶר נָחֲלוּ אֲבוֹתֵינוּ; der Gesetzestreue Ps. 119, 111 נָחַלְתִּי עֵדְוֹתֶיךָ לְעוֹלָם; die Weisen Prov. 3, 35 כָּבוֹד; die Unschuldigen 28, 10 טוֹב. — **Pi'el** jemandem etwas als Erbbesitz austeilen. a) Num. 34, 29 לְנַחֵל אֶת־בְּנֵי יִשְׂרָאֵל. — b) Jos. 13, 32 אֲשֶׁר־נִחַל מֹ' בְּעַרְבוֹת מוֹאָב. — c) Besondere Ausdrucksweisen: in der Überschrift 14, 1 נִחֲלוּ ... אֵלֶּה .. אֲשֶׁר נִחֲלוּ אֶרֶץ בְּגוֹרָל; in der Unterschrift 19, 51 אֵלֶּה הַנְּחָלֹת ... אֲשֶׁר־נִחֲלוּ ... בְּגוֹרָל בְּשִׁלֹה לִפְנֵי י׳ פֶּתַח אֹהֶל מוֹעֵד. — **Hiph'il** 1. Zum Besitze verleihen. Subjekt ist Gott. a) Mit dem Objekte נַחֲלָה. α) Allein: Jes. 49, 8 לְהַנְחִיל נְחָלוֹת שֹׁמֵמוֹת. β) Dazu Akkusativ der Person: Jer. 12, 14 הַנַּחֲלָה אֲשֶׁר־הִנְחַלְתִּי אֶת־עַמִּי. — b) Das Land: Deut. 12, 10 אֶת־הָאָרֶץ אֲשֶׁר־י״י אֱלֹהֵיכֶם מַנְחִיל אֶתְכֶם; 19, 3 אֲשֶׁר יַנְחִילְךָ י״י אֱלֹהֶיךָ; Jer. 3, 18 אֲשֶׁר הִנְחַלְתִּי אֶת־אֲבוֹתֵיכֶם. — c) I Sam. 2, 8 וְכִסֵּא כָבוֹד יַנְחִלֵם; Sach. 8, 12 וְהִנְחַלְתִּי אֶת־שְׁאֵרִית הָעָם הַזֶּה אֶת־כָּל־אֵלֶּה. — 2. Erbbesitz verteilen. a) Von Jahwe ausgesagt: Deut. 32, 8 בְּהַנְחֵל עֶלְיוֹן גּוֹיִם. — b) Von der Austeilung des Landes unter Josua. Mit doppeltem Akkusativ: Deut. 1, 38 הוּא יַנְחִלֶנָּה אֶת־יִשְׂרָאֵל; 3, 28 אוֹתָם אֶת־הָאָרֶץ; 31, 7 אוֹתָם; הִנְחַלְתָּה; Jos. 1, 6 אַתָּה תַּנְחִיל אֶת הָעָם הַזֶּה אֶת־הָאָרֶץ. — c) Mit Rücksicht auf die privaten Verhältnisse der Einzelnen von Besitzverleihung als Erbe. α) Deut. 21, 16 בְּיוֹם הַנְחִילוֹ אֶת־בָּנָיו אֵת אֲשֶׁר־יִהְיֶה לוֹ; Ez. 46, 18 מֵאֲחֻזָּתִי יַנְחִל אֶת־בָּנָיו.

β) I Chr. 28, 8 וְהִנְחַלְתֶּם לִבְנֵיכֶם אַחֲרֵיכֶם עַד־עוֹלָם näml. הָאָרֶץ הַטּוֹבָה. — **Hoph'al** besitzend gemacht werden, nur Hi. 7, 3 הָנְחַלְתִּי לִי יַרְחֵי־שָׁוְא, von der Zuteilung der Heimsuchungen durch Schicksalsmächte. — **Hithpa'el** 1. Als Erbbesitz verleihen: Lev. 25, 46 וְהִתְנַחַלְתֶּם אֹתָם, das Suffix geht auf die Kinder der Beisassen. — 2. Erbbesitz erhalten. a) Num. 32, 18 אִישׁ נַחֲלָתוֹ. — b) בְּ der Norm und Akkusativ des Landes, welch letzterer 33, 54 תִּתְנַחֲלוּ אֶת־הָאָרֶץ לְמִשְׁפְּחֹתֵיכֶם zu ergänzen, während er ausdrücklich sich findet Ez. 47, 13 אֶת־הָאָרֶץ לִשְׁנֵי עָשָׂר שִׁבְטֵי. — c) Num. 34, 13 אֲשֶׁר תִּתְנַחֲלוּ אֹתָהּ בְּגוֹרָל הָאָרֶץ; dazu noch בְּ der Norm 33, 54 לְמִשְׁפְּחֹתֵיכֶם.

Ausserhalb des theologischen Sprachgebrauches: **Kal** 1. Erben. a) Im eigentlichen Sinne: Jud. 11, 2 בְּבֵית־אָבִינוּ. — b) Jemanden beerben, seinen Besitz durch Plünderung an sich nehmen: Zeph. 2, 9 יִנְחָלוּם. — 2. Zum Besitz erlangen: Prov. 11, 29 רוּחַ; 14, 18 אִוֶּלֶת. — **Hiph'il** 1. Etwas vererben im eigentl. Sinne: Prov. 13, 22 טוֹב יַנְחִיל בְּנֵי־בָנִים. — 2. In Besitz geben, die redend eingeführte Weisheit 8, 21 לְהַנְחִיל אֹהֲבַי יֵשׁ. — **Hithpa'el** jemanden für sich in Besitz nehmen: Jes. 14, 2 וְהִתְנַחֲלוּם ... לַעֲבָדִים וְלִשְׁפָחוֹת.

Der für die Etymologie so schwierige Stamm ist jedenfalls derselbe wie in كَدْش „Hochzeitsgeschenk". Vielleicht liegt der allgemeine Begriff des „Teilens, Zuteilens" zu Grunde.

F. In sechs Konjugationen.

1. Kal — Niph'al — Pi'el — Pu'al — Hiph'il — Hithpa'el.

קָדֹושׁ von קדשׁ*) Kal 1. 'ק d. h. gottgeweiht, gottzugehörig werden. a) Den Charakter des 'ק annehmen, von Personen und Sachen ausgesagt: Ex. 29, 21 היא בבגדו durch Besprengung mit Blut; בלהבתו V. 37 בבגדיו; 30, 29 בהם, Berührung der hl. Geräte; בגע אשר־יגע בם Lev. 6, 11 בהם. 20 בבשׂרה: nur von Dingen Hag. 2, 12. — b) Dem Heiligtume verfallen: Num. 17, 2. 3 die Räucherpfannen der Korachiten; Deut. 22, 9 Saat und Erträgnis des mit Zwiefältigem besäten Weinberges. — 2. Heilig sein: Jes. 65, 6 קְדַשְׁתִּיךָ**); dagegen ist I Sam. 21, 6 אַךְ אִשָּׁה עֲצֻרָה־לָנוּ כִּתְמֹל שִׁלְשֹׁם בְּצֵאתִי וַיִּהְיוּ כְלֵי־הַנְּעָרִים קֹדֶשׁ nicht mehr verständlich***). — Niph'al 1. Sich als 'ק erweisen, nur von Gott ausgesagt. a) Mit ב desjenigen, an dem die Erweisung geschieht. α) Allein: Lev. 10, 3 בקרבי (parall. אכבד)†); Num. 20, 13; Ez. 28, 22 (parall. ונכבדתי). β) לעיני derjenigen, vor denen diese Selbsterweisung Jahwes geschieht, לעיני הגוים Ez. 20, 41; 28, 25; לעיני הגוים רבים 39, 27; נָמְלִיךָ הגוים 38, 16; בכם לעיניהם 36, 23. — b) ב zur Einführung der Art der Erweisung: Jes. 5, 16 בצדקה. — 2. Geheiliget werden. a) Gott: Lev. 22, 32 בתוך בני י'. — b) Das Stiftszelt: Ex. 29, 43 בכבדי. — Pi'el 1. Den Charakter des 'ק verleihen, ihn auf jemand oder etwas Profanes übertragen, weihen. 1. Von Jahwe ausgesagt. a) Mit sachlichem Akkusativ: Ex. 29, 44 את־אהל מועד ואת־המזבח. — b) Mit persönlichem Akkusativ: 29, 41 ואת־אהרן ואת־בניו אקדשׁ; auch von der Weihe der in das Feld rückenden Soldaten Jer. 22, 7 וקדשתי עליך. — 2. Menschen, gew. Priester. a) Weihen, mit folgendem Akkusativ. α) Sachen: den Altar Ex. 29, 36. 37; 40, 10; Lev. 8, 15; 16, 19; Num. 7, 1; die hl. Geräte Ex. 30, 29; 40, 11; Lev. 8, 11; die Wohnung samt Ge-

---

*) Baudissin, Der Begriff der Heiligkeit im A. T. (Studien zur sem. Religionsgeschichte II).

**) Zum Suffix Kautzsch § 117, 4; Anm. 3.

***) Vgl. Baudissin a. a. O. S. 65, Anm. 1; ferner Kautzsch, Textkr. Erl. z. St.

†) Von Baudissin mit Unrecht passivisch gefasst.

räten Ex. 40, 9; Lev. 8, 10; Num. 7, 1; den Vorhof des Tempels
I Reg. 8, 64; II Chr. 7, 7; Mauern und Thore Neh. 3, 1 (bis).
β) Priester: Ex. 28, 3. 41; 29, 1. 33; 30, 30; 40, 13; Lev. 8, 12. 30; den
Eleasar weiht man I Sam. 7, 1 יי את־אלעזר בנו. γ) Kriegsvölker,
jedenfalls durch gottesdienstliche Feier: Jer. 51, 27. 28 קדשו עליה גוים.
δ) Die Erstgeburt: Ex. 13, 2 קדש־לי כל־בכור. — b) Den gestörten
Charakter der Heiligkeit wiederherstellen, von neuem weihen. α) Akkusativ: Num. 6, 11 der Nasiräer את־ראשו durch eine חטאת; II Chr.
29, 5. 17 יי את־בית. β) Absolut, mit Bezug auf den Tempel: 29, 17. —
c) Unabsichtliche Übertragung des Heiligkeitscharakters. Jedoch,
wenn durch die Priester Heiligung des Volkes bewirkt werden kann,
Ez. 44, 19 vermittelst der Berührung ihrer Gewänder, oder 46, 20 der
Berührung mit dem Schuld- oder Sündopfer oder der Mincha, so
wird dies wohl kaum bedeuten den Verfall zum Eigentum des
Heiligtumes bewirken, so dass die betreffenden unvorsätzlich Ge-
heiligten als Sklaven dem Heiligtum anheimfallen würden, sondern
mit grösserer Wahrscheinlichkeit die Auferlegung der für die ge-
weihten Personen geltenden Reinigkeitsvorschriften besagen. —
II. Durch Lustrationen heiligen. 1. Vorbereitung zu kultischen Handlungen. Da Jahwe am dritten Tage vor den Augen des ganzen
Volkes auf den Berg Sinai herabfahren wird, soll Mose das Volk
heiligen Ex. 19, 10. 14; Josua heiligt das Volk, das sich an Gebanntem
vergriffen, Jos. 7, 13; Samuel vor dem Opfermahle I Sam. 16, 5 ויקדש
את־ישי. — 2. Sühne für begangene Sünden. Hiob seine Söhne Hi. 1, 5
ויקדשם. — III. Als קדש behandeln, respektieren. 1. Sachliche Objekte:
Ex. 20, 8; Deut. 5, 12 לקדשו näml. את־יום השבת; Jer. 17, 22. 24. 27; Neh.
13, 22 את־יום השבת; Ez. 20, 20; 44, 24 את־שבתותי; Lev. 25, 10 את שנת
החמשים; Ex. 29, 27 את חזה התנופה ואת שוק התרומה. — 2. Personen. a) Jahwe: seine Macht und Grösse zur Anerkennung bringen
Deut. 32, 51; in diesem Sinne sagt Jahwe von sich selbst Ez. 36, 23
והקדשתי את־שמי הגדול. — b) Priester: Lev. 21, 8 וקדשתו, seine Würde
und Erhabenheit respektieren. — IV. Für heilig erklären. 1. Subjekt ist Jahwe. a) Mit sachlichem Objekte: Gen. 2, 3 את näml.
יום השביעי; Ex. 20, 11 ויקדשהו näml. את־יום השבת; Lev. 21, 23 אני
יי מקדשם, näml. die hl. Geräte; Ex. 19, 23 den Berg Sinai. — b) Mit
persönlichem Objekte: Ex. 31, 13; Lev. 20, 8; 21, 8 אני יי מקדשכם,
Israel; Ez. 20, 12 אני יי מקדשם, Israel; 37, 28 יי מקדש את־ישראל; Lev. 22, 32
אני יי מקדשכם; 9. 16 אני יי מקדשם die Priester. — 2. Subjekt sind
Menschen; das sachliche Objekt ist מלחמה Jer. 6, 4; Jo. 1, 9; Mi. 3, 5;

בית Jo. 1, 14; 2, 15; קהל 2, 16; von einer Festfeier für Baal II Reg. 10, 20 עצרה לבעל. — **Pu'al** geweiht sein. a) Priester: Ez. 48, 11; II Chr. 26, 18. — b) Feste: Esr. 3, 5; Gaben: II Chr. 31, 6. — c) Die Vollstrecker des göttlichen Zornes nennt der Herr selbst Jes. 13, 3 מקדשי, die zum Krieg durch Opfer und Weihen vorbereitet worden sind. — **Hiph'il** I. Etwas zum 'ק machen oder bestimmen. 1. Subjekt ist Jahwe. a) Im technischen Sinne weihen: Zeph. 1, 7 הקדיש קראיו. — b) Als durch Jahwe selbst zum Ausdruck gebrachte Bestätigung, dass jemand oder etwas Jahweeigentum sei, also von göttlicher Erwählung in Gebrauch. α) Sachliche Objekte. α') Der Akkusativ allein: I Reg. 9, 3; II Chr. 7, 16 את־הבית הזה; 30, 8 מקדשו. — β') Dazu ל: I Reg. 9, 7; II Chr. 7, 20 הבית אשר ה' לשמי. — γ') ב des Ortes: II Chr. 36, 14 את־הבית יי אשר ה' בירושלם. β) Lebewesen. α') Akkusativ: Jer. 1, 5 בטרם תצא מרחם הקדשתיך, ich habe dich in ein besonderes Verhältnis zu mir gestellt, dich zu meinem Propheten erkoren. β') Dazu ל der Person: Num. 3, 13 לי כל־בכור; 8, 17 אתם לי. — c) Im übertragenen Sinne: In der an Gott gerichteten Bitte des Propheten Jer. 12, 3 והקדישם ליום הרגה*). — 2. Subjekt sind Menschen. a) Dem Jahwe als Eigentum übergeben, weihen. α) Akkusativ der Sache. α') Allein: Ex. 28, 38 הקדשים אשר יקדישו בני י׳; Lev. 27, 17. 18 שדהו; V. 19 המקדיש אתי, das Feld; Jos. 20, 7 Asylstädte; II Sam. 8, 11 Silber und Gold; II Reg. 12, 19 כל־הקדשים; 1 Chr. 26, 26 הקדשים. 28 alles, was Samuel und Saul und Abner und Joab geweiht hatten. — β') Dazu ל der Person: Lev. 22, 2. 3 die קדשים dem Jahwe; 27, 22 את־שדה מקנתי ליי; Jud. 17, 3 הקדש הקדשתי את־הכסף ליי; II Sam. 8, 11; 1 Chr. 18, 11 גם־אתם הקדיש המלך ד' ליי, näml. die goldenen, silbernen und ehernen Gegenstände; II Chr. 2, 3 להקדיש לו ist der Akkusativ בית, 30, 17 להקדיש ליי der Akkusativ הפסחים zu ergänzen; desgleichen ist der Akkusativ in der von der Ablieferung des Zehnten handelnden Stelle zu ergänzen Neh. 12, 47 ומקדשים לליים והלוים מקדשים לבני א׳. γ') Ein zweiter Akkusativ und ל der Gottheit: Lev. 27, 14 איש כי־יקדש את־ביתי קדש ליי. — δ') Partitives מן und ל der Gottheit: 27, 16 ואם משדה אחזתו יקדיש ארש ליי. β) Lebewesen. α') Akkusativ: 27, 26 לא־יקדיש איש אתו, Erstgeburten unter dem Vieh. — β') Dazu ל der Gottheit: Deut. 15, 19 הזכר ליי אלהיך. γ') Zwei Akkusative: 1 Chr. 23, 13 Aaron wurde ausgesondert להקדישו קדש קדשים. γ') Ohne Akkusativ: 26, 27 מן־המלחמות ומן־השלל.

---

*) Baudissin a. a. O. S. 64, Anm. 1.

ϑ) Absolut: Lev. 27, 15 (Part.); I Chr. 26, 28 *). — b) Den gestörten Charakter der Heiligkeit wiederherstellen, von neuem weihen: II Chr. 29, 19 את כל־הכלים, die König Ahas beiseite geworfen hatte. — II. Jemanden als heilig behandeln, respektieren: Jes. 8, 13 אתו תקדישו; 29, 23 יקדישו שמי והקדישו את־קדוש יעקב. — III. Jemanden als heilig die Ehre geben, ihn verherrlichen, nur mit Beziehung auf Jahwe: Num. 20, 12 להקדישני לעיני בני ישראל; 27, 14 יען לא־האמנתם בי להקדישני במים לעיניהם. — **Hithpa‘el** 1. Für sich etwas weihen: Jes. 30, 29 ליל התקדש־חג, die Nacht, da man das Fest weiht. Andere nehmen die Worte passivisch „Geheiligtwerden eines Festes". — 2. Sich in den Zustand eines ק׳ versetzen, durch Lustrationen, Enthaltungen u. a. Als Vorbereitung zu kultischen Handlungen ausgesagt von Priestern, Ex. 19, 22 וגם־הכהנים הנגשים אל־יי יתקדשו; I Chr. 15, 12 התקדשו אתם ואחיכם. 14 ויתקדשו הכהנים והלוים zur Heraufbringung der Lade Jahwes; II Chr. 5, 11 alle Priester, die im Heiligtume zugegen waren; 29, 34 die Priester, die opfern sollten; 30, 3 הכהנים לא־התקדשו למדי. 24 ויתקדשו כהנים לרב; dagegen scheint 31, 18 der Text verderbt zu sein. Von Priestern und Leviten 30, 15; von Leviten 29, 5. 15; sie waren darauf bedacht V. 34 להתקדש הכהנים; 35, 6. Von Laien Num. 11, 18; Jos. 3, 5; 7, 13; I Sam. 16, 5; Vornahme einer religiösen Ceremonie ist auch bei Bathseba, nachdem sie Umgang gepflogen mit David II Sam. 11, 4 והיא מתקדשת מטמאתה. Von abgöttischem Kultus Jes. 66, 17 המתקדשים והמטהרים אל־הגנות. — 3. Sich kultisch rein halten: Lev. 11, 44 durch Beobachtung der Speisegebote; 20, 7 durch Enthaltung von Nekromantie und überhaupt durch Gehorsam gegen das Gesetz. — 4. Sich als ק׳ erweisen, von Gott ausgesagt durch Machterweisungen Ez. 38, 23 (parall. והתגדלתי).

Man wird wohl auch hier annehmen dürfen, dass nach dem vorliegenden Sprachgebrauche Pi‘el als älteste Konjugation anzusehen ist, wie dies bei dem den direkten Gegensatz besagenden חלל auch der Fall ist. Die etymologische Frage hat ausführlich Baudissin a. a. O. S. 19 ff. erörtert.

II. **Kal — Niph‘al — Pi‘el — Pu‘al — Hithpa‘el — Hothpa‘al.**

טָמֵא von טמא **Kal** 1. Levitisch unrein sein oder werden. a) Personen. α) Mit einer Zeitbestimmung im Akkusativ, die Kindbetterin

---

*) Der Zusammenhang erfordert aber בֶּל־הַמֻּקְדָּשׁ; Kautzsch, Textkr. Erl. z. St.

Lev. 12, 2 (bis) ימיה שבעת bzhw. נדת דותה. 5 שבעים; wegen Aussatz 13, 46 בגדיו אשר בו הנגע; wegen Todesgemeinschaft Num. 19, 11. 16 שבעת ימים. β) עד־הערב wird unrein, wer berührt Aas Lev. 11, 24. 39; ein unreines Tier V. 27; wer in ein aussätziges Haus tritt 14, 46; wegen krankhafter oder natürlicher Ausflüsse 15, 5-8. 10. (bis). 11. 16. 18. 19. 21. 23. 27; durch alle diese Möglichkeiten 22, 6; wer Reinigungswasser berührt Num. 19, 21; wer den unrein Gewordenen berührt V. 22; durch einen Leichnam Ez. 44, 25. γ) Mit ל dessen, wodurch man unrein wird Lev. 22, 5 (bis). — δ) Absolut, durch Berührung von Aas oder Getier 11, 26. 36; der Aussätzige 13, 14; wer bei einem flüssigen Weibe liegt 15, 24; wegen Todesgemeinschaft Num. 19, 20. — b) Sachen. α) עד־הערב, durch Aas Lev. 11, 32; durch Ausflüsse 15, 17. — β) Absolut, durch Aas 11, 32-35; in einem aussätzigen Hause 14, 36; wegen Befleckung durch Ausflüsse 15, 4 (bis). 9. 20 (bis); der durch einen Toten Verunreinigte macht alles unrein Num. 19, 22; Hag. 2, 13 (bis). — 2. Profan sein oder werden. a) Personen. Der Ehemann, der Ehebruch oder widernatürliche Unzucht treibt, Lev. 18, 20. 23 לטמאה־בה; wer Wahrsagegeister befragt 19, 31 לטמאה בהם; geistige Hurerei beging das Jerusalem sinnbildende Weib mit den Söhnen Babels Ez. 23, 17 ותטמא־בם; die Israeliten Ps. 106, 39 במעשיהם (parall. ויטמאו בעלליהם). — b) Sachen. α) ב des Mittels: die Stadt Ez. 22, 4 בגלוליך. — β) Absolut. Das Land, in welchem Schandthaten der Unzucht getrieben werden, Lev. 18, 25. 27; die Stadt, die sich Götzen anfertigte, Ez. 22, 3. — **Niph'al** sich verunreinigen. 1. Levitisch, durch den Genuss unreiner Tiere: Lev. 11, 43 בם, nämlich בכל־השרץ. — 2. Durch Sünden. a) Unkeuschheit. α) בכל־אלה 18, 24, näml. widernatürliche Unzucht. — β) Absolut, vom ehebrecherischen Weibe: Num. 5, 13. 14 (bis). 20. 27. 28. 29. — b) Götzendienst. α) Mit ב des Mittels: Ez. 20, 30 (Part.) בדרך אבותיכם. 43 בם, näml. Wandel und schlimme Thaten; 23, 7 בכל־גלוליהם. 30 בגלוליה. — β) Dazu noch ל dessen, an was man sich verunreiniget, 20, 31, durch das Darbieten euerer Opfergaben, dadurch, dass ihr Söhne durch das Feuer gehen lasset, verunreiniget ihr euch לכל־גלוליכם. — γ) Absolut: Jer. 2, 23; Ez. 23, 13; Hos. 5, 3; 6, 10. — **Pi'el** 1. Für levitisch unrein erklären. a) Eine Person: Lev. 13, 3. 8. 11. 15. 20. 22. 25. 27. 30. 41. — b) Tiere: 20, 25. — c) Kleider und Stoffe: 13, 59. — 2. Profan, unrein machen. a) קדשי שם sollen nicht verunreinigen das Haus Israel und seine Könige: Ez. 43, 7 במלכיהם בבגרי בניהם. 8 בתיעבותם. — b) Das Heiligtum Jahwes. α) ב des Mittels: Ez. 5, 11 את־מקדשי

בְּבֶל־שִׁקּוּצָיִךְ וּבְכָל־תּוֹעֲבֹתָיִךְ. β) Blosser Akkusativ: durch andere Kultobjekte Lev. 20, 3; Ez. 23, 38 אֶת־מִקְדָּשִׁי; Jer. 7, 30; 32, 34 לְטַמְּאוֹ, nämlich das Haus, אֲשֶׁר־נִקְרָא שְׁמִי־עָלָיו; II Chr. 36, 14 אֶת־בֵּית יְיָ; durch Unreinigkeit Lev. 15, 31 אֶת־מִשְׁכָּנִי; Num. 19, 13 יְיָ; 20 אֶת־מִקְדַּשׁ יְיָ; durch Menschenblut Ez. 9, 7 אֶת־הַבַּיִת; durch Verwüstung Ps. 79, 1 אֶת־הֵיכַל קָדְשֶׁךָ. — c) Menschen. α) $=$ des Mittels: Götzendienst Ez. 20, 26 בְּמַתְּנוֹתָם; 23, 17 בְּתַזְנוּתָם; Hurerei 22, 11 אֶת־בִּלְתִּי בוֹזֶה.
β) Der blosse Akkusativ: eine Jungfrau durch Schändung profanieren, Gen. 34, 5. 13. 27; durch Ehebruch אֶת־אֵשֶׁת רֵעֵהוּ Ez. 18, 6. 11. 15; 33, 26. — d) Das Land. α) $=$ des Mittels: Ez. 36, 17 בְּדַרְכָּם וּבַעֲלִילוֹתָם. 18 בְּגִלּוּלֵיהֶם. — β) Der blosse Akkusativ des Landes, das profaniert wird durch Unzucht Lev. 18, 28; Mordthaten Num. 35, 34; durch das an dem Gehenkten haftende Verbrechen Deut. 21, 23; durch Götzendienst Jer. 2, 7. — e) Das Lager, blosser Akkusativ Num. 5, 3, durch einen Verunreinigten. — f) Der Nasiräer durch Todesgemeinschaft: Num. 6, 9 רֹאשׁ נִזְרוֹ. — g) Opferstätten für heidnischen Kult profanieren d. h. unbrauchbar machen: II Reg. 23, 8. 10. 13. 16; Götzenbilder Jes. 30, 22. — **Pu'al** verunreiniget sein im kultisch-rituellen Sinne: Ez. 4, 14 נַפְשִׁי לֹא מְטֻמָּאָה. — **Hithpa'el** sich verunreinigen. a) Levitisch. α) Mit $=$ wodurch: Lev. 11, 43 בָּהֶם näml. הַשְּׁרָצִים.
β) Mit בְּ: durch Getier 11, 24; an einer Leiche 21, 1. 3. 11; Num. 6, 7; Ez. 44, 25. — γ) Absolut: Lev. 21, 4; Hos. 9, 4. — b) Durch widernatürliche Unzucht: Lev. 18, 24 בְּכָל־אֵלֶּה. 30 בָּהֶם, die gräulichen Sitten; durch Götzendienst Ez. 14, 11 בְּכָל־פִּשְׁעֵיהֶם; 20, 7 בְּגִלּוּלֵי מִצְרַיִם. 18 בְּגִלּוּלֵיהֶם; 37, 23 בְּגִלּוּלֵיהֶם וּבְשִׁקּוּצֵיהֶם וּבְכֹל פִּשְׁעֵיהֶם. — **Hothpa'al** sich verunreinigen lassen, vom geschiedenen Weibe, das mit einem anderen Manne Umgang gepflogen: Deut. 24, 4.

Der etymologische Zusammenhang und der sinnliche Grundbegriff von טמא kann mit Bestimmtheit nicht gegeben werden. Infolge des Umstandes, dass das Verbum namentlich viel bei Vergehen der Unzucht, wie überhaupt geschlechtlichen Vorgängen gebraucht wird, möchte ich vermuten, dass die sinnliche Vorstellung des Befleckens, Beschmutzens zu Grunde liegt.

III. **Kal — Polel — Polal — Hiph'il — Hoph'al — Hithpolel.**

חִיל (הוּל) von חִיל **Kal** 1. In Krämpfe verfallen, Ausdruck gewaltigen, durch Gott gewirkten Schreckens. a) נֶפֶשׁ der Person: Die Völker vor dem heranziehenden Israel Deut. 2, 25 יִרְגְּזוּ וְחָלוּ מִפָּנֶיךָ; an das ungehorsame Volk wendet sich Jahwe selbst mit der Frage

Jer. 5, 22 אם מפני לא תחילו; die Völker vor dem von Jahwe gesandten Gerichtsheere Jo. 2, 6 מפניו יחילו. — b) Sonst eine nähere Bestimmung: Die Menschen beim Herannahen des Gerichtstages Jahwes Jes. 13, 8 כיולדה יחילון; die Ägypter 23, 5 יחבש יחילו; Gaza beim Anblick des über Tyrus hereinbrechenden Gottesgerichtes Sach. 9, 5 תחיל מאד. — c) Absolut: Wenn Jahwe Feuer anlegen wird an Ägypten, Ez. 30, 16 חול תחיל סין; hieher gehört wohl auch Mi. 4, 10 חולי וגחי בת ציון. — 2. Sich winden. a) Ausdruck gespannter Erwartung, deren Ziel die Erlösung: Jes. 26, 18 חלנו כמו ילדני. — b) Vor Schmerz: Bei dem über das Land hereinbrechenden Strafgericht Jer. 4, 19 אוחילה*); das verstockte Volk, obzwar getroffen von den Schlägen des Herrn 5, 3 להיחיל; vielleicht gehört hieher auch Hos. 8, 10**). — 3. In Zittern geraten, Wirkung auf die leblose Natur, hervorgerufen durch die Theophanie. a) Vor Gott. α) Ps. 96, 9 חילו מפניו כל־הארץ. — β) 114, 7 מלפני אדון חולי ארץ; I Chr. 16, 30 חילו מלפניו כל־הארץ. — b) Absolut: Jer. 51, 29 ותרעש הארץ ותחל; Hab. 3, 10 יחילו הרים; Ps. 77, 17 יחילו (parall. ירגזו); 97, 4 ותחל הארץ. — 4. Kreissen, nur von Städten ausgesagt: In negativen Aussagen von jenen, die durch Gottes Strafgericht kinder- und volkslos geworden, Jes. 23, 4; 54, 1; in positiven Aussagen von jenen, die durch Wiederbegnadigung wunderbar rasch wieder bevölkert werden, wie Zion 66, 7. 8, durchweg in absoluter Aussage. — **Polel** kreissend gebären, Ausdruck für göttliches Hervorbringen überhaupt. a) Mit persönlichem Objekte: Deut. 32, 18 אל מחללך. — b) Mit sachlichem: Ps. 90, 2 ותחולל ארץ ותבל***). — **Polal** 1. Geboren werden. a) Menschen. α) Ps. 51, 7 חוללתי. β) Hi. 15, 7 לפני גבעות חוללת. — b) In der Schilderung des vorweltlichen Daseins der Weisheit: Prov. 8, 24 באין־תהמות חוללתי. 25 לפני גבעות חוללתי. — 2. In Schrecken versetzt werden: Hi. 26, 5 הרפאים יחוללו. — **Hiph'il** in Schrecken versetzen: Ps. 29, 8 קול יי יחיל מדבר יחיל יי מדבר קדש. — **Hoph'al** geboren werden: Jes. 66, 8 היוחל ארץ ביום אחד, das Land gesetzt für die Bewohner, die auf Gottes Veranlassung dasselbe wunderbar rasch wieder bevölkern. — **Hithpolel** Qual leiden, von innerer Seelenpein: Hi. 15, 20 כל־ימי רשע הוא מתחולל.

---

*) Vgl. Kautzsch, Textkr. Erl. z. St.

**) Kautzsch: „Ich will sie nun in die Enge treiben, dass sie gar bald unter dem Tribut an den Grosskönig sich winden sollen." Dagegen Wellh. nach LXX: יחדלו מעט ממשח מלך.

***) Richtiger ist wohl Polal zu lesen.

**Ausserhalb des theologischen Sprachgebrauches:
Kal** 1. In Zittern geraten, mit מן vor jemandem: I Sam. 31,3;
I Chr. 10,3. — 2. Kreissen, vom gebärenden Weibe: Jes. 26,17 יָחִילוּ;
45,10 תְּחִילִין; das Particip Jer. 4,31 חָלָה. — **Polel** 1. Kreissen:
Hi. 39,1 חֹלֵל אַיָּלוֹת. — 2. Gebären: Jes. 51,2 תְּחוֹלֶלְכֶם. — 3. Hervorbringen: Prov. 25,23 Wind vom Norden תְּחוֹלֵל גֶּשֶׁם; ob auch 26,10,
ist bei dem verstümmelten Texte nicht zu entscheiden. — 4. Kreissen
machen: Der Donner Ps. 29,9 יְחוֹלֵל אַיָּלוֹת. — **Hithpalpel** von sehr
heftigem Schmerze ergriffen werden: Esth. 4,4.

Kal tritt am frühesten im theol. Sprachgebrauche auf. Das
sinnliche Etymon liegt in حول „drehen" vor. Vgl. Nöldeke Z.D.M.G.
37, 536.

Register der behandelten Verbalstämme.

א

	Seite
ארב	36
ארר	98
אהב	66
אזן (erwägen)	22
אזן (hören)	36
אזר	196
אחז	21
אחר	22
אלה	74
אלם	21
אלף	69
אבין	36
אנה	94
אנש	22
אפד	4
אפק	51
אצל	4
ארך	37
ארה	195
ארש	116
אשם	153
אשר	117

ב

בגד	4
בדל	98
בהל	177
בוש	174
בטח	75
בין	231
בכר	184
בנה	22
בעל	53
בער (dumm sein)	53
בער (austilgen)	126

	Seite
ברך (das Knie beugen)	5
ברך (segnen)	213
ברק	6
ברר	51
בשר	23

ג

גבר (Macht ausüben)	37
גבר (sich als Held beweisen)	51
גדל	204
גרה	24
גוה	6
גיל	7
גנב	190
גנן	77
גשם	132

ד

דבר	217
דגל	8
דוג	8
דין	8
דלה	69

ה

הבל	77
הגה	37
הדר	163
הלל (Lob anstimmen)	184
הלל (ein Thor sein)	198

ז

זהר	99
זיד	78

Register der behandelten Verbalstämme.

	Seite
זכר (als Azkarah darbringen)	37
זכר (ins Gedächtnis zurückrufen)	154
זמר	24
זעם	9
זרה	25
זרם	9
זרע	100

ח

	Seite
חבב	9
חבל (unter Wehen hervorbringen)	25
חבל (als Pfand nehmen)	53
חבל (sündigen)	69
חבר	9
חגג	10
חדש	25
חוב	25
חטא (Sündopfer veranstalten)	25
חטא (entsündigen)	190
חטב	10
חיל (Kraft haben)	37
חיל (harren)	177
חיל (in Krämpfe verfallen)	243
חכם	167
חלל	210
חלב	78
חנך	10
חנן	207
חנק	79
חסד (Schimpf bereiten)	26
חסד (sich liebreich zeigen)	51
חפר	79
חרם	138
חרף	70
חרש	80
חשה	81
חתם	11
חתן	51

ט

	Seite
טהר	197
טוב	37
טמא	241
טרף	38

	Seite
יאל (thöricht sein)	22
יאל (in Angriff nehmen)	38
יבם	26
ידה	143
יחד	52
יחד	71
יחל	127
יחש	52
יטב	82
יכח	136
ילד	52
ילל	38
יעד	100
ייץ	165
יפע	39
ירא	54
ירה	39
ישע	101
יתר	84

כ

	Seite
כבר	41
כהן	26
כזב	193
כחש	26
כלם	104
כנה	27
כסף	58
כעס	167
כפר	186
כרע	86
כשף	27
כתב	146

ל

	Seite
לבב	22
לבן	145
לון, לין	95
לוץ	176
לחם	59
לחש	28
לכד	169
לקן	105
לשן	130

Register der behandelten Verbalstämme.

		Seite			Seite
	מ		ספר		170
מהר		12	סקל		153
ביט		195	סתר		182
מול		60			
מית		199		**ע**	
משר		106			
מכר		164	עבד		14
מלך		87	עבט		89
מלל (preisen)		28	עוד		42
מלל (beschneiden)		61	עוה		90
משש		89	עול		31
בעל		12	עוף		96
מרר		41	עשר		31
משל		71	עמר		52
			ענג		135
	נ		ענן		31
נאה		72	ענק		16
נאר		28	ענש		61
נבא		114	עפל		133
נבט		128	עקב		16
נבל (verunreinigen)		28	ערב		17
נבל (ein Thor sein)		73	ערל		18
נגד		139	ערם		43
נרב		96	ערק		18
נדר		13	עשר		130
נהה		13	עי שן		18
נחל		28	עשר		44
נהר		14	עתר		159
נוא		41			
נזר		106		**פ**	
נחל		236			
נחש		29	פאר		133
נחת		194	פלא		212
נבל		177	פלה		107
נכר		97	פלל		134
נסה		30	פלס		31
נסס		52	פנק		32
נקה		150	פסח		73
נקף		235	פרה		90
נקש		98	פרץ		18
נשך		89	פשט		62
			פתה		191
	ס		פתל		52
סיד		42			
סבל		178		**צ**	
סלל		52	צדק		206
ספד		61	ציה		117

Gerber, Die hebr. Verba denominativa. 17

Register der behandelten Verbalstämme.

	Seite		Seite
	107	שׁכן	20
	91	שׂיח	73
		שׁכל	47
ק		שׂנא	151
	32	שׂכר	20
	192	שׂרד	20
	130		
	238		
	107	**שׁ**	
	188	שׁבח	133
	33	שׁבע	108
	124	שׂגב	35
	131	שׁוא	111
	18	שׁרץ	33
	44	שׁחר	73
	97	שׁחת	179
		שׁיר	172
		שׁכם	49
ר		שׁלט	50
	168	שׁלל	209
	46	שׁמד	112
	46	שׁפט	63
	145	שׁפת	21
	46	שׁקל	65
	125	שׁקץ	33
	91	שׁקר	74
	97	שׁרשׁ	184
	47	שׁרת	33
	160		
	161	**ת**	
	93		
שׂ		תאב	21
	19	תנה	35
	20	תעב	181